Lernbücher Jura
Staatsrecht II · Grundrechte
Gerrit Manssen

Staatsrecht II

Grundrechte

von

Dr. Gerrit Manssen

o. Professor
an der Universität Regensburg

11. Auflage

Verlag C. H. Beck München 2014

www.beck.de

ISBN 978 3 406 66158 7

© 2014 Verlag C. H. Beck oHG
Wilhelmstraße 9, 80801 München

Druck und Bindung: Nomos Verlagsgesellschaft
In den Lissen 12, 76547 Sinzheim

Satz: Fotosatz H. Buck
Zweikirchener Str. 7, 84036 Kumhausen

Gedruckt auf säurefreiem, alterungsbeständigem Papier
(hergestellt aus chlorfrei gebleichtem Zellstoff)

Vorwort zur 11. Auflage

Die 10. Auflage des Werkes hat erneut eine erfreuliche Resonanz bei den Lesern erhalten, so dass wiederum innerhalb eines Jahres eine Neuauflage erforderlich wurde. Sie berücksichtigt die bis Ende 2013 eingetretenen Entwicklungen im Bereich der Grundrechtsdogmatik.

Ich habe mich wie bei den Vorauflagen bemüht, die Ausführungen nicht mit Details zu überfrachten. Die Grundrechtsdogmatik ist ein wichtiger Bestandteil der Ausbildung von Studierenden im öffentlichen Recht, aber keinesfalls der einzige. Eine Konzentration auf das Wesentliche im Bereich der Pflichtfächer ist angesichts der insgesamt gestiegenen Stoffmenge durch die Reform der Schwerpunktbereichsausbildung für ein „Lernbuch" unabdingbar.

Zu danken habe ich erneut meinen Mitarbeitern am Lehrstuhl für Öffentliches Recht in Regensburg für die engagierte Mithilfe.

Regensburg, im Januar 2014 *Gerrit Manssen*

Inhaltsverzeichnis

Abkürzungsverzeichnis XXI

Teil I. Grundlagen

§ 1. Geschichte der Menschen- und Bürgerrechte	1
I. Die Entwicklung außerhalb Deutschlands	1
1. Die Herausbildung des Grundrechtsschutzes in der englischen Verfassungstradition	1
2. Grundrechtsschutz in amerikanischen Verfassungsdokumenten	2
3. Die französische Menschen- und Bürgerrechtserklärung von 1789	3
II. Grundrechtsentwicklungen in Deutschland bis 1933	3
III. Grundrechte unter dem Grundgesetz	4
§ 2. Einteilung der Grundrechte	5
I. Der Begriff Grundrecht	5
1. Grundrechte und Menschenrechte	5
2. Grundrechtsgleiche Rechte	6
3. Grundrechte in den Landesverfassungen	6
II. Freiheits- und Gleichheitsrechte	7
1. Prüfungsaufbau bei Freiheitsrechten	7
a) „Interner" Prüfungsaufbau eines Freiheitsrechts	7
b) Prüfungsaufbau bei mehreren einschlägigen Freiheitsrechten	8
2. Prüfungsaufbau bei Gleichheitsrechten	9
3. Verhältnis von Freiheits- und Gleichheitsprüfung	9
III. Jedermann- und Deutschengrundrechte	11
IV. Benannte und unbenannte Grundrechte	12
§ 3. Funktionen der Grundrechte	13
I. Grundrechte als Abwehrrechte	13
II. Grundrechte als Institutsgarantien bzw. institutionelle Garantien .	13
III. Objektive Grundrechtsdimensionen	14
1. Allgemeines	14
2. Schutzpflicht	15
a) Schutzpflicht für alle grundrechtlich geschützten Rechtsgüter	15

    b) Untermaßverbot 15
    c) Prüfungsaufbau 16
  3. Leistungsrechte 17
  4. Teilhaberechte 18
IV. Verfassungskonforme Auslegung 18

Teil II. Allgemeine Grundrechtslehren

§ 4. Grundrechtsträger 20
  I. Natürliche Personen als Grundrechtsträger 20
  II. Personenvereinigungen als Grundrechtsträger (Art. 19 Abs. 3 GG) 21
    1. Der Begriff „juristische Person" 21
    2. Die wesensmäßige Anwendbarkeit des Grundrechts 22
  III. Juristische Personen des öffentlichen Rechts als Grundrechtsträger 23
    1. Grundsatz: Keine Grundrechtsträgerschaft von juristischen Personen des öffentlichen Rechts 23
    2. Ausnahmen 24
      a) Juristische Personen des öffentlichen Rechts im formellen Sinn 24
      b) Spezifische Zuordnung zu einem grundrechtlich geschützten Lebensbereich 24
      c) Prozessgrundrechte 25
  IV. Juristische Personen des Privatrechts mit staatlicher Beteiligung .. 26
    1. Durchblickstheorie 26
    2. Gemischtwirtschaftliche Unternehmen 26

§ 5. Grundrechtsverpflichtete 27
  I. Grundrechtsverpflichtung der Europäischen Union 27
    1. Grundsatz: Beschränkung der Grundrechtsbindung auf die deutsche öffentliche Gewalt 27
    2. Europäisches Primärrecht 27
    3. Europäisches Sekundärrecht 28
    4. Die Europäische Menschenrechtskonvention 29
  II. Grundrechtsbindung der Exekutive 30
    1. Öffentlich-rechtliches Handeln 30
    2. Privatrechtliches Handeln 31
  III. Sonderproblem Drittwirkung 32
    1. Grundrechtsbindung des Gesetzgebers 32
    2. Grundrechtsbindung der Rechtsprechung 33
      a) Bindung an Freiheitsrechte 33
      b) Bindung an den Gleichheitssatz (Art. 3 Abs. 1 GG) 34
    3. Grundrechtsbindung gegenüber Privaten 34

4. Überprüfung von fach-/zivilgerichtlichen Entscheidungen durch das BVerfG 35
5. Wichtige Drittwirkungsfälle 36
   a) Lüth – BVerfGE 7, 198 ff. 36
   b) Blinkfüer – BVerfGE 25, 256 ff. 36
   c) Bürgschaftsfall – BVerfG, NJW 1994, 36 ff. 37
   d) Fazit zur Drittwirkung 37

§ 6. Verwirkung von Grundrechten (Art. 18 GG) 38
   I. Art. 18 GG als Ausdruck „streitbarer Demokratie" 38
   II. Voraussetzungen einer Verwirkungsentscheidung 38
      1. Missbrauch zum Kampf 38
      2. Kampf gegen die „freiheitliche demokratische Grundordnung" 39
   III. Folgen einer Verwirkungsentscheidung 39

§ 7. Der Grundrechtseingriff 40
   I. Allgemeines 40
   II. Grundrechtsverzicht 40
   III. Eingriffsformen 41
      1. Klassischer Grundrechtseingriff 41
      2. Faktischer Grundrechtseingriff 41
      3. Einzelfälle 42

§ 8. Die Beschränkung von Grundrechten 43
   I. Allgemeines 43
      1. Grundrechte mit Gesetzesvorbehalten 43
      2. Grundrechte ohne Gesetzesvorbehalte 43
      3. Sonderproblem: Einschränkung von Grundrechten mit Gesetzesvorbehalt durch kollidierendes Verfassungsrecht 45
   II. Erforderlichkeit einer gesetzlichen Grundlage 45
   III. Formelle Verfassungsmäßigkeit der gesetzlichen Grundlage .. 47
      1. Kompetenz, Verfahren, Form 47
      2. Zitiergebot (Art. 19 Abs. 1 Satz 2 GG) 47
   IV. Materielle Verfassungsmäßigkeit der gesetzlichen Grundlage .. 49
      1. Bestimmtheit 49
      2. Verfahrensmäßige Absicherung 51
      3. Verbot von Einzelfallgesetzen (Art. 19 Abs. 1 Satz 1 GG) .. 52
      4. Anforderungen des qualifizierten Gesetzesvorbehaltes ... 54
      5. Anforderungen des Verhältnismäßigkeitsgrundsatzes i. w. S. (Übermaßverbot) 54
         a) Legitime Zwecksetzung 54
         b) Geeignetheit 55
         c) Erforderlichkeit 55
         d) Zumutbarkeit (Verhältnismäßigkeit i. e. S.) 56

      6. Wesensgehaltsgarantie (Art. 19 Abs. 2 GG) 57
          a) Individuelles oder generelles Verständnis 57
          b) Absolutes oder relatives Verständnis 58
  V. Verfassungsmäßigkeit der Rechtsanwendung 58
      1. Ein- und mehrstufige Grundrechtseingriffe 58
      2. Prüfungskompetenz des BVerfG hinsichtlich der
         Rechtsanwendung 59

Teil III. Freiheitsrechte

§ 9. Garantie der Menschenwürde (Art. 1 Abs. 1 GG) 60
  I. Allgemeines 60
      1. Menschenwürde als „oberster Wert" 60
      2. Der Grundrechtscharakter von Art. 1 Abs. 1 GG 61
      3. Unzulässigkeit von Eingriffen 61
  II. Grundrechtsträger 62
      1. Grundrechtsträgerschaft natürlicher Personen 62
      2. Grundrechtsträgerschaft des nasciturus 62
      3. Grundrechtsträgerschaft von Toten 62
  III. Schutzbereich der Menschenwürdegarantie 63
      1. Objektformel 63
      2. Verhältnis zu anderen Grundrechten 64
  IV. Objektive Dimensionen der Garantie der Menschenwürde 65
      1. Schutzrechte und Leistungsansprüche 65
      2. „Wrongful birth" bzw. „wrongful life" 66
      3. Forschung mit embryonalen Stammzellen 66

§ 10. Allgemeine Handlungsfreiheit (Art. 2 Abs. 1 GG) 67
  I. Sachlicher Schutzbereich 67
      1. Weite Interpretation des Schutzbereichs 67
      2. Subsidiarität gegenüber Spezialgrundrechten 67
  II. Persönlicher Schutzbereich 68
  III. Eingriff 68
  IV. Verfassungsrechtliche Rechtfertigung von Beschränkungen 68

§ 11. Allgemeines Persönlichkeitsrecht (Art. 2 Abs. 1 i. V. m. Art. 1
     Abs. 1 GG) 70
  I. Schutzbereich 70
      1. Sachlicher Schutzbereich 70
      2. Persönlicher Schutzbereich 72
  II. Eingriffe 73
  III. Verfassungsrechtliche Rechtfertigung von Eingriffen 73
  IV. Objektiv-rechtliche Dimension des allgemeinen Persönlich-
      keitsrechts 75

1. Allgemeines	75
2. Der Schutz von Prominenten gegen Medienberichterstattung	76
a) Schutz des eigenen Bildnisses	76
b) Schutz von Kindern Prominenter	77
c) Schutz gegen Bildmanipulationen	77
§ 12. Recht auf Leben und körperliche Unversehrtheit (Art. 2 Abs. 2 Satz 1 GG)	77
I. Schutzbereich	77
1. Sachlicher Schutzbereich	77
a) Recht auf Leben	77
b) Recht auf körperliche Unversehrtheit	78
2. Persönlicher Schutzbereich	78
II. Eingriff	78
III. Verfassungsrechtliche Rechtfertigung von Eingriffen	79
IV. Objektiv-rechtliche Dimension des Grundrechts	80
1. Allgemeines	80
2. Beispielsfälle	81
a) Selbsttötung	81
b) Schwangerschaftsabbruch	81
§ 13. Freiheit der Person (Art. 2 Abs. 2 Satz 2 GG)	82
I. Schutzbereich	82
II. Eingriff	83
III. Verfassungsrechtliche Rechtfertigung von Eingriffen	83
§ 14. Glaubensfreiheit (Art. 4 GG)	86
I. Schutzbereich	86
1. Sachlicher Schutzbereich	86
a) Einheitliche Garantie	86
b) Begriff des Glaubens	87
c) Einzelfragen des sachlichen Gewährleistungsbereichs	87
2. Persönlicher Schutzbereich	88
a) Individuelle Glaubensfreiheit	88
b) Kollektive Glaubensfreiheit	88
II. Eingriff	90
III. Verfassungsrechtliche Rechtfertigung von Eingriffen	91
1. Eingriffe in die individuelle Glaubensfreiheit	91
2. Eingriffe in die kollektive Glaubensfreiheit	93
IV. Objektiv-rechtliche Dimension des Grundrechts	94
1. Glaubensfreiheit und Arbeitsrecht	94
2. Schächten von Tieren	94
3. Religionsfreiheit und Ladenschluss	95

§ 15. Gewissensfreiheit (Art. 4 GG) 96
I. Schutzbereich 96
1. Sachlicher Schutzbereich 96
2. Persönlicher Schutzbereich 96
II. Eingriff 97
III. Verfassungsrechtliche Rechtfertigung von Eingriffen 97
IV. Objektive Wirkung der Gewissensfreiheit 99

§ 16. Kommunikationsgrundrechte (Art. 5 Abs. 1 und Abs. 2 GG) 99
I. Übersicht 99
II. Schutzbereiche 99
1. Meinungsfreiheit (Art. 5 Abs. 1 Satz 1 1. Var. GG) 99
   a) Sachlicher Schutzbereich 99
   b) Persönlicher Schutzbereich 102
2. Informationsfreiheit (Art. 5 Abs. 1 Satz 1 2. Var. GG) 102
   a) Allgemein zugängliche Quellen 102
   b) Geschütztes Verhalten 103
   c) Grundrechtsträger 103
3. Pressefreiheit (Art. 5 Abs. 1 Satz 2 1. Var. GG) 104
   a) Sachlicher Schutzbereich 104
   b) Persönlicher Schutzbereich 105
4. Rundfunkfreiheit (Art. 5 Abs. 1 Satz 2 2.Var. GG) 106
   a) Sachlicher Schutzbereich 106
   b) Persönlicher Schutzbereich 107
   c) Grundlinien für die gesetzgeberische Ausgestaltung der Rundfunkfreiheit 107
5. Filmfreiheit (Art. 5 Abs. 1 Satz 2 3. Var. GG) 110
III. Eingriffe 110
IV. Verfassungsrechtliche Rechtfertigung von Eingriffen 111
1. Die Schranke der „allgemeinen Gesetze" (Art. 5 Abs. 2 GG) 111
2. Wechselwirkungslehre 114
   a) Allgemeines 114
   b) Beispiele 115
3. Zensurverbot (Art. 5 Abs. 1 Satz 3 GG) 116
4. Kollidierendes Verfassungsrecht 116

§ 17. Wissenschaftsfreiheit (Art. 5 Abs. 3 Satz 1 2. Var. GG) 117
I. Schutzbereich 117
1. Sachlicher Schutzbereich 117
   a) Einheitlichkeit der Garantie 117
   b) Begriff der Wissenschaft 117
   c) Begriff der Lehre 117
   d) Treue zur Verfassung (Art. 5 Abs. 3 Satz 2 GG) 118
2. Persönlicher Schutzbereich 118

II. Eingriffe	118
III. Verfassungsrechtliche Rechtfertigung von Eingriffen	119
IV. Objektive Dimension des Grundrechts	120

§ 18. Kunstfreiheit (Art. 5 Abs. 3 Satz 1 1. Var. GG) 121
    I. Schutzbereich 121
        1. Sachlicher Schutzbereich 121
        2. Persönlicher Schutzbereich 122
    II. Eingriffe 124
    III. Verfassungsrechtliche Rechtfertigung von Eingriffen 124
        1. Die Beurteilung von einschränkenden Gesetzen 124
        2. Die Beurteilung der Rechtsanwendung im konkreten Fall ... 125

§ 19. Schutz von Ehe, Familie und Elternrecht (Art. 6 GG) 126
    I. Überblick 126
    II. Schutzbereich 127
        1. Schutz von Ehe und Familie 127
            a) Schutz der Ehe 127
            b) Geschütztes Verhalten der Ehefreiheit 128
            c) Schutz der Familie 128
            d) Grundrechtsträger 129
        2. Elternrechte und Elternpflichten (Art. 6 Abs. 2 und 3 GG) .. 129
    III. Eingriff 130
    IV. Verfassungsrechtliche Rechtfertigung von Eingriffen 131
        1. Eingriffe in Ausübung des staatlichen Wächteramtes
           (Art. 6 Abs. 2 Satz 2 GG) 131
        2. Zwangsweise Trennung von Eltern und Kindern
           (Art. 6 Abs. 3 GG) 131
        3. Eingriffe aufgrund der staatlichen Schulhoheit
           (Art. 7 Abs. 1 GG) 132
        4. Sonstige Eingriffe 132
    V. Objektive Grundrechtswirkungen 132
        1. Finanzielle Förderung von Familien 132
        2. Vollzug ausländerrechtlicher Bestimmungen 133
        3. Besonderer Schutz der werdenden Mütter (Art. 6 Abs. 4 GG) .. 133
        4. Gleichstellungsauftrag nach Art. 6 Abs. 5 GG 134

§ 20. Schulwesen (Art. 7 GG) 134
    I. Überblick 134
    II. Schulaufsicht (Art. 7 Abs. 1 GG) 134
        1. Begriff der Schule 134
        2. Inhalt und Grenzen der Schulaufsicht 135
    III. Religionsunterricht (Art. 7 Abs. 2 und 3 GG) 136
    IV. Privatschulfreiheit (Art. 7 Abs. 4 und 5 GG) 138

1. Zulassung von privaten Volksschulen (Art. 7 Abs. 5 GG) 139
   a) Begriff der Volksschule 139
   b) Genehmigungsvoraussetzungen für Volksschulen 139
2. Zulassung von privaten Ersatzschulen (Art. 7 Abs. 4 GG) 139
   a) Begriff der privaten Ersatzschule 139
   b) Genehmigungsvoraussetzungen für private Ersatzschulen ... 139
3. Sonstige Schulen 140
4. Verbot von Vorschulen (Art. 7 Abs. 6 GG) 140

§ 21. Versammlungsfreiheit (Art. 8 GG) 141
  I. Schutzbereich 141
     1. Sachlicher Schutzbereich 141
        a) Versammlung und Ansammlung 141
        b) Geschütztes Verhalten 142
        c) Erfordernis der Friedlichkeit 143
     2. Persönlicher Schutzbereich 143
 II. Eingriff 144
III. Verfassungsrechtliche Rechtfertigung von Eingriffen 144
     1. Beschränkungen von Versammlungen „unter freiem Himmel" 144
        a) Verfassungsmäßigkeit der gesetzlichen Grundlagen 144
        b) Verfassungsmäßigkeit von Einzelmaßnahmen 146
     2. Beschränkungen von Versammlungen in geschlossenen
        Räumen 148
 IV. Objektiv-rechtliche Dimension des Grundrechts 149
     1. Auslegung von Straftatbeständen 149
     2. Prozessuale Besonderheiten 150

§ 22. Vereinigungsfreiheit (Art. 9 Abs. 1 GG) 153
  I. Schutzbereich 153
     1. Begriff der Vereinigung 153
     2. Individuelle Vereinigungsfreiheit 154
        a) Sachlicher Gewährleistungsumfang 154
        b) Grundrechtsträger 154
     3. Kollektive Vereinigungsfreiheit 154
        a) Sachlicher Gewährleistungsumfang 154
        b) Grundrechtsträger 155
 II. Eingriff 156
III. Verfassungsrechtliche Rechtfertigung von Eingriffen 157
     1. Kein Verbot von Verfassungs wegen 157
     2. Anforderungen an die Verbotsnormen 158
     3. Anforderungen an die Verbotsverfügung 158

§ 23. Koalitionsfreiheit (Art. 9 Abs. 3 GG)	159
I. Schutzbereich	159
1. Begriff der Koalition	159
2. Individuelle Koalitionsfreiheit	159
3. Kollektive Koalitionsfreiheit	160
II. Eingriffe	161
III. Verfassungsrechtliche Rechtfertigung von Eingriffen	161
§ 24. Brief-, Post- und Fernmeldegeheimnis (Art. 10 GG)	163
I. Schutzbereich	163
1. Allgemeines	163
2. Briefgeheimnis	163
3. Postgeheimnis	163
4. Fernmeldegeheimnis	164
5. Persönlicher Schutzbereich	165
II. Eingriffe	166
III. Verfassungsrechtliche Rechtfertigung von Eingriffen	167
1. Der allgemeine Gesetzesvorbehalt (Art. 10 Abs. 2 Satz 1 GG)	167
2. Der besondere Gesetzesvorbehalt (Art. 10 Abs. 2 Satz 2 GG)	168
IV. Objektiv-rechtliche Dimensionen des Grundrechts	169
§ 25. Freizügigkeit (Art. 11 GG)	169
I. Schutzbereich	169
1. Sachlicher Schutzbereich	169
a) Wohnsitz und Aufenthalt	169
b) Verhältnis zu anderen Grundrechten	169
2. Persönlicher Schutzbereich	170
II. Eingriff	170
III. Verfassungsrechtliche Rechtfertigung von Eingriffen	170
1. Beschränkung durch oder aufgrund eines Gesetzes	170
2. Materielle Anforderungen an Beschränkungsmaßnahmen	171
§ 26. Berufsfreiheit, Arbeitszwang, Zwangsarbeit (Art. 12 GG)	171
I. Übersicht	171
II. Schutzbereich	172
1. Persönlicher Schutzbereich	172
2. Sachlicher Schutzbereich	173
a) Berufsbegriff	173
b) Berufswahlfreiheit	174
c) Berufsausübungsfreiheit	174
d) Arbeitsplatzwahlfreiheit	175
e) Wahl der Ausbildungsstätte	175
III. Eingriffe in die Berufsfreiheit	176
1. Regelungen mit subjektiv berufsregelnder Tendenz	176

2. Zweifelsfälle 176
　　　3. Eingriffe durch Realakte 179
　IV. Verfassungsrechtliche Rechtfertigung von Eingriffen in die
　　　Berufsfreiheit 180
　　　1. Einheitlicher Gesetzesvorbehalt 180
　　　2. Erfordernis einer gesetzlichen Grundlage 180
　　　3. Besondere Anforderungen hinsichtlich der Verhältnis-
　　　　 mäßigkeitsprüfung 182
　　　　 a) Legitime Zwecksetzung, Geeignetheit, Erforderlichkeit 182
　　　　 b) Berufsausübungsregelungen 183
　　　　 c) Subjektive Berufswahlregelungen 186
　　　　 d) Objektive Wahlregelungen 188
　　　　 e) Sonderfälle 189
　V. Objektive Dimension der Berufsfreiheit 190
　　　1. Leistungsrechte 190
　　　2. Verfahrensrechtliche Absicherung der Berufsfreiheit .. 191
　　　3. Bedeutung der Berufsfreiheit im Privatrecht 191
　VI. Schutz vor Arbeitszwang (Art. 12 Abs. 2 GG) 192
　VII. Schutz vor Zwangsarbeit (Art. 12 Abs. 3 GG) 193

§ 27. Unverletzlichkeit der Wohnung (Art. 13 GG) 194
　I. Schutzbereich 194
　　　1. Sachlicher Schutzbereich 194
　　　2. Persönlicher Schutzbereich 195
　II. Eingriff 195
　III. Verfassungsrechtliche Rechtfertigung von Eingriffen 196
　　　1. Rechtfertigung von Durchsuchungen (Art. 13 Abs. 2 GG) ... 196
　　　2. Rechtfertigung von technischen Überwachungen
　　　　 (Art. 13 Abs. 3–6 GG) 198
　　　3. Sonstige Eingriffe und Beschränkungen (Art. 13 Abs. 7 GG) ... 199

§ 28. Eigentums- und Erbrechtsgarantie (Art. 14 und 15 GG) 200
　I. Schutzbereich der Eigentumsgarantie 200
　　　1. Sachlicher Schutzbereich 200
　　　　 a) Instituts- und Rechtsstellungsgarantie 200
　　　　 b) Eigentumsbegriff 201
　　　2. Persönlicher Schutzbereich 202
　II. Eingriffe 203
　　　1. Allgemeines 203
　　　2. Inhalts- und Schrankenbestimmungen (Art. 14 Abs. 1
　　　　 Satz 2 GG) 204
　　　3. Enteignungen (Art. 14 Abs. 3 GG) 205
　III. Verfassungsrechtliche Rechtfertigung von Eingriffen 206
　　　1. Beurteilung einer Inhalts- und Schrankenbestimmung ... 206

  a) Übermaßverbot 206
  b) Ausgleichspflichtige Inhalts- und Schrankenbestimmungen . 207
 2. Rechtmäßigkeit einer Enteignung 208
  a) Anforderungen an das enteignende Gesetz 208
  b) Legal- und Administrativenteignung 209
 3. Anforderungen an den Exekutivakt 211
 4. Besonderheiten beim Rechtsschutz 211
 5. Rückübertragungsanspruch 211
 6. Enteignender und enteignungsgleicher Eingriff 211
 7. Überführung in Gemeinwirtschaft (Art. 15 GG) 213
IV. Erbrechtsgarantie 214

§ 29. Schutz vor Ausbürgerung und Auslieferung (Art. 16 GG) 216
 I. Schutz vor Ausbürgerung (Art. 16 Abs. 1 GG) 216
  1. Schutzbereich 216
  2. Eingriff 216
  3. Verfassungsrechtliche Rechtfertigung von Eingriffen 217
 II. Schutz vor Auslieferung (Art. 16 Abs. 2 GG) 218
  1. Schutzbereich und Eingriff 218
  2. Verfassungsrechtliche Rechtfertigung von Eingriffen 218

§ 30. Asylrecht (Art. 16a GG) 220
 I. Überblick 220
 II. Die politische Verfolgung 221
  1. Der Begriff „Verfolgung" 221
  2. Der Begriff „politisch" 222
  3. Nachfluchtgründe 223
  4. Eigene Verfolgung 223
 III. Einreise aus sicheren Drittstaaten (Art. 16a Abs. 2 GG) 224
  1. Allgemeines 224
  2. Einreise aus EU-Staaten 224
  3. Einreise aus sonstigen sicheren Drittstaaten 224
  4. Rechtsfolgen bei Einreise aus einem sicheren Drittstaat 225
 IV. Sichere Herkunftsstaaten (Art. 16a Abs. 3 GG) 226

§ 31. Prozessgrundrechte und Petitionsrecht 227
 I. Der Anspruch auf Justizgewähr (Art. 19 Abs. 4 Satz 1 GG) 227
  1. Anspruchsvoraussetzungen 227
   a) Grundrechtsträger 227
   b) Begriff der „öffentlichen Gewalt" 228
   c) Mögliche Rechtsverletzung 229
  2. Anspruchsinhalt 229
 II. Der allgemeine Justizgewährleistungsanspruch 232

III. Recht auf den gesetzlichen Richter (Art. 101 Abs. 1 Satz 2 GG) ... 233
   1. Inhalt der Gewährleistung 233
   2. Unzulässigkeit eines Eingriffs 234
   3. Eingeschränkte Prüfungskompetenz des BVerfG 234
   4. Verbot von Ausnahmegerichten (Art. 101 Abs. 1 Satz 1 GG) ... 235
IV. Anspruch auf rechtliches Gehör (Art. 103 Abs. 1 GG) 235
V. Nulla poena sine lege (Art. 103 Abs. 2 GG) 236
VI. Ne bis in idem (Art. 103 Abs. 3 GG) 238
VII. Petitionsrecht (Art. 17 GG) 238
   1. Anspruchsvoraussetzungen 239
   2. Anspruchsinhalt 239

Teil IV. Gleichheitsrechte

§ 32. Allgemeines zu den Gleichheitsrechten 240
   I. Übersicht über die Gleichheitsrechte des Grundgesetzes 240
   II. Bindung des Gesetzgebers an den Gleichheitssatz 240
   III. Ge- und Verbote in Gleichheitssätzen 241
   IV. Prüfungsaufbau bei Gleichheitssätzen 241

§ 33. Die speziellen Gleichheitsrechte des Art. 3 GG 242
   I. Art. 3 Abs. 3 GG 242
     1. Allgemeines 242
     2. Bevorzugung oder Benachteiligung wegen des Geschlechts 244
     3. Das Problem der sog. mittelbaren Diskriminierung aufgrund
       des Geschlechts 245
     4. Benachteiligung wegen einer Behinderung (Art. 3 Abs. 3 Satz 2
       GG) 246
   II. Gleichberechtigung von Männern und Frauen (Art. 3 Abs. 2 GG) 247

§ 34. Der allgemeine Gleichheitssatz (Art. 3 Abs. 1 GG) 249
   I. Willkürprüfung 249
   II. Verhältnismäßigkeitsprüfung 250
     1. Prüfungsaufbau 250
     2. Prüfungsintensität bei der Verhältnismäßigkeitsprüfung 251
     3. Mittlerer Maßstab 254
   III. Besondere Wirkungen des Gleichheitssatzes 254

Teil V. Anhang

§ 35. Grundinformationen zur Verfassungsbeschwerde und sonstigen
   Verfahren 256
   I. Zulässigkeitsprüfung der Verfassungsbeschwerde 256

            1. Beschwerdeberechtigung (§ 90 Abs. 1 BVerfGG) 256
            2. Prozessfähigkeit 257
            3. Beschwerdegegenstand 257
            4. Beschwerdebefugnis 257
                a) Möglichkeit einer Grundrechtsverletzung 257
                b) Qualifizierte Betroffenheit 258
            5. Erschöpfung des Rechtsweges, Subsidiarität der Verfassungsbeschwerde (§ 90 Abs. 2 BVerfGG) 259
                a) Rechtswegerschöpfung 259
                b) Subsidiarität 259
                c) Bundesverfassungsgericht und Landesverfassungsgerichte ... 261
            6. Form und Frist 261
            7. Allgemeines Rechtsschutzbedürfnis 262
        II. Begründetheitsprüfung der Verfassungsbeschwerde 262
            1. Einleitungssatz und Prüfungsreihenfolge 262
            2. Verletzung der allgemeinen Handlungsfreiheit (Art. 2 Abs. 1 GG) 263
            3. Verletzung von Gleichheitsrechten 263
            4. Verletzung der Garantie der Menschenwürde (Art. 1 Abs. 1 GG) 263
        III. Sonstige Verfahrensarten 264
        IV. Einstweilige Anordnungen 264
            1. Allgemeines 264
            2. Zulässigkeitsprüfung 265
            3. Begründetheitsprüfung 265

Sachverzeichnis 267

Abkürzungsverzeichnis

a. A.	anderer Ansicht
a. a. O.	am angegebenen Ort
a.F.	alte Fassung
Abs.	Absatz
abw. M.	abweichende Meinung
AEUV	Vertrag über die Arbeitsweise der Europäischen Union
AFG	Arbeitsförderungsgesetz
AöR	Archiv des öffentlichen Rechts
aPR	allgemeines Persönlichkeitsrecht
Art.	Artikel
AsylVfG	Asylverfahrensgesetz
AufenthG	Aufenthaltsgesetz
AZO	Arbeitszeitverordnung
BAG	Bundesarbeitsgericht
BAGE	Entscheidungen des Bundesarbeitsgerichts
BauGB	Baugesetzbuch
BayVBl.	Bayerische Verwaltungsblätter
BayVersG	Bayerisches Versammlungsgesetz
BBodSchG	Bundesbodenschutzgesetz
BGB	Bürgerliches Gesetzbuch
BGBl.	Bundesgesetzblatt
BGH	Bundesgerichtshof
BGHSt	Entscheidungen des Bundesgerichtshofs in Strafsachen
BGHZ	Entscheidungen des Bundesgerichtshofs in Zivilsachen
BHO	Bundeshaushaltsordnung
BK	Kommentar zum Bonner Grundgesetz
BND	Bundesnachrichtendienst
BRAO	Bundesrechtsanwaltsordnung
BT-Drs.	Bundestags-Drucksache
BtMG	Betäubungsmittelgesetz
BVerfG	Bundesverfassungsgericht
BVerfGE	Entscheidungen des Bundesverfassungsgerichts
BVerfGG	Bundesverfassungsgerichtsgesetz
BVerwG	Bundesverwaltungsgericht
BVerwGE	Entscheidungen des Bundesverwaltungsgerichts
bzw.	beziehungsweise
dies.	dieselben
d. h.	das heißt
ders.	derselbe
DÖV	Die Öffentliche Verwaltung
DVBl.	Deutsches Verwaltungsblatt

e. V.	eingetragener Verein
EGStGB	Einführungsgesetz zum Strafgesetzbuch
EGMR	Europäischer Gerichtshof für Menschenrechte
Einl. ALR	Einleitung zum Allgemeinen Landrecht für die preußischen Staaten
EMRK	Europäische Konvention zum Schutz der Menschenrechte und Grundfreiheiten
ESchG	Embryonenschutzgesetz
etc.	et cetera
EU	Europäische Union
EuGH	Europäischer Gerichtshof
EUGRZ	Europäische Grundrechtezeitschrift
Euratom	Europäische Atomgemeinschaft
EUV	Vertrag über die Europäische Union
EWG	Europäische Wirtschaftsgemeinschaft
EWR	Europäischer Wirtschaftsraum
f.	folgende Seite
FAG	Fernmeldeanlagengesetz
ff.	folgende Seiten
GastG	Gaststättengesetz
GenTG	Gentechnikgesetz
GewO	Gewerbeordnung
GFK	Genfer Flüchtlingskonvention
GG	Grundgesetz
ggf.	gegebenenfalls
GKV	Gesetzliche Krankenversicherung
GmbH	Gesellschaft mit beschränkter Haftung
GPS	Global Positioning System
GVG	Gerichtsverfassungsgesetz
h. M.	herrschende Meinung
HandwO	Handwerksordnung
HATG	Hausarbeitstaggesetz
HGB	Handelsgesetzbuch
HRG	Hochschulrahmengesetz
HwO	Handwerksordnung
i. d. R.	in der Regel
i. e. S.	im engeren Sinne
i. S. d.	im Sinne der/des/dessen
i. S. e.	im Sinne eines/r
i. S. v.	im Sinne von
i. V. m.	in Verbindung mit
i. w. S.	im weiteren Sinne
JA	Juristische Arbeitsblätter
JGG	Jugendgerichtsgesetz
JöR	Jahrbuch des öffentlichen Rechts der Gegenwart (Zeitschrift)
Jura	Juristische Ausbildung (Zeitschrift)
JuS	Juristische Schulung

Abkürzungsverzeichnis

JVA	Justizvollzugsanstalt
JZ	Juristenzeitung
K&R	Kommunikation und Recht (Zeitschrift)
lit.	littera (Buchstabe)
LMBG	Lebensmittel- und Bedarfsgegenständegesetz
LuftSiG	Luftsicherheitsgesetz
MTA	medizinisch-technische Assistentin
n.F.	neue Fassung
NJW	Neue Juristische Wochenschrift
NVwZ	Neue Zeitschrift für Verwaltungsrecht
NWLandschaftsG	Nordrhein-Westfälisches Landschaftsgesetz
OLG	Oberlandesgericht
PBfG	Personenbeförderungsgesetz
ProstG	Prostitutionsgesetz
PStG	Personenstandsgesetz
Rdnr.	Randnummer
ReKErzG	Gesetz über religiöse Kindererziehung
RGBl.	Reichsgesetzblatt
RNPG	Gesetz zur Prüfung von Rechtsanwaltszulassungen, Notarbestellungen und Berufungen ehrenamtlicher Richter
S.	Seite
SGB V	Sozialgesetzbuch; Buch V: Gesetzliche Krankenversicherungen
Slg.	Sammlung
sog.	sogenannt
StAG	Staatsangehörigkeitsgesetz
StGB	Strafgesetzbuch
StPO	Strafprozessordnung
str.	strittig
TierSchG	Tierschutzgesetz
TKG	Telekommunikationsgesetz
TÜV	Technischer Überwachungsverein
u. a.	und anderes/unter anderem
UKW	Ultrakurzwelle
Var.	Variante
VereinsG	Vereinsgesetz
VersG	Versammlungsgesetz
VerwArch.	Verwaltungsarchiv
vgl.	vergleiche
VO	Verordnung
VwGO	Verwaltungsgerichtsordnung
VwVfG	Verwaltungsverfahrensgesetz
WHG	Wasserhaushaltsgesetz
WRV	Weimarer Reichsverfassung

z. B. .... zum Beispiel
ZDF .... Zweites Deutsches Fernsehen
ZRP .... Zeitschrift für Rechtspolitik
ZUM .... Zeitschrift für Urheber- und Medienrecht

Teil I. Grundlagen

§ 1. Geschichte der Menschen- und Bürgerrechte

Literatur: *Doerfert, Carsten,* Freiheitsschutz nach englischem Recht, JA 1997, 255 ff.; *Hofmann, Hasso,* Zur Herkunft der Menschenrechtserklärung, JuS 1988, 841 ff.; *ders.,* Die Grundrechte 1789–1949–1989, NJW 1989, 3177 ff.; *Kühne, Jörg-Detlef,* Die französische Menschen- und Bürgerrechtserklärung im Rechtsvergleich mit den Vereinigten Staaten und Deutschland, JöR 1990, 1 ff.; *Pieroth, Bodo,* Geschichte der Grundrechte, Jura 1984, 568 ff.; *Ziekow, Jan,* Deutsche Verfassungsentwicklung und sozialer Liberalismus, JuS 1986, 107 ff.

I. Die Entwicklung außerhalb Deutschlands

Der erste Abschnitt des Grundgesetzes trägt die Überschrift „Die Grundrechte". Das Grundgesetz garantiert dort und an einigen anderen Stellen (Art. 20 Abs. 4, 33, 38, 101, 103, 104 GG) dem Einzelnen subjektive öffentliche Rechte. Der Staat darf in gewisse Rechtsgüter nicht oder nur unter bestimmten Voraussetzungen eingreifen und muss bestimmte verfahrensrechtliche Anforderungen beachten, wenn er in grundrechtlich geschützte Sphären eingreifen will. 1

Die im Grundgesetz gewährten Grund- und grundrechtsgleichen Rechte sind jedoch keine „Erfindung" der Verfassungsväter (und -mütter) des Grundgesetzes. Viele Rechte, die heute im Grundgesetz garantiert sind, haben sich in einer langen verfassungsgeschichtlichen Entwicklung herausgebildet. 2

1. Die Herausbildung des Grundrechtsschutzes in der englischen Verfassungstradition

Das erste wesentliche Datum in der Geschichte der Grundrechte ist die sog. **Magna Charta Libertatum** (große Urkunde der Freiheiten) von 1215. Hierbei handelte es sich um einen Vertrag zwischen Krone auf der einen und Adeligen und Geistlichen auf der anderen Seite, denen damit bestimmte Privilegien eingeräumt wurden. Berühmt geworden ist vor allem der Art. 39, wonach kein freier Mann ergriffen, gefangen genommen, aus seinem Besitz vertrieben, verbannt oder in irgendeiner Weise zugrunde gerichtet werden darf, nicht gegen ihn vorgegangen oder ihm nachgestellt werden darf, es sei denn, aufgrund eines gesetzlichen Urteiles seiner Standesgenossen und gemäß dem Gesetz des Landes. 3

4 In eine ähnliche Richtung wie Art. 39 der Magna Charta geht die **Habeas-Corpus-Act** von 1679. Sie stand im Zeichen des Konflikts zwischen dem Englischen Parlament und König Charles II. (1649–1685). Die Habeas-Corpus-Akte enthält prozedurale Garantien bei Freiheitsentziehungen. Sie verbietet vor allem, Verhaftete willkürlich zu behandeln und verlangt, dass sie dem Richter vorzuführen sind. Den Abschluss der sog. Glorious Revolution bildet dann die **Bill of Rights** von 1689. Neben den grundlegenden Rechten des Parlaments finden sich in ihr auch einzelne Individualrechte, etwa das Petitionsrecht.

5 Die genannten Garantien sind nach wie vor geltendes englisches Verfassungsrecht. Das Grundgesetz enthält in Art. 2 Abs. 2 Satz 2 und Art. 104 ähnliche Gewährleistungen. Diese englischen Verbürgungen beruhten jedoch anders als die Grundrechte des Grundgesetzes auf einem Vertragsgedanken. Die Vorstellung von dem Einzelnen kraft seines Personseins zustehenden Rechten ist erst später entwickelt worden.

2. Grundrechtsschutz in amerikanischen Verfassungsdokumenten

6 Als erste Grundrechtserklärung im modernen Sinne gilt die „**Bill of Rights**" von **Virginia** vom 12. Juni 1776. Sie ist Ausdruck des naturrechtlich aufklärerischen Denkens der Neuzeit. Der Mensch verfügt danach über angeborene und unveräußerliche Rechte von Freiheit und Gleichheit. Sie können durch den „Gesellschaftsvertrag" zwar eingeschränkt, nicht jedoch aufgehoben werden. Die „Bill of Rights" von Virginia war Vorbild für weitere Menschenrechtserklärungen anderer Staaten Nordamerikas.

7 Die amerikanische Bundesverfassung von 1787 enthielt zunächst keine der „Bill of Rights" von Virginia vergleichbaren Menschenrechte. Sie wurden erst im Jahr 1791 in Gestalt von 10 Zusatzartikeln (amendments) eingefügt und durch weitere Zusatzartikel ergänzt. Der erste Zusatzartikel enthält die Grundrechte der Religionsfreiheit, der Meinungsäußerungs- und der Pressefreiheit sowie die Versammlungs- und Petitionsfreiheit. Mit dem 14. Zusatzartikel von 1868 wurden die für die weitere Rechtsentwicklung bedeutsamen „Due Process-Clause" und „Equal Protection-Clause" in die Verfassung aufgenommen. Die „Due Process-Clause" enthält generalklauselartige Gewährleistungen, die von der Rechtsprechung in dem Sinne verstanden werden, dass in ihr die meisten der von der Bill of Rights gewährleisteten Rechte enthalten sind. Bei der „Equal Protection Clause" geht es vor allem um die Garantie von Gleichheit (u. a. Verbot von Rassendiskriminierungen in öffentlichen Anstalten).

3. Die französische Menschen- und Bürgerrechtserklärung von 1789

Ein besonders wichtiges Dokument für die Entwicklung der Grundrechte ist die französische **Menschen- und Bürgerrechtserklärung** von 1789. Ähnlich wie die Bill of Rights of Virginia beruht die Erklärung auf der Vorstellung von den Menschen kraft ihres Personseins zustehenden unveräußerlichen Rechten. Nach Art. 1 der Deklaration sind die Menschen frei und gleich. Gesellschaftliche Unterschiede können nur aus dem Gesetz begründet werden. Die französische Menschen- und Bürgerrechtserklärung enthält viele moderne Menschenrechte. Dies beginnt bei prozessualen Rechten (Anklage, Verhaftung oder Gefangennahme nur in den durch das Gesetz bestimmten Fällen und in den von ihm beschriebenen Formen, Rückwirkungsverbot für Strafgesetze, Unschuldsvermutung für Angeklagte). Auch materiell wesentliche Grundrechte sind in der Deklaration enthalten, etwa die Gleichheit der Menschen, die allgemeine Handlungsfreiheit und vor allem die Meinungsfreiheit. Indirekt, nämlich als besondere Ausprägung der Meinungsfreiheit, wurden auch die Presse- sowie die Gewissens- und Religionsfreiheit garantiert. Gewährleistet wurde vor allem auch das private Eigentum. Die aktuelle Verfassung der französischen Republik vom 4. Oktober 1958 nimmt in ihrer Präambel Bezug auf die Menschen- und Bürgerrechtserklärung, die somit geltendes französisches Verfassungsrecht ist.

8

II. Grundrechtsentwicklungen in Deutschland bis 1933

In Deutschland sind erste Grundrechtsgarantien in den **frühkonstitutionellen Verfassungen Süddeutschlands** anzutreffen. Sie wurden jedoch den Untertanen von den jeweiligen Monarchen gewährt und beruhten damit auf einem gänzlich anderen Grundverständnis als die Menschenrechtserklärung etwa in Frankreich.

9

Die **Paulskirchenverfassung** von 1848/1849 enthielt in ihrem Abschnitt VI „Die Grundrechte des deutschen Volkes". Damit war zum ersten Mal ein für ganz Deutschland bestimmter Grundrechtskatalog konzipiert worden. Er umfasste vor allem liberale Freiheitsverbürgungen wie die Freizügigkeit und die Berufsfreiheit (§ 133), die Meinungs- und Pressefreiheit (§ 143), die Freiheit der Religionsausübung (§ 145), die Versammlungsfreiheit (§ 161) und die Vereinigungsfreiheit (§ 162). Ebenso wurde das Eigentum für unverletzlich erklärt. Sehr detailliert wurden die Beschränkungsmöglichkeiten geregelt. Enteignungen beispielsweise sollten nur aus Rücksicht des gemeinen Besten, nur aufgrund eines Gesetzes und gegen gerechte Entschädigung zugelassen werden (§ 164). Schließlich enthielt § 137 einen allgemeinen Gleichheitssatz. Vorgesehen war schließlich die Möglichkeit einer Verfassungsbeschwerde (§ 126 g). Der Grund-

10

rechtsteil galt seit Dezember 1848 als Reichsgesetz, wurde jedoch nach dem Scheitern der Verfassung durch Bundesbeschluss aufgehoben.

11 Die **Preußische Verfassungsurkunde** vom 31. Januar 1850 enthielt einen Grundrechtskatalog, der im Wesentlichen dem der Paulskirchenverfassung nachgebildet war. Die klassischen liberalen Grundrechte wurden garantiert. Der Gleichheitssatz, wonach alle Preußen vor dem Gesetz gleich sind (Art. 4), wurde jedoch nicht als Verpflichtung des Parlamentes zur Schaffung von Rechtsgleichheit, sondern als Verpflichtung der Exekutive zur Rechtsanwendungsgleichheit ausgelegt. Damit war der Gesetzgeber nicht an den Gleichheitssatz gebunden. Interessanterweise spricht Art. 3 Abs. 1 GG heute immer noch von der Gleichheit „vor" dem Gesetz. Die Verfassungsinterpretation unter dem Grundgesetz versteht diese Bestimmung jedoch als allgemeines Gleichheitsrecht, an das auch die Gesetzgebung gebunden ist (Art. 1 Abs. 3 GG).

12 Die **Verfassungen des Norddeutschen Bundes** von 1866 und des **Deutschen Reiches** von 1871 beinhalteten keine Grundrechte. Die **Weimarer Reichsverfassung** von 1919 enthielt hingegen einen ausgedehnten Grundrechtskatalog. Im zweiten Hauptteil wurden die Grundrechte und Grundpflichten der Deutschen in fünf Abschnitten und rund 60 Artikeln geregelt. Am Anfang stand der Gleichheitssatz (Art. 109). Ebenfalls enthalten waren die klassischen Freiheitsrechte, wie die Freiheit der Person (Art. 114), die Meinungsfreiheit (Art. 118) oder die Eigentumsgarantie (Art. 153). Die Grundrechtsgarantien der Weimarer Reichsverfassungen waren unverkennbar Vorbild für die Grundrechte des Grundgesetzes. Die Weimarer Reichsverfassung selbst knüpfte im Wesentlichen an die Paulskirchenverfassung von 1849 an.

13 Trotz eines umfangreichen Grundrechtskataloges war die rechtliche Wirksamkeit der Grundrechte in der Weimarer Reichsverfassung beschränkt. So war die Bindung des Gesetzgebers an die Grundrechte (siehe heute Art. 1 Abs. 3 GG) noch nicht allgemein anerkannt. Es fehlte weiterhin die Möglichkeit, wegen Verletzung von Grundrechten ein Verfassungsgericht anzurufen (siehe heute Art. 93 Abs. 1 Nr. 4a GG: Recht für jedermann, Verfassungsbeschwerde zu erheben). Die Freiheitsrechte konnten zudem nach Art. 48 Abs. 2 WRV vom Reichspräsidenten in Notsituationen außer Kraft gesetzt werden.

III. Grundrechte unter dem Grundgesetz

14 Die wesentlichen grundrechtlichen Garantien des Grundgesetzes sind seit 1949 weitgehend unverändert geblieben. Dort, wo der verfassungsändernde Gesetzgeber Änderungen vorgenommen hat, sind wegen des Zwanges zur politischen Kompromissfindung teilweise sehr unübersichtliche (technische) Normenkomplexe entstanden, die dem ursprünglichen Formulierungsstil der Verfassung nicht entsprechen (siehe etwa Art. 16a GG).

Für die Auslegung der Grundrechte des Grundgesetzes ist vor allem das BVerfG zuständig. Die Rechtsprechung des Gerichts hat den heutigen Stand der Dogmatik ganz maßgeblich geprägt. Die oft sehr knappen und interpretationsoffenen Bestimmungen des Grundgesetzes wurden dadurch für die Rechtsanwender handhabbar. Die Kenntnis entsprechender Entscheidungen ist deshalb für das Verständnis dieses Rechtsgebietes unabdingbar. 15

Gleichwohl geht es beim Studium von Grundrechtsdogmatik nicht primär darum, Entscheidungen des Verfassungsgerichts zu lernen oder gar zu meinen, man könne im Wege der Deduktion aus verfassungsrechtlichen Bestimmungen quasi selbstständig zu den vom BVerfG gefundenen Ergebnissen gelangen. Vielfach lassen sich andere Ergebnisse vernünftig begründen und vertreten. Dies zeigen schon die in den letzten Jahren zunehmenden Sondervoten einzelner Richterinnen und Richter oder sogar divergierende Entscheidungen beider Senate. 16

Wichtiger als Ergebnisse von Entscheidungen sind deshalb die verwendeten Argumentationsfiguren. Dabei sind die Figuren wichtig, die Bedeutung für die allgemeine Dogmatik haben. Mit ihnen können die ständig neu auftretenden verfassungsrechtlichen Fragestellungen angegangen und Lösungen zugeführt werden. Vernachlässigenswert sind hingegen solche Argumentationsstrukturen, die erkennbar von dem Bemühen gekennzeichnet sind, ein gewünschtes Ergebnis abzusichern. 17

§ 2. Einteilung der Grundrechte

I. Der Begriff Grundrecht

1. Grundrechte und Menschenrechte

Die Begriffe „Grundrecht" und „Menschenrecht" sind verwandt, jedoch nicht identisch. Im Sinne der neuzeitlichen Verfassungsentwicklung versteht man unter einem Menschenrecht das dem Menschen kraft seiner Geburt gegebene Recht auf Respektierung seiner individuellen Rechtsgüter wie Leben, Freiheit, Gesundheit und Eigentum. Die Grundrechte sind hingegen die in der Verfassung niedergelegten Menschenrechte. 18

Ein Grundrecht im Sinne des Grundgesetzes ist dadurch gekennzeichnet, dass ein subjektiv-öffentliches Recht vorliegt, das in den ersten Abschnitt der Verfassung aufgenommen worden ist. Unter einem subjektiv-öffentlichen Recht versteht man die einem Einzelnen verliehene Rechtsmacht, von einem Träger öffentlicher Gewalt ein Tun oder Unterlassen zu verlangen. Grundrechte sind also nicht nur Programmsätze, sondern unmittelbar geltendes Recht. Dies bringt vor allem Art. 1 Abs. 3 GG zum Ausdruck. 19

2. Grundrechtsgleiche Rechte

20 Subjektiv-öffentliche Rechte außerhalb des ersten Abschnitts bezeichnet man als sog. **grundrechtsgleiche Rechte.** Hierzu gehören:
- Widerstandsrecht (Art. 20 Abs. 4 GG),
- Anspruch auf Zugang zu jedem öffentlichen Amte (Art. 33 Abs. 2 GG),
- demokratische Rechte wie die des aktiven und des passiven Wahlrechts (Art. 38 GG),
- prozessuale Rechte (Art. 101, 103, 104 GG).

21 Die Bedeutung der Begriffsbestimmung wird in Art. 93 Abs. 1 Nr. 4a GG deutlich. Eine Verfassungsbeschwerde zum BVerfG kann nur von demjenigen erhoben werden, der geltend macht, durch die öffentliche Gewalt in einem seiner Grundrechte oder in einem seiner grundrechtsgleichen Rechte verletzt zu sein. Sonstige Rechte, die die Verfassung gewährt, können mit der Verfassungsbeschwerde nicht verfolgt werden. Solche sonstigen Rechte sind beispielsweise:
- Rechte des Wahlkreisbewerbers nach Art. 48 GG
- Rechte der Abgeordneten nach Art. 46 GG.

22 Allerdings reicht es für die Zulässigkeit einer Verfassungsbeschwerde aus, wenn sich der Beschwerdeführer jedenfalls auf die Verletzung eines Grundrechts oder grundrechtsgleichen Rechts beruft.

3. Grundrechte in den Landesverfassungen

23 Auch die Landesverfassungen enthalten vielfach Grundrechte. Gemäß Art. 142 GG bleiben diese Bestimmungen auch insoweit in Kraft, als sie in Übereinstimmung mit den Artikeln 1 bis 18 dieses Grundgesetzes Grundrechte gewähren. Diese Bestimmung ist schwierig zu verstehen. Man geht davon aus, dass Grundrechte in den Landesverfassungen, die weitergehende Rechte als die Grundrechte des Grundgesetzes gewähren, die Landesstaatsgewalt entsprechend binden (nicht hingegen den Bund). Soweit die Landesgrundrechte hinter den Bundesgrundrechten zurückbleiben, ist auch die Landesgewalt wegen der Bindung an die Grundrechte des Grundgesetzes nicht zu weitergehenden Eingriffen befugt, als sie das Grundgesetz zulässt.

24 Für die Fallbearbeitung ist zu beachten, dass die Grundrechte des Landesrechts nicht Prüfungsmaßstab im Verfahren vor dem BVerfG sind.

25 **Fall 1:** A möchte sich um ein Mandat im Bundestag auf der Liste der A-Partei bewerben. Sein Arbeitgeber verweigert ihm die Gewährung von Urlaub, was vom Arbeitsgericht bestätigt wird. A erhebt unter Berufung auf Art. 48 Abs. 1 GG Verfassungsbeschwerde. Mit Erfolg?

§ 2. Einteilung der Grundrechte 7

Lösung Fall 1: Die Verfassungsbeschwerde wird Erfolg haben, wenn sie zulässig und begründet ist.
I. Zulässigkeit.
1. Zuständigkeit. Das BVerfG ist nach Art. 93 Abs. 1 Nr. 4a GG i. V. m. §§ 13 Nr. 8a, 90 ff. BVerfGG zuständig.
2. Beschwerdeberechtigung. Fraglich ist jedoch, ob A beschwerdeberechtigt ist. Die Beschwerdeberechtigung bestimmt sich nach § 90 Abs. 1 BVerfGG. Hiernach ist beschwerdeberechtigt, wer Träger des als verletzt gerügten Grundrechts oder grundrechtsgleichen Rechts ist. A rügt die Verletzung des Art. 48 Abs. 1 GG. Der dort normierte Urlaubsanspruch ist jedoch kein in Art. 93 Abs. 1 Nr. 4a GG genanntes Grundrecht oder grundrechtsgleiches Recht, so dass die Beschwerdeberechtigung des A zu verneinen ist.
II. Ergebnis. Die Verfassungsbeschwerde ist deshalb unzulässig.

Merke: Eine Verfassungsbeschwerde ist nur zulässig, wenn es um die Verletzung eines Grundrechts oder grundrechtsgleichen Rechts geht.

II. Freiheits- und Gleichheitsrechte

Literatur: *Kielmansegg, Sebastian Graf von,* Die Grundrechtsprüfung, JuS 2008, 23 ff.

1. Prüfungsaufbau bei Freiheitsrechten

a) „Interner" Prüfungsaufbau eines Freiheitsrechts

Bei den Grundrechten des Grundgesetzes wird zwischen Freiheits- und Gleichheitsrechten unterschieden. Die meisten Grundrechte sind Freiheitsrechte. Bei ihnen geht es darum, dass dem Grundrechtsträger bestimmte Freiräume garantiert werden, in die der Staat nicht oder nur unter bestimmten Voraussetzungen eingreifen darf (z. B. das Recht, seine Meinung zu äußern, entsprechend eigenen Glaubensüberzeugungen zu handeln, einen Beruf auszuüben etc.). Hieraus ergibt sich folgender Prüfungsaufbau: 26

– **Schutzbereich:** Teilweise wird statt von „Schutzbereich" auch von „Gewährleistungsbereich" gesprochen. Hierbei wird zwischen persönlichem (bzw. personellem) und sachlichem Schutzbereich unterschieden. Sachlicher Schutzbereich bedeutet: Steht die angeblich betroffene Rechtsposition oder das angeblich betroffene Recht unter dem Schutz eines Grundrechtes? Ist dies nicht der Fall, braucht die staatliche Maßnahme von vornherein nicht an dem Freiheitsrecht geprüft zu werden. 27

Beispiel: Die Eltern des Kindes K weigern sich aus Gewissensgründen ihre Kinder auf eine Gesamtschule zu schicken. Der Schutzbereich des Art. 4 GG ist nicht berührt, weil die Frage, auf welche Schule die eigenen Kinder gehen, vielleicht das elterliche Erziehungsrecht, nicht aber das Gewissen betrifft. 28

29 Beim persönlichen Schutzbereich geht es hingegen um die Grundrechtsträgerschaft. Einige Grundrechte (z. B. Art. 8, 9, 11, 12 GG) stehen nur den Deutschen im Sinne des Grundgesetzes zu (siehe Art. 116 GG). Ausländer können sich insoweit nur auf die allgemeine Handlungsfreiheit des Art. 2 Abs. 1 GG berufen (ausführlich unten § 2 III).

30 – **Eingriff:** Wirkt die staatliche Maßnahme negativ auf das geschützte Recht oder die geschützte Rechtsposition ein? Hierbei geht es um die Abgrenzung des Wirkungsbereichs des Grundrechts. In einer komplexen Gesellschaft treffen viele staatliche Maßnahmen die Grundrechte vieler. Von einem Eingriff lässt sich dann sprechen, wenn die Beeinträchtigung einigermaßen erheblich ist oder final auf das entsprechende Rechtsgut zielt (ausführlich unten § 7).

31 – **Verfassungsrechtliche Rechtfertigung:** Liegen die Voraussetzungen für einen Eingriff in das Grundrecht vor? Dafür muss zunächst der Eingriff überhaupt erlaubt sein. Des Weiteren muss (im Regelfall) ein formelles Gesetz (Parlamentsgesetz) vorliegen. Schließlich müssen die besonderen Anforderungen des entsprechenden Gesetzesvorbehaltes eingehalten werden. Weiterhin sind die allgemeinen Eingriffsvoraussetzungen zu beachten (d. h. Übermaßverbot, Wesensgehaltsgarantie des Art. 19 Abs. 2 GG, Zitiergebot des Art. 19 Abs. 1 Satz 2 GG; ausführlich unten § 8).

32 Eine grundlegende Unterscheidung in der Grundrechtsdogmatik wird damit dahingehend getroffen, ob ein Grundrecht „berührt" oder „verletzt" wird. Wird ein Grundrecht „berührt", bedeutet dies nur, dass der Schutzbereich einschlägig ist und der Staat damit besonderen Rechtfertigungspflichten unterliegt. Wird ein Grundrecht hingegen „verletzt", ist die entsprechende Maßnahme rechts- und damit verfassungswidrig.

b) Prüfungsaufbau bei mehreren einschlägigen Freiheitsrechten

33 Oft kommen bei einem grundrechtlichen Fall mehrere Freiheitsrechte als Prüfungsmaßstab in Betracht. Wichtig ist dann vor allem, dass die allgemeine Handlungsfreiheit (Art. 2 Abs. 1 GG) als Auffanggrundrecht am Schluss geprüft werden muss. Vorher sind die entsprechenden Spezialgrundrechte anzusprechen.

34 In welcher Reihenfolge die Spezialgrundrechte geprüft werden, ist jedenfalls in Prüfungsaufgaben meist gleichgültig. Zwar versucht die Rechtsprechung der Verfassungsgerichte gelegentlich, irgendwelche Vorrangverhältnisse in bestimmten Sachverhalten zu definieren. Recht überzeugend und nachvollziehbar ist das im Allgemeinen aber nicht. Deshalb sollte jedes Grundrecht, das möglicherweise in Betracht kommt, einzeln angesprochen werden.

2. Prüfungsaufbau bei Gleichheitsrechten

Neben den Freiheitsrechten stehen die Gleichheitsrechte. Gleichheitsrechte 35
gibt es nur wenige. Die wichtigsten enthält Art. 3 GG. Weitere Gleichheitsrechte sind:
- Gleichstellung von ehelichen und nichtehelichen Kindern (Art. 6 Abs. 5 GG);
- gleicher Zugang zu öffentlichen Ämtern (Art. 33 Abs. 2 GG);
- Gleichheit des aktiven und passiven Wahlrechts (Art. 38 Abs. 1 Satz 1 GG).

Bei Gleichheitsrechten wird nicht nach Schutzbereich, Eingriff und verfas- 36
sungsrechtlicher Rechtfertigung gefragt. Vielmehr wird untersucht, welche
Differenzierungen der Staat vornimmt. Diese Differenzierungen müssen sich
dann durch die Unterschiede in den entsprechenden Vergleichsgruppen rechtfertigen lassen. Daraus ergibt sich (vereinfacht) folgendes Prüfungsschema:
1. Verstößt die Differenzierung gegen ein besonderes Gleichheitsrecht (z. B. Art. 3 Abs. 3 GG)?
2. Ist die Differenzierung im Hinblick auf den allgemeinen Gleichheitssatz (Art. 3 Abs. 1 GG) willkürlich oder unverhältnismäßig?

3. Verhältnis von Freiheits- und Gleichheitsprüfung

Für ein freiheitliches Staatswesen besteht ein Vorrang der Freiheit vor der 37
Gleichheit. Gleichheit lässt sich eher in diktatorischen Systemen erreichen.
Daher kommt den Freiheitsrechten gegenüber den Gleichheitsrechten eine
vorrangige Bedeutung zu. Aufbaumäßig werden deshalb i. d. R. zuerst die
Freiheits- und dann die Gleichheitsrechte geprüft. In der Rechtsprechung des
BVerfG werden Gleichheitsfragen zudem oft als Eingriffsprobleme behandelt,
so dass die Prüfung des Gleichheitssatzes gar nicht auftaucht. Manchmal werden auch Freiheits- und Gleichheitsrechte zusammengemischt (siehe BVerfGE
130, 131 ff.). Bei Prüfungsarbeiten ist von einem solchen Vorgehen abzuraten.
Es sind möglichst umfassend alle Grundrechte anzusprechen. Besser lesbar ist
eine Klausur, wenn die Prüfung abgeschichtet ist, also zuerst die Freiheits- und
dann die Gleichheitsrechte geprüft werden.

Fall 2 *(nach BVerfGE 58, 137 ff.):* Im Bundesland H mussten aufgrund gesetzlicher 38
Bestimmungen von allen im Land erschienenen Druckerzeugnissen Pflichtexemplare
unentgeltlich an bestimmte Bibliotheken abgeführt werden, um das innerhalb des Landes
erscheinende Schrifttum vollständig zu sammeln und der Öffentlichkeit zur Verfügung zu
stellen. Hiergegen erhoben verschiedene Verleger Verfassungsbeschwerde, die extrem teure Druckwerke in sehr geringer Stückzahl herstellten. Liegt ein Grundrechtsverstoß vor?
Lösung Fall 2: Im vorliegenden Fall kommt ein Verstoß gegen die Eigentumsfreiheit
(Art. 14 Abs. 1 GG) und gegen den allgemeinen Gleichheitssatz (Art. 3 Abs. 1 GG) in Frage.
I. *Art. 14 Abs. 1 GG.* Denkbar wäre zunächst ein Verstoß gegen das Grundrecht der
Eigentumsfreiheit aus Art. 14 Abs. 1 GG.

1. Schutzbereich. Der Schutzbereich wäre dann eröffnet, wenn das Eigentum der Verleger betroffen wäre. Unter Eigentum versteht man (anders als im Zivilrecht) jedes vermögenswerte Recht. Hierzu zählt auch das Eigentum an den vom Verleger hergestellten Druckwerken. Der Schutzbereich ist deshalb eröffnet.

2. Eingriff. Die Verpflichtung zur Abgabe von Pflichtexemplaren ist eine generell abstrakte Belastung des Eigentums. Es wird nicht auf bestimmte Vermögensgegenstände zugegriffen, sondern eine allgemeine Abgabepflicht eingeführt. Dies sieht man als Inhalts- und Schrankenbestimmung gemäß Art. 14 Abs. 1 Satz 2 GG, nicht als Enteignung im Sinne von Art. 14 Abs. 3 GG an. Ein Eingriff in Gestalt einer Inhalts- und Schrankenbestimmung liegt vor.

3. Verfassungsrechtliche Rechtfertigung. Fraglich ist aber, ob dieser Eingriff verfassungsrechtlich gerechtfertigt werden kann. Dann müsste die Verpflichtung zur Abgabe von Pflichtexemplaren mit dem Übermaßverbot vereinbar sein. Die Maßnahme müsste einen legitimen Zweck verfolgen und geeignet, erforderlich und angemessen sein. Durch die Abgabe von Pflichtexemplaren soll sichergestellt werden, dass die Bibliotheken ein breit gefächertes Literaturangebot aufweisen können, um es der Allgemeinheit zur Verfügung zu stellen. Die Maßnahme ist zur Erreichung des verfolgten Zwecks auch geeignet und erforderlich. Erhebliche Bedenken an der Angemessenheit bestehen jedoch deshalb, weil Verleger mit extrem teuren Druckwerken aufgrund der Unentgeltlichkeit unverhältnismäßig stark belastet werden. Rechtfertigende Gründe für diese extreme Belastung sind nicht ersichtlich. Die unentgeltliche Abgabepflicht ist daher mit dem Übermaßverbot nicht vereinbar.

4. Ergebnis. Eine Verletzung der Eigentumsfreiheit liegt somit vor.

II. Art. 3 Abs. 1 GG. In Frage kommt weiterhin ein Verstoß gegen den allgemeinen Gleichheitsgrundsatz des Art. 3 Abs. 1 GG (dies wurde vom BVerfG allerdings nicht geprüft).

1. Vorliegen einer Ungleichbehandlung. Dann müsste zunächst eine Ungleichbehandlung vergleichbarer Gruppen vorliegen. Die zu vergleichenden Gruppen sind die Gruppe der Verleger von „Massenware" auf der einen und die Gruppe der Verleger von Kleinauflagen auf der anderen Seite. Fraglich ist sodann, ob diese Gruppen ungleich behandelt werden. Auf den ersten Blick trifft die Verpflichtung zur Abgabe eines Pflichtexemplars beide Gruppen zwar gleichermaßen, de facto werden die verschiedenen Gruppen jedoch unterschiedlich stark belastet. Muss der Verleger eines in großer Auflagenzahl produzierten Druckwerks ein Exemplar kostenlos abgeben, so fällt dies nicht sonderlich ins Gewicht. Wird hingegen nur eine geringe Auflage verlegt, so trifft die Abgabepflicht den Verleger besonders hart. Eine Ungleichbehandlung liegt daher vor, wenn man auf die Wirkung des Gesetzes abstellt. (Alternativ ließe sich auch davon ausgehen, dass eine rechtfertigungsbedürftige Gleichbehandlung von wesentlich Ungleichem vorliegt, siehe unten § 34)

2. Verfassungsrechtliche Rechtfertigung. Die festgestellte Ungleichbehandlung verstößt jedoch nur dann gegen den allgemeinen Gleichheitsgrundsatz, wenn keine Unterschiede zwischen den beiden Gruppen vorhanden sind, die diese Ungleichbehandlung rechtfertigen könnten. Solche sachlichen Gründe sind hier nicht ersichtlich. (Alternativ: Beide Gruppen unterscheiden sich in einem Maße, dass eine Gleichbehandlung nicht zu rechtfertigen ist.)

3. Ergebnis. Ein Verstoß gegen Art. 3 Abs. 1 GG ist daher ebenfalls zu bejahen.

Merke: In der Klausur sind immer alle in Frage kommenden Grundrechte zu prüfen. Hierbei gilt für die Prüfungsreihenfolge, dass die Freiheitsrechte vor den Gleichheitsrechten und innerhalb derselben Gruppe die speziellen Rechte vor den allgemeinen geprüft werden.

III. Jedermann- und Deutschengrundrechte

Literatur: *Sachs, Michael*, Ausländergrundrechte im Schutzbereich von Deutschengrundrechten, BayVBl. 1990, 385 ff.

Die Grundrechte stehen nicht unterschiedslos jedermann zu. Vielmehr 39
unterscheidet das Grundgesetz zwischen Deutschen- und Jedermanngrundrechten. Jedermanngrundrechte werden teilweise auch als „Menschenrechte" bezeichnet. Der Begriff Menschenrechte ist jedoch zu vermeiden, da er doppeldeutig ist (vgl. § 2 I 1). Wer Deutscher ist, richtet sich nach Art. 116 Abs. 1 GG.

Die wichtigsten „Deutschengrundrechte" sind: 40
– Nur Deutsche genießen das Grundrecht der Versammlungsfreiheit (Art. 8 Abs. 1 GG).
– Nur Deutsche haben das Vereinigungsrecht (Art. 9 Abs. 1 GG).
– Nur Deutsche sind Träger des Grundrechts der Freizügigkeit (Art. 11 Abs. 1 GG).
– Nur Deutsche sind Grundrechtsträger des Rechts der Berufsfreiheit (Art. 12 Abs. 1 GG).
– Nur Deutsche haben die Rechte aus Art. 16 Abs. 1 und Abs. 2 GG.

Die Unterscheidung von Deutschen- und Jedermanngrundrechten hat seit 41
Inkrafttreten des Grundgesetzes viel von ihrer ursprünglichen Bedeutung eingebüßt. Aufgrund der Bestimmungen des Europarechts (Art. 18 AEUV) dürfen Angehörige von EU-Mitgliedstaaten nicht aus Gründen der Staatsangehörigkeit diskriminiert werden, soweit der Vertrag über die Arbeitsweise der Europäischen Union Anwendung findet. Dies führt etwa im Bereich der Berufsfreiheit zu einer vom Europarecht geforderten Gleichbehandlung von Deutschen und anderen EU-Bürgern (siehe dazu im Einzelnen unten § 26 II 1). Zudem ist es nicht so, dass Ausländer im thematischen Schutzbereich von Deutschengrundrechten vollkommen schutzlos gestellt wären. Sie können sich vielmehr auf das Auffanggrundrecht des Art. 2 Abs. 1 GG berufen (BVerfGE 35, 382/399 ff.; NJW 1988, 2290/2291).

Fall 3: Der Nigerianer N bittet in der Bundesrepublik um politisches Asyl. Gemäß § 56 42
AsylVfG darf er sich nur im Bereich der kreisfreien Stadt S aufhalten. Wird dadurch in Grundrechte des N eingegriffen?
Lösung Fall 3: In Frage kommt eine Verletzung des Rechts auf Freizügigkeit (Art. 11 Abs. 1 GG) und der allgemeinen Handlungsfreiheit (Art. 2 Abs. 1 GG).
I. Art. 11 Abs. 1 GG. Die Verpflichtung, sich nur im Bereich der Stadt S aufzuhalten, könnte einen Eingriff in die Freizügigkeit (Art. 11 Abs. 1 GG) darstellen.
1. Schutzbereich.
a. Persönlicher Schutzbereich. Es handelt sich bei Art. 11 Abs. 1 GG jedoch um ein Deutschengrundrecht, so dass N nicht Grundrechtsträger ist. Der persönliche Schutzbereich des Art. 11 Abs. 1 GG ist somit nicht berührt.
2. Ergebnis. Eine Verletzung von Art. 11 Abs. 1 GG kommt daher nicht in Betracht.

II. Art. 2 Abs. 1 GG. Es könnte jedoch ein Eingriff in Art. 2 Abs. 1 GG vorliegen.
1. Schutzbereich. Dann müsste zunächst der Schutzbereich eröffnet sein. Art. 2 Abs. 1 GG schützt die allgemeine Handlungsfreiheit. Hierunter wird das Recht verstanden, zu tun und zu lassen, „was man will". Geschützt ist deshalb auch das Recht des N, die Stadt S zu verlassen.
2. Eingriff. Ein Eingriff liegt ebenfalls vor, da imperativ (durch Gesetz) das Recht des N beschränkt wird, einen anderen Ort aufzusuchen.
3. Verfassungsrechtliche Rechtfertigung. Der Eingriff könnte jedoch verfassungsrechtlich gerechtfertigt sein. § 56 AsylVfG müsste zur verfassungsmäßigen Ordnung (= verfassungsmäßige Rechtsordnung) gehören. Insbesondere müsste das Übermaßverbot beachtet sein (wäre in der Klausur noch näher zu erläutern).
4. Ergebnis. Der Eingriff ist deshalb verfassungsrechtlich gerechtfertigt.

Merke: Auch wenn sich Ausländer nicht auf Deutschengrundrechte berufen können, so erhalten sie dennoch ausreichenden grundrechtlichen Schutz über das Auffanggrundrecht der allgemeinen Handlungsfreiheit.

IV. Benannte und unbenannte Grundrechte

43 Die Grundrechte, die das Grundgesetz ausdrücklich benennt, bezeichnet man als sog. benannte oder Nominat-Grundrechte. Durch die technische Entwicklung ist es jedoch seit 1949 zu Bedrohungen für die menschliche Persönlichkeit gekommen, die das Bedürfnis nach der Entwicklung neuer Grundrechtsgarantien aufkommen ließen. Es gibt deshalb jedenfalls ein unbenanntes bzw. Innominat-Grundrecht. Es betrifft den Schutz des **allgemeinen Persönlichkeitsrechts.** Es wird vom BVerfG aus Art. 2 Abs. 1 GG i. V. m. Art. 1 Abs. 1 GG abgeleitet (BVerfGE 54, 148/153). Aspekte dieses allgemeinen Persönlichkeitsrechts sind etwa das „Recht am eigenen Bild", der Schutz der engeren Privatsphäre oder auch das „Recht auf informationelle Selbstbestimmung", also das Recht, selbst über die Erhebung, Speicherung, Weitergabe und Verwendung von personenbezogenen Daten zu bestimmen (BVerfGE 65, 1/43). Auch unbenannte Freiheitsrechte sind im Verfassungsbeschwerdeverfahren rügefähig (§§ 90, 92 BVerfGG).

§ 3. Funktionen der Grundrechte

Literatur: *Voßkuhle, Andreas/Kaiser, Anna-Bettina*, Grundwissen – Öffentliches Recht: Funktionen der Grundrechte, JuS 2011, 411 ff.

I. Grundrechte als Abwehrrechte

In ihrer primären Funktion sind Grundrechte Abwehrrechte des Bürgers 44
gegen den Staat. Sie schützen also den Freiheitsbereich des Bürgers gegen staatliche Eingriffe. Dies ergibt sich zunächst aus ihrer historischen Entwicklung (vgl. oben § 1). Zum Zweiten folgt die abwehrrechtliche Funktion auch aus dem Wortlaut der Grundrechte. So ist an verschiedenen Stellen von „Beschränkungen" die Rede, wodurch darauf hingewiesen wird, dass die öffentliche Gewalt nur unter bestimmten Voraussetzungen in den grundrechtlichen Freiheitsraum eingreifen darf (siehe etwa Art. 8 Abs. 2, Art. 10 Abs. 2, Art. 11 Abs. 2 GG).

Die Funktion der Grundrechte als Abwehrrechte führt zu einer verhältnis- 45
mäßigen Regelklarheit. Ist das Verhalten der öffentlichen Hand rechtswidrig, hat der Eingriff zu unterbleiben. Es gibt also ein definitives verfassungsmäßiges Gegenteil. Verwaltungsakte sind von den Gerichten aufzuheben, Gesetze (Parlamentsgesetze, Rechtsverordnungen und Satzungen) sind nichtig, tatsächliche Beeinträchtigungen sind zu unterlassen, fortwirkende Beeinträchtigungen sind rückgängig zu machen.

II. Grundrechte als Institutsgarantien bzw. institutionelle Garantien

Die von den Grundrechten geschützten Freiheitsräume sind jedoch vielfach 46
nicht als rein naturgegebene und gegen den Staat gerichtete Rechte denkbar. Oft lässt sich das Freiheitsrecht nur mit Hilfe der staatlichen Rechtsordnung verwirklichen. Die Grundrechte erstrecken dann ihren Schutz auf notwendige Normenkomplexe. Im Anschluss vor allem an *Carl Schmitt* werden insoweit Institutsgarantien und institutionelle Garantien unterschieden. Institutsgarantien erfassen private Normenkomplexe, institutionelle Garantien öffentlich-rechtliche Normenkomplexe. Zu den Institutsgarantien gehören vor allem:

– Die Garantie von Ehe und Familie in Art. 6 Abs. 1 GG. Hierbei knüpft die Verfassung an bestimmte, vor allem durch die Rechtsordnung geprägte Vorstellungen von Ehe und Familie an (z. B. Grundsatz der Monogamie).
– Garantie des Eigentums (Art. 14 Abs. 1 GG). Der Gesetzgeber ist verpflichtet, die Existenz privaten Eigentums durch die Rechtsordnung zu ermöglichen. Dies geschieht vor allem durch die Regelungen des Bürgerlichen Rechts.

47 Zu den institutionellen Garantien gehören vor allem:
- Berufsbeamtentum (Art. 33 Abs. 5 GG). Der Gesetzgeber ist verpflichtet, das Beamtenrecht nach den hergebrachten Grundsätzen des Berufsbeamtentums zu regeln.
- Kommunale Selbstverwaltung (Art. 28 Abs. 2 Satz 1 GG). Hier ist der Gesetzgeber durch die Verfassung dazu aufgefordert, die Erfüllung der örtlichen Angelegenheiten durch die Gemeinden durch Erlass entsprechender Rechtsnormen zu ermöglichen.

48 Im Allgemeinen geht man davon aus, dass ein „Kern" der Garantie unantastbar ist. Dieser Kernbereich wird jedoch eng gezogen, um den gesetzgeberischen Gestaltungsspielraum nicht übermäßig einzuschränken. Verstöße gegen die Instituts- oder institutionelle Garantie sind deshalb selten, die Bedeutung dieses (theoretisch sehr interessanten) Komplexes für Klausuraufgaben ist gering. Zu „Frontalangriffen" auf das jeweilige Institut kommt es in der gegenwärtigen Gesetzgebungspraxis nicht. Gefährdungen treten eher durch eine schleichende Aushöhlung der Garantien ein, indem der Gesetzgeber ständig kleinere negative Veränderungen vornimmt, die für sich genommen hinnehmbar erscheinen, in ihrer Summation aber eine Gefährdung des Instituts darstellen können. Solchen allmählichen Aushöhlungen kann die Lehre von den Institutsgarantien nur schwer entgegenwirken.

III. Objektive Grundrechtsdimensionen

Literatur: *Alexy, Robert,* Grundrechte als subjektive Rechte und als objektive Normen, Der Staat 29 (1990), 49 ff.; *Borgmann, Klaus/Hermann, Martin,* Soziale Grundrechte – Regelungsmodelle und Konsequenzen, JA 1992, 337 ff.; *Couzinet, Daniel,* Die Prinzipientheorie der Grundrechte – Einführung, Strukturhinweise, Anwendung in der Fallbearbeitung, JuS 2009, 603 ff.; *Hain, Eberhard,* Der Gesetzgeber in der Klemme zwischen Übermaß- und Untermaßverbot?, DVBl. 1993, 982 ff.; *Klein, Oliver,* Das Untermaßverbot – über die Justiziabilität grundrechtlicher Schutzpflichterfüllung, JuS 2006, 960 ff.

1. Allgemeines

49 Grundrechte sind Bestandteil der objektiven Rechtsordnung. Sie sind zudem subjektive Rechte. Hiermit nicht zu verwechseln ist, dass Grundrechten eine sog. objektive Funktion zugesprochen wird. Der Begriff „objektive Funktion" ist nicht sehr aussagekräftig. Hiermit ist letztlich gemeint, dass die grundrechtlichen Funktionen sich über die rein abwehrrechtliche Funktion hinaus erstrecken (wie bei den Instituts- und institutionellen Garantien). Aus ihnen lassen sich jedenfalls unter gewissen Voraussetzungen auch Schutz-, Leistungs- und Teilhaberechte ableiten. Objektive Grundrechtsfunktionen sind deshalb alle diejenigen Funktionen, die sich nicht mit der abwehrrechtlichen Komponente erklären lassen. Sie sind jedoch Bestandteil der grundrechtlichen Garantie und können auch mittels Verfassungsbeschwerde (Art. 93 Abs. 1 Nr. 4a GG) geltend gemacht werden.

2. Schutzpflicht

a) Schutzpflicht für alle grundrechtlich geschützten Rechtsgüter

50 Ein wichtiger Ausfluss der objektiv-rechtlichen Funktion ist die Anerkennung einer staatlichen Schutzpflicht zugunsten der in den Grundrechten geschützten Rechtsgüter. Der Staat ist verpflichtet, die grundrechtlich geschützten Rechtsgüter gegen Beeinträchtigungen durch private Dritte, durch nichtdeutsche staatliche Stellen oder durch Naturgewalten in Schutz zu nehmen. Dass die Grundrechte auch diese Funktion haben, bringt Art. 1 Abs. 1 Satz 2 GG zum Ausdruck. Auch Art. 6 Abs. 4 GG enthält einen ausdrücklichen Schutzauftrag. Die Verfassungsinterpretation und die Rechtsprechung gehen mittlerweile davon aus, dass dem Staat eine Schutzpflicht zugunsten jedes in einem Freiheitsgrundrecht garantierten Rechtsgutes obliegt.

51 **Beispiel** *(BVerfGE 114, 73 ff.):* Der Gesetzgeber ist verpflichtet, zum Schutz der Privatautonomie (Art. 2 Abs. 1 GG) und des Eigentums (Art. 14 GG) angemessene Regelungen für die Überschussbeteiligung bei Lebensversicherungen zu treffen.

b) Untermaßverbot

52 Das besondere Problem beim Umgang mit Schutzpflichten ist die Frage, ob der Staat seine Schutzpflichten in ausreichendem Maße erfüllt. Man spricht vom sog. Untermaßverbot, welches der Staat einzuhalten hat. Er muss ein gewisses Minimum an Schutz garantieren. Die Schwierigkeiten bestehen in der Bestimmung dieses Minimums. Hierin hat der Staat ein weitgehendes Ermessen. Es ist nicht Aufgabe des BVerfG, dem Staat im Bereich der politischen Zweckmäßigkeit Vorgaben für die Erfüllung der Schutzpflicht zu machen. Es ist auch nicht die Aufgabe der Gerichte, wissenschaftliche Gefahrabschätzungen vorzunehmen (etwa hinsichtlich des Schutzes vor elektromagnetischen Feldern durch Mobilfunkanlagen, BVerfG, NJW 2002, 1638 f.). Daher kommt es meistens nicht zu einer Verdichtung des Handlungsspielraums der öffentlichen Gewalt auf eine bestimmte Handlungspflicht. Verfassungswidrige Zustände bestehen erst, wenn die getroffenen Maßnahmen vollkommen unzureichend sind.

53 Zudem sind auch sonstige Interessen zu beachten, etwa grundrechtlich geschützte Belange Dritter. Die Erfüllung der Schutzpflicht zugunsten eines Rechtsgutes darf nicht zur Aufgabe eines anderen Rechtsgutes führen. Auch für diesen Ausgleich ist vor allem der Gesetzgeber bzw. die Verwaltung, gegebenenfalls die Rechtsprechung, zuständig.

c) Prüfungsaufbau

54 Für die Prüfung einer Schutzpflichtverletzung ergibt sich deshalb eine dreigeteilte Prüfung:
(1) Liegt ein schutzfähiges Rechtsgut vor?
(2) Liegt eine Gefährdungslage vor?
(3) Erfüllt der Staat seine Schutzpflicht in ausreichendem Maße (Untermaßverbot)?

55 **Fall 4** *(nach BVerfGE 46, 160ff.):* Der Industrielle S wird von Terroristen entführt, die unter der Androhung seiner „Hinrichtung" die Freilassung von Gesinnungsgenossen verlangen. Die Bundesregierung verhandelt zwar mit den Terroristen, weigert sich aber, die Forderungen zu erfüllen. Der Sohn des S stellt für diesen beim BVerfG den Antrag, den Forderungen der Entführer nachzukommen.

Lösung Fall 4: Aufgrund der Eilbedürftigkeit kommt nur ein Antrag auf Erlass einer einstweiligen Anordnung nach § 32 Abs. 1 BVerfGG in Frage. Dieser müsste zulässig und begründet sein.

I. *Zulässigkeit.* Der Antrag auf Erlass einer einstweiligen Anordnung ist in allen Verfahrensarten des Hauptsacheverfahrens statthaft. Die weiteren Sachurteilsvoraussetzungen müssen daher denjenigen des Hauptsacheverfahrens, im vorliegenden Fall also der Verfassungsbeschwerde, entsprechen.

1. *Beschwerdeberechtigung.* S ist als Träger des Grundrechts des Art. 2 Abs. 2 Satz 1 GG beschwerdeberechtigt.

2. *Prozessfähigkeit.* Die Prozessfähigkeit, also die Fähigkeit, seine Rechte vor Gericht selbst oder durch einen von ihm gewählten Vertreter geltend machen zu können, liegt ebenfalls vor. S wird hierbei durch seinen Sohn vertreten, bezüglich der Vertretung kann die mutmaßliche Einwilligung des S angenommen werden.

3. *Antragsgegenstand.* Antragsgegenstand ist die Weigerung der Bundesregierung, den Forderungen der Entführer nachzukommen.

4. *Antragsbefugnis.* Der Sohn des S macht geltend, dass S durch die Weigerung in seinem Grundrecht aus Art. 2 Abs. 2 Satz 1 GG verletzt sei. Da die Möglichkeit besteht, dass das Recht des S auf Leben durch die Weigerung zumindest mittelbar beeinträchtigt wird und S selbst, gegenwärtig und unmittelbar betroffen ist, ist er auch antragsbefugt.

5. *Zwischenergebnis:* Der Antrag ist somit zulässig.

II. *Begründetheit.* Der Antrag ist begründet, wenn der Erlass einer einstweiligen Anordnung zur Abwehr schwerer Nachteile, zur Verhinderung drohender Gewalt oder aus einem anderen wichtigen Grund zum gemeinen Wohl dringend geboten ist, § 32 Abs. 1 BVerfGG.

Dabei haben die Gründe, die für die Erfolgsaussichten der Verfassungsbeschwerde sprechen, grundsätzlich außer Betracht zu bleiben, es sei denn, der in der Hauptsache gestellte Antrag ist insgesamt unzulässig oder offensichtlich unbegründet.

Bei offenem Ausgang des Hauptsacheverfahrens muss das BVerfG die Folgen, die eintreten würden, wenn eine einstweilige Anordnung nicht ergehe, die Verfassungsbeschwerde aber Erfolg hätte, gegenüber den Nachteilen abwägen, die entstünden, wenn die einstweilige Anordnung ergehe, der Verfassungsbeschwerde aber der Erfolg versagt bliebe.

1. *Keine offensichtliche Unzulässigkeit.* Eine Verfassungsbeschwerde wäre nicht offensichtlich unzulässig.

2. *Keine offensichtliche Unbegründetheit.* Eine Verfassungsbeschwerde dürfte weiterhin nicht offensichtlich unbegründet sein. In Betracht kommt ein Verstoß gegen Art. 2 Abs. 2 Satz 1 GG.

a. Schutzfähiges Rechtsgut. Art. 2 Abs. 2 Satz 1 GG schützt das Recht auf Leben, also die biologisch-physische Existenz. Aus Art. 2 Abs. 2 Satz 1 GG ergibt sich insofern auch eine Schutzpflicht des Staates. Das Leben des S ist vorliegend gefährdet, so dass ein schutzfähiges Rechtsgut vorliegt.

b. Gefährdungslage. Die Terroristen drohen mit der Hinrichtung des S, wenn ihre Gesinnungsgenossen nicht freigelassen werden. Eine Gefährdungslage ist damit gegeben.

c. Einhaltung des Untermaßverbotes. Fraglich ist nun aber, ob die Bundesregierung ohne die Freilassung der Gesinnungsgenossen ihrer Schutzverpflichtung ausreichend nachgekommen ist oder ob ein Verstoß gegen das Untermaßverbot gegeben ist. Die Bundesregierung hatte sich auf verschiedene Weise bemüht, S freizubekommen. Sie war nicht untätig. Ihre Maßnahmen ließen sich auch nicht als völlig unzureichend bezeichnen. Ein Verstoß gegen das Untermaßverbot liegt deshalb nicht vor.

3. Zwischenergebnis. Die Weigerung der Bundesregierung ist daher nicht verfassungswidrig.

III. Ergebnis. Da somit die Hauptsache offensichtlich keinen Erfolg haben wird, ist der Antrag auf Erlass einer einstweiligen Anordnung unbegründet.

3. Leistungsrechte

Sehr restriktiv verfahren Rechtsprechung und Lehre bei der Ableitung von Leistungsrechten aus Grundrechten (z. B. eines Rechts auf Arbeit). Soweit solche Rechte von der Verfassung gewährt werden, spricht man von sog. sozialen Grundrechten. Soziale Grundrechte wollen nicht nur formal Freiheitsräume gewähren, sondern den Staat auch hinsichtlich der tatsächlichen Voraussetzungen für die Ausübung der Freiheit in die Pflicht nehmen. Solche Rechte finden sich im Grundgesetz nur vereinzelt (vor allem Art. 6 Abs. 4 GG).

Das Grundgesetz ist deshalb zurückhaltend in der Gewährung von Leistungsrechten, weil die grundsätzliche Entscheidung über die Verteilung von knappen Ressourcen vor allem Aufgabe des Parlamentes ist. Gäbe man dem Einzelnen etwa ein Recht auf Arbeit (oder würde man ein solches aus Art. 12 Abs, 1 GG ableiten), müsste der Staat sich die Verfügungsbefugnis über die Arbeitsplätze verschaffen, was de facto zur Abschaffung des Grundrechts aus Art. 12 Abs. 1 GG führen würde, oder der Staat müsste in erheblichem Maße Finanzmittel aufwenden, um die Garantie zu erfüllen, was eine Zurückdrängung anderer Aufgaben zur Folge hätte. Um den freiheitlichen Charakter der Verfassung zu wahren, lassen sich deshalb subjektive Leistungsrechte aus den Grundrechten im Regelfall nicht ableiten. Es gibt im Grundsatz nur zwei Ausnahmen:

– Aus der Menschenwürdegarantie des Art. 1 Abs. 1 GG i. V. m. dem Sozialstaatsprinzip des Art. 20 Abs. 1 GG folgt der Anspruch jedes Hilfsbedürftigen auf das „Existenzminimum" (BVerfGE 125, 175 ff.). Die Konkretisierung muss allerdings der Gesetzgeber vornehmen. Er hat einen Gestaltungsspielraum, muss sich jedoch auf eine realitätsgerechte und nachvollziehbare Berechnung stützen.

– Die Garantie des Art. 7 Abs. 4 GG für Privatschulen verpflichtet die Landesgesetzgeber zu finanzieller Förderung (BVerfGE 90, 107 ff.). Die Forderungen des Art. 7 Abs. 4 Satz 3 und 4 GG, dass Privatschulen einerseits vom Lehrstandard her nicht hinter öffentlichen Schulen zurückbleiben dürfen, andererseits keine Sonderung der Schüler nach den Besitzverhältnissen stattfinden darf und schließlich die Lehrkräfte noch angemessen zu bezahlen sind, wäre ohne staatliche Zuschüsse nicht erfüllbar. Eine vollständige Förderung ist weder nötig noch geboten. Der Gesetzgeber hat einen Gestaltungsspielraum hinsichtlich Art und Höhe der Förderung.

58 In den Landesverfassungen sind häufiger soziale Grundrechte anzutreffen. Sie beinhalten jedoch oft keine einklagbaren Rechte, sondern haben den Charakter von Staatszielbestimmungen.

4. Teilhaberechte

59 Teilhaberechte folgen im Unterschied zu Leistungs- und Schutzrechten nicht originär aus den Grundrechten. Sie sind vielmehr derivativer Natur. Es geht um den gerechten Anteil des Einzelnen an der Freiheitseffektuierung durch den Staat. Entwickelt worden ist dieser Aspekt der Grundrechte vor allem zum Hochschulrecht (BVerfGE 35, 79 ff.). So hat ein Wissenschaftler an der Universität wegen der Wertentscheidung des Art. 5 Abs. 3 Satz 1 2. Var. GG ein Recht auf solche staatlichen Maßnahmen, die zum Schutz seines grundrechtlich gesicherten Freiheitsraumes unerlässlich sind, weil sie ihm freie wissenschaftliche Betätigung überhaupt erst ermöglichen. Hinsichtlich der Stimmverteilung in Gremien muss der herausgehobenen Stellung der Hochschullehrer Rechnung getragen werden. Bei Fragen der Forschung und der Berufung von Hochschullehrern muss der Gruppe der Hochschullehrer ein ausschlaggebender Einfluss vorbehalten bleiben. Bewerber für einen Studienplatz haben einen grundsätzlichen Anspruch darauf, dass vorhandene Kapazitäten ausgeschöpft und ihnen gegebenenfalls ein Studienplatz zugewiesen wird (BVerfGE 33, 303/331 f.).

IV. Verfassungskonforme Auslegung

60 Besonderer Ausdruck der objektiven Bedeutung der Grundrechte ist das Prinzip der verfassungskonformen Auslegung. Das vom Gesetzgeber gesetzte Recht lässt dem Rechtsanwender häufig unterschiedliche Auslegungsmöglichkeiten. Die Wahl unter den verschiedenen Auslegungsvarianten ist von der Verfassung mitbestimmt. Bei zwei Auslegungsmöglichkeiten, von denen eine verfassungsgemäß und die andere verfassungswidrig ist, muss die verfassungsmäßige gewählt werden. So ist nach Auffassung des BVerfG § 14 VersG (gilt nach der Föderalismusreform I in einigen Bundesländern nach Art. 125a GG fort, siehe § 21 I 1) dahingehend verfassungskonform zu interpretieren, dass bei Spontanversammlungen die Anmeldepflicht entfalle und bei Eilversammlungen der Anmeldezeitraum dahingehend zu verkürzen sei, dass die Eilversammlungen anzumelden sind, sobald die Möglichkeit hierzu besteht (BVerfG, NJW 1992, 890).

Grenze für jede verfassungskonforme Auslegung ist stets der Wortlaut der Norm. Außerdem darf eine verfassungskonforme Auslegung nicht erfolgen, wenn ihr der erkennbare Wille des Gesetzgebers entgegensteht. 61

Beispiel *(BVerfG, NJW 2011, 1427 ff.):* Der hessische Landesgesetzgeber fusioniert und privatisiert die Universitätskliniken Gießen und Marburg. Statt des Landes Hessen ist nunmehr ein privates Unternehmen Arbeitgeber der Beschäftigten. Ein Widerspruchsrecht entsprechend § 613a Abs. 6 BGB wollte der Landesgesetzgeber ausdrücklich nicht vorsehen. Das Widerspruchsrecht kann nicht im Wege der verfassungskonformen Auslegung in das Gesetz hineingelesen werden, auch wenn deshalb das Gesetz wegen unverhältnismäßigen Eingriffs in Art. 12 Abs. 1 GG verfassungswidrig ist. 62

Ein Sonderfall ist die „grundrechtsorientierte" Auslegung. Auch bei mehreren verfassungsmäßigen Varianten ist diejenige Interpretation zu wählen, die den Schutzauftrag des Grundrechts am weitestgehenden erfüllt. Deshalb ist etwa bei der Auslegung verwaltungsrechtlicher Bestimmungen eine grundrechtsfreundliche Interpretation geboten. 63

Teil II. Allgemeine Grundrechtslehren

§ 4. Grundrechtsträger

I. Natürliche Personen als Grundrechtsträger

> **Literatur:** *Kielmansegg, Sebastian Graf von*, Grundfälle zu den allgemeinen Grundrechtslehren, JuS 2009, 19 ff., 118 ff., 216 ff.; *Mutius, Albert von*, Grundrechtsmündigkeit, Jura 1987, 272 ff.; *Robbers, Gerhard*, Partielle Handlungsfähigkeit Minderjähriger im öffentlichen Recht, DVBl. 1987, 709 ff.

64 Grundrechtsträger sind zunächst natürliche Personen. Die meisten Grundrechte stehen allen natürlichen Personen zu (Jedermann-Rechte, siehe oben § 2 III). Einige Grundrechte sind hingegen den Deutschen vorbehalten (Deutschen-Grundrechte oder Bürgerrechte).

65 In Bezug auf Minderjährige wird zur Berufung auf grundrechtliche Garantien das Erfordernis der **Grundrechtsmündigkeit** verlangt. Einem Minderjährigen soll die Berufung auf ein Grundrecht nur dann erlaubt sein, wenn er über die erforderlichen körperlichen und geistigen Fähigkeiten verfügt, um die grundrechtliche Freiheit auszuüben. So sei ein neugeborenes Kind im Hinblick auf das Versammlungsrecht des Art. 8 Abs. 1 GG nicht grundrechtsmündig, da es sich noch nicht fortbewegen könne.

66 In diesem Sinne ist das Erfordernis der Grundrechtsmündigkeit jedoch abzulehnen. Wem die faktischen Fähigkeiten fehlen, grundrechtliche Freiheit auszuüben, dem braucht nicht im Wege der Verfassungsinterpretation zusätzlich die Berufung auf das Grundrecht versagt zu werden. Das Erfordernis der Grundrechtsmündigkeit ist insoweit überflüssig. Ein neugeborenes Kind wird weder selbst Verfassungsbeschwerde einlegen noch durch seine Eltern Verfassungsbeschwerde einlegen lassen, etwa wegen angeblicher Verletzung von Art. 8 Abs. 1 GG.

67 Eine andere Frage ist, inwieweit man es einem Minderjährigen gestattet, selbstständig Verfassungsbeschwerde einzulegen, wenn er tatsächlich in einem seiner Grundrechte betroffen ist. Hierbei wird man eine hinreichende Einsichtsfähigkeit verlangen müssen. Ansonsten muss eine ordnungsgemäße Vertretung stattfinden. Die Altersgrenzen können insofern nicht einheitlich für alle Grundrechte festgelegt werden. Im Bereich des Privatrechtsverkehrs lassen sich die §§ 104 ff. BGB entsprechend heranziehen, so dass etwa eine Verletzung der Eigentumsgarantie stets durch die gesetzlichen Vertreter des Minderjährigen gerügt werden muss. Im Bereich der Religionsfreiheit werden § 5 Satz 1 und 2 des Gesetzes über die religiöse Kindererziehung (vom 15. Juli

1921, RGBl. S. 939) herangezogen. Danach kann ein Jugendlicher ab dem 14. Lebensjahr selbst sein religiöses Bekenntnis bestimmen. Ab dem 12. Lebensjahr kann ein Wechsel des religiösen Bekenntnisses nicht mehr gegen den Willen des Kindes durchgeführt werden. Diese Konkretisierungen können zur Feststellung der Grundrechtsmündigkeit im Hinblick auf die Prozessfähigkeit bei der Verfassungsbeschwerde angewendet werden.

Auch für das Verhältnis von Eltern und Kindern ist das Erfordernis der Grundrechtsmündigkeit nicht aufzustellen. Der Gesetzgeber ist verpflichtet, das Eltern-Kind-Verhältnis gesetzlich auszugestalten (Art. 6 Abs. 1 und Abs. 2 GG). Die Grundrechte des Kindes richten sich nicht gegen die Eltern, sondern müssen vom Gesetzgeber zu einem Ausgleich mit den Elternrechten gebracht werden. Zur Wahrung des elterlichen Erziehungsrechts ist deshalb eine Beschränkung der Berufung auf Grundrechte durch die Kinder ebenfalls nicht erforderlich. 68

II. Personenvereinigungen als Grundrechtsträger (Art. 19 Abs. 3 GG)

Literatur: *Krausnick, Daniel*, Grundfälle zu Art. 19 III GG, JuS 2008, 869 ff., 965 ff.; *Tonikidis, Stelios*, Die Grundrechtsfähigkeit juristischer Personen nach Art. 19 III GG, JURA 2012, 517 ff.

Auch Personenvereinigungen kommen als Grundrechtsträger in Betracht. Die Grundrechte gelten auch für inländische juristische Personen, soweit sie ihrem Wesen nach auf diese anwendbar sind (Art. 19 Abs. 3 GG). 69

1. Der Begriff „juristische Person"

Zu den juristischen Personen im Sinne von Art. 19 Abs. 3 GG gehören zunächst die juristischen Personen im Sinne des Privatrechts (Aktiengesellschaften, GmbHs, eingetragene Vereine, Genossenschaften). Der Begriff juristische Person ist nicht im zivilrechtlichen Sinne zu verstehen. Auch die Handelsgesellschaften wie die Offene Handelsgesellschaft und die Kommanditgesellschaft, die Gesellschaft bürgerlichen Rechts oder die nichtrechtsfähigen Vereine sind juristische Personen im Sinne von Art. 19 Abs. 3 GG, soweit sie nach zivilrechtlichen Regeln Rechtspositionen innehaben bzw. Prozesse führen können (BVerfG, NJW 2002, 3533). 70

Voraussetzung ist, dass die juristische Person inländisch ist. Inländisch ist eine juristische Person dann, wenn sie ihren Sitz, also den tatsächlichen Mittelpunkt ihrer Tätigkeit, im Inland hat (sog. Sitztheorie). Die Justizgrundrechte (Art. 19 Abs. 4, Art. 101 Abs. 1 Satz 1 und Satz 2 und Art. 103 Abs. 1 GG) werden jedoch auch ausländischen juristischen Personen zuerkannt (BVerfGE 71

21, 362/373; 64, 1/11). Grundrechte, die nur Deutschen zustehen (z. B. Art. 12 Abs. 1 GG), sind zudem nur dann auf eine juristische Person anwendbar, wenn diese von Deutschen nach gesellschaftsrechtlichen Grundsätzen „beherrscht" wird. Ansonsten käme man dazu, dass Ausländer als natürliche Personen nicht grundrechtsfähig wären, eine von ihnen gegründete Körperschaft jedoch wohl.

72 Juristische Personen mit Sitz im EU-Ausland sind nach neuerer Rechtsprechung ebenfalls grundsätzlich grundrechtsfähig, nicht mehr nur für den Bereich der Justizgrundrechte (BVerfGE 129, 78 ff., Änderung der bisherigen Rechtsprechung). Dies folgt nach Auffassung des BVerfG aus dem Anwendungsvorrang der Grundfreiheiten im Binnenmarkt (Art. 26 Abs. 2 AEUV) und aus dem allgemeinen Diskriminierungsverbot wegen der Staatsangehörigkeit (Art. 18 AEUV). Voraussetzung dürfte allerdings sein, dass der Anwendungsbereich der Europäischen Verträge eröffnet ist (also Verwirklichung der Grundfreiheiten oder Vollzug des Unionsrechts, siehe BVerfGE 129, 78/98). Eine juristische Person mit Sitz im EU-Ausland, die in Deutschland tätig ist (z. B. eine Klage erhebt), ist deshalb im Sinne von Art. 19 Abs. 3 GG „inländisch".

2. Die wesensmäßige Anwendbarkeit des Grundrechts

73 Weiterhin besteht die Grundrechtsträgerschaft von juristischen Personen nur dann, wenn das Grundrecht seinem Wesen nach auf eine juristische Person anwendbar ist. Insgesamt wird die Bestimmung allerdings weit interpretiert. So kann zwar nur ein Einzelner einen Beruf ergreifen (Art. 12 Abs. 1 GG), gleichwohl kann auch eine juristische Person im Bereich der Berufsfreiheit beruflich tätig sein. Sie ist damit auch Grundrechtsträgerin. Nicht auf juristische Personen anwendbar sind solche Grundrechte, die an das „Menschsein" des Individuums anknüpfen, etwa die Menschenwürde (Art. 1 Abs. 1 GG), das Grundrecht auf Ehe und Familie (Art. 6 Abs. 1 GG), das Recht auf Leben und körperliche Unversehrtheit und die Freiheit der Person (Art. 2 Abs. 2 Satz 1 und 2 GG).

74 **Fall 5:** Vier Kurden mit türkischer Staatsangehörigkeit betreiben in Berlin ein Restaurant in der Rechtsform einer GmbH. Die Behörden verfügen die Schließung des Lokals, da es sich um einen konspirativen Treff der verbotenen kurdischen PKK-Organisation handelt. Könnte sich die GmbH nur unter Berufung auf Art. 12 Abs. 1 GG mit einer Verfassungsbeschwerde an das BVerfG wenden?
Lösung Fall 5: Die Verfassungsbeschwerde müsste zulässig und begründet sein.
I. Zulässigkeit. Die Verfassungsbeschwerde müsste zunächst zulässig sein.
1. Zuständigkeit. Das BVerfG ist nach Art. 93 Abs. 1 Nr. 4a GG i. V. m. §§ 13 Nr. 8a, 90 ff. BVerfGG zuständig.
2. Beschwerdeberechtigung.
a) Anwendbarkeit von Art. 12 Abs. 1 GG auf juristische Personen
Fraglich ist an dieser Stelle, ob die GmbH nach § 90 Abs. 1 BVerfGG beschwerdeberechtigt ist. Dies ist der Fall, wenn sie Trägerin des Grundrechts der Berufsfreiheit wäre. Juristische Personen wie eine GmbH können nach Art. 19 Abs. 3 GG Grundrechtsträger

sein, wenn das Grundrecht seinem Wesen nach auf sie anwendbar ist. Dies ist bei der Berufsfreiheit gegeben, da die berufliche Tätigkeit wie das Betreiben eines Restaurants auch von einer juristischen Person ausgeübt werden kann.

b) Problematik der ausländischen Beherrschung
Problematisch ist allerdings, dass Art. 12 Abs. 1 GG ein Deutschengrundrecht ist. Da die GmbH nur von ausländischen Staatsangehörigen getragen wird, besteht insofern keine Grundrechtsträgerschaft aus Art. 12 Abs. 1 GG. Im Hinblick auf das Grundrecht der Berufsfreiheit ist die GmbH daher nicht beschwerdeberechtigt.

II. Ergebnis. Die Verfassungsbeschwerde ist unzulässig.

Ergänzender Hinweis: Hätte sich die GmbH auf Art. 2 Abs. 1 GG berufen, wäre der Antrag zulässig gewesen.

III. Juristische Personen des öffentlichen Rechts als Grundrechtsträger

Literatur: *Broß, Siegfried,* Zur Grundrechtsfähigkeit juristischer Personen des öffentlichen Rechts, VerwArch. 1986, 65 ff.; *Lang, Markus,* Die Grundrechtsberechtigung der Nachfolgeunternehmen im Eisenbahn-, Post- und Telekommunikationswesen, NJW 2004, 3601 ff.

1. Grundsatz: Keine Grundrechtsträgerschaft von juristischen Personen des öffentlichen Rechts

Grundrechte verpflichten den Staat. Sie wirken zugunsten der Gewaltunterworfenen. Juristische Personen des öffentlichen Rechts, die staatliche Funktionen ausüben, sind deshalb nicht grundrechtsberechtigt (BVerfGE 21, 362/370). Dies wird zum einen damit begründet, dass andernfalls Grundrechtsberechtigung und Grundrechtsverpflichtung zusammenträfen (sog. Konfusionsargument). Zudem sind Bund, Länder und kommunale Gebietskörperschaften Organe der Staatsverwaltung. Sie üben im Rahmen gesetzlicher Zuständigkeiten Kompetenzen aus. Sie können sich daher nicht auf subjektive Rechte berufen. 75

Keine Grundrechtsträger sind beispielsweise: 76
– Rentenversicherungsträger (BVerfGE 21, 362/367 ff.);
– gesetzliche Krankenkassen (BVerfGE 39, 302/312 ff.);
– Kommunale Gebietskörperschaften (BVerfGE 61, 82/100);
– Sparkassen (BVerfGE 75, 192/195).

Juristische Personen können jedoch auch einen Doppelstatus haben. So ist eine Innung (vgl. §§ 52 ff. HwO) einerseits Trägerin öffentlicher Aufgaben, andererseits aber auch ein Interessenverband der Mitglieder. Die Frage der Grundrechtsträgerschaft kann in solchen Fällen nicht allgemein entschieden werden. Die Rechtsprechung stellt insoweit auf die Funktion ab, in der die Organisation betroffen wird (z. B. keine Grundrechtsträgerschaft der Handwerksinnung, wenn sie verpflichtet wird, die Satzung hinsichtlich des Innungs- 77 gebietes zu verändern, da es insoweit um den Status als Teil der öffentlichen Verwaltung geht, siehe BVerfG, NVwZ 1994, 262 f.).

78 **Fall 6:** Die Gemeinde G erklärt sich zur „atomwaffenfreien und atomenergiefreien Zone". Die Rechtsaufsichtsbehörde beanstandet den Gemeinderatsbeschluss. Könnte sich die Gemeinde G im Wege der Verfassungsbeschwerde gegen eine Verletzung von Art. 5 Abs. 1 Satz 1 1. Var. GG (Meinungsfreiheit) wenden?
Lösung Fall 6: Die Verfassungsbeschwerde müsste zulässig und begründet sein.
I. Zulässigkeit.
1. Zuständigkeit. Das BVerfG ist gem. Art. 93 Abs. 1 Nr. 4a GG i. V. m. §§ 13 Nr. 8a, 90 ff. BVerfGG zuständig.
2. Beschwerdeberechtigung. Fraglich ist jedoch, ob die Gemeinde G beschwerdeberechtigt ist. Dies wäre gem. § 90 Abs. 1 BVerfGG der Fall, wenn sie Trägerin des Grundrechts der Meinungsfreiheit gem. Art. 5 Abs. 1 Satz 1 Var. 1 GG wäre. Als Körperschaft des öffentlichen Rechts ist die Gemeinde Bestandteil der staatlichen Verwaltung im weiteren Sinne. Sie kann sich deshalb nicht auf grundrechtliche Garantien berufen. Es ist auch kein Ausnahmefall gegeben, da sie keinem grundrechtlich geschützten Lebensbereich spezifisch zugeordnet ist (wie zum Beispiel Universitäten hinsichtlich der Wissenschaftsfreiheit aus Art. 5 Abs. 3 Satz 1 2. Var. GG). Die Gemeinde G ist daher nicht beteiligtenfähig.
II. Ergebnis. Eine Verfassungsbeschwerde nach Art. 93 Abs. 1 Nr. 4a GG ist somit unzulässig (ergänzender Hinweis: eine kommunale Verfassungsbeschwerde nach Art. 93 Abs. 1 Nr. 4b GG wäre unstatthaft, da es sich nicht um die Verletzung der Selbstverwaltung durch ein Gesetz handelt).

2. Ausnahmen

a) Juristische Personen des öffentlichen Rechts im formellen Sinn

79 Von dem Grundsatz, dass juristische Personen des öffentlichen Rechts nicht Grundrechtsträger sind, macht die Rechtsprechung Ausnahmen. Zunächst gibt es juristische Personen des öffentlichen Rechts im formellen Sinne. Ihnen wird der Status einer Körperschaft des öffentlichen Rechts verliehen, ohne dass sie staatliche Funktionen wahrnehmen (z. B. das Bayerische Rote Kreuz). Weil sie keine staatlichen Funktionen ausüben, lässt sich auch ihre Grundrechtsträgerschaft nicht verneinen.

b) Spezifische Zuordnung zu einem grundrechtlich geschützten Lebensbereich

80 Nach der Rechtsprechung des BVerfG sind zudem juristische Personen des öffentlichen Rechts ausnahmsweise dann Grundrechtsträger, wenn sie dem grundrechtlich geschützten Lebensbereich spezifisch zugeordnet werden können. Dies wird dann angenommen, wenn sie die Grundrechte in einem Bereich verteidigen, in welchem sie vom Staat unabhängig sind (BVerfGE 15, 256/262). Insoweit besteht eine grundrechtstypische Gefährdungslage. Beispiele:
– Universitäten und Fakultäten können sich auf das Grundrecht der Wissenschaftsfreiheit berufen (Art. 5 Abs. 3 Satz 1 2. Var. GG, siehe BVerfGE 15, 256/262; 31, 314/322).

– Öffentlich-rechtliche Rundfunkanstalten (z. B. der NDR, der Bayerische Rundfunk, das ZDF) sind Grundrechtsträger des Grundrechts der Rundfunkfreiheit (Art. 5 Abs. 1 Satz 2 2. Var. GG, siehe BVerfGE 31, 314/321 f.; 61, 82/102 f.; 83, 238/296). Sie können sich weiterhin auch auf solche Grundrechte berufen, die ein die Rundfunkfreiheit unterstützendes Verhalten betreffen.

Beispiel *(BVerfGE 107, 299 ff.):* Zwei Redakteure des ZDF arbeiten an einem Beitrag für ein Politmagazin und haben telefonischen Kontakt zum polizeilich gesuchten Baulöwen S. Die Polizei erhebt die Verbindungsdaten der Telefone der Redakteure und erlangt so Erkenntnisse über den Aufenthaltsort von S.
Die Überprüfung der Verbindungsdaten greift in Art. 10 Abs. 1 GG ein. Da die Benutzung der Telefone in Ausübung der Rundfunkfreiheit geschah, kann sich das ZDF im Rahmen einer Verfassungsbeschwerde auch auf eine mögliche Verletzung von Art. 10 Abs. 1 GG berufen.

– Kirchen und andere Religionsgesellschaften mit dem Status einer Körperschaft des öffentlichen Rechts (siehe Art. 140 GG i. V. m. Art. 137 Abs. 5 WRV) können sich auf das Grundrecht der Religionsfreiheit (Art. 4 Abs. 1 GG) berufen.

Dass eine Körperschaft des öffentlichen Rechts nicht Grundrechtsträger ist, schließt nicht aus, dass sie im Übrigen rechtsfähig ist. So kann eine Körperschaft des öffentlichen Rechts privatrechtlich Eigentum erwerben.

c) Prozessgrundrechte

Den öffentlich-rechtlichen Einrichtungen ohne grundsätzliche Grundrechtsträgerschaft sowie ausländischen juristischen Personen stehen die Prozessgrundrechte zu (Art. 101 Abs. 1 Satz 1 und 2, 103 Abs. 1 GG, siehe BVerfGE 75, 192/200). Eine juristische Person, die wie die öffentlich-rechtlichen Rundfunkanstalten, Kirchen, Universitäten oder Fakultäten in einem bestimmten, ihr zugeordneten Lebensbereich grundrechtsfähig ist, kann sich, soweit es um die Verletzung des Grundrechts geht, dem sie spezifisch zuzuordnen ist, auch auf die Rechtsweggarantie des Art. 19 Abs. 4 GG berufen.

Merke: Juristische Personen des öffentlichen Rechts können sich – abgesehen von den Prozessgrundrechten (Art. 101 Abs. 1 Satz 1 und 2, 103 Abs. 1 GG) – grundsätzlich nicht auf Grundrechte berufen. Ausnahmen bestehen für Universitäten und Fakultäten hinsichtlich der Wissenschaftsfreiheit, Rundfunkanstalten hinsichtlich der Rundfunkfreiheit und Kirchen hinsichtlich der Religionsfreiheit.

IV. Juristische Personen des Privatrechts mit staatlicher Beteiligung

Literatur: *Kühne, Gunther,* Anmerkung zu BVerfG, JZ 1990, 335, in: JZ 1990, 335 f.; *Zimmermann, Norbert,* Zur Grundrechtssubjektivität kommunaler Energieversorgungsunternehmen – BVerfG, NJW 1990, 1783, in: JuS 1991, 294 ff.

1. Durchblickstheorie

84   Vielfach beteiligt sich der Staat an juristischen Personen des Privatrechts oder er gründet juristische Personen des Privatrechts, um öffentliche Aufgaben wahrzunehmen. Soweit alleine der Staat beispielsweise Inhaber der Aktien einer Aktiengesellschaft oder Gesellschafter einer GmbH ist, ist die entsprechende juristische Person nicht grundrechtsfähig. Dies ergibt sich aus der sog. **Durchblickstheorie** (auch Durchgriffstheorie genannt). Der Staat kann nicht dadurch Grundrechtsträger werden, dass er sich in eine Rechtsform des Privatrechts „flüchtet". Der Grundrechtsschutz für solche publifizierten Unternehmen besteht nicht. Es kommt nicht darauf an, welche Aufgaben das Unternehmen wahrnimmt. Die Grundrechtsträgerschaft ist deshalb auch dann zu verneinen, wenn das publifizierte Unternehmen wie ein Privater erwerbswirtschaftlich tätig ist.

2. Gemischtwirtschaftliche Unternehmen

85   Probleme tauchen dann auf, wenn an einer Gesellschaft sowohl der Staat als auch natürliche Personen beteiligt sind. Hierfür gibt es vielfältige Beispiele (z. B. die Energieversorgungsunternehmen). Das BVerfG neigt der Auffassung zu, in solchen Fällen die Grundrechtsfähigkeit abzulehnen (BVerfG, JZ 1990, 335). Das soll jedenfalls dann gelten, wenn der Hoheitsträger in der Lage ist, auf den Geschäftsbetrieb entscheidenden Einfluss zu nehmen, wie dies § 65 Abs. 1 Nr. 3 BHO voraussetzt. Dem entspricht es, dass mittlerweile davon ausgegangen wird, dass ein Unternehmen in privater Rechtsform dann grundrechtsverpflichtet ist, wenn die öffentlichen Hände insgesamt mehr als 50 % der Anteile inne haben (Fraport-Entscheidung, BVerfG, NJW 2011, 1201 ff.). In solchen Fällen ist die Grundrechtsfähigkeit deshalb zu verneinen.

86   Zu unterscheiden hiervon ist im Übrigen das Recht des Aktionärs oder Gesellschafters an dem Anteilsrecht. Dieses steht als subjektives vermögenswertes Recht unter dem Schutz von Art. 14 Abs. 1 GG.

§ 5. Grundrechtsverpflichtete

I. Grundrechtsverpflichtung der Europäischen Union

Literatur: *Kingreen, Thorsten,* Die Grundrechte des Grundgesetzes im europäischen Grundrechtsföderalismus, JZ 2013, 801 ff.; *Masing, Johannes,* Vorrang des Europarechts bei umsetzungsgebundenen Rechtsakten, NJW 2006, 264 ff.; *Pache, Eckhard,* Die Europäische Menschenrechtskonvention und die deutsche Rechtsordnung, EuR 2004, 393 ff.; *Schaffarzik, Bert,* Europäische Menschenrechte unter der Ägide des Bundesverfassungsgerichts, DÖV 2005, 860 ff.; *Schmahl, Stefanie,* Europäischer und internationaler Menschenrechtsschutz: Die Beachtung des Völkerrechts in der innerstaatlichen Rechtsordnung, in: Handbuch des Föderalismus 2005, S. 290 ff.; *Uerpmann, Robert,* Doppelter Grundrechtsschutz für die zukünftige Europäische Union, DÖV 2005, 152 ff.

1. Grundsatz: Beschränkung der Grundrechtsbindung auf die deutsche öffentliche Gewalt

Adressat der von Art. 1 Abs. 3 GG angeordneten Grundrechtsbindung ist die deutsche öffentliche Gewalt, also der deutsche Gesetzgeber, die deutschen Verwaltungsbehörden und die deutschen Gerichte. Nicht grundrechtsverpflichtet sind zwischenstaatliche, supranationale oder internationale Organisationen (etwa die UNO oder die NATO). Ihre Handlungen und Rechtsakte können deshalb vom BVerfG nicht überprüft werden. Überprüft werden können deutsche Zustimmungsgesetze zu völkerrechtlichen Verträgen oder die Mitwirkung deutscher Hoheitsträger an Beschlüssen oder Handlungen der genannten Organisationen. **87**

2. Europäisches Primärrecht

Hinsichtlich des Europarechts ist – genau wie bei sonstigen nicht nationalen Organisationen – zwischen der Primär- und der Sekundärebene zu unterscheiden. Das europäische Primärrecht ist seit Inkrafttreten des Vertrages von Lissabon zum 1. 12. 2009 in den völkerrechtlichen Verträgen über die Europäische Union (EUV) sowie über die Arbeitsweise der Europäischen Union (AEUV) enthalten. Die völkerrechtlichen Verträge bedürfen der Umsetzung in innerstaatliches Recht (Art. 59 Abs. 2 GG). Hierbei ist die deutsche Staatsgewalt grundrechtsgebunden. **88**

Beispiel *(BVerfGE 123, 267 ff.)*: Gegen den Vertrag von Lissabon (Neufassung des Europäischen Primärrechts) wurden Verfassungsbeschwerden erhoben. Ein Verstoß der eigentlichen Vertragsregelungen gegen Grundrechte oder grundrechtsgleiche Rechte wurde vom BVerfG aber verneint (verlangt wurde unter Berufung auf Art. 38 Abs. 1 i. V. m. Art. 23 Abs. 1 GG lediglich eine Verbesserung der sog. Begleitgesetzgebung für die Mitwirkung der gesetzgebenden Organe Bundestag und Bundesrat). **89**

3. Europäisches Sekundärrecht

90 Komplizierter ist die Behandlung des Sekundärrechts. Die EU beschließt unmittelbar geltende Verordnungen (Art. 288 Abs. 2 AEUV), erlässt Richtlinien, die von den Mitgliedstaaten umgesetzt werden müssen (Art. 288 Abs. 3 AEUV) und fasst verbindliche Beschlüsse (Art. 288 Abs. 4 AEUV).

91 Wenn eine Grundrechtsbeeinträchtigung auf Grund eines Rechtsaktes der Europäischen Union unmittelbar dieser zuzurechnen ist, taucht das Problem auf, ob das BVerfG zum Schutz der deutschen Grundrechte eingreifen darf. Hierüber wurde lange intensiv diskutiert, da sich der Grundrechtsschutz auf europäischer Ebene erst entwickeln musste. Das BVerfG behält sich bis heute das Recht vor, notfalls zum Schutz des Wesensgehaltes deutscher Grundrechte einzugreifen und europäisches Recht in Deutschland für unanwendbar zu erklären und übt die Gerichtsbarkeit nur nicht aus, „solange" die EU einen wirksamen Grundrechtsschutz generell gewährleistet (BVerfGE 125, 260/306; man bezeichnet die unterschiedlichen Entscheidungen des BVerfG, die mal in die eine, mal in die andere Richtung weisen, deshalb auch als „Solange-Rechtsprechung"). Mittlerweile ist jedoch in den europäischen Verträgen und durch die Rechtsprechung des EuGH ein Rechtszustand erreicht, der eine Kontrolle von europäischen Rechtsakten auf Grundrechtsverletzungen durch das deutsche BVerfG auf absehbare Zukunft nicht mehr nötig erscheinen lässt.

92 Nach Art. 6 Abs. 1 EUV erkennt die Union die Rechte, Freiheiten und Grundsätze der Charta der Grundrechte der Europäischen Union an und erklärt sie zum mit dem EUV und dem AEUV gleichrangigen Primärrecht. Vorgesehen ist in Art. 6 Abs. 2 EUV ein Beitritt der Union zur Europäischen Menschenrechtskonvention (EMRK). Schließlich bekennt sich die Union in Art. 6 Abs. 3 EUV zum Schutz der Menschenrechte und Grundfreiheiten, wie sie sich aus den gemeinsamen Verfassungsüberlieferungen der Mitgliedstaaten ergeben und erklärt diese zu allgemeinen Grundsätzen des Unionsrechts.

93 Es ist daher kaum zu erwarten, dass sich in Zukunft noch grundsätzliche Defizite beim Grundrechtsschutz auf europäischer Ebene zeigen werden, so dass der Eingriffsvorbehalt, den das BVerfG in seinen Solange-Entscheidungen macht, kaum Bedeutung hat. Das BVerfG scheint seine Rolle unter der Geltung des Vertrages von Lissabon deshalb heute vor allem darin zu sehen, darauf zu achten, dass die EU ihre kompetenziellen Grenzen einhält. Den nationalen Gesetzgebern müsse ein ausreichender Raum zur politischen Gestaltung verbleiben. Das Gericht nennt dabei insbesondere den von den Grundrechten geschützten privaten Raum der Eigenverantwortung und der persönlichen und sozialen Sicherheit (BVerfGE 123, 187 ff.). Sorgenvoll betrachtet das BVerfG offensichtlich die sich in der Rechtsprechung des EuGH abzeichnende Tendenz, die Jurisdiktionsgewalt mit Hinweis auf die Charta der Grundrechte ständig weiter auszudehnen, auch auf nationalrechtliche Sachverhalte, die nur einen mittelbaren Bezug zu unionsrechtlich geregelten Sachverhalten oder möglichen

Interessen der Union haben (siehe etwa die sog. Fransson-Entscheidung des EuGH vom 26. 2. 2013 – C-617/10). Das BVerfG beharrt nachdrücklich darauf, in nicht unionsrechtlich überformten Sachverhalten sei der EuGH nicht zuständig und somit kein gesetzlicher Richter i. S. v. Art. 101 Abs. 1 Satz 2 GG (BVerfG, 1 BvR 1215/07, Rn. 88 ff.).

Die Grundrechte des Grundgesetzes spielen in Fällen, in denen das Unionsrecht Regelungen trifft und in denen unstreitig der EuGH die Beachtung der Charta der Grundrechte sicher zu stellen hat, aber dann eine Rolle, wenn eine Richtlinie umzusetzen ist, die den nationalen Gesetzgebern Umsetzungsspielräume belässt. Dann wird aber nicht die Rechtssetzung der EU, sondern die Umsetzungsgesetzgebung des deutschen Gesetzgebers überprüft!

Beispiel *(BVerfGE 125, 260 ff.)*: Aufgrund der Richtlinie 2006/24/EG des Europäischen Parlamentes und des Rates muss im nationalen Telekommunikationsrecht die sog. Vorratsdatenspeicherung für Verkehrsdaten eingeführt werden. Die Diensteanbieter müssen für mindestens sechs Monate verpflichtet werden, festzuhalten, wer wann wen angerufen hat oder mit dem Internet verbunden wurde. Die Strafverfolgungs- und Sicherheitsbehörden können unter bestimmten Voraussetzungen auf diese Daten zugreifen. Gegen die entsprechenden Bestimmungen des deutschen Telekommunikationsgesetzes werden zigtausende von Verfassungsbeschwerden beim BVerfG erhoben.
Soweit die deutschen Vorschriften die europäische Richtlinie zwingend umsetzen, sind die Verfassungsbeschwerden aber unzulässig, da das BVerfG seine Gerichtsbarkeit insoweit nicht ausübt. Trotzdem wurden die deutschen Normen für verfassungswidrig erklärt. Es gab Umsetzungsdefizite in dem Bereich, in dem der deutsche Gesetzgeber Gestaltungsspielräume hatte. Die deutschen Normen waren unverständlich, es fehlten Richtervorbehalte zur Absicherung des Grundrechtsschutzes im Hinblick auf das Fernmeldegeheimnis und die Eingriffsschwellen für den Zugriff auf die gespeicherten Daten waren zu niedrig.

4. Die Europäische Menschenrechtskonvention

Literatur: *Payandeh, Mehrdad*, Die EMRK als grundrechtsbeschränkendes Gesetz?, JuS 2009, 212 ff.

Nicht zu verwechseln ist das Problem der Überprüfung von EU-Rechtsakten an den deutschen Grundrechten mit der Bedeutung der Konvention zum Schutz der Menschenrechte und Grundfreiheiten (EMRK). Hierbei handelt es sich um einen völkerrechtlichen Vertrag, der innerstaatlich wiederum aufgrund von Art. 59 Abs. 2 GG die deutsche Staatsgewalt bindet. Zu den Vertragsparteien der EMRK gehören nicht nur die Mitglieder der Europäischen Union, sondern auch andere Staaten (z. B. Russland). Die EMRK enthält eine Reihe von den Grundrechten des Grundgesetzes vergleichbaren bzw. sie ergänzenden Gewährleistungen und hat innerstaatlich den Rang einfachen Rechts. Sie ist von Behörden und Gerichten bei der Rechtsanwendung zu beachten. Jedermann kann mit der Behauptung, durch einen innerstaatlichen Akt in seinen Konventionsrechten verletzt zu sein, den Europäischen Gerichtshof für Menschenrecht (EGMR) anrufen (der Beitritt der Europäischen Union zur EMRK erfordert noch einige Änderungen in den Verträgen).

97 Entscheidungen des EGMR beeinflussen teilweise auch die Auslegung des Grundgesetzes. Gegebenenfalls ist das BVerfG sogar bereit, seine bisherige Rechtsprechung im Sinne der Rechtsprechung des EGMR zu korrigieren. Dies entspricht dem Grundsatz der völkerrechtsfreundlichen Auslegung des Grundgesetzes. Vermieden werden zudem weitere Verurteilungen der Bundesrepublik Deutschland wegen Verstößen gegen die EMRK.

98 **Beispiel:** Die nachträgliche Sicherungsverwahrung für besonders gefährliche Straftäter wurde vom BVerfG zunächst als verfassungsmäßig angesehen (BVerfGE 109, 133 ff.). Nachdem der EGMR die rückwirkende Verlängerung der Sicherungsverwahrung als Verstoß gegen die EMRK angesehen hat (EGMR, NJW 2010, 2495 ff.), hat das BVerfG die deutschen Vorschriften zur Sicherungsverwahrung wegen Verstoßes gegen das Grundrecht der Freiheit der Person (Art. 2 Abs. 2 Satz 2 GG) i. V. m. dem Rückwirkungsverbot (Art. 104 Abs. 1 GG) für verfassungswidrig erklärt (BVerfGE 128, 326 ff.).

II. Grundrechtsbindung der Exekutive

Literatur: *Höfling, Wolfram,* Die Grundrechtsbindung der Staatsgewalt, JA 1995, 431 ff.; *Schnapp, Friedrich E.,* Die Grundrechtsbindung der Staatsgewalt, JuS 1989, 1 ff.

1. Öffentlich-rechtliches Handeln

99 Die Grundrechtsbindung der Exekutive ist unstrittig, soweit es um öffentlich-rechtliches Handeln geht. Wenn die Verwaltung Verwaltungsakte, Rechtsverordnungen und Satzungen erlässt oder sonstiges öffentlich-rechtliches Verwaltungshandeln vornimmt, ist sie gemäß Art. 1 Abs. 3 GG grundrechtsgebunden. Die Grundrechtsbindung betrifft auch sog. Beliehene, die als Private öffentliche Aufgaben wahrnehmen (z. B. den Prüfer beim TÜV).

100 Die Grundrechtsbindung erstreckt sich auch auf sog. **besondere Gewaltverhältnisse.** Hierunter versteht man über das allgemeine Staat-Bürger-Verhältnis hinausgehende besondere Beziehungen zwischen Bürger und Staat. Typische Beispiele sind der Strafgefangene, der Beamte, der Soldat oder der Schüler. Die Grundrechtsbindung im besonderen Gewaltverhältnis ist seit längerem anerkannt. Auch im besonderen Gewaltverhältnis gilt der allgemeine Gesetzesvorbehalt. Dies bedeutet, dass Eingriffe in Grundrechte wie im allgemeinen Staat-Bürger-Verhältnis einer formell-gesetzlichen Grundlage bedürfen (das Strafvollzugsgesetz – StVollzG – ist z. B. die gesetzliche Grundlage für Eingriffe in die Grundrechte von Strafgefangenen). Eine Verwaltungsvorschrift genügt deshalb nicht, um einen Eingriff zu rechtfertigen (BVerfGE 33, 1/9 f.; NJW 2006, 2093 f.). Der Jugendstrafvollzug muss wegen seiner Besonderheiten (Erziehungsgedanke!) besonders geregelt werden, eine entsprechende oder analoge Anwendung von Regelungen des Erwachsenen-Vollzugsrechts ist unzulässig (BVerfGE 116, 24 ff.).

2. Privatrechtliches Handeln

101 Strittig ist hingegen, inwieweit die Verwaltung an die Grundrechte gebunden ist, soweit sie privatrechtlich handelt. Die grundsätzliche Fähigkeit der öffentlichen Verwaltung, privatrechtliche Rechtshandlungen vorzunehmen, ist anerkannt. Insgesamt lassen sich drei Bereiche unterscheiden:

– Privatrechtliche Hilfsgeschäfte der Verwaltung (man spricht auch von fiskalischen Hilfsgeschäften). Hierzu gehört die Beschaffung der für die Verwaltungstätigkeit erforderlichen Sachgüter (z. B. Kauf von Computern oder Büromaterial).
– Erwerbswirtschaftliche Betätigung der Verwaltung (sog. Fiskalverwaltung). Hier geht es um die Beteiligung des Staates an Industrieunternehmen oder anderen im Wettbewerb tätigen Organisationen.
– Wahrnehmung öffentlicher Aufgaben in der Form des Privatrechts. Insofern spricht man vom sog. Verwaltungsprivatrecht. Typische Beispiele sind die Erbringung von Leistungen der Daseinsvorsorge (Energieversorgung, Wasserversorgung) in Rechtsformen des Privatrechts oder die Gewährung von privatrechtlichen Darlehen, meist nach öffentlich-rechtlicher Bewilligungsentscheidung (sog. Zwei-Stufen-Theorie).

102 Unstrittig ist die Grundrechtsbindung für das Verwaltungsprivatrecht. Auch bei den anderen Geschäften ist jedoch die Grundrechtsbindung anzunehmen (anders etwa BGHZ 36, 91/95 ff.). Gemäß Art. 1 Abs. 3 GG ist die Staatsgewalt und damit auch die Exekutive insgesamt an die Grundrechte gebunden. Irgendwelche Binnendifferenzierungen sind hiermit nicht vereinbar. Hinzu kommt, dass die Grundmotivation allen staatlichen Handelns das öffentliche Interesse sein muss. Der Staat fungiert nicht wie ein Privater, auch wenn er sich privatrechtlicher Rechtsformen bedient. Daher kann es auch keine verfassungsfreien Räume für die Verwaltung geben.

103 Der Staat kann private Unternehmen gründen (z. B. eine Aktiengesellschaft oder eine GmbH). Soweit er alleiniger Gesellschafter ist, spricht man von einem publifizierten Unternehmen. Das Unternehmen selbst ist in solchen Fällen grundrechtsverpflichtet. Soweit es auf privatrechtlichem Wege gegen einen Grundrechtsträger vorgeht, gelten die allgemeinen Regeln für Grundrechtseingriffe.

104 Soweit der Staat sich an einem privaten Unternehmen lediglich beteiligt (sog. gemischtwirtschaftliche Unternehmen), kommt es für die Grundrechtsbindung darauf an, ob der Staat mehr als die Hälfte der Anteile besitzt. In einem solchen Fall ist das Unternehmen ebenfalls grundrechtsverpflichtet. Die Anteile der öffentlichen Hände sind schlicht zu addieren.

105 **Beispiel** *(BVerfG, NJW 2011, 1201 ff.)*: Das Land Hessen, die Stadt Frankfurt und die Bundesrepublik Deutschland sind zu 70 % Anteilseigner der Fraport AG. Gegen Demonstranten, die im öffentlich zugänglichen Teil des Flughafens gegen die Abschiebung von

Asylbewerbern protestieren und Flugblätter verteilen, wird ein unbefristetes Hausverbot (§§ 1004, 823 BGB) erteilt.

Die Maßnahmen greifen in die Grundrechte der Demonstranten nach Art. 8 Abs. 1 GG (Versammlungsfreiheit) und Art. 5 Abs. 1 GG (Meinungsfreiheit) ein. Das Hausverbot ist deshalb wie eine Maßnahme einer Verwaltungsbehörde an den beiden Grundrechten zu messen. Das Hausverbot ist zudem Ausübung von „öffentlicher Gewalt" nach Art. 93 Abs. 1 Nr. 4a GG/§ 90 Abs. 1 BVerfGG und damit tauglicher Gegenstand einer möglichen Verfassungsbeschwerde.

III. Sonderproblem Drittwirkung

Literatur:
Augsburg, Ino/Viellchner, Lars, Die Drittwirkung der Grundrechte als Aufbauproblem, JuS 2008, 406 ff.; *Schwabe, Jürgen,* Die sogenannte Drittwirkung der Grundrechte, 1971; *de Wall, Heinrich/Wagner, Roland,* Die sogenannte Drittwirkung der Grundrechte, JA 2011, 735 ff.

1. Grundrechtsbindung des Gesetzgebers

106   Grundrechte gelten gegenüber dem Staat, nicht gegenüber Privaten. Ein Privater ist damit nicht verpflichtet, grundrechtliche Freiheit zu gewähren, zu beachten oder andere gleich zu behandeln. Hiervon zu unterscheiden ist jedoch die Geltung der Grundrechte in privatrechtlichen Rechtsbeziehungen. Dieses Problemfeld wird oft unter dem Schlagwort der **„mittelbaren Drittwirkung von Grundrechten"** behandelt, was die Problematik aber nicht erhellt. Insoweit gilt die alte Juristenweisheit, dass eine Unterscheidung von mittelbar/unmittelbar oft darauf hinweist, dass in der Sache Unklarheiten bestehen.

107   Festzuhalten ist zunächst: Der Privatrechtsgesetzgeber ist an die Grundrechte gebunden (und zwar „unmittelbar"). Privatrechtsgesetzgebung unterliegt den gleichen grundrechtlichen Anforderungen wie jede andere Gesetzgebung. Dass eine Norm als „Privatrecht" zu qualifizieren ist, hat in grundrechtlichem Zusammenhang keine Bedeutung. Die Frage ist relevant für die Gesetzgebungskompetenz (Art. 74 Abs. 1 Nr. 1 GG) oder für den Rechtsweg nach § 40 VwGO bzw. § 13 GVG beim Vollzug der Norm, nicht aber für Art. 1 Abs. 3 GG. Irgendeinen Vorbehalt „Grundrechte gelten im Privatrecht nur mittelbar" enthält Art. 1 Abs. 3 GG nicht. So hat das BVerfG vielfach Normen etwa des BGB am Grundgesetz überprüft. Der Interessenausgleich innerhalb eines Privatrechtsverhältnisses muss vom Gesetzgeber nach den Maßstäben des Grundgesetzes vorgenommen werden. Soweit er hierbei Grundrechtsträgern bestimmte Pflichten auferlegt, handelt es sich um einen Eingriff in grundrechtliche Freiheitssphären. Gegebenenfalls ist der Gesetzgeber jedoch auch verpflichtet, gegenüber schwächeren Vertragspartnern schützend einzugreifen, um die grundrechtlichen Freiheitssphären abzusichern. Dies alles unterscheidet

§ 5. Grundrechtsverpflichtete   33

Gesetzgebung im Bereich des Privatrechts aber in keiner Weise von sonstiger Gesetzgebung. Beim Erlass von öffentlich-rechtlichen Normen (etwa der Regelung von Abstandsflächen im Baurecht) muss der Gesetzgeber nach den gleichen Maßstäben einen Interessenausgleich herbeiführen wie im Privatrecht.

Fall 8 *(BVerfGE 82, 126ff.):* Nach § 622 Abs. 2 BGB a. f. galten für Arbeiter und Angestellte unterschiedliche Kündigungsfristen. Mussten sich diese Differenzierungen an Art. 3 Abs. 1 GG messen lassen? **108**

Lösung Fall 8: § 622 Abs. 2 BGB ist zwar eine privatrechtliche Norm. Der Privatrechtsgesetzgeber ist aber wie beim Erlass jeder anderen Norm grundrechtsgebunden. Wegen Verstoßes gegen Art. 3 Abs. 1 GG war die Differenzierung zwischen Arbeitern und Angestellten hinsichtlich der Kündigungsfrist verfassungswidrig (siehe ausführlich auch unten § 34, Fall 93).

2. Grundrechtsbindung der Rechtsprechung

a) Bindung an Freiheitsrechte

Ähnliche Grundsätze wie für den Privatrechtsgesetzgeber gelten für die Zivilrechtsprechung. Im gerichtlichen Verfahren (nicht nur, aber auch im Zivilrechtsstreit) tritt das Gericht den Verfahrensbeteiligten in Ausübung staatlicher Gewalt gegenüber, daher ist er nach Art. 1 Abs. 3 GG an die Grundrechte gebunden (auch wieder „unmittelbar" und nicht nur „mittelbar"). Das Gericht muss die Grundrechte als Abwehr- und Schutzrechte beachten, es ist zu einer rechtsstaatlichen Verfahrensgestaltung und fairen Beweiswürdigung verpflichtet (BVerfGE 117, 202ff.). Soweit der Gesetzgeber Probleme über Generalklauseln regelt (z. B. §§ 138, 242, 826 BGB), muss der konkrete Interessenausgleich im Privatrechtsverhältnis im Einzelfall von der Rechtsprechung vorgenommen werden. Die Generalklauseln werden oft als „Einfallstore" oder „Öffnungsklauseln" für grundrechtliche Wertentscheidungen bezeichnet. Diese Feststellungen sind aber wiederum missverständlich. Der Geltungsanspruch von Grundrechten hängt nicht davon ab, ob der einfache Gesetzgeber Generalklauseln verwendet oder nicht. **109**

Auch bei der Anwendung zivilrechtlicher Normen durch die Rechtsprechung besteht Grundrechtsbindung. Die Grundrechte wirken als Abwehr- und als Schutzrechte, und zwar in gleicher Weise, als wenn der Gesetzgeber die Regelung ausdrücklich selbst getroffen hätte. Regelungen, die der Gesetzgeber normativ nicht treffen dürfte, dürfen die Gerichte nicht aus Generalklauseln ableiten. **110**

Fall 9: Sekretärin S unterschreibt einen Arbeitsvertrag. Der Vertrag wird auflösend bedingt für den Fall, dass sie heiratet. Ist der Vertrag zivilrechtlich wirksam? **111**

Lösung Fall 9: Die auflösende Bedingung verstößt gegen den § 138 BGB. Für die Bewertung der „Zölibatsklausel" als sittenwidrig spricht die grundrechtliche Wertentscheidung des Art. 6 Abs. 1 GG. Daran sind auch die Gerichte gebunden. Das Arbeitsgericht muss deshalb von der Unwirksamkeit des Vertrages ausgehen.

b) Bindung an den Gleichheitssatz (Art. 3 Abs. 1 GG)

112 Die Rechtsprechung muss neben den Freiheitsrechten auch die Gleichheitsrechte beachten. Zwar besteht kein Anspruch darauf, dass die Gerichte gleich entscheiden. Das OVG X kann eine Rechtsfrage anders entscheiden als das OVG Y, der Gleichheitssatz (Art. 3 Abs. 1 GG) verpflichtet immer nur den jeweils zuständigen Hoheitsträger. Gleichwohl sind vor allem die höchsten Bundesgerichte (hier der BGH) verpflichtet, bei der Auslegung der gesetzlichen Vorschriften den Gleichheitssatz zu beachten. Sie dürfen nicht zu Differenzierungen gelangen, die dem Gesetzgeber verwehrt wären.

113 **Fall 10:** In einer vom BGH bestätigten Entscheidung wird dem Ehepaar E Schadensersatz für Schockschäden in Höhe von 70 000 DM und 40 000 DM zuerkannt. Die drei Kinder des Ehepaares waren bei einem vom Schädiger S verursachten Verkehrsunfall ums Leben gekommen. In einem anderen Verfahren gesteht der BGH Prinzessin C einen Schadensersatzanspruch in Höhe von 150 000 DM wegen Verletzung des allgemeinen Persönlichkeitsrechts durch Presseberichte zu. Das Ehepaar E rügt die gleichheitswidrige Bemessung des Schmerzensgeldes. Mit Erfolg?

Lösung Fall 10: Fraglich ist, ob durch die unterschiedliche Bemessung der Höhe des Schadensersatzes ein Verstoß gegen den allgemeinen Gleichheitssatz aus Art. 3 Abs. 1 GG vorliegt.

1. Vorliegen einer Ungleichbehandlung. Dann müsste eine Ungleichbehandlung vorliegen. Dies ist der Fall, wenn wesentlich Gleiches willkürlich ungleich behandelt wird. Voraussetzung ist also zunächst, dass überhaupt zwei vergleichbare Sachverhalte vorliegen. Dies ist hier allerdings fraglich. Die Zuerkennung einer Geldentschädigung für Verletzungen des allgemeinen Persönlichkeitsrechts beruht auf einer anderen Rechtsgrundlage als die Gewährung von Schmerzensgeld für Schockschäden (§ 823 Abs. 1 BGB i. V. m. Art. 2 Abs. 1, 1 Abs. 1 GG statt § 823 Abs. 1 BGB i. V. m. § 253 Abs. 2 BGB). Darüber hinaus ist zu beachten, dass bei der Zuerkennung von Geldentschädigungen im Bereich des Medienrechts auch Präventionsgesichtspunkte eine Rolle spielen. Presseunternehmen sollen durch besonders hohe Entschädigungssummen davon abgehalten werden, Prominenten erfundene Interviews anzudichten oder Heiratsabsichten zu erfinden. Dagegen spielen bei der Zuerkennung von Schmerzensgeld für Schockschäden Präventionsüberlegungen keine Rolle. Aus diesem Grund liegt keine Ungleichbehandlung vor.

2. Ergebnis: Art. 3 Abs. 1 GG ist somit nicht verletzt.

3. Grundrechtsbindung gegenüber Privaten

114 Unmittelbare Grundrechtsbindung, also die Geltung von Grundrechten gegenüber Privaten, gibt es nur dort, wo sie vom Grundgesetz ausdrücklich angeordnet worden ist (teilweise wird dies auch als „unmittelbare Drittwirkung" bezeichnet). Wichtigstes Beispiel ist Art. 9 Abs. 3 Satz 2 GG. Weitere, unmittelbar für Private geltende Verfassungsnormen sind Art. 48 Abs. 1 und 2 GG.

4. Überprüfung von fach-/zivilgerichtlichen Entscheidungen durch das BVerfG

Nicht mit der Frage der Drittwirkung zu vermengen ist das Problem der eingeschränkten Überprüfbarkeit von fachgerichtlichen Entscheidungen durch das BVerfG. Das BVerfG hat nicht die Aufgabe, als eine Art Supertatsachen- und Superrevisionsinstanz die Tatsachenfeststellungen und die Rechtsanwendung durch die Fachgerichte zu überprüfen. Angesichts ohnehin zu beklagender chronischer Überlastung wären die (mit jeweils 8 Richtern besetzten) Senate hierzu schon kapazitätsmäßig gar nicht in der Lage. 115

Die Beschränkung der Prüfungsbefugnis bezieht sich nicht nur auf die Zivilgerichtsbarkeit, sondern auf alle Fachgerichtsbarkeiten. Das BVerfG beschränkt sich deshalb darauf, Verletzungen von „spezifischem Verfassungsrecht" zu verhindern. 116

Für die Feststellung, wann spezifisches Verfassungsrecht verletzt ist, gibt es aber nur wenige gesicherte Maßstäbe. Meist wird auf eine dem früheren Bundesverfassungsrichter *Heck* zugeschriebene Formel zurückgegriffen. Danach ergibt sich Folgendes: Nicht zu den Aufgaben des BVerfG zählt zunächst die Tatsachenfeststellung. Spezifisches Verfassungsrecht ist dann verletzt, wenn die Fachgerichte nicht erkannt haben, dass grundrechtliche Garantien einschlägig sind. Das ist dann der Fall, wenn ein Gericht eine grundrechtliche Garantie nicht beachtet hat, etwa weil es davon ausgegangen ist, dass der Schutzbereich nicht einschlägig ist. Weiterhin wird man verlangen müssen, dass die Nichtbeachtung des Grundrechts möglicherweise Einfluss auf das Ergebnis gehabt hat. Darüber hinaus liegt eine Verletzung spezifischen Verfassungsrechts dann vor, wenn ein Gericht den Ausgleich zwischen mehreren grundrechtlichen Garantien in grob unangemessener Weise vorgenommen hat. Die Kontrolldichte richtet sich im Übrigen auch nach der Eingriffsintensität. Es ist also eine Verhältnismäßigkeitsprüfung vorzunehmen. Die zivilgerichtliche oder sonstige fachgerichtliche Entscheidung ist aufzuheben, wenn sie zu einer unzumutbaren Beeinträchtigung grundrechtlicher Freiheit führt. 117

Hinweis: Leider ist in Klausurbearbeitungen immer wieder festzustellen, dass der Grundsatz der beschränkten Prüfungskompetenz zwar gekannt, aber nicht verstanden und umgesetzt wird. Er muss insoweit unbedingt ernst genommen werden. Wird in einer Verfassungsbeschwerdeklausur vom Beschwerdeführer gerügt, die Rechtsanwendung durch die Fachgerichte sei fehlerhaft, sind solche Einwände auch bei der Klausurbearbeitung zurückzuweisen. Die häufig von Repetitoren geschürte Angst, etwas zu vergessen und der daraus abgeleitete Tipp, alles anzusprechen, was angesprochen werden kann, muss überwunden werden. 118

5. Wichtige Drittwirkungsfälle

a) Lüth – BVerfGE 7, 198 ff.

119 **Sachverhalt:** Senatsdirektor *Lüth* wandte sich im Jahr 1950 mehrfach öffentlich gegen Veit Harlan und rief zum Boykott von dessen Filmen auf. Grund hierfür war, dass *Veit Harlan* Regisseur des antisemitischen Propagandafilms „Jud Süß" war und als einer der Exponenten der mörderischen Judenhetze der Nazis galt. Die Zivilgerichte verurteilten *Lüth* zur Unterlassung. *Lüth* legte hiergegen Verfassungsbeschwerde ein.

120 Die Äußerung *Lüths* stand unter dem Schutz von Art. 5 Abs. 1 Satz 1 1. Var. GG (Meinungsfreiheit). Durch das zivilgerichtliche Urteil wurde in die Meinungsfreiheit eingegriffen. Der Eingriff wäre gerechtfertigt gewesen, wenn die Schranke eines „allgemeinen Gesetzes" eingegriffen hätte. Zu den allgemeinen Gesetzen gehören die Bestimmungen der §§ 826, 1004 BGB (ausführlicher unten § 16 IV). Die allgemeinen Gesetze mussten im Lichte der grundrechtlichen Garantie ausgelegt werden (sog. Wechselwirkungslehre). Tritt man deshalb in eine Abwägung ein, waren die Interessen *Lüths* vorrangig. Das BVerfG hat deshalb die zivilgerichtlichen Entscheidungen aufgehoben. Eigentlich stellt sich also gar kein besonderes Drittwirkungsproblem. Dass dies vom BVerfG in der Entscheidung anders gesehen wird, beruht auf der (aus heutiger Sicht falschen) Auffassung, privatrechtliche Normen seien keine grundrechtsbeschränkenden Gesetze, der Ausgleich von Interessen im Privatrechtsverhältnis sei deshalb nicht unmittelbar an den Grundrechten zu messen. Das Problem der Drittwirkung ist daher im Lüth-Fall ein Scheinproblem. Eine der berühmtesten Entscheidungen des Verfassungsgerichts beruht also auf einer dogmatischen Fehlvorstellung.

b) Blinkfüer – BVerfGE 25, 256 ff.

121 **Sachverhalt:** B war Herausgeber der kleinen Wochenzeitschrift *„Blinkfüer"*. Sie erschien vor allem im Raum Hamburg. In einer Beilage wurden die Rundfunkprogramme der west- und ostdeutschen Sender abgedruckt. Nach dem Bau der Mauer richtete der im Bereich Hamburg marktbeherrschende *Axel-Springer-Verlag* einen Boykottaufruf an alle Zeitschriften- und Zeitungshändler gegen solche Presseerzeugnisse, die DDR-Programme weiterhin abdruckten. Mit einem Abbruch der Belieferung durch den *Springer-Verlag* wurde gedroht. Die zivilgerichtliche Schadensersatzklage von *Blinkfüer* gegen *Springer* wurde vom BGH abgewiesen. Blinkfüer erhob hiergegen Verfassungsbeschwerde.

122 Die Verfassungsbeschwerde von *Blinkfüer* hatte Erfolg. Aus heutiger Sicht würde der Fall als eine Verletzung der Schutzpflicht angesehen, die den Gerichten gegenüber *Blinkfüer* oblag. *Blinkfüer* sah sich als kleiner Verlag der wirtschaftlichen Übermacht von *Springer* ausgesetzt. *Springer* übte diese wirtschaftliche Macht in unlauterer Weise aus. Die Gerichte verstießen gegen das Untermaßverbot, weil sie *Blinkfüer* gegenüber *Springer* keinen Schadensersatzanspruch zuerkannten. Dies galt umso mehr, als der Boykottaufruf durch *Springer* selbst nicht von Art. 5 Abs. 1 GG gedeckt war. Meinungs- und Presse-

freiheit schützen die Auseinandersetzung im geistigen Bereich. *Springer* setzte jedoch im vorliegenden Fall auf wirtschaftliche Erpressung statt auf geistige Überzeugung. In der Entscheidung des BVerfG taucht der Gedanke einer Schutzpflichtverletzung hingegen explizit nicht auf, da die Schutzpflichtdogmatik zur damaligen Zeit noch nicht entwickelt war.

c) Bürgschaftsfall – BVerfG, NJW 1994, 36 ff.

Sachverhalt: B ist weitgehend vermögenslos. Sie verdient 1025 DM netto im Monat als Arbeiterin in einer Fischfabrik. V, der Vater der B, ist als Immobilienmakler tätig. Eine Erhöhung seines Kreditrahmens um einige Millionen DM genehmigt die Sparkasse S nur gegen eine Bürgschaftserklärung der B. B wird aus der Bürgschaft von S in Anspruch genommen. 123

Das BVerfG beanstandete die Entscheidung des BGH, der den Vertrag nicht als sittenwidrig angesehen hatte. Die Zivilgerichte müssten insbesondere bei der Konkretisierung und Anwendung von Generalklauseln wie § 138 und § 242 BGB die grundrechtliche Gewährleistung der Privatautonomie in Art. 2 Abs. 1 GG beachten. Hieraus folge eine Pflicht zur Inhaltskontrolle von Verträgen, die einen der beiden Vertragspartner ungewöhnlich stark belasteten und das Ergebnis von „strukturell ungleicher Verhandlungsstärke" seien. Hier wendet das BVerfG den Schutzpflichtgedanken an. 124

An der Richtigkeit des Ansatzes des BVerfG kann man zweifeln, da auch die Vertragsfreiheit der B durch die Nichtigkeitsannahme beschränkt wird. Letztlich geht es wohl eher um die Ausstrahlungswirkung der grundrechtlichen Garantien auf die Generalklauseln, wie sie vom BVerfG in der Lüth-Entscheidung (dort überflüssigerweise) zur Anwendung gebracht worden ist. Richtig und zu begrüßen ist es, dass das BVerfG die oft von Wertungsblindheit durch die Überbetonung der formellen Vertragsfreiheit geprägte Rechtsprechung vor allem des BGH nicht nur an dieser Stelle korrigiert hat. 125

d) Fazit zur Drittwirkung

Die Drittwirkungsproblematik galt lange Zeit als eines der Kernprobleme der Grundrechtsdogmatik. Mittlerweile geht das BVerfG hierauf gar nicht mehr ein. In der Fallbearbeitung sollten sicherheitshalber ein paar Worte hierauf verwendet werden. Das BVerfG tendiert zudem dazu, die Unterscheidung von Eingriff und Schutzpflicht nicht sauber vorzunehmen. Studierende müssen exakter argumentieren. 126

Beispiel (*BVerfGE 99, 185 ff. – Scientology-Verdacht*): Künstler K wird vom Verein V öffentlich als „Scientologe" bezeichnet. Eine dagegen gerichtete Unterlassungsklage des K wird abgewiesen, da V sich auf Presseberichte stützen könne, in denen über (frühere) Scientologyaktivitäten von K berichtet wird. Das BVerfG hat die Verurteilung (zu Recht) aufgehoben. Es verstößt gegen das allgemeine Persönlichkeitsrecht des K (Art. 2 Abs. 1 GG i. V. m. Art. 1 Abs. 1 GG), wenn dem K die Mitgliedschaft in einer Gruppe wie Scientology fälschlicherweise zugeschrieben wird und K nicht die Möglichkeit des Gegenbeweises eröffnet wird. Das letztinstanzliche Urteil des OLG führt also zu einer Verletzung der 127 staatlichen Schutzpflicht (das BVerfG geht von einem Eingriff aus und vernachlässigt bzw. übersieht, dass die ursprüngliche Persönlichkeitsbeeinträchtigung von V und nicht vom Staat ausgeht).

§ 6. Verwirkung von Grundrechten (Art. 18 GG)

Literatur: *Brenner, Michael,* Grundrechtsschutz und Verwirkung von Grundrechten, DÖV 1995, 60 ff.; *Butzer, Hermann/Clever, Marion,* Grundrechtsverwirkung nach Art. 18 GG: Doch eine Waffe gegen politische Extremisten?, DÖV 1994, 637 ff.

I. Art. 18 GG als Ausdruck „streitbarer Demokratie"

128 Das Grundgesetz bekennt sich zum Grundsatz der „streitbaren Demokratie" (BVerfGE 28, 36/48). Der Staat soll in der Lage sein, sich gegen Feinde des demokratischen und rechtsstaatlichen Systems zur Wehr zu setzen. Zu diesem Zweck kann nach Art. 18 GG eine Verwirkung von Grundrechten durch das BVerfG angeordnet werden. Betroffen sind vor allem Kommunikationsfreiheiten.

129 Die Regeln über die Verwirkung von Grundrechten haben bisher nur geringe Bedeutung erlangt. Das materielle Staatsschutzrecht im StGB (§§ 80 ff. StGB) macht einen Rückgriff auf Art. 18 GG weitgehend entbehrlich. Das in §§ 36–41 BVerfGG ausgestaltete Verfahren ist zudem sehr schwerfällig. So ist vor der eigentlichen Entscheidung ein Vorverfahren nach § 37 BVerfGG durchzuführen, in dem das BVerfG entscheidet, ob überhaupt eine Verhandlung stattfindet. Verbotsverfahren nach Art. 9 Abs. 2 GG bzw. Art. 21 Abs. 2 GG sind im Regelfall effektiver. Die Möglichkeit ihrer Einleitung schließt das Verfahren nach Art. 18 GG allerdings nicht aus (str.).

II. Voraussetzungen einer Verwirkungsentscheidung

1. Missbrauch zum Kampf

130 Voraussetzung für eine Verwirkungsentscheidung ist ein Missbrauch des Grundrechts zum Kampf gegen die freiheitlich-demokratische Grundordnung. Der Missbrauch zum Kampf setzt eine aggressive Aktion voraus, die zu einer Gefährdung der freiheitlich-demokratischen Grundordnung führt bzw. führen kann (vgl. BVerfGE 38, 23/24 f.).

2. Kampf gegen die „freiheitliche demokratische Grundordnung"

Der Begriff der freiheitlich-demokratischen Grundordnung ist wie in Art. 21 Abs. 2 GG zu verstehen. Umfasst sind die wesentlichen Strukturprinzipien des Grundgesetzes (siehe dazu BVerfGE 2, 1 ff.): **131**
– Achtung vor den im Grundgesetz konkretisierten Menschenrechten
– die Volkssouveränität
– die Gewaltenteilung
– die Verantwortlichkeit der Regierung
– die Gesetzmäßigkeit der Verwaltung
– die Unabhängigkeit der Gerichte
– das Mehrparteienprinzip und die Chancengleichheit für alle politischen Parteien mit dem Recht auf verfassungsmäßige Bildung und Ausübung einer Opposition.

III. Folgen einer Verwirkungsentscheidung

Die Verwirkungsentscheidung führt dazu, dass sich der Antragsteller nicht mehr auf die verwirkten Grundrechte berufen kann. Das BVerfG kann ihm Beschränkungen auferlegen (§ 39 Abs. 1 Satz 3 BVerfGG). Soweit diese Beschränkungen reichen, benötigt die Verwaltung für einen Grundrechtseingriff keine besondere gesetzliche Grundlage (§ 39 Abs. 1 Satz 4 BVerfGG). Ohne eine Beschränkungsentscheidung durch das BVerfG dürfen die Behörden weiterhin nur auf gesetzlicher Grundlage gegen den Antragsgegner einschreiten. Der Gesetzgeber bleibt trotz einer Verwirkungsentscheidung umfassend an die Grundrechte gebunden. Die Judikative muss Klagen als unzulässig abweisen, bei denen sich der Beschwerdeführer auf ein verwirktes Grundrecht beruft. **132**

§ 7. Der Grundrechtseingriff

Literatur: *Cremer, Hans-Joachim,* Der Osho-Beschluss des BVerfG – BVerfGE 105, 279, in: JuS 2003, 747 ff.; *Fischinger, Philipp S.,* Der Grundrechtsverzicht, JuS 2007, 808 ff.; *Henrichs, Axel,* Staatlicher Einsatz von Videotechnik, Eine Grundrechtsbetrachtung zu Videoüberwachungsmaßnahmen, BayVBl. 2005, 289 ff.; *Huber, Peter-Michael,* Die Informationstätigkeit der öffentlichen Hand – ein grundrechtliches Sonderregime aus Karlsruhe?, JZ 2003, 290 ff.; *Lindner, Josef Franz,* „Grundrechtseingriff" oder „grundrechtswidriger Effekt"?, DÖV 2004, 765 ff.; *Vosskuhle, Andreas/Kaiser, Anna-Bettina,* Grundwissen – Öffentliches Recht: Der Grundrechtseingriff, JuS 2009, 313 ff.

I. Allgemeines

133 Fällt ein bestimmtes Verhalten oder eine bestimmte Rechtsposition in den Schutzbereich eines Grundrechts, ist damit noch nicht festgestellt, dass staatliche Maßnahmen auch an den Gesetzesvorbehalten zu messen sind. Das notwendige Zwischenglied zwischen der Ebene des Schutzbereichs und der Ebene der verfassungsrechtlichen Rechtfertigung ist das Vorliegen eines Grundrechtseingriffs. Der Schutzbereich bestimmt, *was* geschützt ist, der Eingriffsbegriff bestimmt, *wogegen* es geschützt ist.

II. Grundrechtsverzicht

134 Ein Grundrechtseingriff liegt von vornherein dann nicht vor, wenn der Grundrechtsträger wirksam auf den grundrechtlichen Schutz verzichtet hat. Wer z. B. der Polizei das Abhören seiner geschäftlichen Telefonleitung erlaubt, erleidet keinen Eingriff in Art. 10 Abs. 1 GG. Ein wirksamer Grundrechtsverzicht setzt voraus:
a) eine wirksame Verzichtserklärung und
b) die grundsätzliche Verzichtbarkeit des Grundrechtsschutzes.

Das Vorliegen einer wirksamen Verzichtserklärung muss mit Sicherheit festgestellt werden können. Ein Grundrechtsverzicht darf nicht voreilig aus nicht eindeutigen Erklärungen geschlossen werden.

135 **Beispiel** *(nach BVerfG, NVwZ 2007, 688 ff.):* Die Stadt Regensburg überwacht per Videokamera ein über den Resten einer ehemaligen Synagoge angebrachtes Bodenrelief in der Innenstadt. Diese Überwachung greift in das Grundrecht auf informationelle Selbstbestimmung derjenigen ein, die sich in den Überwachungsbereich begeben. Ein Grundrechtsverzicht der Passanten liegt nicht vor. Wer sich im öffentlichen Raum bewegt, verzichtet nicht auf seine Grundrechte, auch wenn er weiß, dass eine Videoüberwachung stattfindet.

§ 7. Der Grundrechtseingriff

Ob ein Grundrecht überhaupt verzichtbar ist, muss ebenfalls genau geprüft werden. Unverzichtbar ist beispielsweise das Grundrecht der Menschenwürde (Art. 1 Abs. 1 GG). Bei sonstigen Grundrechten sind allgemeine Aussagen nur schwer möglich. Insgesamt kommt es vor allem auf die Intensität des Verzichtes an, auch in zeitlicher Hinsicht.

136

III. Eingriffsformen

1. Klassischer Grundrechtseingriff

Hinsichtlich der Eingriffsform steht bei Grundrechtsklauseln der klassische Grundrechtseingriff im Vordergrund. Hierbei wird in imperativer Form, also durch Gesetz, Verordnung, Satzung oder Verwaltungsakt in den grundrechtlich geschützten Freiheitsbereich eingegriffen. Es wird mit Befehl und Zwang gegen den Grundrechtsträger vorgegangen.

137

> **Beispiele:**
> § 21 StVG verbietet ein Fahren ohne Fahrerlaubnis (Eingriff in die allgemeine Handlungsfreiheit nach Art. 2 Abs. 1 GG durch formelles Gesetz)
> – § 21a StVO ordnet das Tragen von Sicherheitsgurten während der Fahrt an (Eingriff in die allgemeine Handlungsfreiheit nach Art. 2 Abs. 1 GG durch Rechtsverordnung).
> – Eine Gemeinde ordnet durch Satzung einen Anschluss- und Benutzungszwang an eine kommunale Wasserversorgung an (Eingriff in die Eigentumsgarantie des Art. 14 Abs. 1 GG durch Satzung).
> – Die Straßenverkehrsbehörde verbietet einem notorischen Raser auf der Grundlage von § 25 StVG für die Dauer von drei Monaten das Führen von Kraftfahrzeugen (Eingriff in die allgemeine Handlungsfreiheit des Art. 2 Abs. 1 GG durch Verwaltungsakt).

2. Faktischer Grundrechtseingriff

Ein Grundrechtseingriff kann jedoch auch durch eine faktische Beeinträchtigung stattfinden. Wann eine solche faktische Beeinträchtigung angenommen werden kann, ist außerordentlich umstritten. Wichtig sind folgende Kriterien:

138

Ein faktischer Grundrechtseingriff kann nur dann angenommen werden, wenn die Beeinträchtigung einigermaßen erheblich ist. Es gilt deshalb ein **Bagatellvorbehalt.** Die Grundrechte sind nicht heranzuziehen, wenn es sich lediglich um eine Belästigung handelt. Andererseits ist es nicht erforderlich, dass die Beeinträchtigung schwerwiegend oder nachhaltig ist. Ob eine staatliche Maßnahme eine Bagatelle ist, ist nach objektiven Kriterien zu entscheiden, nicht nach dem subjektiven Empfinden einzelner oder mehrerer Betroffener.

139

Für das Vorliegen eines faktischen Grundrechtseingriffs spricht die **Finalität** einer staatlichen Maßnahme. Von einem Grundrechtseingriff ist auszugehen, wenn die öffentliche Hand einen Eingriff in die Grundrechte bezweckt. Ein weiteres Kriterium ist die **Unmittelbarkeit.** Je länger die Kausalkette zwi-

140

3. Einzelfälle

141 Ein Grundrechtseingriff liegt vor, wenn der Staat Dritten finanzielle Mittel bereitstellt, die ihrerseits gegen ein grundrechtlich geschütztes Verhalten anderer vorgehen (z. B. Bezuschussung eines Vereins, der vor bestimmten Jugendsekten warnt; siehe BVerwGE 90, 112 ff.).

142 Setzt sich der Staat selbst kritisch mit bestimmten Religionsgemeinschaften auseinander, wird auch darin ein Grundrechtseingriff gesehen. Bezeichnet die Bundesregierung eine religiöse Gemeinschaft gegenüber Dritten als „Sekte" mit „pseudoreligiösen" und „destruktiven" Zielen, liegt ein mittelbar-faktischer Grundrechtseingriff vor (BVerfGE 105, 279 ff. – sog. Osho-Entscheidung). Mittelbar ist der Eingriff deshalb, weil er sich nicht an die Gemeinschaft selbst richtet. Faktisch bedeutet, dass keine imperative Beeinträchtigung erfolgt.

143 Im Unterschied dazu wird in der Veröffentlichung einer Liste mit diethylenglykolhaltigen Weinen kein Eingriff gesehen, wenn die Informationstätigkeit im Übrigen in rechtmäßiger Weise erfolgt (staatliche Aufgabe, Zuständigkeit der Stelle, wahrheitsgemäße Information, siehe auch unten § 26 III 3, sowie BVerfGE 105, 252 ff. – Glykol-Entscheidung). Erst wenn dies nicht der Fall ist, soll ein Grundrechtseingriff gegeben sein. Eine stringente und nachvollziehbare Dogmatik ist insoweit allerdings nicht erkennbar. Gerade im Glykol-Fall lässt sich mit guten Gründen davon ausgehen, dass ein Grundrechtseingriff in jedem Fall vorliegt.

144 Das Handeln einer ausländischen Staatsgewalt ist dann ein Eingriff in ein vom Grundgesetz garantiertes Grundrecht, wenn es final veranlasst wird (z. B. Auslieferung eines Straftäters zur Aburteilung in einem fremden Staat gemäß einem völkerrechtlichen Abkommen).

145 Kein Eingriff liegt vor, wenn es um nicht gesteuerte Handlungen fremder Staaten geht oder wenn ansonsten die legitimen völkerrechtsgemäßen Handlungsmöglichkeiten der Bundesrepublik beeinträchtigt würden. Es stellt deshalb keinen Eingriff für die Anwohner von militärischen Anlagen dar, dass solche Anlagen im Kriegsfall vom Gegner bevorzugt bombardiert werden. Insofern ist jedoch die grundrechtliche Schutzpflicht einschlägig.

146 Bei Selbstbeeinträchtigungen liegt in der Regel kein Eingriff vor, soweit der Grundrechtsträger zu einer freien Willensentscheidung fähig ist.

147 Der sog. **additive Grundrechtseingriff** ist keine eigene Eingriffskategorie (vgl. dazu BVerfG, DVBl. 2005, 699 ff.). Hierbei geht es vielmehr darum, dass mehrere Maßnahmen mehrerer Behörden gegen den gleichen Grundrechtsträger ergehen, die durch gesetzliche Zuständigkeitsregelung oder durch die Verwaltung selbst koordiniert werden müssen, um eine übermäßige Beschränkung eines Grundrechts zu vermeiden (siehe unten § 8 IV 2).

§ 8. Die Beschränkung von Grundrechten

I. Allgemeines

Literatur: *Krausnick, Daniel,* Grundfälle zu Art. 19 I und II GG, JuS 2007, 991 ff., 1088 ff.; *Sachs, Michael,* Die Gesetzesvorbehalte der Grundrechte des Grundgesetzes, JuS 1995, 693 ff.; *ders.,* Grundrechtsbegrenzungen außerhalb von Gesetzesvorbehalten, JuS 1995, 984 ff.; *Schnapp, Friedrich E.,* Grenzen der Grundrechte, JuS 1978, 729 ff.; *Selter, Michael,* Einschränkungen von Grundrechten durch Kompetenzregelungen?, JuS 1990, 895 ff.

1. Grundrechte mit Gesetzesvorbehalten

Den Grundrechten sind vielfach sog. Gesetzesvorbehalte beigefügt. In ihnen bringt die Verfassung zum Ausdruck, dass Eingriffe in das Grundrecht durch Gesetz oder aufgrund eines Gesetzes zulässig sind. Man unterscheidet insoweit einfache und qualifizierte Gesetzesvorbehalte. Bei einem einfachen Gesetzesvorbehalt gelten die allgemeinen Regeln für den Eingriff in das Grundrecht. Vor allem muss das Übermaßverbot eingehalten werden. Bei einem qualifizierten Gesetzesvorbehalt nennt die Verfassung besondere Voraussetzungen für die Zulässigkeit eines Eingriffs. Ein einfacher Gesetzesvorbehalt findet sich beispielsweise in Art. 8 Abs. 2 GG, ein qualifizierter Gesetzesvorbehalt in Art. 6 Abs. 3 GG. 148

2. Grundrechte ohne Gesetzesvorbehalte

Weiterhin gibt es Grundrechte, die nicht mit einem Gesetzesvorbehalt versehen sind, vor allem die Glaubens- und Gewissensfreiheit (Art. 4 GG) sowie die Kunst- und die Wissenschaftsfreiheit (Art. 5 Abs. 3 Satz 1 GG). Diese Grundrechte sind gleichwohl einschränkbar. Die grundsätzliche Beschränkungsmöglichkeit ergibt sich aus dem Grundsatz der **Einheit der Verfassung**. Soweit andere Verfassungsgüter durch ein grundrechtlich geschütztes Verhalten beeinträchtigt werden, muss im Wege der **praktischen Konkordanz** ein Ausgleich zwischen dem Grundrecht und dem anderen Verfassungsgut (das gegebenenfalls ein anderes Grundrecht sein kann) gefunden werden. Man spricht insoweit von der Einschränkung des Grundrechts durch kollidierendes Verfassungsrecht. Das einzige Grundrecht, welches auch hierdurch nicht einschränkbar ist, ist die Menschenwürdegarantie. Dies ergibt sich bereits aus dem Wort „unantastbar" (Art. 1 Abs. 1 Satz 1 GG). 149

Als kollidierendes Verfassungsrecht, welches die Einschränkung von Grundrechten rechtfertigen kann, kommen zunächst vor allem Grundrechte Dritter in Betracht. So ist etwa die Polizei berechtigt, eine religiös motivierte Kinderverbrennung zu verhindern. Der Eingriff in Art. 4 Abs. 1 GG wird durch die staatliche Schutzpflicht zugunsten des Lebens und der körperlichen Unversehrtheit (Art. 2 Abs. 2 Satz 1 GG) gerechtfertigt. 150

151 Eine wichtige Rolle zur Einschränkung vorbehaltlos gewährter Grundrechte spielt auch Art. 7 Abs. 1 GG. Hierin kommt die staatliche Schulhoheit zum Ausdruck, die den Staat berechtigt, Ausbildungs- und Unterrichtsziele festzulegen. Weitere sonstige Verfassungsgüter, die einen Eingriff rechtfertigen können, sind beispielsweise die Durchsetzung des staatlichen Strafanspruchs oder der Schutz der freiheitlich-demokratischen Grundordnung.

152 Kompetenzbestimmungen (Art. 70 ff. GG) sind hingegen nicht in der Lage, als kollidierendes Verfassungsrecht die Beschränkung von Grundrechten zu legitimieren (anders BVerfGE 53, 30 ff.). Es gibt keine brauchbaren Kriterien dafür, welche Kompetenzbestimmungen materiellen Gehalt haben sollen und welche nicht. So kommt auch dem Tierschutz nicht wegen Art. 74 Abs. 1 Nr. 20 GG Verfassungsrang zu, sondern über Art. 20a GG.

153 **Fall 11** *(BVerwGE 94, 82 ff.)*: Eine zwölfjährige Schülerin (S) islamischen Glaubens beantragt die Befreiung vom koedukativen Sportunterricht. Sie begründet das Begehren mit bestimmten Vorschriften des Korans. Die Schulleitung lehnt die Befreiung ab. Wird S in ihrem Grundrecht aus Art. 4 GG verletzt?

Lösung Fall 11: S könnte durch die Verweigerung der Befreiung vom koedukativen Sportunterricht in ihrem Grundrecht auf Glaubensfreiheit verletzt worden sein.

1. Schutzbereich. Art. 4 Abs. 1 und 2 GG schützt als einheitliches Grundrecht das Recht, einen Glauben zu bilden, zu haben, den Glauben zu bekennen, zu verbreiten und gemäß dieses Glaubens zu handeln. Mit umfasst ist auch das Recht des Einzelnen, sein gesamtes Verhalten an seinem Glauben auszurichten und gemäß seiner Glaubensüberzeugung zu handeln. Hierzu gehören auch die Einhaltung der Kleidungsvorschriften der jeweiligen Religion sowie die Trennung von Männern und Frauen unter bestimmten Voraussetzungen, wie beispielsweise beim Sport.

2. Eingriff. Die Durchführung des koedukativen Sportunterrichts und die Verpflichtung der S, daran teilzunehmen, beschränken imperativ, final und unmittelbar die grundrechtlich geschützte Freiheit und stellen daher einen Eingriff in den Schutzbereich der Glaubensfreiheit dar.

3. Verfassungsrechtliche Rechtfertigung.

a. Die Glaubensfreiheit ist ein vorbehaltloses Grundrecht mit der Folge, dass eine Einschränkung ausschließlich durch kollidierendes Verfassungsrecht erfolgen kann. Hier könnte sich möglicherweise eine Rechtfertigung aus der staatlichen Schulhoheit nach Art. 7 Abs. 1 GG ergeben, welcher ebenfalls Verfassungsrang zukommt.

b. Fraglich ist allerdings, inwieweit das Übermaßverbot gewahrt ist.

(1) Legitimer Zweck. Legitimer Zweck der Pflicht der Schüler zur Teilnahme am Sportunterricht ist die Förderung der für das körperliche Wohlbefinden sehr wichtigen sportlichen Betätigung als Ausgleich zu dem häufigen Sitzen im Klassenzimmer.

(2) Geeignetheit. Die Teilnahmepflicht dient der Erreichung dieses Ziels und ist damit ein geeignetes Mittel.

(3) Erforderlichkeit. Ein milderes, gleich geeignetes Mittel zur Erreichung des Zwecks ist nicht ersichtlich, so dass die Verpflichtung zur Teilnahme am Sportunterricht auch erforderlich ist.

(4) Angemessenheit. Fraglich ist aber, ob der Eingriff auch angemessen ist. Hier widerstreiten die staatliche Schulhoheit und das Interesse an der Durchführung des körperlichen Ausgleichssports mit dem Grundrecht der Religionsfreiheit der S. Die in Art. 7 Abs. 1 GG statuierte staatliche Schulaufsicht umfasst neben der organisatorischen Gliederung der

§ 8. Die Beschränkung von Grundrechten   45

Schule auch die Festlegung der Ausbildungsgänge und der Unterrichtsziele und somit auch die Art des Sportunterrichts. Bei der Wahrnehmung dieser Aufgaben hat der Staat jedoch auch die Freiheit des Glaubens, des Gewissens und die Freiheit des religiösen und weltanschaulichen Bekenntnisses gemäß Art. 4 Abs. 1, 2 GG zu beachten. Die Einhaltung von Kleidungsvorschriften hat in der islamischen Religion eine zentrale Bedeutung. Dieser Konflikt kann im Rahmen der Abwägung zum schonenden Ausgleich gebracht werden, wenn der Staat mit den ihm zur Verfügung stehenden organisatorischen Mitteln den Sportunterricht von Jungen und Mädchen trennt. Macht er davon keinen Gebrauch, so bleibt zur Lösung des Konflikts nur die Befreiung der S vom Sportunterricht.
   4. *Ergebnis.* Die S ist in ihrem Grundrecht auf Glaubensfreiheit verletzt.

Merke: Auch Grundrechte ohne Gesetzesvorbehalt können zum Schutz kollidierender Grundrechte Dritter oder zum Schutz sonstiger Rechtsgüter mit Verfassungsrang eingeschränkt werden.

3. Sonderproblem: Einschränkung von Grundrechten mit Gesetzesvorbehalt durch kollidierendes Verfassungsrecht

Es gibt Fälle, in denen ein qualifizierter Gesetzesvorbehalt nicht erfüllt ist, jedoch die Einschränkung des Grundrechts über kollidierendes Verfassungsrecht in Betracht kommt. Eine solche Einschränkung ist möglich. Der Grundsatz der Einheit der Verfassung betrifft grundsätzlich alle Grundrechte. Die oft wenig einleuchtende Formulierung von Gesetzesvorbehalten hat insoweit keine Sperrwirkung!   154

Beispiel *(BVerfGE 124, 25/36):* Der Gesetzgeber will einen Krankenversicherungsschutz für alle Bürger einführen und verpflichtet Versicherungsunternehmen, jedermann zu einem sog. Basistarif aufzunehmen. Dies betrifft auch einen Versicherungsverein auf Gegenseitigkeit, in welchem nur Priester und Priesteramtskandidaten versichert sind.   155
Die Einschränkung der Autonomie des Vereins greift in Art. 9 Abs. 1 GG ein. Der Gesetzesvorbehalt des Art. 9 Abs. 2 GG ist nicht einschlägig. Es kann aber überlegt werden, ob der Schutz der Bevölkerung vor den Risiken einer Erkrankung als überragend wichtiges Gemeinschaftsgut (Sozialstaatsprinzip!) den Eingriff rechtfertigt (wegen der besonderen personalen Struktur des Vereins im konkreten Fall zu verneinen; anders wäre es bei einer normalen Krankenversicherung oder einem Verein mit heterogener Mitgliederstruktur).

II. Erforderlichkeit einer gesetzlichen Grundlage

Literatur: Discher, Thomas, Mittelbarer Eingriff, Gesetzesvorbehalt, Verwaltungskompetenz: Die Jugendsekten-Entscheidungen – BVerwGE 82, 76, BVerwG, NJW 1991, 1770, 1992, 2496; BVerfG, NJW 1989, 3269, JuS 1993, 463 ff.; *Ostendorf, Heribert,* Gesetzliche Grundlage für den Jugendstrafvollzug – verfassungsrechtlich geboten!, NJW 2006, 2073 ff.

Eingriffe in Grundrechte sind aufgrund des sog. rechtsstaatlichen Vorbehaltes des Gesetzes nur dann zulässig, wenn der Eingriff durch ein formelles   156

Gesetz erlaubt wird. Hierbei kann es sich (je nach Kompetenzordnung, siehe Art. 70 ff. GG) um ein **Bundes- oder Landesgesetz** handeln. Es ist also keinesfalls so, dass nur Bundesgesetze die von der Bundesverfassung eingeräumten Grundrechte einschränken können (häufiges Missverständnis bei Studienanfängern). Da mittlerweile anerkannt ist, dass auch publizierte oder gemischtwirtschaftliche Unternehmen mit überwiegender Staatsbeteiligung unmittelbar grundrechtsverpflichtet sind (siehe BVerfG, NJW 2011, 1201 ff. – Fraport-Entscheidung), kommt in solchen Fällen als Eingriffsgrundlage auch eine privatrechtliche Norm (etwa das BGB, Beispiel: Hausverbot) in Betracht.

157 Einer gesetzlichen Grundlage für Grundrechtseingriffe bedarf es auch in sog. besonderen Gewaltverhältnissen (Strafvollzug, Jugendstrafvollzug, siehe oben § 5 II 1).

158 **Beispiel** *(BVerfG, NJW 2006, 2093 f.)*: Die Kontrolle des Briefverkehrs von Jugendlichen und die Verhängung von Disziplinarmaßnahmen im Rahmen des Jugendstrafvollzugs aufgrund von Verwaltungsvorschriften ist unzulässig. Erforderlich ist eine gesetzliche Grundlage für den Jugendstrafvollzug.

159 Nach der Rechtsprechung des BVerfG und des BVerwG ist keine gesetzliche Grundlage erforderlich, wenn die Bundesregierung im Rahmen der Information der Öffentlichkeit über Gefährdung von Grundrechten durch andere Grundrechtsträger tätig wird (BVerfG, JZ 1991, 624 ff.; BVerfGE 105, 279 ff.; BVerwGE 82, 76 ff.). Die Bundesregierung habe als Organ der obersten Staatsleitung die gesellschaftliche Entwicklung ständig zu beobachten, Fehlentwicklungen oder sonst auftretende Probleme möglichst rasch und genau zu erfassen sowie Möglichkeiten ihrer Verhinderung oder Behebung zu bedenken und die erforderlichen Maßnahmen in die Wege zu leiten. Dieser Sachbereich sei staatlicher Normierung nicht ohne Weiteres zugänglich, eine gesetzliche Grundlage deshalb verzichtbar (BVerfGE 105, 279/304).

160 Diese Rechtsprechung überzeugt nicht. Von einer Aufgabenstellung (staatliche Leitung) darf nicht auf eine Befugnis geschlossen werden (wer das in einer Polizei- und Sicherheitsrechtsklausur macht, ist eigentlich schon durchgefallen).

161 Hingegen soll bei finanziellen Unterstützungen, die zu Grundrechtseingriffen führen, der Gesetzesvorbehalt anwendbar sein (BVerwGE 90, 112 ff.).

162 **Fall 12** *(BVerwGE 90, 112 ff.)*: Die Bundesregierung unterstützt durch finanzielle Zuschüsse einen Verein, der satzungsgemäß Jugendsekten, vor allem auch die sog. *Osho-Bewegung* (früher: „Bhagwan") bekämpft. Dies geschieht aufgrund von Titeln im Haushaltsplan mit allgemeiner Zweckbestimmung („Maßnahmen auf dem Gebiet der Psychiatrie und der Psychohygiene"; „Zuschüsse zu den Kosten der Vorbereitung und Durchführung von Kongressen"). Verletzt die finanzielle Förderung das Grundrecht der *Osho-Bewegung* auf Glaubensfreiheit?
Lösung Fall 12: Die finanzielle Förderung könnte gegen die Glaubensfreiheit nach Art. 4 GG verstoßen.
1. Schutzbereich. Der Schutzbereich müsste zunächst eröffnet sein.
a. Sachlicher Schutzbereich. Art. 4 Abs. 1 und 2 GG schützt als einheitliches Grundrecht das Recht, einen Glauben zu bilden, zu haben, den Glauben zu bekennen, zu verbreiten

§ 8. Die Beschränkung von Grundrechten   47

und gemäß dieses Glaubens zu handeln. Hierzu gehört auch das Recht auf religiöse Vereinigungsfreiheit.

b. Persönlicher Schutzbereich. Träger der Glaubensfreiheit sind neben den natürlichen Personen auch juristische Personen oder sonstige Vereinigungen, deren Zweck die Pflege oder Förderung eines religiösen oder weltanschaulichen Bekenntnisses ist, wie beispielsweise die *Osho-Bewegung*. Der Schutzbereich ist daher eröffnet.

2. Eingriff. Durch die Bereitstellung der Mittel im Haushaltsplan zur Förderung eines Vereines, der die *Osho-Bewegung* bekämpft, liegt ein finaler staatlicher Eingriff in die Glaubensfreiheit vor.

3. Verfassungsrechtliche Rechtfertigung. Als Grundrecht ohne Gesetzesvorbehalt kann Art. 4 GG grundsätzlich nur durch kollidierendes Verfassungsrecht eingeschränkt werden. Dies setzt jedoch eine formell-gesetzliche Grundlage voraus. Die Bereitstellung von Mitteln im Haushaltsplan reicht nicht aus, da sie nur für normale Subventionsbewilligungen eine Rechtsgrundlage bilden kann, nicht hingegen für einen damit verbundenen Eingriff in Grundrechte Dritter.

4. Ergebnis. Die Subventionsgewährung ist deshalb rechtswidrig und verletzt die *Osho-Bewegung* in ihrem Recht auf Glaubensfreiheit aus Art. 4 GG.

Merke: Eingriffe in Grundrechte bedürfen wegen des Grundsatzes vom Vorbehalt des Gesetzes einer formellen gesetzlichen Grundlage (formelles Bundes- oder Landesgesetz).

III. Formelle Verfassungsmäßigkeit der gesetzlichen Grundlage

1. Kompetenz, Verfahren, Form

Das formelle Gesetz, welches den Grundrechtseingriff bewirkt oder zum 163 Grundrechtseingriff ermächtigt, muss selbst formell verfassungsmäßig sein. Der Gesetzgeber muss also über die entsprechende Gesetzgebungskompetenz verfügen, das Gesetzgebungsverfahren und die sonstigen formellen Anforderungen müssen eingehalten worden sein.

2. Zitiergebot (Art. 19 Abs. 1 Satz 2 GG)

Literatur: *Selk, Michael,* Zum heutigen Stand der Diskussion um das Zitiergebot, JuS 1992, 816 ff.; *Singer, Jörg,* Das Bundesverfassungsgericht und das Zitiergebot, DÖV 2007, 496 ff.

Ein besonderes formelles Erfordernis ist das Zitiergebot nach Art. 19 Abs. 1 164 Satz 2 GG. Damit soll sich der Gesetzgeber bewusst werden, dass er in Grundrechte eingreift. Er soll zudem gewarnt werden, wenn ein Eingriff in Grundrechte an besondere Voraussetzungen gebunden ist. Die Vorschrift ist jedoch von Ausnahmen geradezu durchlöchert:

- Das Zitiergebot gilt nicht bei der Einschränkung von Grundrechten ohne Gesetzesvorbehalt zum Schutz von kollidierendem Verfassungsrecht.
- Das Zitiergebot gilt nicht bei Einschränkungen der allgemeinen Handlungsfreiheit (Art. 2 Abs. 1 GG). Wegen der Weite des Schutzbereichs wäre eine Zitierung von Art. 2 Abs. 1 GG eine sinnlose Förmlichkeit.
- Das Zitiergebot gilt nicht bei mittelbaren Grundrechtseingriffen, da solche Eingriffe für den Gesetzgeber oft nicht voraussehbar sind.
- Das Zitiergebot gilt nicht bei allgemeinen Gesetzen nach Art. 5 Abs. 2 GG, da diese jedenfalls nach der sog. Sonderrechtslehre (§ 16 IV 1) den Grundrechtseingriff gerade nicht final bezwecken dürfen.
- Das Zitiergebot gilt nicht für Regelungen der Berufsfreiheit nach Art. 12 Abs. 1 Satz 2 GG, da es bei Art. 12 Abs. 1 Satz 2 GG um „Regelungen" geht, Art. 19 Abs. 1 Satz 1 GG hingegen eine „Einschränkung" verlangt.
- Das Zitiergebot gilt nicht für Inhalts- und Schrankenbestimmungen nach Art. 14 Abs. 1 Satz 2 GG. Die Eigentumsgarantie ist ohnehin rechtsordnungsabhängig, so dass sich Inhaltsbestimmungen und Beschränkungen kaum unterscheiden lassen.
- Das Zitiergebot gilt nicht für Enteignungen, da aufgrund der Junktimklausel der gleiche Zweck erfüllt wird wie mit dem Zitiergebot (siehe Art. 14 Abs. 3 Satz 2 GG).
- Das Zitiergebot gilt nicht für unbenannte Freiheitsrechte (z. B. allgemeines Persönlichkeitsrecht).
- Das Zitiergebot gilt nicht für vorkonstitutionelle Gesetze, also für Gesetze, die bereits vor Inkrafttreten des Grundgesetzes in Kraft getreten waren. Dies ergibt sich aus dem Charakter von Art. 19 Abs. 1 Satz 2 GG als Formvorschrift.
- Nach Auffassung des BVerfG gilt das Zitiergebot nicht bei solchen Gesetzen, die bereits vorkonstitutionell oder nachkonstitutionell eingeführte Beschränkungen unverändert oder mit geringen Abweichungen wiederholen (BVerfGE 35, 185/189; 61, 82/113). Wird hingegen eine bisherige Eingriffsgrundlage erheblich erweitert, gilt das Zitiergebot (BVerfGE 129, 208/237)
- Das Zitiergebot gilt nicht für privatrechtliche Eingriffsnormen (BVerfG, NJW 2011, 1201 ff. – Abs. 82). Dies ist vor allem für Maßnahmen von von der öffentlichen Hand beherrschten Unternehmen von Bedeutung.

165 Neuerdings scheint das BVerfG dem Zitiergebot des Art. 19 Abs. 1 Satz 2 GG allerdings wieder mehr Bedeutung beimessen zu wollen. Ermöglicht eine Gesetzesänderung neue Grundrechtseinschränkungen, muss das betroffene Grundrecht im Änderungsgesetz zitiert werden, auch wenn in dem zu ändernden Gesetz das Grundrecht bereits zitiert wird (BVerfGE 113, 348 ff.).

166 **Beispiel:** Durch Landesgesetz soll eine vorsorgende Telefonüberwachung durch die Polizei erlaubt werden. Das zu ändernde Sicherheits- und Ordnungsgesetz erlaubt bereits die Telefonüberwachung zur Gefahrenabwehr und enthält eine Zitierklausel im Hinblick auf Art. 10 Abs. 1 GG. Trotzdem muss das Änderungsgesetz ebenfalls Art. 10 Abs. 1 GG zitieren.

§ 8. Die Beschränkung von Grundrechten 49

Fall 13: Der Bundesgesetzgeber beschließt eine Änderung des Bauplanungsrechts. Danach dürfen Anlagen für kirchliche Zwecke nicht mehr in Wohngebieten errichtet werden. Der Bundesrat wird nicht beteiligt. Liegt ein rechtswidriger Eingriff in das Grundrecht der Religionsgemeinschaften aus Art. 4 Abs. 1 GG vor? 167

Lösung Fall 13: *1. Schutzbereich.* Die Glaubensfreiheit umfasst auch das Recht, Gebäude für religiöse Zwecke zu errichten. Der Schutzbereich der Glaubensfreiheit nach Art. 4 GG ist deshalb eröffnet.

2. Eingriff. Die Änderung des Bauplanungsrechts bewirkt, dass Anlagen für kirchliche Zwecke nicht mehr in Wohngebieten errichtet werden dürfen. Damit wird final eine grundrechtlich geschützte Betätigung beschränkt. Hierdurch wird in den Schutzbereich der Glaubensfreiheit eingegriffen.

3. Verfassungsrechtliche Rechtfertigung. Eine formell-gesetzliche Grundlage für den Eingriff liegt schon deshalb vor, weil der Eingriff durch Gesetz erfolgt. Dies ist jedoch nur dann verfassungsmäßig, wenn das Gesetz selbst formell und materiell verfassungsmäßig ist. Im vorliegenden Fall wurde der Bundesrat im Gesetzgebungsverfahren nicht beteiligt. Fraglich ist aber, ob dies im vorliegenden Fall beachtlich ist. Schließlich liegt der Sinn und Zweck der Beteiligung des Bundesrates (Art. 77 GG) in der Sicherstellung der Mitwirkung der Länder an der Gesetzgebung und nicht in dem unmittelbaren Schutz von Religionsgemeinschaften. Auf den Zweck des Beteiligungserfordernisses kommt es jedoch nicht an. Jeder formelle Verfassungsverstoß führt zu einer Grundrechtsverletzung (soweit ein Eingriff in den Schutzbereich vorliegt). Der Eingriff in den Schutzbereich des Art. 4 GG kann daher nicht gerechtfertigt werden.

4. Ergebnis. Es liegt daher ein rechtswidriger Eingriff in Art. 4 Abs. 1 GG vor.

Merke: Jeder formelle Verfassungsverstoß führt zu einer Grundrechtsverletzung, soweit ein Eingriff in den Schutzbereich vorliegt.

IV. Materielle Verfassungsmäßigkeit der gesetzlichen Grundlage

1. Bestimmtheit

Aus dem Rechtsstaatsprinzip und den Grundrechten folgt, dass das eingreifende Gesetz hinreichend bestimmt sein muss. Es muss also erkennbar sein, welche Eingriffe durch das Gesetz zugelassen werden oder vorgenommen werden. Man bezeichnet dies auch als Gebot von Normklarheit und Tatbestandsbestimmtheit. Besonders strenge Vorschriften gelten gemäß Art. 103 Abs. 2 GG für Strafnormen. Die Besonderheiten des jeweils zu regelnden Bereichs sind aber angemessen zu berücksichtigen. 168

Beispiel *(BVerfG, DVBl. 2005, 699ff.):* Zur Bekämpfung von Straftaten von besonderer Bedeutung dürfen die Strafverfolgungsbehörden besondere, für Observationszwecke bestimmte technische Mittel zur Ermittlung des Aufenthaltsortes einsetzen (§ 100a Abs. 1 Nr. 1b StPO). Ein Mitglied einer terroristischen Vereinigung wird unter Einsatz von GPS (Global Positioning System) überführt. 169

Der Einsatz von GPS war zulässig. Der Gesetzgeber muss zwar die technische Entwicklung und die daraus folgenden Grundrechtsgefährdungen aufmerksam beobachten. Er braucht aber nicht jede technische Überwachungsmöglichkeit einzeln zu regeln und darf in gewissem Rahmen Generalklauseln verwenden.

170 Soweit eine Ermächtigung zum Erlass einer Rechtsverordnung in dem Gesetz enthalten ist, gelten bei Bundesgesetzen die besonderen Bestimmtheitsanforderungen des Art. 80 Abs. 1 Satz 2 GG, bei Landesgesetzen die entsprechenden Bestimmungen in den Landesverfassungen. Soweit eine Satzungsermächtigung enthalten ist, gilt die sog. Wesentlichkeitstheorie, die zu ähnlichen Ergebnissen führt. Danach ist der Gesetzgeber verpflichtet, die „wesentlichen", d. h. vor allem die grundrechtsrelevanten Entscheidungen selbst zu treffen und sie nicht dem Satzungsgeber zu überlassen.

171 **Fall 14** *(BVerfGE 108, 282 ff.):* Muslimin L bewirbt sich um die Einstellung in den Schuldienst des Landes B. Sie will auch im Unterricht ein Kopftuch als Ausdruck ihres Bekenntnisses zum Islam tragen. Die Einstellung wird abgelehnt, da es der L nach Auffassung der Schulverwaltung an der nach dem Beamtengesetz notwendigen Eignung fehle. Eine ausdrückliche Ermächtigung, wegen der Absicht des Kopftuchtragens die Einstellung abzulehnen, enthält das Beamtenrecht des Landes B nicht. Wurde L in ihren Rechten aus Art. 33 Abs. 2 und Abs. 3 sowie Art. 4 GG verletzt?

Lösung Fall 14: In Frage kommt vorliegend eine Verletzung des Art. 33 Abs. 2 und 3 GG sowie des Art. 4 GG.

Hinweis: Art. 33 Abs. 2 und 3 GG werden deshalb zuerst geprüft, weil sie sachnäher sind als Art. 4 GG. Das BVerfG prüft Art. 4 GG nur im Rahmen von Art. 33 GG. In einer Klausur wäre es aber gut vertretbar, mit Art. 4 GG zu beginnen (entsprechend dem allgemeinen Grundsatz, dass Freiheits- vor Gleichheitsrechten zu prüfen sind). Eigentlich handelt es sich bei Art. 33 Abs. 2 und 3 GG um Gleichheitsgrundrechte. Diese können vorliegend aber auch wie ein Freiheitsgrundrecht geprüft werden.

Theoretisch könnte man auch noch Art. 33 Abs. 2 und Abs. 3 GG getrennt prüfen. Vorliegend überschneiden sich die Argumente jedoch fast vollständig: Die Einstellungsbehörde verneint die Eignung wegen der Ausübung des religiösen Bekenntnisses. Daher erscheint eine gemeinsame Prüfung zweckmäßig.

I. *Art. 33 Abs. 2 und 3 GG.* Fraglich ist zunächst, ob das Recht der L auf gleichen und diskriminierungsfreien Zugang zu einem öffentlichen Amt nach Art. 33 Abs. 2 und 3 GG verletzt wurde.

1. *Schutzbereich.* L bewarb sich um die Einstellung in den Schuldienst des Landes B. Der Schuldienst ist ein öffentliches Amt i. S. d. Vorschrift. Träger des grundrechtsgleichen Rechts ist jeder, der in ein öffentliches Amt gelangen möchte und damit auch die L. Der Schutzbereich ist eröffnet.

2. *Eingriff.* Durch die Verweigerung der Einstellung wurde in das grundrechtsgleiche Recht der L aus Art. 33 Abs. 2 und 3 GG eingegriffen.

3. *Verfassungsrechtliche Rechtfertigung.* Nach der Lehre vom Gesetzesvorbehalt bedarf ein Eingriff in ein Grundrecht oder grundrechtsgleiches Recht immer eines formellen Gesetzes, welches selbst formell und materiell verfassungsmäßig sein muss. Zu der materiellen Verfassungsmäßigkeit gehört auch die hinreichende Bestimmtheit des die Grundlage für den Eingriff beherbergenden Gesetzes. Hieran bestehen im vorliegenden Fall wegen der Unbestimmtheit des im Beamtengesetz aufgeführten Rechtsbegriffs der „Eignung" erhebliche Zweifel. Die Ablehnung der Einstellung kann nur dann rechtmäßig erfolgen, wenn der Landesgesetzgeber in verfassungsmäßiger Weise konkretisiert, welches Maß an

religiösen Bezügen in der Schule zulässig sein soll. Hierbei muss die staatliche Neutralität in Glaubensfragen gewahrt werden. Keinesfalls darf es dazu kommen, christliche Symbole zu gestatten oder zu dulden und muslimische zu verbieten. Das Bestimmtheitsgebot ist daher verletzt.

4. *Ergebnis.* Es liegt ein Verstoß gegen Art. 33 Abs. 2 und 3 GG vor.

(Hinweis: Mittlerweile haben einige Länder entsprechende Vorschriften erlassen, siehe BVerwG, NJW 2004, 3581 ff.).

II. *Art. 4 GG.* Fraglich ist zudem, ob das Grundrecht der L auf Glaubensfreiheit verletzt ist.

1. *Schutzbereich.* Der Schutzbereich der Glaubensfreiheit umfasst auch das Recht des Einzelnen, sein gesamtes Verhalten an seinem Glauben auszurichten und gemäß seiner Glaubensüberzeugung zu handeln. Hierzu gehört auch die Einhaltung der Kleidungsvorschriften der jeweiligen Religion und damit auch das Tragen eines religiösen Kopftuches.

2. *Eingriff.* Durch die mit dem Tragen des Kopftuches begründete Verweigerung der Einstellung liegt ein staatlicher Eingriff in das Grundrecht auf Glaubensfreiheit vor.

3. *Verfassungsrechtliche Rechtfertigung.* Der Eingriff kann wegen der Unbestimmtheit der gesetzlichen Grundlage nicht verfassungsrechtlich gerechtfertigt werden (vgl. oben).

4. *Ergebnis.* Es liegt auch ein Verstoß gegen Art. 4 GG vor.

Merke: Das eingreifende Gesetz muss hinreichend bestimmt sein.

2. Verfahrensmäßige Absicherung

Der Gesetzgeber ist verpflichtet, Grundrechte gegebenenfalls auch verfahrensmäßig abzusichern. Dies ist Ausdruck der sog. objektiven Grundrechtsfunktion (oben § 3 III) und betrifft die materielle Rechtmäßigkeit des Gesetzes. 172

Wichtig sind insoweit vor allem **Richtervorbehalte.** Sie sind teilweise in der Verfassung selbst vorgesehen, bevor die Exekutive in einen grundrechtlich geschützten Bereich eingreifen darf (Art. 13 Abs. 3 Satz 3 und 4 GG, Art. 104 Abs. 2 GG). 173

Die Notwendigkeit, eine richterliche Entscheidung vorzusehen, kann sich unabhängig davon aber auch aus der besonderen Eingriffsintensität bestimmter Maßnahmen ergeben. So darf etwa eine langandauernde Beobachtung eines Verdächtigen durch die Strafverfolgungsbehörden nur aufgrund richterlicher Anordnung erfolgen. § 163 f. Abs. 4 Satz 2 StPO, der dies vorsieht, ist eine von Verfassungs wegen notwendige Vorschrift zur Absicherung des allgemeinen Persönlichkeitsrechts (vgl. auch BVerfG, DVBl. 2005, 699/701). Für eine Online-Durchsuchung ist ebenfalls eine richterliche Anordnung nötig (BVerfG, NJW 2008, 822 ff.). 174

Der Gesetzgeber muss zudem für eine hinreichend klare Zuständigkeitsordnung innerhalb der Exekutive sorgen. Insbesondere muss bei sog. additiven Grundrechtseingriffen vermieden werden, dass unkoordiniert mehrere Eingriffe erfolgen, die nicht aufeinander abgestimmt sind (z. B. im Bereich der Wirtschaftsverwaltung, Regulierungsmaßnahmen etwa gegen die Deutsche Telekom als marktbeherrschendes Unternehmen; weiteres Beispiel: 175

Strafverfolgungsmaßnahmen, die gegebenenfalls von mehreren Strafverfolgungsbehörden ausgehen können, vgl. auch insoweit BVerfG, DVBl. 2005, 699/701).

3. Verbot von Einzelfallgesetzen (Art. 19 Abs. 1 Satz 1 GG)

176 Gesetze enthalten im Allgemeinen abstrakt-generelle Regelungen. Die Verwaltung ist hingegen vor allem für den Erlass von Einzelfallregelungen (Verwaltungsakten) zuständig, in Gestalt von Rechtsverordnungen oder Satzungen werden jedoch auch abstrakt-generelle Regelungen erlassen.

177 Art. 19 Abs. 1 Satz 1 GG verbietet grundrechtseingreifende Einzelfallgesetze. Unzulässig sind danach Einpersonengesetze, die nur für eine oder mehrere bestimmte Personen gelten. Diese Bestimmung konkretisiert das Gewaltenteilungsprinzip, das in Art. 20 Abs. 2 Satz 2 GG zum Ausdruck kommt. Sie wird jedoch restriktiv interpretiert. Die Gewaltenteilung ist im Grundgesetz nicht rein verwirklicht. Überlappungen in den Tätigkeiten der Gewalten sind zulässig, solange nicht in den Kernbereich einer Gewalt eingegriffen wird. Deshalb ist es dem Gesetzgeber nicht grundsätzlich untersagt, sich Einzelfällen anzunehmen. Ein unzulässiges Einzelfallgesetz liegt schon dann nicht vor, wenn sich wegen der abstrakten Fassung des gesetzlichen Tatbestandes nicht genau überblicken lässt, auf wie viele und welche Fälle das Gesetz Anwendung findet (BVerfGE 8, 332/361 ff.; 25, 371/396). Die Rechtsprechung hat es als zulässig angesehen, wenn der Gesetzgeber durch Gesetz bestimmte Verkehrsprojekte zulässt (BVerfGE 95, 1 ff. – sog. Stendal-Entscheidung). Normalerweise werden solche Entscheidungen durch Planfeststellungsbeschluss, also durch Verwaltungsakt getroffen. Zudem lässt das Grundgesetz selbst Einzelfallentscheidungen zu, z. B. Legalenteignungen in Art. 14 Abs. 3 Satz 2 GG.

178 **Fall 15** *(BVerfGE 10, 89 ff. – Erftverband)*: Wegen des Tagebaus von Braunkohle im Rheinischen Erftgebiet kam es zu einer Belastung der Wasserwirtschaft. Der nordrhein-westfälische Gesetzgeber errichtete per Gesetz eine Körperschaft des öffentlichen Rechts mit dem Namen „Großer Erftverband". Dem Verband wurden hoheitliche Befugnisse übertragen. Ihm gehörten per Gesetz u. a. die Eigentümer der im Verbandsgebiet gelegenen Braunkohlebergwerke und Elektrizitätswerke ab einer bestimmten Größenordnung an. Ist eine von den privaten Braunkohlebergwerken gegen das Erftverbandgesetz erhobene Verfassungsbeschwerde erfolgreich?

Lösung Fall 15: Die Verfassungsbeschwerde wird Erfolg haben, wenn sie zulässig und begründet ist.

I. Zulässigkeit. Die Verfassungsbeschwerde müsste zunächst zulässig und begründet sein.

1. Zuständigkeit. Das BVerfG ist gem. Art. 93 Abs. 1 Nr. 4a GG, §§ 13 Nr. 8a, 90 ff. BVerfGG zur Entscheidung über eine Verfassungsbeschwerde zuständig.

2. Beschwerdeberechtigung. Beschwerdeberechtigt ist nach § 90 Abs. 1 BVerfGG, wer Träger des als verletzt gerügten Grundrechts ist. Im vorliegenden Fall kommt das Grundrecht auf Berufsfreiheit (Art. 12 Abs. 1 GG) in Frage. Träger dieses Grundrechts können nach Art. 19 Abs. 3 GG auch inländische juristische Personen sein. Die privaten Braunkohlebergwerke sind als juristische Personen des Privatrechts damit beteiligtenfähig.

§ 8. Die Beschränkung von Grundrechten   53

3. Beschwerdegegenstand. Tauglicher Beschwerdegegenstand ist jeder Akt der öffentlichen Gewalt (Exekutive, Legislative und Judikative). Als Akt der Legislative ist das Erftverbandgesetz tauglicher Beschwerdegegenstand.

4. Beschwerdebefugnis. Die Beschwerdebefugnis ist gem. § 90 Abs. 1 BVerfGG gegeben, wenn die Möglichkeit besteht, dass der Beschwerdeführer selbst, gegenwärtig und unmittelbar in einem seiner Grundrechte verletzt ist. Hier kommt vor allem eine Verletzung der Berufsfreiheit (Art. 12 Abs. 1 GG), hilfsweise der allgemeinen Handlungsfreiheit (Art. 2 Abs. 1 GG) in Frage. Gedacht werden kann auch an eine Verletzung von Art. 9 Abs. 1 GG (negative Vereinigungsfreiheit). Eine mögliche Verletzung kann nicht völlig ausgeschlossen werden. Das Erftverbandgesetz hat zur Folge, dass u. a. die Eigentümer der im Verbandgebiet gelegenen Braunkohlebergwerke ab einer bestimmten Größenordnung kraft Gesetzes Mitglieder des „Großen Erftverbandes" geworden sind. Die Beschwerdeführer sind daher durch das Gesetz auch selbst, gegenwärtig und unmittelbar betroffen.

5. Rechtswegerschöpfung/Subsidiarität. Gegen Gesetze ist kein Rechtsweg gegeben, die Verfassungsbeschwerde ist auch insoweit zulässig. Andere zumutbare Möglichkeiten des Rechtsschutzes stehen den Beschwerdeführern nicht zur Verfügung, so dass der Grundsatz der Subsidiarität der Verfassungsbeschwerde eingehalten ist.

6. Frist. Die Einhaltung der Jahresfrist gem. § 93 Abs. 3 BVerfGG wird unterstellt.

7. Zwischenergebnis. Die Verfassungsbeschwerde ist zulässig.

II. Begründetheit. Die Verfassungsbeschwerde ist begründet, wenn das Erftverbandgesetz die Beschwerdeführer in einem ihrer Grundrechte verletzt.

1. Verletzung von Art. 9 Abs. 1 GG

In Betracht kommt zunächst eine Verletzung von Art. 9 Abs. 1 GG. Die Vorschrift schützt aber positiv nur den Zusammenschluss in privatrechtlichen Rechtsformen. Daraus wird geschlossen, dass auch die vom Schutzbereich umfasste negative Versammlungsfreiheit nur vor privatrechtlichen Zwangszusammenschlüssen schützt.

2. Verletzung von Art. 12 Abs. 1 GG

In Betracht kommt deshalb eine Verletzung des Grundrechts der Berufsfreiheit

a. Schutzbereich.

aa. Sachlicher Schutzbereich. Fraglich ist zunächst, ob der Schutzbereich der Berufsfreiheit (Art. 12 Abs. 1 GG) eröffnet ist. Beruf ist jede Tätigkeit von gewisser Dauer, die der Schaffung und Erhaltung einer Lebensgrundlage dient oder zumindest zu einer solchen beiträgt. Der Betrieb von Braunkohlebergwerken fällt somit unter den Schutzbereich.

bb. Persönlicher Schutzbereich. Träger der Berufsfreiheit können nach Art. 19 Abs. 3 GG auch juristische Personen sein, sofern die Tätigkeit ebenso gut von juristischen Personen ausgeübt werden kann. Die Betreiber von Braunkohlebergwerken sind daher Träger des Grundrechts. Der Schutzbereich ist folglich eröffnet.

b. Eingriff. Die Bildung des Erftverbandes knüpft an eine berufliche Tätigkeit an. Insofern lässt sich ein Eingriff in den Schutzbereich der Berufsfreiheit annehmen (strittig, nach a. A. liegt nur ein Eingriff in die allgemeine Handlungsfreiheit des Art. 2 Abs. 1 GG vor).

c. Verfassungsrechtliche Rechtfertigung. Die Berufsfreiheit unterliegt gem. Art. 12 Abs. 1 Satz 2 GG einem einfachen Gesetzesvorbehalt. Ein Eingriff ist daher grundsätzlich durch oder aufgrund eines Gesetzes zulässig. Das Erftverbandgesetz kann daher als zulässige Schranke der Berufsfreiheit angesehen werden. Hinsichtlich der formellen Verfassungsmäßigkeit bestehen keine Zweifel. Fraglich ist aber, ob das Gesetz materiell verfassungsmäßig ist. Es könnte ein unzulässiges Einzelfallgesetz nach Art. 19 Abs. 1 Satz 1 GG vorliegen.

Dem Gebot des Art. 19 Abs. 1 Satz 1 GG ist entsprochen, wenn der Gesetzgeber eine abstrakt-generelle Regelung erlassen hat. Im vorliegenden Fall werden alle damaligen und künftigen Bergbautreibenden sowie sonstige Unternehmen, die mit diesen in einem unmittelbaren Zusammenhang standen, erfasst. Dies folgt aus der abstrakt-generellen Fassung des Gesetzes. Dass es sich nur um eine Handvoll Betroffener handelt, ist unschädlich. Es genügt, dass der Eintritt zusätzlicher Anwendungsfälle nicht undenkbar ist. Es ist auch nicht erkennbar, dass das Gesetz der Verschleierung einer einzelfallbezogenen Regelung dient. Unschädlich ist auch, dass es sich um die Verfolgung einer bestimmten Maßnahme zur Sicherung der Wasserwirtschaft im Erftverbandsgebiet handelt (sogenanntes Maßnahmengesetz). Dies ist dem Gesetzgeber nicht untersagt. Das Erftverbandgesetz ist deshalb als verfassungsmäßige Schranke der Berufsfreiheit zu qualifizieren. Das Übermaßverbot ist eingehalten (wäre in der Klausur noch näher zu prüfen).

Das Grundrecht der Berufsfreiheit gemäß Art. 12 Abs. 1 GG (bzw. das Recht der allgemeinen Handlungsfreiheit nach Art. 2 Abs. 1 GG) ist damit nicht verletzt.

III. Ergebnis. Die Verfassungsbeschwerde ist zwar zulässig, aber unbegründet und wird daher keinen Erfolg haben.

> **Merke:** Ein unzulässiges Einzelfallgesetz liegt schon dann nicht vor, wenn sich wegen der abstrakten Fassung des gesetzlichen Tatbestandes nicht genau überblicken lässt, auf wie viele und welche Fälle es Anwendung findet. Unschädlich ist vor allem, ob tatsächlich nur wenige von dem Gesetz betroffen sind.

4. Anforderungen des qualifizierten Gesetzesvorbehaltes

179 Ein Gesetz, das in ein Grundrecht eingreift, ist weiterhin nur dann verfassungsmäßig, wenn es den Anforderungen des jeweiligen qualifizierten Gesetzesvorbehaltes genügt. Die Anforderungen unterscheiden sich also von Grundrecht zu Grundrecht. Die Folgen, die daraus entstehen, dass ein Gesetz den qualifizierten Anforderungen des Gesetzesvorbehaltes nicht genügt, können unterschiedlich sein. Das Gesetz kann verfassungswidrig sein, wenn es eindeutig auf einen Grundrechtseingriff zielt. Wenn hingegen auf das Gesetz auch Maßnahmen gestützt werden können, die nicht in ein Grundrecht eingreifen (z. B. bei allgemeinen Gesetzen i. S. v. Art. 5 Abs. 2 GG), hat der Eingriff zu unterbleiben, ohne dass die Gültigkeit des Gesetzes in Frage gestellt wird.

5. Anforderungen des Verhältnismäßigkeitsgrundsatzes i. w. S. (Übermaßverbot)

Literatur: *Bleckmann, Albert,* Begründung und Anwendungsbereich des Verhältnismäßigkeitsprinzips, JuS 1994, 177 ff.; *Kirchhof, Gregor,* Kumulative Belastung durch unterschiedliche staatliche Maßnahmen, NJW 2006, 732 ff.; *Schnapp, Friedrich E.,* Die Verhältnismäßigkeit des Grundrechtseingriffs, JuS 1983, 850 ff.; *Spielmann, Christoph,* Die Verstärkungswirkung der Grundrechte, JuS 2004, 371 ff.; *Wernsmann, Rainer,* Wer bestimmt den Zweck einer grundrechtseinschränkenden Norm – BVerfG oder Gesetzgeber?, NVwZ 2000, 1360 ff.

a) Legitime Zwecksetzung

180 Von besonderer Bedeutung ist die Prüfung des Verhältnismäßigkeitsgrundsatzes i. w. S. (Übermaßverbot). Zunächst muss für den gesetzgeberischen Ein-

griff eine legitime Zwecksetzung vorliegen. Illegitime Zwecke darf der Gesetzgeber nicht verfolgen. Grundsätzlich ist der Gesetzgeber jedoch frei in seiner Zweckwahl. Oft wird ein Gesetz erlassen, um mehrere Zwecke zu verfolgen. Verfassungswidrig ist ein Gesetz nur dann, wenn sich kein verfassungsgemäßer Zweck finden lässt.

Die Zwecke eines Gesetzes brauchen sich nicht aus der Verfassung zu ergeben, sondern können auch vom Gesetzgeber im Rahmen eines weiten Gestaltungsspielraums selbst bestimmt werden. 181

Strittig ist, ob bei der verfassungsgerichtlichen Überprüfung eines Gesetzes alle denkbaren Zwecke zu berücksichtigen sind oder nur diejenigen, die der Gesetzgeber verfolgen wollte. Es erscheint wenig sinnvoll, ein Gesetz für nichtig zu erklären, wenn der Gesetzgeber das gleiche Gesetz nur mit anderer Begründung neu erlassen könnte. Deshalb ist es richtig, wenn das BVerfG im Zweifel versucht, ein Gesetz auch unter Heranziehung vom Gesetzgeber nicht bedachter Zwecke ggf. zu „retten" (vgl. BVerfG, NJW 1998, 1776 zur Altersgrenze im Kassenarztrecht). 182

b) Geeignetheit

Der Grundrechtseingriff muss geeignet sein. Geeignet ist ein Eingriff dann, wenn er den angestrebten (legitimen) Zweck fördert. Es kommt nicht darauf an, ob es sich um eine beliebige oder die optimale Maßnahme handelt. Es genügt, wenn die Maßnahme überhaupt etwas zur Zweckerreichung beiträgt (BVerfGE 30, 292/316; 115, 276/308). 183

Beispiel (*BVerfG, NJW 2008, 822ff.*): Der nordrhein-westfälische Gesetzgeber fügt in das Landesverfassungsschutzgesetz Vorschriften über die Online-Durchsuchung ein. Gegen eine Online-Durchsuchung gibt es technische Selbstschutzmöglichkeiten. 184
Die Maßnahme ist gleichwohl geeignet. Der Gesetzgeber hat einen weiten Einschätzungsspielraum. Nicht jede Zielperson wird ein Abwehrprogramm installieren und richtig verwenden. Die Behörden werden zudem Mittel entwickeln, um Abwehrprogramme zu überwinden.

c) Erforderlichkeit

Ein Grundrechtseingriff ist nur dann verfassungsrechtlich gerechtfertigt, wenn das Prinzip der Erforderlichkeit gewahrt ist. Der Gesetzgeber muss von mehreren gleich wirksamen Mitteln dasjenige wählen, das das Grundrecht nicht oder weniger stark belastet (BVerfGE 53, 135/145 f.; 67, 157/177). So ist die Anordnung der Beibringung eines medizinisch-psychologischen Gutachtens zur Feststellung der Eignung zum Führen von Kraftfahrzeugen wegen Haschischkonsums nicht erforderlich, wenn die Frage des gewohnheitsmäßigen Rauschgiftkonsums auch durch Harn-, Blut- oder Haaruntersuchungen geklärt werden kann (BVerfGE 89, 69/88). 185

Die Frage der Erforderlichkeit ist nicht nur im Hinblick auf den Betroffenen, sondern auch im Hinblick auf Dritte zu entscheiden. Zu höheren fi- 186 nanziellen Aufwendungen ist der Staat i. d. R. nicht verpflichtet, es sei denn, die Bereitstellung von Finanzen ist angesichts der Bedeutung des betroffenen Grundrechts völlig unzureichend (unangemessen). So kann die Belastung des Arbeitgebers mit Zahlungspflichten etwa im Rahmen von Mutterschutzregelungen nicht mit dem Argument in Frage gestellt werden, die Regelung sei nicht erforderlich, weil auch der Staat die entsprechenden Gelder bereitstellen könne (BVerfGE 109, 64, 86). Es ist vielmehr eine Frage der Zumutbarkeit, ob der Gesetzgeber zu Recht dem Arbeitgeber die entsprechende Verpflichtung auferlegt hat.

187 **Fall 16** *(BVerfGE 77, 84ff.)*: Durch eine Änderung des Arbeitnehmerüberlassungsgesetzes wird die Leiharbeit in Gebieten des Baugewerbes verboten, da in großem Umfang durch illegale Leiharbeit Steuern und Sozialversicherungsbeiträge hinterzogen werden. Können sich die betroffenen Verleihfirmen darauf berufen, die zuständigen Stellen müssten durch verstärkte Kontrollen die „schwarzen Schafe" heraussuchen und dürften nicht auch den ehrlichen Verleihern die Ausübung des Gewerbes verbieten?
Lösung Fall 16: Nach Auffassung des BVerfG ist der Grundsatz der Erforderlichkeit gewahrt. Es war schon vorher versucht worden, durch verstärkte Kontrollen der rechtswidrigen Leiharbeit Herr zu werden. Die ergriffenen Maßnahmen hatten gerade im Baugewerbe keine Erfolge gezeigt. Es ließ sich nicht feststellen, dass die finanziellen Aufwendungen des Staates für die Kontrolle von Baustellen angesichts der grundrechtlichen Bedeutung der geschützten Tätigkeiten unverhältnismäßig gering gewesen wären.

d) Zumutbarkeit (Verhältnismäßigkeit i. e. S.)

188 Schließlich muss die Maßnahme zumutbar (verhältnismäßig i. e. S.) sein. Hierbei handelt es sich um eine Abwägungsfrage. Dabei ist nach folgenden Grundsätzen zu verfahren:

– Es müssen die Interessen aller Personen berücksichtigt werden, die von der Maßnahme betroffen sind. Die jeweiligen Interessen können für oder gegen die Maßnahme sprechen.
– Die Interessen müssen gewichtet werden. Hierbei sind insbesondere verfassungsrechtliche Wertentscheidungen zu berücksichtigen. Wichtig ist vor allem wie intensiv in ein Grundrecht eingegriffen wird. Besonders intensiv sind solche Eingriffe, die heimlich erfolgen (z. B. Online-Durchsuchung, siehe BVerfG, NJW 2008, 822/830).
– Es muss entschieden werden, wie stark die Interessen beeinträchtigt werden. Besonders intensive Eingriffe müssen gegebenenfalls durch Übergangs-, Befreiungs-, Ausnahme- oder Kompensationsregeln abgemildert werden. So kann es bei Eingriffen in das Eigentumsrecht geboten sein, zum Ausgleich eines Eingriffs eine finanzielle Kompensation vorzusehen. Finanzielle Belastungen, die einzelne Mitglieder einer Gruppe besonders stark treffen, müssen gegebenenfalls durch ein Umlageverfahren ausgeglichen werden (vgl. BVerfGE 109, 64/86ff. zur besonderen Belastung von Betrieben mit einem hohen Frauenanteil an der Arbeitnehmerschaft durch Regelungen zum Mutterschaftsgeld).

– Zu berücksichtigen sind auch weitere Belastungen durch andere staatliche Maßnahmen. Die Gefahr von „kumulativen" oder „additiven" Eingriffen muss eventuell verfahrensmäßig abgesichert werden.

Beispiel *(BVerfGE 112, 304ff.)*: Der Einsatz von GPS im Rahmen der Strafverfolgung 189 ist zulässig, solange es nicht im Zusammenspiel mit weiteren Observationsmaßnahmen zu einer Totalüberwachung kommt.

Gegebenenfalls ist die Prüfung der Zumutbarkeit auch der Ort, um nur 190 mittelbar einschlägige **weitere Grundrechte** mitzuprüfen. Teilweise wird insoweit auch von einer Art „Schutzbereichsverstärkung" gesprochen. Hierbei ist allerdings dogmatisch vieles unklar. Vor allem ist selten mit Sicherheit festzustellen, von welchem Grundrecht primär auszugehen ist und welches Grundrecht dann nur „verstärkend" hinzutritt. Den Studierenden ist deshalb zu raten, in Zweifelsfällen weiterhin alle Grundrechte einzeln zu prüfen. An eine „Schutzbereichsverstärkung" ist vor allem dann zu denken, wenn ein Grundrecht als Abwehrrecht nicht unmittelbar einschlägig ist.

Beispiel *(BVerfGE 104, 337ff.)*: Der muslimische Metzger M (türkischer Staatsan- 191 gehöriger) beantragt eine Ausnahmegenehmigung für das Schächten von Tieren, um seinen Kunden entsprechendes Fleisch verkaufen zu können. Unmittelbar einschlägiges Grundrecht ist Art. 2 Abs. 1 GG (nicht Art. 12 Abs. 1 GG, da M kein Deutscher ist). Bei der verwaltungsrechtlichen Entscheidung ist jedoch auch die Glaubensfreiheit des Art. 4 GG und das daraus abgeleitete Verbot, Fleisch von nicht geschächteten Tieren zu verzehren, zu beachten. Dieses Grundrecht kann allerdings nicht unmittelbar geprüft werden, weil die Kunden nicht Beschwerdeführer sind. Insoweit kommt eine „Schutzbereichsverstärkung" in Betracht. Dies führt im vorliegenden Fall dazu, dass die Abwägung im Rahmen der Zumutbarkeitsprüfung zu Gunsten des M ausfällt.

6. Wesensgehaltsgarantie (Art. 19 Abs. 2 GG)

a) Individuelles oder generelles Verständnis

Eine letzte Sperre für gesetzgeberische Eingriffe bildet die Wesensgehaltsga- 192 rantie (Art. 19 Abs. 2 GG). Die Wesensgehaltsgarantie lässt sich individuell oder generell interpretieren. Beim individuellen Ansatz ist auf die Bedeutung des Grundrechts für den einzelnen Grundrechtsträger abzustellen. Eine staatliche Maßnahme ist danach unzulässig, wenn sie dazu führt, dass ein Grundrecht eines Grundrechtsträgers in seinem Wesensgehalt angetastet wird.

Die individuelle Theorie ist jedoch nicht überzeugend. Art. 19 Abs. 2 GG steht 193 im Zusammenhang mit gesetzgeberischen Beschränkungen von Grundrechten. Es ist daher nicht auf das Grundrecht des einzelnen Grundrechtsträgers, sondern auf das Grundrecht insgesamt abzustellen. Deshalb ist etwa ein finaler Rettungsschuss, mit dem die Polizei einen Amokläufer tötet, kein Verstoß gegen Art. 2 Abs. 2 Satz 1 GG i. V. m. Art. 19 Abs. 2 GG, eine lebenslange Freiheitsstrafe oder eine unbefristete Sicherungsverwahrung kein Verstoß gegen Art. 2 Abs. 2 Satz 2 i. V. m. Art. 19 Abs. 2 GG (BVerfGE 45, 187/219 f.; 109, 133/156; 117, 71/96).

b) Absolutes oder relatives Verständnis

194 Ein weiterer Streitpunkt bei der Auslegung der Wesensgehaltsgarantie ist, ob diese absolut oder relativ zu verstehen ist. Bei einer relativen Wesensgehaltsgarantie käme es auf eine Abwägung der für oder gegen den Eingriff sprechenden Gründe an. Solange gewichtige Schutzinteressen Dritter den Eingriff legitimieren, liegt danach kein Verstoß gegen die Wesensgehaltsgarantie vor. Zu einem solchen Verständnis tendiert das BVerfG (BVerfGE 109, 133/156). Dann hätte die Wesensgehaltsgarantie aber keine andere Bedeutung als die Prüfung der Zumutbarkeit im Rahmen des Verhältnismäßigkeitsgrundsatzes. Deshalb ist dem absoluten Verständnis der Vorrang zu geben. Zuzugeben ist allerdings, dass die Entscheidung zwischen absolutem und relativem Verständnis keine besonders große Rolle spielt, wenn man nicht der individuellen, sondern mit dem BVerfG dem generellen Verständnis folgt. Die vollständige Abschaffung eines Grundrechts durch einfaches Gesetz würde auch vom BVerfG jedenfalls nicht als verhältnismäßig akzeptiert werden.

195 Ein verbreitetes Missverständnis besteht darin, Art. 19 Abs. 2 GG auch gegenüber dem verfassungsändernden Gesetzgeber anzuwenden. Dies ist unrichtig (so ausdrücklich auch BVerfGE 109, 279/311). Prüfungsmaßstab für ein verfassungsänderndes Gesetz ist allein Art. 79 Abs. 3 GG. Der verfassungsändernde Gesetzgeber hat durchaus das Recht, ein Grundrecht aufzuheben oder in seinem Wesensgehalt zu beschränken. Eine Grenze ergibt sich dann, wenn gleichzeitig ein Verstoß gegen Art. 1 Abs. 1 GG vorliegen würde, also der „Menschenwürdegehalt" eines Grundrechts missachtet wird (BVerfGE 109, 279/311). „Menschenwürdegehalt" und „Wesensgehalt" sind jedoch unterschiedliche Dinge.

V. Verfassungsmäßigkeit der Rechtsanwendung

1. Ein- und mehrstufige Grundrechtseingriffe

196 Grundrechtseingriffe können einstufig oder mehrstufig vor sich gehen. Bei einem einstufigen Grundrechtseingriff erfolgt die Beschränkung des Grundrechts unmittelbar durch Gesetz.

197 Häufig enthält das formelle Gesetz jedoch nur eine Ermächtigung an die Exekutive, einen Grundrechtseingriff etwa durch Rechtsverordnung, Satzung oder Verwaltungsakt herbeizuführen. Insofern spricht man von einem zwei- (gegebenenfalls auch drei-)stufigen Grundrechtseingriff. Der Eingriff in das Grundrecht ist nur dann zulässig, wenn er umfassend rechtmäßig ist. Jeder Rechtsverstoß gegenüber dem Adressaten einer Maßnahme führt zur Grundrechtsverletzung.

198 Zunächst ist es Aufgabe der verwaltungsinternen Kontrollinstanzen (z. B. der Widerspruchsbehörden im Widerspruchsverfahren nach §§ 68 ff. VwGO)

§ 8. Die Beschränkung von Grundrechten

sowie der Fachgerichtsbarkeiten (Verwaltungsgerichte, Finanzgerichte, Sozialgerichte), Grundrechtsverletzungen auf Klage der Betroffenen zu beheben.

2. Prüfungskompetenz des BVerfG hinsichtlich der Rechtsanwendung

Die Prüfungskompetenz des BVerfG hinsichtlich der Tatsachenfeststellung und Rechtsanwendung ist beschränkt. Zwar liegt in einer unrichtigen Tatsachenfeststellung oder Gesetzesanwendung ein Verfassungsverstoß, denn es kommt zu einem nicht gerechtfertigten Eingriff in die grundrechtliche Freiheitssphäre. Hauptaufgabe des BVerfG ist jedoch die Kontrolle der Verfassungsmäßigkeit der formellen Gesetze, da das BVerfG insoweit (für nachkonstitutionelle Gesetze) das Verwerfungsmonopol hat. 199

Die Prüfung der Anwendung der Gesetze im Einzelfall und damit auch die Überprüfung der fachgerichtlichen Entscheidungen erfolgt deshalb nur in sehr beschränktem Umfang. Hier sind zwei Hauptlinien zu unterscheiden. 200

– Zunächst führt das BVerfG eine Art **Willkürkontrolle** durch. Die gerichtliche Entscheidung wird unter Berufung auf Art. 3 Abs. 1 GG aufgehoben, wenn die Rechtsanwendung „nicht mehr verständlich ist" und damit willkürlich erscheint (BVerfGE 62, 189/192).
– Zudem wird eine Art **Abwägungskontrolle** vorgenommen. Die Ergebnisse der jeweiligen Entscheidungen müssen mit den grundrechtlichen Vorgaben vereinbar sein. Das BVerfG prüft insoweit, ob ein Verstoß gegen „**spezifisches Verfassungsrecht**" vorliegt. Dies betrifft Auslegungsfehler, die eine grundsätzlich unrichtige Anschauung von der Bedeutung eines Grundrechts, insbesondere vom Umfang seines Schutzbereichs, erkennen lassen und auch in ihrer materiellen Tragweite von einigem Gewicht sind (sog. **Heck'sche Formel**, siehe BVerfGE 18, 85/93; NJW 1998, 519/521; ausführlicher oben § 5 III 4).

Relativ intensiv verläuft insoweit die Kontrolle durch das BVerfG im Bereich der Kommunikationsgrundrechte. Hier fühlt sich das BVerfG aufgerufen, auch die Unterscheidung von Meinungsäußerungen und Tatsachenbehauptungen relativ detailliert nachzuprüfen (siehe unten § 16 II 1a). 201

Eine weitgehende Überprüfung von fachgerichtlichen Entscheidungen soll auch dann stattfinden, wenn die Fachgerichte Grundrechtsnormen „unmittelbar selbst auslegen und anwenden". Dann müsse das BVerfG Reichweite und Grenzen der Grundrechte bestimmen und feststellen, ob sie nach ihrem Umfang und Gewicht angemessen berücksichtigt worden sind (BVerfGE 108, 282/294). Diese Formel trägt zur weiteren Verunklarung des Prüfungsumfanges des BVerfG gegenüber fachgerichtlichen Entscheidungen bei. Der erstaunte Leser fragt sich vor allem, was man sich unter einer „mittelbaren" Anwendung von Grundrechten durch Fachgerichte vorstellen soll, da Art. 1 Abs. 3 GG die Rechtsprechung doch unmittelbar an die Grundrechte bindet. 202

Teil III. Freiheitsrechte

§ 9. Garantie der Menschenwürde (Art. 1 Abs. 1 GG)

Literatur: *Bernstorff, Jochen von,* Der Streit um die Menschenwürde im Grund- und Menschenrechtsschutz: Eine Verteidigung ds Absoluten als Grenze und Auftrag, JZ 2013, 905 ff.; *Dreier, Horst,* Menschenwürdegarantie und Schwangerschaftsabbruch, DÖV 1995, 1036 ff.; *Hartleb, Torsten,* Grundrechtsvorwirkungen in der bioethischen Debatte – alternative Gewährleistungsdimensionen von Art. 2 II 1 GG und Art. 1 I GG, DVBl. 2006, 672 ff.; *Hufen, Friedhelm,* Die Menschenwürde, Art. 1 I GG, JuS 2010, 1 ff.; *Jerouschek, Günter,* Gefahrenabwendungsfolter – Rechtsstaatliches Tabu oder polizeirechtlich legitimierter Zwangseinsatz?, JuS 2005, 296 ff.; *Lindner, Josef Franz,* Die Würde des Menschen und sein Leben, DÖV 2006, 577 ff.; *Wittreck, Fabian,* Menschenwürde und Folterverbot, DÖV 2003, 873 ff.

I. Allgemeines

1. Menschenwürde als „oberster Wert"

203 In der Zeit des Nationalsozialismus wurden Menschen massenhaft und in grauenhaftester Weise menschenunwürdig behandelt. Der Verfassungsgeber hat deshalb die Menschenwürde an die Spitze der Verfassung und des Grundrechtskataloges gestellt. Die staatliche Gewalt dient dem Schutz der Menschenwürde (Art. 1 Abs. 1 Satz 2 GG). Die besondere Bedeutung, die die Verfassung der Menschenwürde beimisst, kommt auch in Art. 79 Abs. 3 GG zum Ausdruck. Die Menschenwürde ist auch durch Verfassungsänderung nicht einschränkbar. Es handelt sich um den „obersten Wert" des Grundgesetzes (BVerfGE 32, 98/108; 50, 166/175; 54, 341/357).

Die Menschenwürde steht dem Menschen kraft seines Menschseins zu, unabhängig davon, in welchem körperlichen oder geistigen Zustand er sich befindet. Die Menschenwürde kann einem Menschen deshalb auch nicht „genommen" werden. Mögliche Rechtsverletzungen ergeben sich deshalb daraus, dass der Achtungsanspruch, der sich aus der Menschenwürde ergibt, missachtet wird (BVerfGE 131, 268/287). Wenn deshalb im Folgenden – und auch sonst im juristischen Schrifttum – von einer „Verletzung der Menschenwürde" die Rede ist, ist streng genommen die Verletzung des Achtungsanspruchs gemeint.

2. Der Grundrechtscharakter von Art. 1 Abs. 1 GG

Es ist allerdings nicht ganz unumstritten, ob Art. 1 Abs. 1 Satz 1 GG ein **204** Grundrecht enthält. Die herrschende Meinung geht davon aus. Dafür spricht die Stellung im ersten Abschnitt, dagegen Art. 1 Abs. 3 GG, wonach die nachfolgenden Grundrechte die öffentliche Gewalt binden. Letztlich schließt aber Art. 1 Abs. 3 GG nicht aus, dass auch Art. 1 Abs. 1 GG ein Grundrecht ist. Es wäre zudem ein sonderbares Ergebnis, wenn die höchstrangige Grundrechtsgarantie keinen subjektiv-öffentlichen Charakter hätte.

Im Übrigen hängt von der Frage des Grundrechtscharakters von Art. 1 **205** Abs. 1 GG wenig ab. Die Qualifikation als Grundrecht ist letztlich nur für die Befugnis zur Erhebung einer Verfassungsbeschwerde (Art. 93 Abs. 1 Nr. 4a GG) von Bedeutung. Verletzungen der Menschenwürde gehen jedoch im Regelfall mit Verletzungen anderer Grundrechte einher, etwa des Art. 2 Abs. 1 GG. Soweit ein anderes Grundrecht in zulässiger Weise als verletzt gerügt worden ist, muss das BVerfG im Rahmen der Verfassungsbeschwerde auch den Verstoß gegen Art. 1 Abs. 1 GG prüfen.

3. Unzulässigkeit von Eingriffen

Eine Besonderheit von Art. 1 Abs. 1 GG im Vergleich zu anderen Grund- **206** rechten besteht darin, dass die Menschenwürde keiner staatlichen Beschränkung zugänglich ist. Die Garantie ist – so die jedenfalls überwiegende Meinung – absolut, sie besteht ohne die Möglichkeit eines Güterausgleichs. Eingriffe in die Menschenwürde sind stets unzulässig. Dies führt andererseits auch dazu, dass der Schutzbereich der Menschenwürde restriktiv interpretiert wird. Dies ist eine Erscheinung, die bei vielen absoluten Garantien anzutreffen ist.

Ein Eingriff in die Menschenwürde wird nicht dadurch ausgeschlossen, dass **207** der Mensch in die Behandlung einwilligt. Die Menschenwürde steht nicht zu seiner Disposition (vgl. BVerwGE 64, 274/279 ff.). Auch sonstige Eingriffe in die Menschenwürde sind stets verfassungswidrig. Sie können nicht durch „kollidierendes Verfassungsrecht" gerechtfertigt werden.

Fall 17: V entführt den Bankierssohn J, um ein Lösegeld zu erpressen. Die Polizei **208** nimmt V bei der Geldübergabe fest. Darf V gefoltert werden, damit er das Versteck des J bekannt gibt?
Lösung Fall 17: Fraglich ist, ob durch die Foltermaßnahmen in die Menschenwürde des V eingegriffen wird.
1. Schutzbereich/Eingriff. Ein Eingriff in die Menschenwürde liegt vor, wenn der Mensch zum bloßen Objekt staatlichen Handelns herabgewürdigt und einer Behandlung ausgesetzt wird, die seine Subjektqualität prinzipiell in Frage stellt. Dies ist vor allem dann der Fall, wenn der Staat in erheblicher Weise in die geistige oder körperliche Integrität oder Identität eingreift. Hierzu sind auch Foltermaßnahmen zu zählen.
2. Verfassungsrechtliche Rechtfertigung. Die Menschenwürde ist keiner staatlichen Beschränkung zugänglich. Eine verfassungsrechtliche Rechtfertigung von Verstößen gegen die

Menschenwürde ist daher nicht möglich. Da die Menschenwürde einer Abwägung nicht zugänglich ist, kann ein solcher Verstoß auch nicht durch hochwertige entgegenstehende Interessen, wie beispielsweise das Leben des J, gerechtfertigt werden. Es gibt unter dem Grundgesetz keine öffentlichen Interessen, die Eingriffe in die Menschenwürde rechtfertigen können.

3. Ergebnis. V darf daher unter keinen Umständen gefoltert werden.

Merke: Eingriffe in die Menschenwürde sind immer unzulässig.

II. Grundrechtsträger

1. Grundrechtsträgerschaft natürlicher Personen

209   Grundsätzlich ist jede natürliche Person Träger des Grundrechts der Menschenwürde. Sie schützt auch Kinder, Geisteskranke oder Straftäter. Es kommt nicht entscheidend darauf an, ob sich der Träger seiner Würde bewusst ist oder sie selbst zu wahren weiß (BVerfGE 39, 1/41 f.).

2. Grundrechtsträgerschaft des nasciturus

210   Umstritten ist die Frage, ob auch das werdende Leben (nasciturus) grundrechtsfähig ist. Das BVerfG hat dies in beiden Abtreibungsurteilen (BVerfGE 39, 1 ff.; 88, 203 ff.) offen gelassen, jedoch festgestellt, dass das werdende Leben Schutzgut des Art. 1 Abs. 1 GG ist. Daher folgt aus Art. 1 Abs. 1 GG eine objektive Schutzverpflichtung zu Gunsten des nasciturus. Die Annahme einer subjektiven Rechtsstellung dürfte allerdings zu weitgehend sein. Ohnehin lässt sich die Frage stellen, ob der Schutz des ungeborenen Lebens nicht primär ein Problem von Art. 2 Abs. 2 Satz 1 GG ist. Durch die Verkoppelung von Art. 2 Abs. 2 Satz 1 GG mit Art. 1 Abs. 1 GG wird die Geltung des Gesetzesvorbehaltes in Art. 2 Abs. 2 Satz 3 GG in Frage gestellt.

3. Grundrechtsträgerschaft von Toten

211   Auch für Tote hat das BVerfG einen fortbestehenden Anspruch auf Achtung der Menschenwürde (Art. 1 Abs. 1 GG) angenommen (BVerfGE 30, 173/196 f.). Dieser Anspruch ist von den Angehörigen eines Toten geltend zu machen.

212   **Fall 18** *(BVerfGE 39, 1 ff.):* Durch Bundesgesetz wird die Strafbarkeit der Abtreibung bis zum Ende des dritten Schwangerschaftsmonats aufgehoben (sog. Fristenlösung). Im Wege eines abstrakten Normenkontrollantrags (Art. 93 Abs. 1 Nr. 2 GG) rügt die C-Fraktion im Deutschen Bundestag eine Verletzung der Menschenwürdegarantie. Ist die Fristenlösung verfassungswidrig?

§ 9. Garantie der Menschenwürde (Art. 1 Abs. 1 GG)   63

Lösung Fall 18: Die Regelung ist materiell verfassungswidrig, wenn sie gegen Grundrechte verstößt.
Die Regelung könnte zunächst gegen die Menschenwürde der Embryos verstoßen. Träger der Menschenwürde ist jede natürliche Person, unabhängig von ihrem Alter oder ihrer geistigen Reife. Fraglich ist nun aber, ob auch das werdende Leben (nasciturus) Träger der Menschenwürde ist. Diese Frage ist umstritten, braucht an dieser Stelle aber nicht entschieden zu werden. Die aus Art. 1 Abs. 1 i. V. m. Art. 2 Abs. 1 GG resultierende Pflicht des Staates, das menschliche Leben zu schützen, wirkt jedenfalls auch gegenüber dem ungeborenen Leben. Durch die Fristenlösung wird das ungeborene Leben gegenüber Eingriffen durch die Mutter schutzlos gestellt. Hierdurch wird das Untermaßverbot verletzt. Die Gesetzesänderung ist daher verfassungswidrig.

III. Schutzbereich der Menschenwürdegarantie

1. Objektformel

Der Schutzbereich der Garantie der Menschenwürde lässt sich nur schwer   213
allgemein definieren. Positiv wird er meist beschrieben als der „allgemeine Eigenwert, der dem Menschen kraft seiner Persönlichkeit zukommt" (BVerfGE abw. M. 30, 173/214). Öfter wird allerdings im Anschluss an *Dürig* eine negative Formel zur Umschreibung des Schutzbereiches gewählt. Danach darf der Mensch nicht zum bloßen Objekt des Staates gemacht werden und er darf nicht einer Behandlung ausgesetzt werden, die seine Subjektqualität prinzipiell in Frage stellt (BVerfGE 50, 166/175; 109, 279/312). Positive und negative Umschreibungen können auch kombiniert werden. So wird die Menschenwürde beschrieben als der soziale Wert- und Achtungsanspruch des Menschen, der es verbietet, den Menschen zum bloßen Objekt des Staates zu machen oder ihn einer Behandlung auszusetzen, die seine Subjektqualität prinzipiell in Frage stellt (BVerfGE 109, 133/149 f.).

Das BVerfG hat den Gehalt des Art. 1 Abs. 1 GG zuletzt folgendermaßen   214
skizziert (BVerfG, NJW 2006, 757): Jeder Mensch besitze als Person eine Würde ohne Rücksicht auf seine Eigenschaften, seinen körperlichen oder geistigen Zustand, seine Leistungen und seinen sozialen Status. Sie kann ihm auch nicht genommen werden. Verletzbar ist aber der Achtungsanspruch, der sich aus der Menschenwürde ergibt.

Eine strenge Unterscheidung von Schutzbereichs- und Eingriffsebene fin-   215
det bei der Menschenwürdegarantie nicht statt. Von einem Verstoß gegen die Garantie der Menschenwürde kann nur dann ausgegangen werden, wenn der Staat in erheblicher Weise etwa in die geistige oder körperliche Integrität oder Identität eingreift. Dies ist etwa bei grausamen, unmenschlichen oder erniedrigenden Strafen der Fall (BVerfGE 45, 187/228; 72, 105/116; 75, 1/16 f.). Einen Verstoß gegen die Menschenwürde erblickt das BVerfG auch im Eingriff in den unantastbaren Kernbereich privater Lebensgestaltung, z. B. durch die akustische

Wohnraumüberwachung, wenn es zur Erhebung von Informationen kommt, die diesem Bereich zuzuordnen sind (BVerfGE 109, 279 ff., ein solcher Eingriff kann auch dem allgemeinen Persönlichkeitsrecht zugeordnet werden, siehe BVerfGE 109, 279/318, ganz eindeutig ist die Rechtsprechung insoweit nicht). Kein Verstoß gegen die Menschenwürdegarantie ist hingegen die lebenslange Freiheitsstrafe oder die nicht befristete Sicherungsverwahrung (BVerfGE 109, 133 ff.).

2. Verhältnis zu anderen Grundrechten

216 Andere Grundrechte sind gegenüber Art. 1 Abs. 1 GG „vorrangige Maßstabsnorm". Sie sind daher zunächst heranzuziehen, wenn die Verfassungsmäßigkeit einer staatlichen Maßnahme in Frage steht. Bei einer besonders schweren Verletzung eines anderen Grundrechts kann zusätzlich ein Verstoß gegen die Menschenwürde vorliegen.

217 Insbesondere bei staatlichen Überwachungsmaßnahmen (Telefonüberwachung, akustische oder optische Wohnraumüberwachung, Zugriff auf Computer oder Server mit personenbezogenen Daten) stellt sich das Problem des Schutzes des Kernbereichs privater Lebensgestaltung (siehe u. a. BVerfGE 129, 208/245). Solche Maßnahmen sind zunächst an Spezialgrundrechten zu messen: am Fernmeldegeheimnis (Art. 10 Abs. 1 GG), am Recht auf Unverletzlichkeit der Wohnung (Art. 13 Abs. 1 GG) oder am sog. Computergrundrecht, das aus Art. 2 Abs. 1 GG und Art. 1 GG abgeleitet wird. Im Rahmen der Prüfung der Zumutbarkeit stellt sich dann die Frage, ob die Maßnahme – soweit sie sonst nicht zu beanstanden ist – einen Eingriff in die Menschenwürde darstellt, weil in den Kernbereich privater Lebensgestaltung eingegriffen wird, der durch Art. 1 Abs. 1 GG geschützt wird (BVerfGE 130, 1/22). Hierzu gehören vor allem die Äußerung innerster Gefühle oder Ausdrucksformen der Sexualität. Andererseits ist bei Ermittlungs- und Überwachungsmaßnahmen auch nicht immer sofort erkennbar, dass ein solcher Vorgang vorliegt. Zudem gehören Handlungen, die in unmittelbarem Bezug zu konkreten strafbaren Handlungen stehen, nicht zum Kernbereich privater Lebensgestaltung (BVerfGE 130, 1/22). Deshalb gelten folgende Grundsätze:

– Bei Überwachungsmaßnahmen, die den Kernbereich privater Lebensgestaltung betreffen können, muss sichergestellt werden, dass Daten, die diesen Bereich betreffen, soweit wie möglich nicht erhoben werden. Notfalls muss die Überwachung unterbleiben.
– Werden allerdings kernbereichsbezogene Kommunikationsinhalte mit Inhalten verknüpft, die dem Ermittlungsziel unterfallen, darf die Überwachung erfolgen (Beispiel: Zwei Personen unterhalten sich in einer intimen Situation über ein geplantes Verbrechen).
– Soweit kernbereichsrelevante Daten erhoben worden sind, müssen diese umgehend gelöscht werden.

Es sind allerdings auch Fälle denkbar, in denen andere Grundrechte nicht **218**
einschlägig sind und Art. 1 Abs. 1 GG als eine Art „letzte Verteidigungslinie"
heranzuziehen ist.

Fall 19 *(BVerfG, NJW 1993, 3190f.):* B verbüßt in der JVA H eine mehrjährige Freiheits- **219**
strafe. Er wird in einer Zelle untergebracht, die wegen eines verstopften Abflussrohres
gelegentlich mit Fäkalien überschwemmt wird. Liegt ein Verstoß gegen die Menschenwürde vor?
Lösung Fall 19:
1. Schutzbereich/Eingriff. Ein Verstoß gegen die Menschenwürdegarantie liegt vor, wenn
der Mensch zum Objekt staatlichen Handelns herabgewürdigt und einer Behandlung ausgesetzt wird, die seine Subjektqualität prinzipiell in Frage stellt. Dies ist vor allem dann
der Fall, wenn der Staat in erheblicher Weise in die geistige oder körperliche Integrität
oder Identität eingreift. Hierzu zählen auch grausame, unmenschliche oder erniedrigende
Strafen. Die Unterbringung in einer Zelle, die gelegentlich mit Fäkalien überschwemmt
wird, ist unmenschlich und erniedrigend. Durch die Überschwemmungen werden die
grundlegenden Voraussetzungen menschlicher Existenz nicht gewährt. Es liegt daher ein
Eingriff in die Menschenwürde vor.
2. Verfassungsrechtliche Rechtfertigung. Die Menschenwürde ist keiner staatlichen Beschränkung zugänglich. Eine verfassungsrechtliche Rechtfertigung von Verstößen gegen die
Menschenwürde ist daher nicht möglich.
3. Ergebnis. Es liegt somit ein rechtswidriger Verstoß gegen Art. 1 Abs. 1 GG vor. B war
deshalb in eine andere Zelle zu verlegen.

IV. Objektive Dimensionen der Garantie der Menschenwürde

1. Schutzrechte und Leistungsansprüche

Gegenüber der Menschenwürde obliegt dem Staat eine besondere Schutz- **220**
pflicht. Dies bringt vor allem Art. 1 Abs. 1 Satz 2 GG zum Ausdruck. Deshalb
ist der Staat im Grundsatz verpflichtet, Beeinträchtigungen der Menschenwürde durch private Dritte entgegenzuwirken.

Die Menschenwürde garantiert in Verbindung mit dem Sozialstaatsprinzip **221**
ein finanzielles Existenzminimum (BVerfGE 125, 175 ff.: Hartz-IV-Entscheidung; E 132, 134 ff. – Asylbewerberleistungsgesetz). Jedem Hilfebedürftigen
müssen diejenigen materiellen Voraussetzungen gewährt werden, die für seine
physische Existenz und für ein Mindestmaß an Teilhabe am gesellschaftlichen, kulturellen und politischen Leben unerlässlich sind. Ein entsprechender
„Regelsatz" lässt sich aber nicht aus der Verfassung ableiten. Er muss vom
Gesetzgeber konkretisiert und den aktuellen Entwicklungen angepasst werden. Der Gesetzgeber hat einen Gestaltungsspielraum, er muss aber die Höhe
des Anspruchsumfangs in einem transparenten und sachgerechten Verfahren
realitätsgerecht und nachvollziehbar festsetzen.

2. „Wrongful birth" bzw. „wrongful life"

222 Erhebliche Diskussionen hat die Frage ausgelöst, ob es mit Art. 1 Abs. 1 GG vereinbar ist, wenn die Zivilgerichte davon ausgehen, dass bei fehlgeschlagener Sterilisation oder bei fehlerhafter genetischer Beratung vor Zeugung eines Kindes die Ärzte, die fehlerhaft behandelt oder fehlerhaft beraten haben, auf zivilrechtlicher Grundlage zu Schadensersatz hinsichtlich der entstehenden Unterhaltspflichten herangezogen werden können. Der erste Senat des BVerfG sieht hierin (zu Recht) keinen Verstoß gegen die Menschenwürde (BVerfG, NJW 1998, 519 ff.; anders der 2. Senat: BVerfG, NJW 1998, 523 f.). Die zivilrechtlichen Vorschriften und ihre Auslegung sind auf eine gerechte Lastenverteilung angelegt. Durch die Zuerkennung einer Schadensersatzpflicht kommt es nicht zu einer unzulässigen Kommerzialisierung der Persönlichkeit. Aus der Sicht des Verfassungsrechts bestehen daher gegen diese Rechtsprechung keine Bedenken.

3. Forschung mit embryonalen Stammzellen

223 Heftig umstritten ist die verfassungsrechtliche Beurteilung der embryonalen Stammzellenforschung. Stammzellen werden dadurch gewonnen, dass Embryonen, die für Fortpflanzungszwecke (künstliche Befruchtung) nicht mehr benötigt werden, „aufgeteilt" werden. Stammzellen sind nicht „omnipotent", aus ihnen kann sich kein Lebewesen mehr entwickeln. Sie sind jedoch „pluripotent", sie können also verschiedene Funktionen im menschlichen Körper übernehmen. Stammzellen können vermehrt werden, ohne dass neue Embryonen „aufgeteilt" werden müssen. Mit der Forschung an embryonalen Stammzellen verbindet sich die Hoffnung auf die künftige Heilung von bisher unheilbaren Erkrankungen (z. B. Parkinson).

224 Die verbrauchende Embryonenforschung ist in Deutschland verboten (§ 2 i. V. m. § 8 ESchG). Dies ist verfassungsrechtlich zwingend, wenn man dem Embryo den Schutz des Art. 1 Abs. 1 GG zugesteht (was aber nicht unzweifelhaft ist, siehe oben § 9 II 2). Dann wäre auch die erstmalige Gewinnung von Stammzellen im Hinblick auf Art. 1 Abs. 1 GG verfassungswidrig (auch zweifelhaft, die verwendeten Embryonen würden ohnehin absterben). Gegen den Import und die Verwendung von Stammzellen in Deutschland gibt es keine zwingenden verfassungsrechtlichen Argumente. Bei existierenden Stammzellenlinien kommt es nicht zur neuerlichen „Tötung" von Embryonen. Der Gesetzgeber kann ein Verbot des Imports aus ethischen Gründen erlassen und damit die Forschungsfreiheit (Art. 5 Abs. 3 Satz 1 2. Var. GG) beschränken. Er ist jedoch verfassungsrechtlich nicht dazu verpflichtet.

§ 10. Allgemeine Handlungsfreiheit (Art. 2 Abs. 1 GG)

Literatur: *Degenhart, Christoph*, Die Allgemeine Handlungsfreiheit des Art. 2 I GG, JuS 1990, 161 ff.; *Kahl, Wolfgang*, Grundfälle zu Art. 2 I GG, JuS 2008, 499 ff., 595 ff.; *Pieroth, Bodo*, Der Wert der Auffangfunktion des Art. 2 Abs. 1 GG, AöR 1990, 33 ff.

I. Sachlicher Schutzbereich

1. Weite Interpretation des Schutzbereichs

Die allgemeine Handlungsfreiheit ist das Grundrecht mit dem weitesten 225 Schutzbereich. Entsprechend der Entstehungsgeschichte geht das BVerfG davon aus, dass das Grundrecht die Handlungsfreiheit im umfassenden Sinne schützt (BVerfGE 6, 32/36). Jeder kann unter Berufung auf Art. 2 Abs. 1 GG „tun und lassen, was er will". Es kommt nicht darauf an, welches Gewicht die Betätigung für die Persönlichkeitsentfaltung hat (BVerfGE 80, 137/152 f.). Geschützt sind wichtige Betätigungsmöglichkeiten wie die Privatautonomie im Sinne der Selbstbestimmung des Einzelnen im Rechtsleben (BVerfGE 114, 1/34), aber auch Nebensächlichkeiten wie das Taubenfüttern im Park (BVerfGE 54, 143/146).

2. Subsidiarität gegenüber Spezialgrundrechten

Durch die weite Definition des Schutzbereiches werden grundsätzlich auch 226 alle Handlungen von der allgemeinen Handlungsfreiheit erfasst, die unter dem Schutz spezieller Grundrechte stehen. Die allgemeine Handlungsfreiheit ist deshalb gegenüber den anderen Freiheitsrechten subsidiär, wenn ein Eingriff in den Schutzbereich des Spezialgrundrechts vorliegt. Aufbautechnisch hat dies zur Konsequenz, dass die allgemeine Handlungsfreiheit stets am Ende der Prüfung von Freiheitsrechten anzusprechen ist.

Beispiele: 227
– Die Pflichtmitgliedschaft in einem öffentlich-rechtlichen Verband (z. B. Ärztekammer) ist an Art. 2 Abs. 1 GG zu messen, da ein Eingriff in Art. 9 Abs. 1 GG (der sich nur auf private Verbände bezieht) nicht vorliegt.
– Die Heranziehung zu Steuern und Abgaben greift in Art. 2 Abs. 1 GG ein, weil das Vermögen von Art. 14 GG nicht geschützt ist.
– Die Ausreise aus dem Bundesgebiet fällt unter Art. 2 Abs. 1 GG, da Art. 11 Abs. 1 GG nur die Einreise schützt.
– Die Vertragsfreiheit ist von Art. 12 Abs. 1 GG geschützt, wenn es gerade um die Vertragsfreiheit bei der beruflichen Tätigkeit geht (BVerfG, 1BvR 1842/11 Rn. 67). Für eine Privatperson ist hingegen die Vertragsfreiheit durch Art. 2 Abs. 1 GG geschützt.

Problematisch ist die Prüfung von Straftatbeständen (z. B. Verbot des Um- 228 gangs mit Cannabisprodukten). Insoweit soll das strafbewehrte Verbot an

Art. 2 Abs. 1 GG, die angedrohte Freiheitsentziehung hingegen an Art. 2 Abs. 2 Satz 2 GG (Freiheit der Person) gemessen werden (so BVerfG, NJW 1994, 1577; zweifelhaft!).

II. Persönlicher Schutzbereich

229 Träger des Grundrechts ist zunächst jede natürliche Person. Das Grundrecht ist jedoch auch auf juristische Personen und Vereinigungen gemäß Art. 19 Abs. 3 GG anwendbar (BVerfGE 20, 323/336; 23, 12/30; 44, 353/372).

230 Die allgemeine Handlungsfreiheit ist auch dann anwendbar, wenn ein Ausländer sich im Bereich eines Deutschengrundrechts betätigt. In diesem Fall kann sich der Ausländer zwar nicht auf das Deutschengrundrecht, wohl aber auf Art. 2 Abs. 1 GG berufen (BVerfGE 35, 382/393; 78, 179/196 f.).

III. Eingriff

231 In das Grundrecht wird durch jede imperative Regelung der öffentlichen Gewalt eingegriffen. Hierbei kann es sich um Gesetze, Verordnungen, Satzungen oder Verwaltungsakte handeln. Ein Eingriff in die allgemeine Handlungsfreiheit ist z. B. die Pflichtmitgliedschaft in der öffentlich-rechtlichen Sozialversicherung (BVerfGE 115, 25/42).

232 Gegen faktische bzw. mittelbare Beeinträchtigungen bietet Art. 2 Abs. 1 GG in der Regel keinen Schutz. Ausnahmen nimmt die Rechtsprechung bei faktischen Beeinträchtigungen im Rahmen des wirtschaftlichen Wettbewerbsan, etwa bei der Erteilung von Ausnahmegenehmigungen an Konkurrenten, wenn es zu einer Beeinträchtigung von erheblichem Gewicht kommt (BVerwGE 30, 191/198; 60, 154/160; 65, 167/174).

IV. Verfassungsrechtliche Rechtfertigung von Beschränkungen

233 Das Grundgesetz gewährt die allgemeine Handlungsfreiheit nur insoweit, wie nicht gegen Rechte anderer, die verfassungsmäßige Ordnung oder das Sittengesetz verstoßen wird. Von zentraler Bedeutung ist der Begriff der verfassungsmäßigen Ordnung. Er wird im Rahmen des Art. 2 Abs. 1 GG als „verfassungsmäßige Rechtsordnung" verstanden. **Verfassungsmäßige Rechtsordnung** ist die Gesamtheit der Normen, die formell und materiell verfassungsmäßig sind (BVerfGE 6, 32/37 ff.; 63, 88/108 f.; 80, 137/153). Die Rechte anderer sind Bestandteil der verfassungsmäßigen Ordnung. Das Sit-

§ 10. Allgemeine Handlungsfreiheit (Art. 2 Abs. 1 GG)

tengesetz bildet insoweit eine Grenze der Handlungsfreiheit, als es nicht in gesetzlichen Normierungen niedergelegt ist.

Bei Eingriffen in die allgemeine Handlungsfreiheit ist deshalb zu prüfen, ob das eingreifende Gesetz formell und materiell rechtmäßig ist. Jeder Verstoß gegen die verfassungsmäßige Ordnung führt zu einem Verstoß auch gegen Art. 2 Abs. 1 GG. Zudem muss der Grundsatz der Verhältnismäßigkeit gewahrt sein. **234**

Ein rechtswidriger Eingriff in Art. 2 Abs. 1 GG liegt auch dann vor, wenn ein Gesetz zwar verfassungsmäßig ist, die Anwendung des Gesetzes jedoch fehlerhaft erfolgt. Insofern kann ebenfalls ein Verstoß gegen das Übermaßverbot vorliegen. **235**

Beispiel (*BVerfG, NJW 2002, 2378*): A ist gelegentlicher Konsument von Cannabis. Eine Fahreignungsprüfung verweigert er. Soweit der Drogenkonsum keinen Bezug zum Straßenverkehr hat, darf in Abwägung der betroffenen Rechtsgüter kein Entzug der Fahrerlaubnis angeordnet werden. **236**

Art. 2 Abs. 1 GG bietet also Schutz vor rechtswidrigen staatlichen Eingriffen, unabhängig davon, worauf die Rechtswidrigkeit der Maßnahme beruht. **237**

Fall 20 (*nach BVerfGE 80, 137 ff.*): Das Landeswaldgesetz des Landes NRW erlaubt das „Reiten im Wald" nur auf ausdrücklich gekennzeichneten privaten Straßen und Wegen. Reiter R sieht hierin eine Verletzung seiner allgemeinen Handlungsfreiheit. Mit Recht? **238**
Lösung Fall 20: Fraglich ist, ob die allgemeine Handlungsfreiheit des R verletzt ist.
1. Schutzbereich. Art. 2 Abs. 1 GG schützt die allgemeine Handlungsfreiheit im umfassenden Sinne. Geschützt wird daher unabhängig von dem Gewicht der Handlung für die Persönlichkeitsentwicklung jedes Tun, Dulden oder Unterlassen. Hierzu gehört auch das Reiten im Wald. Der Schutzbereich ist somit eröffnet.
2. Eingriff. Fraglich ist, ob durch das Landeswaldgesetz in den Schutzbereich der allgemeinen Handlungsfreiheit eingegriffen wird. Ein Eingriff ist in jeder imperativen Regelung der öffentlichen Gewalt zu erblicken. Hierbei kann es sich auch um Akte der legislativen Staatsgewalt handeln. Das Landeswaldgesetz erlaubt das Reiten im Wald nur auf ausdrücklich gekennzeichneten privaten Straßen und Wegen. Durch diese imperative Regelung wird in den Schutzbereich der allgemeinen Handlungsfreiheit eingegriffen.
3. Verfassungsrechtliche Rechtfertigung. Das Grundrecht der allgemeinen Handlungsfreiheit unterliegt dem Vorbehalt der verfassungsmäßigen Rechtsordnung. Hierunter ist die Gesamtheit der formell und materiell verfassungsmäßigen Normen zu verstehen. Erforderlich ist also, dass das Landeswaldgesetz Bestandteil der verfassungsmäßigen Ordnung ist. Dies ist der Fall, wenn es formell und materiell mit der Verfassung im Einklang steht.
a. Formelle Verfassungsmäßigkeit. Die Gesetzgebungskompetenz des Landes ergibt sich aus Art. 70 Abs. 1 GG (das auf Art. 74 Abs. 1 Nr. 17 GG gestützte Bundeswaldgesetz betrifft nicht die Nutzung von Waldwegen, sondern die Erhaltung des Waldes und die Forstwirtschaft). Die Beachtung der Vorschriften über das Gesetzgebungsverfahren wird unterstellt. Das Landeswaldgesetz ist daher formell verfassungsmäßig.
b. Materielle Verfassungsmäßigkeit. Das Gesetz ist materiell verfassungsmäßig, wenn das Übermaßverbot beachtet wurde. Legitimer Zweck des beschränkten Verbotes des Reitens im Wald ist vor allem der Schutz von Spaziergängern. Das Verbot ist hierzu geeignet und erforderlich. Da das Reiten im Wald nicht generell untersagt wird, sondern nur auf bestimmten Wegen, ist es auch gegenüber den Reitern verhältnismäßig.
4. Ergebnis. Das Landeswaldgesetz des Landes NRW verstößt nicht gegen Art. 2 Abs. 1 GG.

> **Merke:** Der Schutzbereich der allgemeinen Handlungsfreiheit ist sehr weit auszulegen. Einschränkungen sind jedoch durch formell und materiell verfassungsmäßige Gesetze möglich.

§ 11. Allgemeines Persönlichkeitsrecht (Art. 2 Abs. 1 i. V. m. Art. 1 Abs. 1 GG)

Literatur: Britz, Gabriele, Vertraulichkeit und Integrität informationsrechtlicher Systeme, DÖV 2008, 411 ff.; *dies.,* Schutz informationeller Selbstbestimmung gegen schwerwiegende Grundrechtseingriffe – Entwicklungen im Lichte des Vorratsdatenspeicherungsurteils, JA 2011, 81 ff.; *Hoffmann-Riem, Wolfgang,* Der grundrechtliche Schutz der Vertraulichkeit und Integrität eigengenutzter informationstechnischer Systeme, JZ 2008, S. 1009 ff.; *Kahl, Wolfgang/Ohlendorf, Lutz,* Grundfälle zu Art. 2 I i. V. m. 1 I GG, JuS 2008, 682 ff.; *Lang, Markus,* Videoüberwachung und das Recht auf informationelle Selbstbestimmung, BayVBl. 2006, 522 ff.; *Martini, Mario,* Das allgemeine Persönlichkeitsrecht im Spiegel der jüngeren Rechtsprechung des Bundesverfassungsgerichts, JA 2009, 839 ff.; *Papst, Heinz-Joachim,* Der postmortale Persönlichkeitsschutz in der neueren Rechtsprechung des BVerfG, NJW 2002, 999 ff.; *Sachs, Michael/Krings, Thomas,* Das neue „Grundrecht auf Gewährleistung der Vertraulichkeit und Integrität informationsrechtlicher Systeme", JuS 2008, 481 ff.

I. Schutzbereich

1. Sachlicher Schutzbereich

239   Das allgemeine Persönlichkeitsrecht ist im Wesentlichen von der Rechtsprechung entwickelt worden. Es wird aus Art. 2 Abs. 1 i. V. m. Art. 1 Abs. 1 GG abgeleitet. Es dient dazu, neueren Gefährdungen der menschlichen Persönlichkeit, die den Verfassungsvätern nicht bewusst waren oder noch nicht bewusst sein konnten, entgegen zu wirken. Der Schutzbereichlässt sich deshalb nicht abschließend bestimmen. Es ist nicht ausgeschlossen, dass bei neueren technischen oder gesellschaftlichen Entwicklungen die Rechtsprechung neue Elemente des allgemeinen Persönlichkeitsrechts entwickelt.

240   Für die Fallbearbeitung ist wichtig, dass andere Grundrechte in der Regel spezieller sind, vor allem das Fernmeldegeheimnis (Art. 10 Abs. 1 GG) und die Unverletzlichkeit der Wohnung (Art. 13 Abs. 1 GG). Sie gehen daher dem allgemeinen Persönlichkeitsrecht vor und sind daher zuerst zu prüfen. Nachrangig zu prüfen ist lediglich die allgemeine Handlungsfreiheit (Art. 2 Abs. 1 GG) als Auffanggrundrecht.

241   Das allgemeine Persönlichkeitsrecht schützt zunächst die **engere persönliche Lebenssphäre** und die Erhaltung ihrer Grundbedingungen (BVerfGE 54, 148/153; 72, 155/170). Es sichert einen autonomen Bereich privater Lebens-

§ 11. Allgemeines Persönlichkeitsrecht

gestaltung, in dem der Einzelne seine Individualität entwickeln und wahren kann (BVerfGE 79, 256/268). Hierbei geht es vor allem um den Schutz der Privatsphäre.

Das allgemeine Persönlichkeitsrecht schützt auch die **informationelle** 242 **Selbstbestimmung.** Grundsätzlich hat der Einzelne selbst die Befugnis, über die Preisgabe und Verwendung persönlicher Daten zu bestimmen (BVerfGE 65, 1/43, sog. Volkszählungsurteil). Dies gilt gerade hinsichtlich der neuen Möglichkeiten im Rahmen der automatischen Datenverarbeitung. Geschützt sind etwa Akten, in denen persönliche Daten enthalten sind, Tagebücher und private Aufzeichnungen, Krankenakten und Steuerdaten.

Im Zusammenhang mit der sog. Online-Durchsuchung hat das BVerfG 243 (BVerfGE 120, 274 ff.) eine weitere Garantie entwickelt: das „Grundrecht auf Gewährleistung der Vertraulichkeit und Integrität informationstechnischer Systeme" (verkürzt auch **„Computergrundrecht"** genannt; anderer Ausdruck: **„IT-Grundrecht"**). Damit soll ein Schutzdefizit abgedeckt werden, wenn etwa Verfassungsschutzbehörden mit Hilfe von „Trojanern" Datenbestände in Computern ausspionieren wollen. Das Recht auf informationelle Selbstbestimmung erfasst danach nicht den Zugriff auf einen äußerst großen und aussagefähigen Datenbestand wie die Dateien auf einem PC (sehr zweifelhaft, das BVerfG hat dies teilweise selbst anders entschieden, z. B. bei der Beschlagnahme eines Handys, BVerfGE 115, 166 ff. vor „Erfindung" des neuen Computergrundrechts; neuerdings müsste man auf das Computergrundrecht abstellen). Zutreffend ist die Annahme des BVerfG, dass die Garantien des Fernmeldegeheimnisses (Art. 10 Abs. 1 GG) und der Unverletzlichkeit der Wohnung (Art. 13 GG) in solchen Fällen nur teilweisen Schutz bieten. Denn das Fernmeldegeheimnis ist nur während des Telekommunikationsvorgangs geschützt, während ein sog. Trojaner auch unabhängig von einem Kommunikationsvorgang installiert und aktiviert werden kann. Das informationstechnische System (auch Handy, Laptop) braucht sich zudem nicht innerhalb einer Wohnung zu befinden.

Geschützt ist weiterhin die Darstellung des Grundrechtsinhabers in der Öf- 244 fentlichkeit (BVerfGE 63, 131/142). Der Einzelne darf selbst darüber befinden, wie er sich gegenüber Dritten oder gegenüber der **Öffentlichkeit** darstellen will. Es gibt ein **Recht am eigenen Bild** im Hinblick auf dessen Verbreitung in der Öffentlichkeit (BVerfGE 35, 202/224; 54, 148/154 f.).

Ebenso gibt es ein **Recht am gesprochenen Wort** (BVerfGE 34, 238/246; 245 54, 208/217). Geschützt wird die unbefangene Kommunikation. Jeder hat ein Selbstbestimmungsrecht hinsichtlich der Auswahl der Personen, die Kenntnis vom Gesprächsinhalt erhalten sollen. Man darf also selbst bestimmen, ob nicht öffentlich Gesprochenes an die Öffentlichkeit gebracht oder Dritten auf andere Weise zugänglich gemacht wird.

Beispiel *(BVerfGE 106, 28 ff.):* K und V schließen einen Kaufvertrag über einen ge- 246 brauchten PKW. K verlangt die Rückabwicklung und behauptet in einem daraufhin durchgeführten Zivilprozess, V habe dem im Rahmen eines Telefongesprächs zugestimmt. Als Zeuge wird E, die Ehefrau des K benannt, die das Gespräch ohne Wissen des V über einen Lautsprecher mitgehört hat. Das Zivilgericht darf E nicht als Zeugin vernehmen und eine eventuelle Aussage nicht zu Lasten des V verwerten, weil damit das Recht am gesprochenen Wort des V verletzt würde. Die Persönlichkeitsinteressen des V überwiegen die Interessen an einer „richtigen" Entscheidung. (Etwas anderes würde aber dann gelten, wenn es um die Aufklärung besonders schwerer Straftaten ginge oder sich jemand in einer Notwehrsituation oder einer notwehrähnlichen Lage befände.)

247   Das allgemeine Persönlichkeitsrecht schützt auch den Namen (Vor- und Nachnamen). Unzulässig ist deshalb ein Verbot, einen durch frühere Eheschließung erworbenen Namen in einer neuen Ehe zum Ehenamen zu bestimmen (BVerfGE 109, 256 ff.) Geschützt ist auch der Wunsch nach Änderung des Vornamens im Falle einer Geschlechtsumwandlung (BVerfGE 116, 243/262).

248   **Beispiel** *(BVerfGE 123, 90 ff.)*: Frau Klöbner möchte Herrn Müller-Lüdenscheid ehelichen und den Namen Klöbner-Müller-Lüdenscheid führen. § 1355 Abs. 4 Satz 2 BGB steht einer solchen Namenswahl entgegen.
§ 1355 Abs. 4 Satz 2 BGB greift in das allgemeine Persönlichkeitsrecht von Frau Klöbner ein. Sie hat grundsätzlich das Recht, ihren Namen „Klöbner" fortzuführen, gegebenenfalls als Bestandteil des neuen Ehenamens. Zur Vermeidung von Namensketten ist das gesetzliche Verbot nach Auffassung des BVerfG jedoch verfassungsrechtlich gerechtfertigt.

249   Der Einzelne hat zudem ein Recht darauf, dass ihm nicht die Mitgliedschaft in einer Organisation oder Vereinigung zugeschrieben wird, wenn diese Zuschreibung Bedeutung für die Persönlichkeit und deren Bild in der Öffentlichkeit hat (BVerfGE 99, 185 ff. – angebliche Mitgliedschaft in der Scientology-Organisation).

250   Besonders geschützt sind die Bereiche Sexualität, Ehe und Familie. Das Grundrecht vermittelt ein Recht auf Kenntnis der eigenen Abstammung (BVerfGE 79, 256 ff.) und die ungehinderte Wahl der sexuellen Orientierung. Für Strafgefangene besteht ein Anspruch auf **Resozialisierung** (BVerfGE 35, 202/236; 45, 187/238 f.).

2. Persönlicher Schutzbereich

251   Das Grundrecht des allgemeinen Persönlichkeitsrechts steht vor allem natürlichen Personen zu. Inwieweit sich auch juristische Personen auf das allgemeine Persönlichkeitsrecht berufen können, ist noch nicht endgültig geklärt. Der BGH erkennt juristischen Personen zivilrechtlich den Schutz des allgemeinen Persönlichkeitsrechts zu (BGHZ 81, 75/78; 98, 94/97). Auf verfassungsrechtlicher Ebene ist wegen der vielfältigen Schutzwirkungen eine einheitliche Antwort wohl nicht möglich. Immerhin hat das BVerfG auch juristischen Personen das Recht am gesprochenen Wort zuerkannt (BVerfGE 106, 28/42). Andere Gewährleistungsgehalte wie das Recht am eigenen Bild oder der Anspruch auf Resozialisierung stehen hingegen einer juristischen Person schon wesensmäßig nicht zu.

§ 11. Allgemeines Persönlichkeitsrecht

Das Andenken Verstorbener (postmortaler Persönlichkeitsschutz) wird nicht durch Art. 2 Abs. 1 i. V. m. Art. 1 Abs. 1 GG, sondern allein durch die Menschenwürdegarantie des Art. 1 Abs. 1 GG bewirkt (BVerfG, NJW 2001, 594 ff.). Hierbei trifft den Staat eine Schutzpflicht, die vor allem dann einschlägig ist, wenn gegenüber einem Toten Schmähkritik geübt wird. Eine gewisse Schutzlücke besteht bei Vereinnahmungen des Andenkens Verstorbener für politische Zwecke. **252**

Beispiel *(NJW 2001, 2957ff.):* Die rechtsgerichtete DVU wirbt im Wahlkampf damit, der vor Jahrzehnten verstorbene sozialdemokratische Politiker K würde heute DVU wählen. Die zivilrechtliche Unterlassungsklage der Tochter von K wird abgewiesen, da die spekulative Äußerung zulässiger Gegenstand der politischen Diskussion im Wahlkampf sei.
Das BVerfG sieht hierin (zu Recht) keinen Verfassungsverstoß. Es ist nicht Aufgabe der Grundrechte, jegliche politische Geschmacklosigkeit zu verhindern. **253**

II. Eingriffe

Eingriffe in das allgemeine Persönlichkeitsrecht erfolgen meist durch faktische Einwirkungen, z. B. durch die Erhebung, Speicherung und Weitergabe von personenbezogenen Daten (z. B. auch polizeiliche Rasterfahndung, vgl. BVerfGE 115, 320 ff.), durch heimliche Tonbandaufnahmen oder durch das Verlesen von Tagebüchern. Die Einwilligung des Betroffenen steht der Verletzung des Persönlichkeitsrechts jedenfalls dann nicht entgegen, wenn sich der Betroffene in einer Zwangslage befindet (BVerfG, NJW 1982, 375). **254**

III. Verfassungsrechtliche Rechtfertigung von Eingriffen

Eingriffe in das allgemeine Persönlichkeitsrecht bedürfen einer formellgesetzlichen Grundlage. Die Rechtsprechung zieht insoweit die Schranken des Art. 2 Abs. 1 GG entsprechend heran (BVerfGE 65, 1/44; 78, 77/85). Das Zitiergebot des Art. 19 Abs. 1 Satz 2 GG ist nicht anwendbar. Die gesetzliche Grundlage muss entsprechend der Bedeutung des Grundrechts hinreichend bestimmt sein (BVerfG, NJW 2007, 2320: keine Videoüberwachung öffentlicher Plätze aufgrund von allgemeinen Ermächtigungsgrundlagen im Datenschutzgesetz.). **255**

Die Verhältnismäßigkeitsprüfung ist im Rahmen des allgemeinen Persönlichkeitsrechts strenger vorzunehmen als bei der allgemeinen Handlungsfreiheit. Je schwerer der Eingriff wiegt, desto gewichtiger müssen die öffentlichen Interessen sein, die den Eingriff rechtfertigen sollen. Teilweise wird versucht, die Eingriffsintensität mit Hilfe einer „Sphärentheorie" zu ermitteln, indem man Intim-, Privat- und Sozialsphäre (auch Öffentlichkeitssphäre genannt) unterscheidet. Eingriffe in die Intimsphäre, in den sog. letzten unantastbaren Bereich privater Lebensgestaltung, sind grundsätzlich unzulässig (vgl. BVerfGE **256**

80, 367/373 f.), Eingriffe in die Privatsphäre (z. B. eigene Wohnung) sind besonders rechtfertigungsbedürftig. Eingriffe in die Sozialsphäre, die das Ansehen des Einzelnen in der Öffentlichkeit schützt, unterliegen wegen des Bezuges nach außen weniger strengen Anforderungen. Die Schwäche der „Sphärentheorie" besteht aber darin, dass die einzelnen Sphären nur schwer voneinander zu unterscheiden sind. Auch erfasst eine räumlich gedachte Sphärentheorie mögliche Eingriffe in das allgemeine Persönlichkeitsrecht nur teilweise.

257 Präventive polizeiliche Rasterfahndung (Abgleich von Datenbeständen) ist nur zulässig, wenn eine konkrete Gefahr für hochrangige Rechtsgüter besteht; im Vorfeld der Gefahrenabwehr, also solange noch keine konkrete Gefahr vorliegt, dürfen solche Maßnahmen hingegen nicht stattfinden (BVerfG, NJW 2006, 1939 ff.).

258 Für Eingriffe in das sog. **Computergrundrecht** gelten noch einmal besondere Regeln (BVerfGE 120, 274 ff.). Es müssen tatsächliche Anhaltspunkte für eine konkrete **Gefahr** für ein **überragend wichtiges Rechtsgut** bestehen (Leib, Leben, Freiheit der Person, Güter der Allgemeinheit, deren Bedrohung die Grundlagen oder den Bestand des Staates oder Grundlagen der Existenz der Menschen berührt). Die Gefahr muss allerdings nicht im polizeirechtlichen Sinne „konkret", also hinreichend wahrscheinlich sein. Es soll genügen, wenn bestimmte Tatsachen darauf hinweisen, dass im Einzelfall von einer bestimmten Person eine Gefahr für ein überragend wichtiges Rechtsgut droht. Dies ist allerdings ein Grundsatz, der auch sonst (etwa im Polizeirecht) gilt: Je höherwertiger das bedrohte Rechtsgut ist, desto niedriger sind die Anforderungen an die Wahrscheinlichkeit im Rahmen der Gefahrprognose. Das BVerfG hat zudem noch weitere Anforderungen hinzugefügt: Eingriffe dürfen nur auf Grund richterlicher Anordnungen ergehen. Es muss zudem der Kernbereich der privaten Lebensgestaltung verfahrensrechtlich abgesichert werden (Pflicht zur Löschung solcher Daten, Verbot der Weitergabe).

259 Fall 21 *(BVerfGE 80, 367 ff.):* M wird wegen Mordes an einer Frau zu lebenslanger Freiheitsstrafe verurteilt. Das Landgericht stützt die Verurteilung auf die Verlesung von tagebuchähnlichen Aufzeichnungen des M in der Hauptverhandlung (§ 249 StPO). War die Verwertung des Tagebuchs mit den Grundrechten des M vereinbar?
Lösung Fall 21: Die Verwertung der Tagebücher des M könnte gegen das allgemeine Persönlichkeitsrecht verstoßen.
1. Schutzbereich. Das allgemeine Persönlichkeitsrecht gem. Art. 2 Abs. 1 i. V. m. Art. 1 Abs. 1 GG gewährt dem Einzelnen die Befugnis, grundsätzlich selbst zu entscheiden, wann und innerhalb welcher Grenzen persönliche Lebenssachverhalte offenbart werden. Vor einem staatlichen Zugriff geschützt sind daher auch persönliche Aufzeichnungen in einem Tagebuch.
2. Eingriff. Durch die Verlesung und Verwertung seines Tagebuchs in der Hauptverhandlung eines Strafprozesses wird in das allgemeine Persönlichkeitsrecht des M eingegriffen.
3. Verfassungsrechtliche Rechtfertigung. Das allgemeine Persönlichkeitsrecht steht unter dem Gesetzesvorbehalt der verfassungsmäßigen Ordnung (Art. 2 Abs. 1 GG analog). Zur verfassungsmäßigen Ordnung gehören auch die Bestimmungen der StPO über die Durch-

§ 11. Allgemeines Persönlichkeitsrecht

führung einer Hauptverhandlung. An der Verfassungsmäßigkeit der hier relevanten Vorschrift des § 249 StPO, nach welcher Urkunden zu verlesen sind, bestehen keine Bedenken.

Weiterhin ist aber erforderlich, dass auch die konkrete Anwendung der Vorschriften durch das Landgericht in verfassungsmäßiger Weise erfolgt ist. In den letzten unantastbaren Bereich privater Lebensgestaltung darf nicht eingegriffen werden. Das BVerfG ist allerdings der Auffassung, dass Tagebücher hierzu nicht zählen, da sich der Betroffene mit der schriftlichen Fixierung seiner Gedanken dieser in gewissem Maße entäußert habe (sehr fraglich). Folgt man dem BVerfG, ist deshalb zwischen dem Eingriff in die Privatsphäre des M und dem staatlichen Interesse an einer effektiven Strafverfolgung abzuwägen. Angesichts der Schwere des Verbrechens überwiegen die staatlichen Interessen an der Strafverfolgung. Der Eingriff ist daher verhältnismäßig.

4. Ergebnis. Ein Verstoß gegen das allgemeine Persönlichkeitsrecht des M liegt nicht vor.

Merke: Die Verhältnismäßigkeitsprüfung ist beim allgemeinen Persönlichkeitsrecht sehr streng vorzunehmen. Eingriffe in den letzten unantastbaren Bereich privater Lebensgestaltung sind grundsätzlich unzulässig.

IV. Objektiv-rechtliche Dimension des allgemeinen Persönlichkeitsrechts

1. Allgemeines

Im Rahmen des Privatrechts ist die weitreichende Ausstrahlungswirkung des Grundrechts zu beachten (siehe BGHZ 98, 32/33 f.). Die Entwicklung des zivilrechtlichen allgemeinen Persönlichkeitsrechts dient der einfachrechtlichen Umsetzung des verfassungsrechtlichen Schutzauftrages. So erfüllt der Staat mit den medienrechtlichen Regelungen über das Gegendarstellungsrecht seine Schutzpflicht, die aus dem allgemeinen Persönlichkeitsrecht folgt (BVerfG, NJW 1999, 483/484). 260

Wahre Aussagen in den Medien verstoßen im Regelfall nicht gegen das allgemeine Persönlichkeitsrecht, auch wenn sie nachteilig für den Betroffenen sind (BVerfGE 99, 185/196). Die Persönlichkeitsbelange können jedoch im Ausnahmefall überwiegen und eine Berichterstattung oder Veröffentlichung unzulässig machen (Stigmatisierung des Betroffenen, nachhaltige Beeinträchtigung der Persönlichkeitsentfaltung). 261

Aus dem allgemeinen Persönlichkeitsrecht können Ansprüche auf Auskunft folgen. So besteht ein Anspruch auf Einsicht in Krankenakten (BVerwGE 82, 45/50 f.). Es besteht weiterhin ein Anspruch auf Kenntnis der eigenen Abstammung (BVerfGE 79, 256/268 ff.). 262

Besondere Probleme des Schutzes des allgemeinen Persönlichkeitsrechts ergeben sich bezüglich der **Feststellung der Vaterschaft** (dazu BVerfGE 117, 202 ff.). Die Schutzpflicht des Staates für das Persönlichkeitsrecht des Kindes verbietet eine Verwendung von heimlichen Gentests vor Gericht. In solchen 263

Fällen besteht ein aus der Verfassung abgeleitetes Verwertungsverbot. Andererseits hat der Gesetzgeber auch eine Schutzpflicht zu Gunsten des (rechtlichen) Vaters. Ihm muss ein geeignetes Verfahren eröffnet werden, seine Vaterschaft im Zweifelsfall klären zu lassen (siehe jetzt § 1598a BGB).

2. Der Schutz von Prominenten gegen Medienberichterstattung

a) Schutz des eigenen Bildnisses

264 Nach § 23 KUG müssen Personen der Zeitgeschichte die Verbreitung des eigenen Bildnisses dulden (Abs. 1), soweit nicht ein berechtigtes Interesse des Abgebildeten verletzt wird (Abs. 2). Hierin liegt eine nicht unerhebliche Einschränkung des aus dem allgemeinen Persönlichkeitsrecht abgeleiteten Rechts am eigenen Bild.

265 Unterschieden wurde bisher zwischen „absoluten" und „relativen" Personen der Zeitgeschichte. „Absolute" Personen der Zeitgeschichte (Angehörige des Hochadels, Spitzensportler, bekannte Künstler und Politiker) durften grundsätzlich abgebildet werden, soweit nicht der Intimbereich berührt wurde. Auch die Privatsphäre war geschützt, unzulässig waren Abbildungen aus dem häuslichen Bereich (Wohnung). Außerhalb der eigenen Wohnung sollten Prominente sich dann auf das Recht am eigenen Bild berufen dürfen, wenn sie sich an einen Ort örtlicher Abgeschiedenheit zurückgezogen hatten, um dort objektiv erkennbar alleine zu sein (BVerfGE 101, 361/382 ff.). „Relative" Personen der Zeitgeschichte treten nur anlässlich eines bestimmten Ereignisses in das Licht der Öffentlichkeit (z. B. Entführungsopfer). Sie dürfen nur im Zusammenhang mit diesem Ereignis abgebildet werden.

266 Der EGMR hat die Grenzen zwischen Meinungs- und Pressefreiheit einerseits und dem allgemeinen Persönlichkeitsrecht andererseits abweichend von der Rechtsprechung der deutschen Gerichte gezogen (NJW 2004, 2647 ff.). Es ging um die Beschwerde von Caroline von Monaco gegen die Veröffentlichung eines Fotos, das die Beschwerdeführerin bei einem privaten Besuch eines Schwimmbades zeigt. Nach Auffassung des EGMR müssen absolute Personen der Zeitgeschichte stärker gegen Fotoaufnahmen geschützt werden. Es sei darauf abzustellen, ob Fotoaufnahmen und Presseartikel zu einer öffentlichen Diskussion über eine Frage allgemeinen Interesses beitragen und Personen des politischen Lebens betreffen. Dann sei eine Veröffentlichung zulässig, nicht aber dann, wenn es nur um die Befriedigung der Neugier eines bestimmten Publikums gehe. Der BGH führt deshalb heute auch bei „absoluten" Personen der Zeitgeschichte eine auf den Einzelfall bezogene Abwägung durch. <u>Entscheidend ist, ob ein Informationsinteresse der Öffentlichkeit im Hinblick auf das „Zeitgeschehen" besteht</u> (BGH, NJW 2008, 3141 f.).

b) Schutz von Kindern Prominenter

Einen besonderen Schutz genießen Kinder von Prominenten, weil ihre Persönlichkeitsentwicklung gegenüber einer Berichterstattung in den Medien als besonders schutzwürdig erscheint. **267**

Beispiel *(BVerfG, NJW 2003, 3263 f.):* Anlässlich der Geburt der Tochter von Prinzessin **268** C von M verfasst eine Zeitschrift ein „Geburtshoroskop" für das neugeborene Kind. Die Verbreitung kann zum Schutz des allgemeinen Persönlichkeitsrechts der Tochter untersagt werden. Entsprechende Eingriffe in die Meinungs- oder Pressefreiheit (Art. 5 Abs. 1 GG) sind deshalb gerechtfertigt.

c) Schutz gegen Bildmanipulationen

Der Träger des allgemeinen Persönlichkeitsrechts hat ein Recht darauf, dass **269** sein Foto nicht manipuliert wird, es sei denn die Veränderungen sind unbedeutend. Wenn eine satirische Darstellung beabsichtigt ist, müssen die Veränderungen für einen Betrachter erkennbar sein (BVerfG, K&R 2005, 224 ff.).

§ 12. Recht auf Leben und körperliche Unversehrtheit (Art. 2 Abs. 2 Satz 1 GG)

Literatur: *Augsberg, Ino,* Grundfälle zu Art. 2 II 1 GG, JuS 2011, 28 ff., 128 ff.; *Gramm, Christof,* Der wehrlose Verfassungsstaat? – Urteilsanmerkung zur Entscheidung des BVerfG zum LuftSiG vom 15. Februar 2006 – 1 BvR 357/05, DVBl. 2006, 433, in: DVBl. 2006, 653 ff.; *Schenke, Wolf-Rüdiger,* Die Verfassungswidrigkeit des § 14 III LuftSiG, NJW 2006, 736 ff.

I. Schutzbereich

1. Sachlicher Schutzbereich

a) Recht auf Leben

Art. 2 Abs. 2 Satz 1 GG enthält zwei Grundrechte, das Recht auf Leben und **270** das Recht auf körperliche Unversehrtheit. Das Recht auf Leben schützt das körperliche Dasein, also die biologisch-physische Existenz. Ein „Recht auf Selbstmord" gibt das Grundrecht hingegen nicht. Insoweit ist die allgemeine Handlungsfreiheit des Art. 2 Abs. 1 GG einschlägig. Die Zwangsernährung eines im Hungerstreik befindlichen Strafgefangenen ist deshalb kein Eingriff in das Recht auf Leben (wohl aber ein Eingriff in das Recht auf körperliche Unversehrtheit).

b) Recht auf körperliche Unversehrtheit

271 Das Grundrecht auf körperliche Unversehrtheit hängt eng mit dem Recht auf Leben zusammen. Die körperliche Unversehrtheit umfasst die Gesundheit im biologisch-physiologischen Sinne (BVerfGE 56, 54/73 ff.). Vor nichtkörperlichen Einwirkungen gewährt das Grundrecht insoweit Schutz, als das Befinden des Menschen in einer Weise verändert wird, die der Zufügung von Schmerz entspricht z. B. bei „psychischem Terror" oder seelischen Folterungen (BVerfGE 56, 54/75).

2. Persönlicher Schutzbereich

272 Träger des Grundrechts auf Leben und körperliche Unversehrtheit ist jede natürliche Person. Auf den geistigen bzw. körperlichen Zustand der Person kommt es nicht an. Lebensunwertes Leben kennt das Grundgesetz nicht.

273 Der Schutz durch das Grundrecht endet mit dem Tod. Hierbei stellt die wohl überwiegende Auffassung auf den Hirntod ab.

274 Das werdende Leben im Mutterleib ist selbst nicht Grundrechtsträger (vgl. auch oben § 9 II 2). Der objektiv-rechtliche Schutz des Grundrechts erstreckt sich jedoch auf das werdende Leben. Der Grundrechtsschutz kommt insoweit auch extrakorporal erzeugtem Leben zugute. Die verfassungsrechtliche Schutzintensität steigt von der Nidation bis zum Beginn der Geburt. Insoweit lässt sich von Stufungen des vorgeburtlichen Lebensschutzes sprechen, ein Gedanke, der auch den §§ 218 ff. StGB zu Grunde liegt. Je weiter sich der Embryo entwickelt, desto stärker muss die Rechtsordnung Schutzmechanismen zur Verfügung stellen.

II. Eingriff

275 Das Recht auf Leben bzw. körperliche Unversehrtheit wird in der Regel durch faktische Maßnahmen der öffentlichen Gewalt beeinträchtigt. Hierzu gehört etwa der finale Rettungsschuss durch einen Polizeibeamten, Menschenversuche, Zwangssterilisationen, körperliche Strafen oder Züchtigungen, aber auch ärztliche Zwangsuntersuchungen und Zwangsbehandlungen (BVerfG, NJW 2011, 2113 ff.). Auch ein staatlich angeordneter ärztlicher Heileingriff gegen den Willen des Betroffenen ist ein Grundrechtseingriff.

276 Ein Eingriff kann auch in der Gefährdung des Grundrechts liegen. Dies ist jedenfalls dann der Fall, wenn eine Verletzung von Leben bzw. körperlicher Unversehrtheit ernsthaft zu befürchten ist (BVerfGE 51, 324/347). Die Heranziehung zum Wehrdienst ist keine Grundrechtsbeeinträchtigung im Hinblick auf Art. 2 Abs. 2 Satz 1 GG (BVerfGE 77, 170/171).

§ 12. Recht auf Leben und körperliche Unversehrtheit 79

III. Verfassungsrechtliche Rechtfertigung von Eingriffen

Gemäß Art. 2 Abs. 2 Satz 3 GG kann das Grundrecht „aufgrund eines Gesetzes" beschränkt werden. Die sog. Eingriffsmaßnahmen bedürfen deshalb einer formell-gesetzlichen Grundlage. Da auch die Gefährdung ein Eingriff sein kann, ist es denkbar, dass der Eingriff unmittelbar durch Gesetz herbeigeführt wird. Dies ist durch die Formulierung des Art. 2 Abs. 2 Satz 3 GG nicht ausgeschlossen. Sie erklärt sich dadurch, dass der Eingriff durch Realakt in der Praxis ganz im Vordergrund steht. 277

Hinsichtlich der materiellen Rechtmäßigkeit des eingreifenden Gesetzes ist zu beachten, dass das einschränkende Gesetz im Lichte des Grundrechts ausgelegt werden muss (BVerfGE 17, 108/117). Gerade bei der Verhältnismäßigkeitsprüfung ist eine strenge Prüfung geboten. Eine absolute Schrankenschranke bildet das Verbot der Todesstrafe (Art. 102 GG). 278

Die von staatlicher Seite vorgenommene gezielte Tötung von Menschen ist deshalb verfassungsrechtlich grundsätzlich legitimiert. Zulässig ist der sog. **finale Rettungsschuss** nach den Polizeigesetzen, um etwa einen Geiselnehmer unschädlich zu machen, der das Leben oder die körperliche Unversehrtheit Dritter bedroht (auch vereinbar mit Art. 1 Abs. 1 GG, da sich der Geiselnehmer selbst in die Gefahr der Durchführung einer solchen Maßnahme begeben hat und daher nicht zum reinen Objekt staatlichen Handelns wird). 279

Nach den Ereignissen des 11. September 2001 hatte der Gesetzgeber durch § 14 LuftSiG auch die Möglichkeit des **„finalen Rettungsabschusses"** geschaffen. Mit Hilfe der Bundeswehr sollte als ultima ratio der Abschuss von Flugzeugen auch dann zulässig sein, wenn damit Nichtstörer (Passagiere) betroffen werden. Das BVerfG hat diese Bestimmung allerdings für nichtig erklärt (BVerfG, NJW 2006, 751 ff.). Das Leben unschuldiger Passagiere aufzuopfern, verstoße gegen Art. 2 Abs. 2 Satz 1 i. V. m. Art. 1 Abs. 1 GG. Eine solche Behandlung missachte die Betroffenen als Subjekte mit Würde und unveräußerlichen Rechten. Recht überzeugend ist das nicht. Wer ein Flugzeug besteigt, kennt das entsprechende Risiko und nimmt es auf sich. Es ist keine prinzipielle (!) Infragestellung seiner Würde und damit kein Menschenwürdeverstoß, wenn sich ein eingegangenes Risiko realisiert. Es entspricht auch kaum der grundgesetzlichen Wertordnung, dem Staat das Recht zu verwehren, als letztes Mittel zur Vermeidung einer großen Zahl von Opfern den Tod von ohnehin Todgeweihten vorzeitig herbeizuführen. Ein absoluter Lebensschutz ist dem Grundgesetz fremd. Gleichwohl ist die Entscheidung des BVerfG im Ergebnis zutreffend. Das Gericht ist sich seiner „Objekttheorie" selbst nicht sicher und weist ausführlich auf das Problem hin, in der flächenmäßig vergleichsweise kleinen Bundesrepublik in solchen Fällen eine sichere Prognose zu stellen, dass nur noch ein Abschuss eine große Zahl von Menschenleben retten kann. Die Gefahr eines Eingreifens auf Verdacht in solchen Fällen ist sicher verfassungswidrig. 280

281 **Fall 22** *(nach BVerfGE 16, 194 ff.):* A muss sich wegen einiger Bagatelldelikte vor dem Amtsgericht strafrechtlich verantworten. Der Amtsrichter hat Bedenken hinsichtlich der Zurechnungsfähigkeit des A. Er ordnet deshalb die ärztliche Untersuchung der Gehirn- und Rückenmarksflüssigkeit an (sog. Liquorentnahme). Verletzt diese Anordnung Grundrechte des A?

Lösung Fall 22: Die Anordnung der Liquorentnahme könnte möglicherweise das Grundrecht des A auf körperliche Unversehrtheit aus Art. 2 Abs. 1 Satz 1 2. Var. GG verletzen.

1. Schutzbereich. Das Recht auf körperliche Unversehrtheit schützt die Gesundheit im biologisch-physiologischen Sinne. Der Schutzbereich ist eröffnet.

2. Eingriff. Im Rahmen der angeordneten Untersuchung wird dem A Gehirn- und Rückenmarksflüssigkeit entnommen. Diese Entnahme geht zwingend mit der Verletzung des Körpers einher. Darüber hinaus ist eine solche ärztliche Untersuchung nicht völlig risikolos. Die Maßnahme greift folglich in den Schutzbereich der körperlichen Unversehrtheit ein.

3. Verfassungsrechtliche Rechtfertigung. Beschränkungen des Grundrechts können nach Art. 2 Abs. 2 Satz 3 GG aufgrund eines Gesetzes erfolgen. Eingriffe bedürfen daher einer formell-gesetzlichen Grundlage. Eine solche findet sich in § 81a StPO, wonach körperliche Untersuchungen zur Feststellung von Tatsachen grundsätzlich zulässig sind. An der formellen und materiellen Verfassungsmäßigkeit des § 81a StPO bestehen keine Zweifel. Erforderlich ist jedoch, dass auch die Anwendung der Vorschrift im konkreten Fall verhältnismäßig ist. Durch die Untersuchung soll die Zurechungsfähigkeit des A geklärt werden, so dass mit der Maßnahme ein legitimer Zweck verfolgt wird. Die Untersuchung ist zudem geeignet, das angestrebte Ziel zu erreichen. Auch die Erforderlichkeit kann bejaht werden, da keine milderen, aber ebenso gut geeigneten Mittel zur Verfügung stehen. Fraglich ist jedoch, ob die Anordnung des Amtsrichters im konkreten Fall zumutbar (verhältnismäßig im engeren Sinne) ist. Die Entnahme von Gehirn- und Rückenmarksflüssigkeit erfolgt mittels einer Hohlnadel. Es handelt sich um einen erheblichen körperlichen Eingriff. Da im vorliegenden Fall nur Bagatelldelikte angeklagt sind, ist der Eingriff unverhältnismäßig. (Anders wäre zu entscheiden, wenn es um vergleichsweise geringfügige Beeinträchtigungen ginge, z. B. Hirnstrommessungen, oder wenn dem A schwerwiegende Straftaten zur Last gelegt würden).

Der Eingriff kann daher nicht gerechtfertigt werden.

4. Ergebnis. Das Grundrecht des A auf körperliche Unversehrtheit ist somit verletzt.

IV. Objektiv-rechtliche Dimension des Grundrechts

1. Allgemeines

282 Insbesondere im Hinblick auf die körperliche Unversehrtheit besteht eine staatliche Schutzpflicht, die vor allem für den Umweltschutz erhebliche Bedeutung hat. Der Staat muss durch den Erlass von Gesetzen, Verordnungen und sonstigen Maßnahmen dafür sorgen, dass Leben und körperliche Unversehrtheit von Privaten geschützt werden, gerade auch gegenüber Beeinträchtigungen durch andere Private, z. B. durch emittierende Industrieanlagen. Oft bewirkt der Gesetzgeber Grundrechtsschutz durch Verfahrensvorschriften (BVerfGE 53, 30/65). Ihre Nichtbeachtung im Verwaltungsverfahren kann zu einer Grundrechtsverletzung führen.

§ 12. Recht auf Leben und körperliche Unversehrtheit   81

Bei der Erfüllung der aus Art. 2 Abs. 2 Satz 1 GG folgenden Schutzpflicht   283
hat der Staat jedoch einen erheblichen Spielraum (BVerfGE 77, 381/405; 79, 174/202). In der Regel kommt es nicht dazu, dass nur eine ganz bestimmte Maßnahme rechtmäßig ist. Als verfassungswidrig hat es das BVerfG angesehen, einen in der gesetzlichen Krankenversicherung Pflichtversicherten von neuen Behandlungsmethoden aus Kostengründen auszuschließen, wenn es Indizien gibt, dass die neue Methode den Heilungsverlauf günstig beeinflusst (BVerfGE 115, 25 ff.). Dem liegt folgender, im Grundsatz richtiger Gedanke zugrunde: Wenn der Staat die Bürger in die gesetzliche Krankenversicherung zwingt und ihnen Beiträge in Abhängigkeit von der Höhe ihres Einkommens abverlangt, kann er sie im Krankheitsfall nicht auf eine private Finanzierung verweisen, wenn anerkannte schulmedizinische (billigere) Methoden nicht vorliegen. Die Aussicht auf Heilung nach der „neuen" Methode darf allerdings „nicht ganz fern liegen" (BVerfGE 115, 25/49).

2. Beispielsfälle

a) Selbsttötung

Die Selbsttötung ist durch Art. 2 Abs. 1 GG geschützt. Aus Art. 2 Abs. 2   284
Satz 1 GG ergibt sich keine Verpflichtung des Staates, den Einzelnen vor sich selbst zu schützen. Eine Schutzbefugnis gibt es in den Fällen, in denen die Freiheit der Willensbildung eingeschränkt ist.

b) Schwangerschaftsabbruch

Besondere Bedeutung hat die objektiv-rechtliche Dimension des Art. 2   285
Abs. 2 Satz 1 GG bei der Diskussion um den Schwangerschaftsabbruch. Hierzu hat das BVerfG folgende Grundsätze aufgestellt (BVerfGE 88, 203 ff.):

Die Schutzpflicht für das ungeborene Leben ist bezogen auf das einzelne   286
Leben, nicht auf das menschliche Leben allgemein. Der **Schutz** ist auch **gegenüber der Mutter** zu gewährleisten. Deshalb muss der Schwangerschaftsabbruch grundsätzlich verboten werden, der Mutter muss die grundsätzliche Rechtspflicht auferlegt werden, das Kind auszutragen. Das Lebensrecht des Ungeborenen darf nicht der freien, rechtlich nicht gebundenen Entscheidung eines Dritten (und sei es der Mutter) überantwortet werden. Die Reichweite der Schutzpflicht ist jedoch begrenzt durch kollidierende Rechtsgüter Dritter. In Betracht kommt das Recht der schwangeren Frau auf Schutz und Achtung ihrer Menschenwürde, ihres Lebens und ihrer körperlichen Unversehrtheit sowie ihrer Persönlichkeitsrechte. Hingegen kann sich die schwangere Frau hinsichtlich der Tötung des ungeborenen Lebens nicht auf die Glaubens- und Gewissensfreiheit des Art. 4 Abs. 1 GG berufen. Der Gesetzgeber muss insoweit ein **Schutzkonzept** entwickeln. In Ausnahmelagen ist es zulässig, eine Rechtspflicht zur Austragung des Kindes nicht anzunehmen. Das **Untermaßverbot** lässt es aber nicht zu,

auf den Einsatz des Strafrechts und die davon ausgehende Schutzwirkung für das menschliche Leben frei zu verzichten. Die staatliche Schutzpflicht umfasst insoweit auch den Schutz vor Gefahren, die für das ungeborene menschliche Leben von Einflüssen aus dem familiären oder weiteren sozialen Umfeld der Schwangeren oder von gegenwärtigen oder absehbaren realen Lebensverhältnissen der Frau und der Familie ausgehen und der Bereitschaft zum Austragen des Kindes entgegenwirken. Mit dem Untermaßverbot vereinbar ist es, wenn sich der Gesetzgeber dafür entscheidet, in der Frühphase der Schwangerschaft den Schwerpunkt auf die Beratung der schwangeren Frau zu legen.

287 **Fall 23:** Nichtraucher N verlangt mit einer Klage vor dem BVerfG, die gesetzgebenden Organe des Bundes zum Erlass eines Nichtraucher-Schutzgesetzes zu verpflichten, mit dem das Rauchen in Gaststätten vollständig untersagt wird. Sind die gesetzgebenden Organe des Bundes verpflichtet, Gesetze zum Schutz von Nichtrauchern im von N erstrebten Sinn zu erlassen?

Lösung Fall 23: Die Gefahren des Passivrauchens für Nichtraucher sind wissenschaftlich eindeutig erwiesen. Die staatlichen Organe sind daher aus Art. 2 Abs. 2 Satz 1 GG grundsätzlich verpflichtet, die körperliche Unversehrtheit der Nichtraucher zu schützen. Wie und mit welchen Maßnahmen dies im Einzelnen geschieht, liegt jedoch in ihrem Ermessen. Ein Verstoß gegen das Untermaßverbot lässt sich nicht feststellen, da auf vielfältige Weise von der öffentlichen Hand versucht wird, den Gefahren des Passivrauchens entgegenzuwirken (Aufklärungskampagnen, Nichtraucherschutz am Arbeitsplatz, rauchfreie Zonen in Gaststätten etc.).

Merke: Der Gesetzgeber hat bei der Erfüllung seiner Schutzpflicht einen erheblichen Spielraum. Nach unten hin wird dieser Spielraum durch das Untermaßverbot begrenzt.

§ 13. Freiheit der Person (Art. 2 Abs. 2 Satz 2 GG)

Literatur: *Gusy, Christoph,* Freiheitsentziehung und Grundgesetz, NJW 1992, 457 ff.; *Hantel, Peter,* Das Grundrecht der Freiheit der Person nach Art. 2 II 2, 104 GG, JuS 1990, 865 ff.; *Streng, Franz,* Die Zukunft der Sicherungsverwahrung nach der Entscheidung des Bundesverfassungsgerichts, JZ 2011, 827 ff.

I. Schutzbereich

288 Trotz des weiten Wortlauts schützt das Grundrecht aus Art. 2 Abs. 2 Satz 2 GG allein die körperliche Bewegungsfreiheit („liberté d'aller et de venir"). Dies folgt aus der Entstehungsgeschichte, der Parallelnorm des Art. 104 GG und dem Zusammenhang mit Art. 2 Abs. 2 Satz 1 GG. Das Grundrecht gibt also das Recht, sich von einem bestimmten Ort fortzubewegen. Das Grundrecht gibt hingegen nicht das Recht, sich unbegrenzt überall aufhalten und sich überall hinbewegen zu dürfen. Geschützt ist nur das Recht, einen Ort oder Raum aufzusuchen oder sich dort aufzuhalten, der dem Grundrechtsträger tatsächlich und rechtlich zugänglich ist.

§ 13. Freiheit der Person (Art. 2 Abs. 2 Satz 2 GG) 83

Beispiel *(BVerfGE 94, 166ff.):* Nach § 18a AsylVfG müssen Asylsuchende, die über 289
einen Flughafen einreisen, bis zur Entscheidung über ihren Asylantrag im Transitbereich
des Flughafens verbleiben. Der Schutzbereich von Art. 2 Abs. 2 S. 2 GG ist nicht berührt.
Jeder Staat hat das Recht, den Zutritt zu seinem Gebiet durch rechtliche oder tatsächliche
Zugangshindernisse zu begrenzen.

Das Verhältnis zwischen den einzelnen Bestimmungen ist folgendermaßen 290
zu verstehen: Art. 2 Abs. 2 Satz 2 GG enthält das eigentliche Freiheitsrecht.
Art. 2 Abs. 2 Satz 3 GG begründet den dafür maßgeblichen Einschränkungs-
vorbehalt. Für die Einschränkung enthält wiederum Art. 104 GG besondere
Erfordernisse.

Träger des Grundrechts ist jede natürliche Person, auch der Geschäftsunfä- 291
hige. Auf juristische Personen und Personenvereinigungen ist das Grundrecht
nicht anwendbar.

II. Eingriff

Ein Eingriff liegt dann vor, wenn es zu einer Freiheitsbeschränkung kommt. 292
Bei einer **Freiheitsentziehung** wird die körperliche Bewegungsfreiheit nicht
nur kurzfristig beschränkt. Bei **sonstigen Freiheitsbeschränkungen** erschöpft sich die Beeinträchtigung von vornherein auf die Zeitdauer zur Durchführung einer bestimmten Maßnahme. Typische Fälle der Freiheitsentziehung
sind die Freiheitsstrafe, die Untersuchungshaft und die Unterbringung Geis-
teskranker in Heilanstalten.

Freiheitsbeschränkungen erfolgen in der Regel durch faktische Eingriffe. 293
Die Vorladung zum Verkehrsunterricht ist noch kein Eingriff (BVerfGE 22,
21/26), wohl aber die zwangsweise Durchführung einer solchen Pflicht. Bei
Strafvorschriften unterscheidet das BVerfG zwischen dem strafbewehrten
Verbot und der angedrohten Freiheitsentziehung (BVerfGE 90, 145/171). Das
Verbot selbst soll an Art. 2 Abs. 1 GG (allgemeine Handlungsfreiheit) gemessen
werden, die angedrohte Freiheitsentziehung an Art. 2 Abs. 2 Satz 2 GG. Diese
Unterscheidung wirkt etwas künstlich. Die Verurteilung zu einer Freiheitsstrafe ist jedenfalls nur dann verfassungsmäßig, wenn sowohl das Verbot als auch
die Sanktion verfassungsmäßig sind.

III. Verfassungsrechtliche Rechtfertigung von Eingriffen

Das Recht der Freiheit der Person darf wie alle Grundrechte nur aufgrund 294
eines formellen Gesetzes beeinträchtigt werden. Dies stellt Art. 104 Abs. 1
Satz 1 GG noch einmal ausdrücklich fest. Art. 104 Abs. 1 GG gilt für alle Formen der Freiheitsbeschränkung.

295 Für Freiheitsentziehungen besteht zudem der Richtervorbehalt des Art. 104 Abs. 2 GG. Die richterliche Entscheidung muss grundsätzlich vor der Festnahme ergehen. Eine Ausnahme besteht nur dann, wenn ansonsten der Zweck der Maßnahme nicht erreicht werden könnte (Fluchtgefahr). Soweit jemand von der Polizei ohne richterlichen Beschluss in Gewahrsam genommen wird, muss unverzüglich eine richterliche Bestätigung herbeigeführt werden. Die richterliche Bestätigung ist auch dann erforderlich, wenn die Ingewahrsamnahme vor dem Ablauf der Frist des Art. 104 Abs. 2 Satz 3 GG endet (BVerfGE 105, 239 ff.).

296 Beispiel *(BVerfGE 105, 239 ff.):* Ghanaer G soll am 27. 11. nach Ghana abgeschoben werden. Die Polizei nimmt ihn am 26. 11. in Gewahrsam, weil sie anlässlich eines Gesprächs zur Vorbereitung der Abschiebung den Eindruck gewinnt, G werde sich der Abschiebung entziehen. Die polizeiliche Maßnahme muss soweit zumutbar und möglich bereits am 26. 11. richterlich bestätigt werden. Mit Ablauf des 27. 11. müsste G ohne richterliche Anordnung ohnehin wieder freigelassen werden (Art. 104 Abs. 2 Satz 3 GG).

297 Im Rahmen der Verhältnismäßigkeitsprüfung ist zu beachten, dass die Freiheit der Person ein besonders hohes Rechtsgut ist. Sie darf nur aus besonders gewichtigen Gründen eingeschränkt werden (BVerfGE 70, 297/307).

298 Besonders strenge Anforderungen gelten für die **Sicherungsverwahrung** (BVerfG, NJW 2011, 1931 ff.). Soll ein Straftäter nach Verbüßung einer Haftstrafe nicht sofort wieder in Freiheit gelangen, muss sich die Unterbringung deutlich vom Strafvollzug unterscheiden (**„Abstandsgebot"**). Er darf also nicht einfach in der Zelle bleiben, in der er seine Freiheitsstrafe abgesessen hat. Es muss zudem eine Perspektive zur Wiedererlangung der Freiheit sichtbar sein. Rückwirkende Verlängerungen der Sicherungsverwahrung sind überhaupt nur dann zulässig, wenn dies zum Schutz höchster Verfassungsgüter erforderlich ist (vor allem Leben und körperliche Unversehrtheit).

299

Freiheitsbeschränkung i.w.S.	
Freiheitsentziehung = Das nicht nur kurzfristige Festhalten in einem eng umgrenzten Raum	Sonstige Freiheitsbeschränkung = Verbot, bestimmten Ort aufzusuchen bzw. Gebot an bestimmten Ort zu einer bestimmten Zeit zu erscheinen
Gesetzesvorbehalt nach Art. 2 Abs. 2 Satz 3, Art. 104 Abs. 1 und Abs. 2 Satz 4 GG	Gesetzesvorbehalt nur nach Art. 2 Abs. 2 Satz 3 GG

§ 13. Freiheit der Person (Art. 2 Abs. 2 Satz 2 GG)   85

Fall 24 *(nach BVerfGE 90, 145 ff.)*: C wird wegen Besitzes von geringen Mengen Haschisch vom Amtsgericht in L zu einer sechsmonatigen Freiheitsstrafe verurteilt. Sind das Verbot des Besitzens von Haschisch und die Verurteilung mit den Grundrechten der C vereinbar? **300**

Lösung Fall 24: I. Das Verbot des Besitzes von Haschisch könnte gegen das Grundrecht der allgemeinen Handlungsfreiheit (Art. 2 Abs. 1 GG) verstoßen.

1. *Schutzbereich.* Art. 2 Abs. 1 GG schützt die allgemeine Handlungsfreiheit im umfassenden Sinne. Geschützt wird daher unabhängig von dem Gewicht der Handlung für die Persönlichkeitsentwicklung jedes Tun, Dulden oder Unterlassen. Hierzu gehören auch Besitz und Konsum von Haschisch-Produkten. Der Schutzbereich ist somit eröffnet.

2. *Eingriff.* Durch das strafbewehrte Verbot des Sich-Verschaffens von Cannabis (§ 29 Abs. 1 Satz 1 Nr. 1 BtMG) wird in das Grundrecht der allgemeinen Handlungsfreiheit eingegriffen.

3. *Verfassungsrechtliche Rechtfertigung.* Das Grundrecht der allgemeinen Handlungsfreiheit unterliegt dem Vorbehalt der verfassungsmäßigen Rechtsordnung. Hierunter ist die Gesamtheit der formell und materiell verfassungsmäßigen Normen zu verstehen. Voraussetzung für die Rechtfertigung des Eingriffs ist daher zunächst, dass § 29 Abs. 1 Satz 1 Nr. 1 BtMG Bestandteil der verfassungsmäßigen Ordnung ist. Hierfür ist erforderlich, dass das Gesetz formell und materiell mit der Verfassung im Einklang steht.

Von der formellen Verfassungsmäßigkeit der Vorschrift kann ausgegangen werden.

§ 29 Abs. 1 Satz 1 Nr. 1 BtMG ist auch materiell verfassungsmäßig. Er verstößt insbesondere nicht gegen das Übermaßverbot. Wegen der Gesundheitsgefahren des Rauschgiftkonsums darf der Gesetzgeber das Sich-Verschaffen von Betäubungsmitteln verbieten. Die von § 29 Abs. 1 Satz 1 Nr. 1 BtMG angedrohte Geld-/Freiheitsstrafe bis zu 5 Jahren ist auch verhältnismäßig im engeren Sinne, da u. a. § 31a BtMG ein Absehen von der Verfolgung ermöglicht. Die Vorschrift ist daher taugliche Schranke der allgemeinen Handlungsfreiheit.

II. Art. 2 Abs. 2 Satz 2 GG. Durch die Verurteilung zu einer Freiheitsstrafe kommt weiterhin ein Verstoß gegen das Grundrecht auf Freiheit der Person aus Art. 2 Abs. 2 Satz 2 GG in Betracht.

1. *Schutzbereich.* Das Grundrecht schützt die körperliche Bewegungsfreiheit und damit das Recht, sich von bestimmten Orten fortzubewegen. Der Schutzbereich ist daher eröffnet.

2. *Eingriff.* Durch die Verurteilung zu einer sechsmonatigen Freiheitsstrafe wird C gezwungen, diese Zeit im Gefängnis zu verbringen. Sie hat nicht mehr die Möglichkeit, sich von diesem Ort wegzubewegen. Ein Eingriff in Art. 2 Abs. 2 Satz 2 GG liegt somit vor.

3. *Verfassungsrechtliche Rechtfertigung.* Das Grundrecht der Freiheit der Person unterliegt einem Gesetzesvorbehalt (Art. 2 Abs. 2 Satz 3; Art. 104 Abs. 1 und Abs. 2 – Abs. 4 GG). Eine Einschränkung ist daher aufgrund eines formellen Gesetzes möglich. § 29 Abs. 1 Satz 1 Nr. 1 BtMG erfüllt diese Voraussetzungen und ist verfassungsmäßig (vgl. oben).

Erforderlich ist weiterhin, dass auch die konkrete Verurteilung der C verfassungsmäßig war. Dies ist der Fall, wenn das Urteil verhältnismäßig ist. Hieran bestehen jedoch erhebliche Bedenken. Berücksichtigt werden muss nämlich die Tatsache, dass C lediglich eine geringe Menge des Rauschgiftes besaß. Bei Handlungen, die den gelegentlichen Eigenverbrauch geringer Mengen von Cannabisprodukten vorbereiten und die keine Fremdgefährdung verursachen, muss von einer Strafverfolgung abgesehen werden (vgl. § 31a BtMG).

4. *Zwischenergebnis.* Das Grundrecht der Freiheit der Person ist verletzt.

III. Endergebnis. Das Verbot des Besitzes von Haschisch ist zwar mit der allgemeinen Handlungsfreiheit, die Verurteilung aber nicht mit Art. 2 Abs. 2 Satz 2 GG vereinbar.

Hinweis: Sollte nur nach der Verfassungsmäßigkeit der Verurteilung gefragt sein, muss die Verfassungsmäßigkeit des Verbotes inzident geprüft werden.

Merke: Bei Strafvorschriften ist nach dem BVerfG zwischen dem strafbewehrten Verbot und der angedrohten Freiheitsentziehung zu unterscheiden.

§ 14. Glaubensfreiheit (Art. 4 GG)

Literatur: *Barczak, Tristan,* „Zeig mir dein Gesicht, zeig mir, wer du wirklich bist", Zur religionsverfassungsrechtlichen Zulässigkeit eines Burka-Verbots unter dem Grundgesetz, DÖV 2011, 54 ff.; *Geis, Max-Emanuel,* Kirchenasyl im demokratischen Rechtsstaat, JZ 1997, 53 ff.; *Heckmann, Dirk,* Verfassungsmäßigkeit des Ethikunterrichts – BVerwG, DVBl, 1998, 1344, in: JuS 1999, 228 ff.; *Michl, Fabian,* Caditcrux? – Das Kruzifix-Urteil des Europäischen Gerichtshofs für Menschenrechte, JURA 2010, 690 ff.; *Neureither, Georg,* Grundfälle zu Art. 4 I, II GG, JuS 2006, 1067 ff., JuS 2007, 20 ff.; *ders.,* Schächten – BVerfGE 104, 337, in: JuS 2002, 1168 ff.; *ders.,* Kopftuch – BVerwG, NJW 2002, 3344, in: JuS 2003, 541 ff.; *Sacksofsky, Ute,* Die Kopftuch-Entscheidung – von der religiösen zur föderalen Vielfalt, NJW 2003, 3297 ff.; *Steiner, Udo,* Grundrechtsschutz der Glaubens- und Gewissensfreiheit (Art. 4 I, II GG), JuS 1982, 157 ff.

I. Schutzbereich

1. Sachlicher Schutzbereich

a) Einheitliche Garantie

301 Art. 4 Abs. 1 GG enthält eine Garantie der Freiheit des Glaubens, weiterhin schützt die Vorschrift die Freiheit des religiösen und des weltanschaulichen Bekenntnisses. Gemäß Art. 4 Abs. 2 GG wird die ungestörte Religionsausübung gewährleistet. Hierbei handelt es sich nicht um einzelne verfassungsrechtliche Garantien, sondern um ein einheitliches Grundrecht der Glaubensfreiheit. Geschützt wird das Recht, einen Glauben zu bilden, zu haben, den Glauben zu bekennen, zu verbreiten und gemäß dieses Glaubens zu handeln (vgl. BVerfGE 32, 98/106 f.; 69, 1/33 f.). Von besonderer Relevanz ist das Recht, gemäß der Glaubensüberzeugung zu handeln. Hiervon sind nicht nur traditionelle Glaubensmanifestationen (Beten, Sakramente etc.) umfasst. Vielmehr darf der Einzelne sein gesamtes Verhalten an seinem Glauben ausrichten und gemäß seiner Glaubensüberzeugungen handeln.

302 Geschützt ist die positive und die negative Glaubensfreiheit. Das Grundrecht gibt deshalb auch das Recht, eine bestimmte religiöse oder weltanschauliche Überzeugung abzulehnen. Weiterhin umfasst Art. 4 Abs. 1 GG das Recht, die eigene Überzeugung zu verschweigen (BVerfGE 46, 266/267; 65, 1/39).

b) Begriff des Glaubens

Der Begriff des Glaubens ist schwer zu definieren. Allgemein gesprochen **303** geht es um die Überzeugung des Einzelnen von der Stellung des Menschen in der Welt und seinen Beziehungen zu höheren Mächten oder tieferen Seinsschichten. Nicht erforderlich ist, dass andere die Glaubensüberzeugung teilen. Auch wer einer Glaubensgemeinschaft angehört, darf sich selbst zu „Minderheiten" bekennen.

Die schlichte Behauptung, es handle sich bei einem bestimmten Verhal- **304** ten um eine religiös motivierte Betätigung, reicht jedoch nicht aus, um den Schutzbereich des Grundrechts zu eröffnen. Es muss sich vielmehr nach dem geistigen Gehalt und äußeren Erscheinungsbild um eine religiös motivierte Handlung (bzw. bei der kollektiven Glaubensfreiheit um eine Religion oder Religionsgemeinschaft) handeln (BVerfGE 83, 341/353). Das BVerfG hat in älteren Entscheidungen auf eine „Kulturadäquanzklausel" zurückgegriffen, um den Bereich des Art. 4 GG nicht konturenlos werden zu lassen. So schütze das Grundrecht nicht nur irgendeine, wie auch immer geartete freie Betätigung des Glaubens, sondern nur diejenige, die sich bei den heutigen Kulturvölkern auf dem Boden gewisser übereinstimmender sittlicher Grundanschauungen im Laufe der geschichtlichen Entwicklung herausgebildet habe (BVerfGE 12, 1/4; 24, 236/246). Es erscheint jedoch mehr als fraglich, ob sich ein hinreichender sittlicher Grundkonsens ermitteln lässt. Mittlerweile hat das Gericht auch Anhängern der sog. Osho-Bewegung den Schutz der Glaubensfreiheit zuerkannt (BVerfGE 105, 279/293). Auch das Tragen einer **Burka** (Ganzkörperverschleierung) wird man im Regelfall als glaubensgeleitetes Handeln ansehen müssen.

c) Einzelfragen des sachlichen Gewährleistungsbereichs

Strittig ist, ob man aus Art. 4 GG ein Recht auf die Gewährung von „**Kir- 305 chenasyl**" ableiten kann. Nach Art. 16a GG ist die Gewährung von Asyl Sache des Staates, nicht des Einzelnen oder einzelner Glaubensgemeinschaften. Die Gewährung von „Kirchenasyl" hindert deshalb den Staat nicht am Vollzug ausländerrechtlicher Maßnahmen. Bei der Sanktionierung des Verhaltens von Gemeindemitgliedern, die sich für ein „Kirchenasyl" einsetzen, ist allerdings zu berücksichtigen, dass es sich um ein glaubensgeleitetes und von Art. 4 GG geschütztes Verhalten handelt.

Von der Glaubensfreiheit geschützt ist die Überzeugung, dass nur Fleisch **306** von **geschächteten Tieren** verzehrt werden darf. Der Eingriff in den Schutzbereich der Glaubensfreiheit lässt sich nicht damit verneinen, dass Angehörige dieser Glaubensgruppe, die sich auf eine Sure des Koran berufen, nicht verpflichtet sind, Fleisch zu essen, sondern dass es ihnen nur verboten ist, Fleisch von nicht geschächteten Tieren zu essen. Ein verpflichtendes Gebot ist aber nicht erforderlich, um von einem glaubensgeleiteten Handeln auszugehen, das von Art. 4 GG geschützt ist.

307 Art. 4 GG schützt auch die **religiöse Vereinigungsfreiheit**. Ein Rückgriff auf Art. 9 Abs. 1 GG scheidet insoweit aus (BVerfGE 83, 341/354). Von der Glaubensfreiheit nicht geschützt sind politische oder ökonomische Tätigkeiten, für die nur der „Deckmantel" einer Religionsgesellschaft verwendet wird. Insofern muss auf das Gesamtbild der Tätigkeit der Vereinigung abgestellt werden.

308 **Fall 25** *(BVerfGE 32, 98ff.):* M wird wegen unterlassener Hilfeleistung (§ 323c StGB) verurteilt, da er nicht auf seine erkrankte Frau F eingewirkt hat, sich medizinisch behandeln zu lassen. F war deshalb gestorben. M und F lehnten medizinische Behandlungen aus religiösen Gründen ab. Verstößt die Verurteilung gegen die Grundrechte des M?

Lösung Fall 25: Vorliegend kommt ein Verstoß gegen das Grundrecht der Glaubensfreiheit (Art. 4 GG) in Frage.

1. Schutzbereich. Art. 4 Abs. 1 und 2 GG schützt als einheitliches Grundrecht das Recht, einen Glauben zu bilden, zu haben, den Glauben zu bekennen, zu verbreiten und gemäß dieses Glaubens zu handeln. Mitumfasst ist auch das Recht des Einzelnen, sein gesamtes Verhalten an seinem Glauben auszurichten und gemäß seiner Glaubensüberzeugung zu handeln. Hierzu gehört auch das Recht, bestimmte ärztliche Behandlungen abzulehnen.

2. Eingriff. Die Verurteilung des M wegen unterlassener Hilfeleistung sanktioniert ein auf den Glauben gegründetes Verhalten. Sie greift daher in den Schutzbereich der Glaubensfreiheit ein.

3. Verfassungsrechtliche Rechtfertigung. Die Glaubensfreiheit ist ein vorbehaltlos gewährtes Grundrecht. Einschränkungen können nur durch kollidierendes Verfassungsrecht auf formell-gesetzlicher Grundlage erfolgen. § 323c StGB dient dem Schutz von Leben und körperlicher Unversehrtheit und damit einem verfassungsrechtlich geschützten Rechtsgut (Art. 2 Abs. 2 Satz 1 GG). Zu beachten ist jedoch das Selbstbestimmungsrecht der F. Sie hat selbst eine ärztliche Behandlung abgelehnt. M und F können sich beide auf ihr Grundrecht nach Art. 4 Abs. 1 GG berufen, was der Ablehnung medizinischer Behandlung ein besonderes Gewicht gibt. Die Verurteilung von M in Anwendung von § 323c StGB war deshalb verfassungswidrig.

4. Ergebnis. Die Verurteilung des M verletzt dessen Glaubensfreiheit.

> **Merke:** Die Glaubensfreiheit schützt auch das Recht des Einzelnen, sein gesamtes Verhalten an der persönlichen Überzeugung auszurichten.

2. Persönlicher Schutzbereich

a) Individuelle Glaubensfreiheit

309 Träger der Glaubensfreiheit ist zunächst jede natürliche Person. Gewisse Beschränkungen der Glaubensfreiheit der Kinder ergeben sich jedoch aus dem ebenfalls geschützten Erziehungsrecht der Eltern (Art. 6 Abs. 2 GG).

b) Kollektive Glaubensfreiheit

310 Träger der Glaubensfreiheit sind darüber hinaus oft juristische Personen oder sonstige Vereinigungen, deren Zweck die Pflege oder Förderung des religiösen oder weltanschaulichen Bekenntnisses oder die Verkündung des

Glaubens ihrer Mitglieder ist (BVerfGE 19, 129/132; 70, 138/160 f.). Es kommt dabei nicht darauf an, in welcher Rechtsform die Vereinigung organisiert ist. Auch soweit es sich um eine Körperschaft des öffentlichen Rechts handelt (siehe Art. 140 GG i. V. m. 137 Abs. 5 WRV), steht der Gemeinschaft das Grundrecht der Glaubensfreiheit zu (BVerfGE 42, 312/322). Auch die „großen" Kirchen können somit unter Berufung auf Art. 4 Abs. 1 GG Verfassungsbeschwerde einlegen.

Die über Art. 140 GG in Bezug genommenen Vorschriften der Weimarer Reichsverfassung sind vollgültiges Verfassungsrecht und von gleicher Normqualität wie die übrigen Bestimmungen des Grundgesetzes. Sie regeln im Zusammenspiel mit Art. 4 Abs. 1 GG das Grundverhältnis von Staat und Kirche. Das BVerfG zieht in sehr weitgehender Weise die Verfassungsgarantie der kirchlichen Selbstbestimmung (Art. 140 GG i. V. m. Art. 137 Abs. 3 WRV) als Maßstab für die Konkretisierung des Schutzbereichs der kollektiven Glaubensfreiheit heran, obwohl es sich hierbei nicht um eine grundrechtliche Gewährleistung handelt (siehe BVerfGE 46, 73/83 und 85; 53, 366/387 f. und 390 f.). Dies läuft auf die Anerkennung des **kirchlichen Selbstbestimmungsrechts** als ein verfassungsbeschwerdefähiges Recht hinaus. Ähnlich verfährt das BVerfG mit der **Kirchengutsgarantie** des Art. 138 Abs. 2 WRV. Die Verpflichtung zur Herausgabe einer Kirche wird als Eingriff in die Religionsfreiheit verstanden, da Art. 138 Abs. 2 WRV i. V. m. Art. 140 GG die „sächlichen Grundlagen" der Religionsfreiheit schütze (BVerfGE 99, 100 ff.). Auch der Schutzauftrag **für Sonn- und Feiertage** ergänzt den Schutzbereich des Art. 4 Abs. 1 GG (BVerfGE 125, 39/79 ff.). Damit will die Verfassung unter anderem die Voraussetzung für die Ausübung der Religionsfreiheit garantieren. (Daneben hat die Garantie auch eine sozialstaatliche Komponente: physische und psychische Regeneration durch arbeitsfreie Tage.)

311

Grundrechtsträger ist auch ein nicht rechtsfähiger katholischer Jugendverein (BVerfGE 24, 236/247). Vereinigungen mit anderen als religiösen oder weltanschaulichen Zwecksetzungen (z. B. Wirtschaftsunternehmen) können sich hingegen nicht auf Art. 4 GG berufen (BVerfGE 44, 103/104).

312

Bei den religiösen Gemeinschaften ist der Schutzbereich der Glaubensfreiheit ebenfalls weit zu interpretieren. Bei der Abgrenzung, ob eine Tätigkeit noch vom Schutzbereich der Glaubensfreiheit umfasst ist, spielt vor allem das **Selbstverständnis** der Vereinigung eine wichtige Rolle (BVerfGE 24, 236/247 f.). Der Einordnung einer Vereinigung als Religionsgemeinschaft steht es nicht entgegen, wenn sie sich auch wirtschaftlich betätigt, es sei denn, die ideellen Zielsetzungen der Vereinigung sind lediglich vorgeschoben (BVerfGE 105, 279/293).

313

II. Eingriff

314 Die Glaubensfreiheit wird dann beeinträchtigt, wenn der Staat die geschützte Tätigkeit regelt oder behindert. Hierzu gehört auch die Verpflichtung zu einem **religiösen Eid** im gerichtlichen Verfahren (BVerfGE 33, 23/29 f.). Die Ungleichbehandlung verschiedener Religionsgemeinschaften ist ebenfalls eine Beeinträchtigung der kollektiven Glaubensfreiheit.

315 Nach Auffassung des BVerfG ist auch die staatliche Anordnung, in sämtlichen Klassenzimmern einer Schule ein **Kreuz bzw. Kruzifix** aufzuhängen, ein Eingriff in die Glaubensfreiheit. Aufgrund der allgemeinen Schulpflicht würden Schüler, die die christliche Glaubensüberzeugung nicht teilen, dazu gezwungen, „unter dem Kreuz" zu lernen (BVerfGE 93, 1/18). Wesentlich für die Annahme eines Grundrechtseingriffs ist vor allem, dass die staatliche Anordnung als eine Identifikation mit bestimmten Glaubensüberzeugungen verstanden werden kann (anders EGMR, NVwZ 2011, 737 ff.).

316 Ein Eingriff in das Grundrecht ist auch die Nichteinstellung einer deutschen muslimischen Lehramtsbewerberin wegen der Weigerung, vom **Tragen des Kopftuches** im Unterricht abzusehen (VGH Baden-Württemberg, DVBl. 2001, 1534 ff.). Zwar steht es jedem frei, in den Staatsdienst einzutreten oder nicht. Wird wegen einer Glaubensüberzeugung eine Einstellung abgelehnt, ist dies jedoch als Eingriff anzusehen (BVerfGE 108, 282 ff. – Kopftuchfall: Eingriff in Art. 4 Abs. 1 und 2 und Art. 33 Abs. 2 und 3 GG, vgl. auch BVerwG, NJW 2004, 3581 ff.).

317 Eingriffe in das Grundrecht können auch dadurch erfolgen, dass die Bundesregierung im Rahmen ihrer Aufgabe einer „staatlichen Gesamtleitung" kritische Informationen über einzelne Religionsgemeinschaften gibt. Zwar ist der Staat grundsätzlich zur religiös-weltanschaulichen Neutralität verpflichtet. Gleichwohl dürfe sich der Staat – so das BVerfG – mit Zielen und Aktivitäten von Religionsgemeinschaften auch öffentlich und kritisch auseinandersetzen. Verlangt wird aber eine gewisse Zurückhaltung. Die Äußerungen dürfen nicht diffamierend, nicht diskriminierend und vor allem auch nicht verfälschend sein (BVerfGE 105, 279 ff.). Dann muss man allerdings auch festlegen, was der Maßstab für Kritik sein soll. Hierfür kommt wohl nur die verfassungsrechtliche Wertordnung (also weltliche Maßstäbe) in Betracht.

318 **Fall 26** *(BVerfGE 105, 279 ff.):* Die Bundesregierung bezeichnet aufgrund einer parlamentarischen Anfrage die O-Bewegung als „Psycho-Sekte", die „pseudoreligiös" und „destruktiv" sei. Wird die O-Bewegung dadurch in ihrem Grundrecht aus Art. 4 Abs. 1 GG verletzt?
Lösung Fall 26: Die Äußerungen der Bundesregierung könnten die Glaubensfreiheit der O-Bewegung verletzen.
1. Schutzbereich. Zunächst müsste der Schutzbereich eröffnet sein.
a. Sachlicher Schutzbereich. Art. 4 Abs. 1 und 2 GG schützt als einheitliches Grundrecht das Recht, einen Glauben zu bilden, zu haben, den Glauben zu bekennen, zu verbreiten

§ 14. Glaubensfreiheit (Art. 4 GG)   91

und gemäß dieses Glaubens zu handeln. Hierzu gehört auch das Recht auf religiöse Vereinigungsfreiheit.
   b. *Persönlicher Schutzbereich.* Träger der Glaubensfreiheit sind neben den natürlichen Personen <u>auch juristische Personen oder sonstige Vereinigungen, deren Zweck die Pflege oder Förderung eines religiösen oder weltanschaulichen Bekenntnisses ist,</u> wie beispielsweise die O-Bewegung.
   Der sachliche und persönliche Schutzbereich ist daher eröffnet.
   2. *Eingriff.* Durch die Stellungnahme der Bundesregierung wird die O-Bewegung in der Öffentlichkeit herabgesetzt. Die Äußerungen zielen darauf ab, es der Bewegung zu erschweren, neue Mitglieder zu gewinnen. Ein staatlicher Eingriff liegt daher vor.
   3. *Verfassungsrechtliche Rechtfertigung.* <u>Als Grundrecht ohne Gesetzesvorbehalt kann die Glaubensfreiheit durch kollidierendes Verfassungsrecht eingeschränkt werden.</u> Grundsätzlich ist auch hierfür eine formell-gesetzliche Grundlage erforderlich. Für den Sonderfall der Öffentlichkeits- und Informationsarbeit der Regierung ist laut BVerfG eine solche gesetzliche Grundlage jedoch nicht erforderlich. Die Befugnis zu entsprechenden Äußerungen ergibt sich unmittelbar aus der verfassungsrechtlichen Zuständigkeitsordnung (sehr fraglich).
   Als kollidierendes Verfassungsrecht, zu dessen Schutz der Eingriff in die Glaubensfreiheit im vorliegenden Fall erfolgt, kommt das Recht auf körperliche Unversehrtheit potentieller neuer Mitglieder in Betracht. Zu denken ist auch daran, die Glaubensfreiheit von Betroffenen dadurch zu schützen, dass man sie über den Charakter der Vereinigung informiert. Die Bundesregierung muss dabei aber das Übermaßverbot beachten. Fraglich ist, ob im vorliegenden Fall die Verhältnismäßigkeit im engeren Sinne gewahrt ist. Äußerungen über Vereinigungen, die unter dem Schutz des Art. 4 GG stehen, müssen mit der gebotenen Zurückhaltung und unter Beachtung der grundsätzlich religiös-weltanschaulichen Neutralität des Staates erfolgen. Das BVerfG hat insoweit die Bezeichnung als „Psychosekte" nicht als verfassungswidrig angesehen, wohl aber die Attribute „pseudoreligiös" und „destruktiv" (sehr zweifelhaft, auch die Bezeichnung als „Sekte" ist eindeutig abwertend).
   4. *Ergebnis.* Die Äußerungen „pseudoreligiös" und „destruktiv" verletzen somit das Grundrecht der O-Bewegung aus Art. 4 GG.

III. Verfassungsrechtliche Rechtfertigung von Eingriffen

1. Eingriffe in die individuelle Glaubensfreiheit

Die individuelle Glaubensfreiheit steht nicht unter Gesetzesvorbehalt. Weder die Schranken des Art. 2 Abs. 1 GG noch des Art. 5 Abs. 2 GG sind anwendbar (BVerfGE 32, 98/107). Auch der Vorbehalt des Art. 140 GG i. V. m. Art. 136 Abs. 1 WRV wird gegenüber der individuellen Glaubensfreiheit nicht zur Anwendung gebracht (so BVerfGE 33, 23/31). Dies soll sich aufgrund der überragenden Stellung der Glaubensfreiheit im Grundrechtskatalog ergeben (sog. Überlagerungstheorie).   319

Der Gesetzesvorbehalt des Art. 136 Abs. 3 Satz 2 WRV wird hingegen auch gegenüber der individuellen Glaubensfreiheit angewendet (BVerfGE 65, 1/39). Der Offenbarungszwang im Rahmen der Volkszählung war deshalb verfassungsrechtlich zulässig (BVerfGE 65, 1/38 f.).   320

321 Soweit kein Gesetzesvorbehalt anwendbar ist, kann das Grundrecht nur durch kollidierendes Verfassungsrecht beschränkt werden (BVerfGE 32, 98/ 107f.). Auch insoweit ist jedoch eine gesetzliche Grundlage erforderlich. So kann unter Berufung auf Art. 7 Abs. 1 GG (Unterrichts- und Erziehungsauftrag des Staates im Schulwesen) auf hinreichend bestimmter beamtenrechtlicher Grundlage das Tragen von religiöser Kleidung im Unterricht untersagt werden, um eine entsprechende Indoktrination von Kindern zu vermeiden und einen Ausgleich der betroffenen grundrechtlichen Belange herbeizuführen (BVerfGE 108, 282/294 ff.); als kollidierendes Verfassungsrecht können auch Art. 33 Abs. 5 GG – Neutralität als hergebrachter Grundsatz des Berufsbeamtentums – und Art. 6 Abs. 2 Satz 1 GG – Erziehungsrecht der Eltern – herangezogen werden. Aus Art. 4 Abs. 1 und 2 GG folgt jedoch ein Recht auf Befreiung vom koedukativen Sportunterricht, wenn eine Schülerin islamischen Glaubens den gemeinsamen Sportunterricht mit Jungen ablehnt (BVerwGE 94, 82ff., vgl. oben § 8 I 2, Fall 11).

322 Bei den besonders umstrittenen Kruzifix-Fällen (Kreuze in Klassenzimmern öffentlicher Schulen) ist keine Rechtfertigung von Grundrechtseingriffen möglich. Es dürfte schon rechtswidrig sein, in öffentlichen Schulen überhaupt die Anbringung von Kreuzen anzuordnen (so aber beispielsweise Art. 7 Abs. 3 des Bayerischen Erziehungs- und Unterrichtsgesetzes – BayEUG für Volksschulen). Auch wenn dem Kreuz verschiedene Deutungsinhalte beigemessen werden können, ist es doch vor allem das „Logo" der christlichen Kirchen, mit denen sich der Staat an einer sensiblen Stelle wie einer Schule (Schulpflicht!) nicht pauschal identifizieren darf. Dass möglicherweise eine Mehrheit von Schülern oder Eltern christliche Glaubensüberzeugungen teilt oder gar das Aufhängen von Kreuzen wünscht, spielt keine Rolle. Zum Schutz der Glaubensfreiheit der Mehrheit ist das Anbringen von Kreuzen in staatlichen Räumen nicht erforderlich. Glaubensüberzeugungen können an vielen anderen Orten gelebt und gezeigt werden. Soweit deshalb ein ernsthafter Widerspruch eines Schülers erhoben wird, müssen Kreuze abgehängt werden (so auch BVerwGE 109, 40ff.). Allein rechtmäßig wäre es, gar keine Kreuze in staatlichen Räumen aufzuhängen. Dies entspricht der Rechtsprechung des EGMR (Urt. v. 3. 11. 2009, *Lautsi./. Italien*), der eine italienische Regelung über das Anbringen von Kreuzen in Klassenzimmern als Verstoß gegen die EMRK angesehen hat („Die Schule soll keine Bühne für missionarische Unternehmungen oder Predigten sein, sondern ein Ort der Begegnung verschiedener Religionen und Weltanschauungen, an dem die Schüler Kenntnisse über ihre jeweiligen Vorstellungen und Traditionen erlangen können.").

323 **Fall 27** *(BVerfGE 33, 23ff.):* Pfarrer P wird in einem Strafprozess als Zeuge vernommen. Die Beeidung seiner Aussage verweigert er unter Berufung auf Matthäus 5, 33–37. Das Gericht verhängt daraufhin eine Ordnungsstrafe, weil ein gesetzlicher Grund zur Verweigerung der Aussage nach § 70 Abs. 1 StPO nicht vorliege. Verletzt die Verhängung der Ordnungsstrafe das Grundrecht des P aus Art. 4 GG?

§ 14. Glaubensfreiheit (Art. 4 GG) 93

Lösung Fall 27: *1. Schutzbereich.* Die Glaubensfreiheit schützt das Recht, gemäß seinem Glauben zu handeln. Die Verweigerung der Eidesleistung ist religiös motiviert und steht daher unter dem Schutz des Art. 4 Abs. 1 und 2 GG. Der Schutzbereich ist somit eröffnet.
2. Eingriff. Die Auferlegung des Ordnungsgeldes sanktioniert ein religiös motiviertes Verhalten und greift deshalb in den Schutzbereich der Glaubensfreiheit ein.
3. Verfassungsrechtliche Rechtfertigung. Fraglich ist, ob sich der Eingriff auf Art. 140 GG i. V. m. Art. 136 Abs. 4 WRV stützen lässt. Diese Vorschrift wird vom BVerfG jedoch nicht als Gesetzesvorbehalt für Art. 4 GG anerkannt. Die Glaubensfreiheit kann deshalb nur durch kollidierendes Verfassungsrecht eingeschränkt werden. Die Vorschriften über die Eidesleistung nach der StPO dienen der Wahrheitsfindung im Strafprozess. Die Funktionsfähigkeit der Justiz, aber auch der Schutz von Angeklagten vor unrichtigen Verurteilungen lassen sich als Maßnahme zum Schutz von kollidierendem Verfassungsrecht (Rechtsstaatsprinzip, Freiheit der Person) verstehen.
Fraglich ist die Verfassungsmäßigkeit der Anwendung der Vorschriften im konkreten Fall. Bei der Vereidigung eines Pfarrers, der sich auf die genannte Stelle im Evangelium von Matthäus beruft, wird man von einem „gesetzlichen Grund" zur Eidesverweigerung im Sinne von § 70 Abs. 1 StPO ausgehen können (BVerfGE 33, 23/34). Die Verhängung des Ordnungsgeldes missachtet deshalb die besondere Wertentscheidung des Art. 4 GG und ist verfassungswidrig.
4. Ergebnis. Die Verhängung des Ordnungsgeldes verletzt die Glaubensfreiheit des P.

Merke: Soweit kein Gesetzesvorbehalt anwendbar ist, kann ein Eingriff in die Glaubensfreiheit nur durch kollidierendes Verfassungsrecht gerechtfertigt werden.

2. Eingriffe in die kollektive Glaubensfreiheit

Auch gegenüber der kollektiven Glaubensfreiheit ist die Anwendbarkeit des Art. 140 GG i. V. m. Art. 137 Abs. 3 WRV eingeschränkt. Bei rein innerkirchlichen Angelegenheiten unterliegt die kollektive Glaubensfreiheit keinem Gesetzesvorbehalt (BVerfGE 18, 385/387 f.; 42, 312/334; 66, 1/20; 72, 278/289). Bei sonstigen Angelegenheiten sind hingegen die für alle geltenden Gesetze heranzuziehen (Art. 137 Abs. 3 Satz 1 WRV). Auch insoweit gilt aber eine Art Wechselwirkungslehre: Die Grundentscheidung der Verfassung zugunsten der Kirchenfreiheit ist zu beachten und im Rahmen der Güterabwägung zu berücksichtigen; dem Selbstverständnis der Kirchen ist besonderes Gewicht beizumessen (BVerfGE 72, 278/289). 324

Eine wichtige Rechtsgrundlage für Eingriffe in die kollektive Glaubensfreiheit ist seit einer Rechtsänderung im Jahr 2001 das Vereinsgesetz. Nach Wegfall des sog. Religionsprivilegs ist es möglich, religiöse Vereinigungen auf vereinsrechtlicher Grundlage zu verbieten (BVerwG, NVwZ 2003, 986 – Kalifatstaat). Ein Verbot ist angesichts der besonderen Bedeutung der Religionsfreiheit aber nur dann verfassungsmäßig, wenn es um die Abwehr von verfassungsfeindlichen Bestrebungen geht. Das ist vor allem dann anzunehmen, wenn sich die Vereinigung gegen die in Art. 79 Abs. 3 GG genannten Rechtsgrundsätze richtet (Menschenwürde, Demokratie- und Rechtsstaatsprinzip). Erwägen 325 ließe sich auch eine Heranziehung der Schranken des Art. 9 Abs. 2 GG. Da die Vereinigungsfreiheit des Art. 9 Abs. 1 GG jedoch ein Deutschengrundrecht ist, müsste bei „Ausländervereinen" eine analoge Anwendung erfolgen.

IV. Objektiv-rechtliche Dimension des Grundrechts

1. Glaubensfreiheit und Arbeitsrecht

326   Art. 4 GG hat erhebliche Ausstrahlungswirkung auf das Privatrecht. Dies zeigt sich vor allem im Arbeitsrecht. So ist das Direktionsrecht des Arbeitgebers dahingehend eingeschränkt, dass dem Arbeitnehmer keine Arbeit zugewiesen werden darf, die ihn in einen vermeidbaren Glaubenskonflikt bringt (vgl. auch BAGE 47, 363/376 ff. für einen vergleichbaren Konflikt mit der Gewissensfreiheit). Den Kirchen und kirchennahen Einrichtungen gibt die Rechtsprechung das Recht, von ihren Mitarbeitern die Einhaltung der wesentlichen Grundsätze ihrer Glaubens- und Sittenlehre zu verlangen und bei Verstoß das Arbeitsverhältnis zu kündigen (BAG, NJW 1978, 2116 ff.; NJW 1980, 2211).

2. Schächten von Tieren

327   Tierschutz ist durch die Änderung des Art. 20a GG Verfassungsgut geworden. Kollisionen zwischen diesem Rechtsgut und der Glaubensfreiheit sind deshalb im Grundsatz nicht mehr einseitig zu Gunsten der Glaubensfreiheit aufzulösen. Vielmehr muss im Wege der Herstellung praktischer Konkordanz ein Ausgleich zwischen der Glaubensfreiheit und dem Tierschutz gesucht werden. Dabei steht es dem Staat allerdings nicht zu, die Gläubigen über den Inhalt ihres Glaubens zu belehren. Vielmehr ist vom Selbstverständnis, also der eigenen Sicht der Gläubigen auszugehen.

328   **Fall 28** *(BVerfGE 104, 337 ff.):* Metzger M ist ausländischer Staatsangehöriger und strenggläubiger sunnitischer Moslem und möchte seine Glaubensbrüder mit dem Fleisch geschächteter Tiere versorgen. Er beantragt deshalb bei der zuständigen Behörde eine Ausnahmegenehmigung nach § 4a Abs. 2 Nr. 2 TierSchG zum Schächten (Schlachten ohne Betäubung) von Tieren. Die Genehmigung wird versagt, weil nach Auffassung der Behörde und der Verwaltungsgerichte eine zwingende Vorschrift der sunnitischen Glaubensrichtung des Islam, die das Schächten verlangt oder den Verzehr des Fleisches nicht geschächteter Tiere verbietet, nicht zu ermitteln sei. Dies sei jedoch nach § 4a Abs. 2 Nr. 2 TierSchG Voraussetzung für die Erteilung der Ausnahmegenehmigung. Verletzt die Versagung der Ausnahmegenehmigung das Grundrecht des M aus Art. 2 Abs. 1 GG?
Lösung Fall 28: *Vorbemerkung.* Die Versagung der Ausnahmegenehmigung wird vom BVerfG an Art. 2 Abs. 1 GG gemessen. Art. 12 Abs. 1 GG ist nicht anwendbar, da M kein Deutscher ist. Da er vor allem die Ausübung der Glaubensfreiheit durch Dritte schützen möchte, ist auch Art. 4 Abs. 1 GG nicht primärer Prüfungsmaßstab, sondern im Rahmen

§ 14. Glaubensfreiheit (Art. 4 GG)

der Verhältnismäßigkeit zu prüfen (in der Klausur wäre eine unmittelbare Prüfung von Art. 4 Abs. 1 GG gut vertretbar).
 1. *Schutzbereich*. Die allgemeine Handlungsfreiheit des Art. 2 Abs. 1 GG schützt das Recht, zu tun und zu lassen was man möchte. Hierzu zählt auch das Schächten von Tieren im Rahmen einer beruflichen Betätigung.
 2. *Eingriff*. Das durch den Verwaltungsakt konkretisierte gesetzliche Verbot greift in die allgemeine Handlungsfreiheit ein.
 3. *Verfassungsrechtliche Rechtfertigung*. Fraglich ist, ob der Eingriff durch die verfassungsmäßige Ordnung gedeckt ist. Hierzu zählen alle formell und materiell mit der Verfassung in Einklang stehenden Gesetze.
 An der formellen Verfassungsmäßigkeit des TierSchG bestehen keine Zweifel.
 Die gesetzlichen Bestimmungen sind im Interesse des Tierschutzes (Art. 20a GG) auch materiell grundsätzlich verfassungsrechtlich zu rechtfertigen.
 Fraglich ist aber, ob die Anwendung im Einzelfall verfassungsmäßig ist. Das BVerfG ist der Auffassung, die Verweigerung sei verfassungswidrig. Eine Religionsgemeinschaft im Sinne von § 4a Abs. 2 Nr. 2 TierSchG liege bereits dann vor, wenn eine Gruppe von Menschen durch eine gemeinsame Glaubensüberzeugung verbunden sei. Dies könnten auch Untergruppierungen einer größeren Glaubensrichtung sein. Für diese konkrete Gruppe ist dann die Frage zu stellen, ob ein zwingender Glaubenssatz vorliegt. Der pauschale Hinweis darauf, dass eine entsprechende Vorschrift in der entsprechenden Glaubensrichtung als „herrschende Meinung" nicht anerkannt sei, genügt nicht.
 4. *Ergebnis*. Die Verweigerung der Ausnahmegenehmigung ist verfassungswidrig.

Merke: Es ist denkbar, dass Grundrechte inzident bei einem anderen Grundrecht als Wertentscheidung mitgeprüft werden. Dies spielt vor allem bei der Prüfung der Verhältnismäßigkeit im engeren Sinne eine Rolle.

3. Religionsfreiheit und Ladenschluss

Literatur: *Fuerst, Anna-Miria*, Wie man das BVerfG verstehen lernt – Eine Urteilsanalyse für die Fallbearbeitung am Beispiel der Sonntagsschutz-Entscheidung, JuS 2010, 876 ff.

Die Regelung des Ladenschlusses durch die Landesgesetzgeber findet ihre Grenze in Art. 4 Abs. 1 GG i. V. m. Art. 140 GG i. V. m. Art. 137 WRV. Der Gesetzgeber hat eine Schutzverpflichtung für die Sonn- und Feiertage (BVerfGE 125, 39 ff.). Die Öffnung von Geschäften an Sonn- und Feiertagen kann deshalb nur als Ausnahme erlaubt werden. Als verfassungswidrig wurde es angesehen, dass der Berliner Gesetzgeber die Ladenöffnung an den vier Adventssonntagen komplett freigegeben hatte (BVerfGE 125, 39 ff.).

§ 15. Gewissensfreiheit (Art. 4 GG)

Literatur: *Magen, Stefan,* Grundfälle zu Art. 4 III GG, JuS 2009, 995 ff.; *Steiner, Udo,* Der Grundrechtsschutz der Glaubens- und Gewissensfreiheit (Art. 4 I, II GG), JuS 1982, 157 ff.

I. Schutzbereich

1. Sachlicher Schutzbereich

330 Die Gewissensfreiheit hängt sachlich eng mit der Glaubensfreiheit zusammen. Gleichwohl wird sie als eigenständiges Grundrecht verstanden. Was eine Gewissensentscheidung ist, ist ähnlich schwer zu definieren wie der Begriff des Glaubens. Das BVerfG versteht unter einer Gewissensentscheidung jede ernstliche, sittliche, d. h. an den Kategorien von „Gut" und „Böse" orientierte Entscheidung, die der Einzelne in einer bestimmten Lage als für sich bindend und unbedingt verpflichtend erfährt, so dass er gegen sie nicht ohne ernste Gewissensnot handeln könnte (BVerfGE 12, 45/55; 48, 127/173). Dabei schützt die Gewissensfreiheit das Recht, eine Gewissensüberzeugung zu bilden, zu haben, sie nach außen hin kundzutun und entsprechend der Gewissensüberzeugung zu handeln. Art. 4 Abs. 3 Satz 1 GG enthält insoweit eine ausdrückliche Garantie des Rechts der Kriegsdienstverweigerung. Hierbei handelt es sich um einen besonderen Anwendungsfall des Handelns gemäß einer Gewissensentscheidung.

331 Das größte Problem der Anwendung von Art. 4 GG besteht in der Überprüfung der Gewissensentscheidung durch Verwaltung und Rechtsprechung. Es ist nicht möglich, sich aufgrund schlichter Berufung auf eine angebliche Gewissensentscheidung von Verpflichtungen zu befreien. Das Handeln aufgrund der Gewissensentscheidung muss deshalb vom Grundrechtsträger glaubhaft gemacht werden (BVerwG, NVwZ 1989, 60).

2. Persönlicher Schutzbereich

332 Träger der Gewissensfreiheit ist jede natürliche Person. Juristische Personen und Vereinigungen, gleich welcher Art, werden nicht geschützt (BVerfG, NJW 1990, 241).

333 **Fall 29:** Durch Landesgesetz wird im Bundesland L die integrierte Gesamtschule als Regelschule eingeführt. Die Eltern des Schülers S lehnen es aus Gewissensgründen ab, ihr Kind auf eine Gesamtschule zu schicken. Verstößt das Landesgesetz gegen die Gewissensfreiheit der Eltern des S?
Lösung Fall 29: Das Landesgesetz verstößt gegen die Gewissensfreiheit der Eltern gem. Art. 4 Abs. 1 GG, wenn es als Eingriff in den Schutzbereich zu qualifizieren ist, der verfassungsrechtlich nicht gerechtfertigt werden kann.

§ 15. Gewissensfreiheit (Art. 4 GG)   97

1. *Schutzbereich*. Das Grundrecht schützt die Gewissensfreiheit und damit jede Gewissensentscheidung. Unter einer solchen ist jede ernstliche, sittliche, d. h. an den Kategorien von „Gut" und „Böse" orientierte Entscheidung zu verstehen, die der Einzelne in einer bestimmten Lage als für sich bindend und unbedingt verpflichtend erfährt, so dass er gegen sie nicht ohne ernste Gewissensnot handeln könnte. Fraglich ist also, ob die Entscheidung für oder gegen eine Gesamtschule als Gewissensentscheidung angesehen werden kann. Dies ist im Ergebnis abzulehnen. Die Frage, ob ein Kind zur Gesamtschule geht, ist keine an den Kategorien von „Gut" oder „Böse" orientierte Entscheidung. Es geht nicht um das eigene Verhalten der Eltern des S. Die Gewissensfreiheit ist kein Instrument, demokratische Mehrheitsentscheidungen für sich nicht zu akzeptieren. Der Schutzbereich ist daher nicht eröffnet.

2. *Ergebnis*. Die Gewissensfreiheit der Eltern des S ist nicht verletzt.

Merke: Gewissensentscheidungen müssen an den Kategorien von „Gut" und „Böse" orientiert sein.

II. Eingriff

Ein Eingriff in die Gewissensfreiheit findet dadurch statt, dass das geschützte Verhalten geregelt wird oder faktisch behindert wird. Dies kann durch Gesetze, Verwaltungs- oder Realakte der öffentlichen Hand geschehen. 334

III. Verfassungsrechtliche Rechtfertigung von Eingriffen

Grundsätzlich steht die Gewissensfreiheit nicht unter Gesetzesvorbehalt. Einschränkungen des Grundrechts sind deshalb nur durch kollidierendes Verfassungsrecht, also durch Grundrechte Dritter oder sonstige Verfassungsgüter möglich. Erforderlich ist eine gesetzliche Grundlage. 335

Auch das Recht der Kriegsdienstverweigerung unterliegt keinem echten Gesetzesvorbehalt. So ermächtigt Art. 4 Abs. 3 Satz 2 GG nicht zu Eingriffen (BVerfGE 28, 243/259; 48, 128/163; 69, 1/23). Es handelt sich um einen Regelungsvorbehalt, der nur ein Recht zur Ausgestaltung des Rechts der Kriegsdienstverweigerung in verfahrensmäßiger Hinsicht enthält. Das Recht der Kriegsdienstverweigerung kann deshalb nur durch kollidierendes Verfassungsrecht eingeschränkt werden. Die Grundentscheidung der Verfassung für die militärische Landesverteidigung, die in Art. 12a, 65a, 73 Abs. 1 Nr. 1, 87a und 115a ff. GG zum Ausdruck kommt, ist jedoch keine Grundlage für eine solche Beschränkung. 336

Nach einer Entscheidung des BVerwG (DVBl. 2005, 1455 ff.) soll aus Art. 4 Abs. 1 GG das Recht eines Soldaten folgen, einen militärischen Befehl nicht zu beachten, wenn dieser gegen das Gewissen des Soldaten verstoße. Einschränkungen dieses Rechts seien unter Berufung auf die Befehls- und Komman- 337 dogewalt nach Art. 65a GG im Wege praktischer Konkordanz vorzunehmen. Gegebenenfalls sei der Soldat von seiner Aufgabe zu entbinden. Relevant wird dies vor allem in Fällen, in denen Maßnahmen der Bundeswehr völkerrechtlich zweifelhaft sind oder völkerrechtlich zweifelhafte Maßnahmen anderer Staaten möglicherweise unterstützen. Es ist allerdings mehr als fraglich, ob sich mit solchen verfassungsrechtlichen Abwägungsvorgaben eine effiziente Aufgabenerfüllung durch die Bundeswehr sicherstellen lässt.

338 Aus Art. 4 Abs. 3 GG folgt inzident, dass die Ableistung von Ersatzdienst nicht unter Berufung auf die Gewissensfreiheit verweigert werden kann (BVerfGE 19, 135/138; 23, 127/132 ff.).

339 **Fall 30** *(BVerwG, NVwZ 1998, 853 ff.)*: Biologiestudentin B verweigert aus Gewissensgründen die Teilnahme an Tierversuchen im Rahmen eines zoologischen Praktikums. Hochschullehrer H hält die Durchführung solcher Versuche für erforderlich, da Lehrfilme und Computersimulationen keine hinreichende Anschauung vermitteln würden. Die erfolgreiche Teilnahme an dem Praktikum ist Voraussetzung für die Erlangung eines Leistungsnachweises. Wird B hierdurch in ihren Grundrechten verletzt?
Lösung Fall 30: Die Verpflichtung zur Teilnahme an Tierversuchen könnte gegen die Gewissensfreiheit der B verstoßen.
1. Schutzbereich. Das Grundrecht schützt die Gewissensfreiheit. Unter einer Gewissensentscheidung ist jede ernstliche, sittliche, d. h. an den Kategorien von „Gut" und „Böse" orientierte Entscheidung zu verstehen, die der Einzelne in einer bestimmten Lage als für sich bindend und unbedingt verpflichtend erfährt, so dass er gegen sie nicht ohne ernste Gewissensnot handeln könnte. Die Entscheidung für oder gegen Tierversuche ist an den Kategorien von „Gut" und „Böse" orientiert und damit eine Gewissensentscheidung. Der Schutzbereich ist somit eröffnet.
2. Eingriff. Ein Eingriff liegt vor, wenn das auf die Gewissensfreiheit gestützte Verhalten geregelt oder faktisch behindert wird. Durch die Verpflichtung zur Teilnahme an den Tierversuchen und die Verweigerung des Leistungsnachweises liegt ein Eingriff in den Schutzbereich vor, weil mit der Weigerung berufliche Nachteile verbunden wären.
3. Verfassungsrechtliche Rechtfertigung. Die Gewissensfreiheit steht nicht unter Gesetzesvorbehalt. Eine Rechtfertigung des Eingriffs ist daher nur durch kollidierendes Verfassungsrecht möglich. Die für den Eingriff in die Gewissensfreiheit erforderliche gesetzliche Grundlage findet sich in den Hochschulgesetzen und Prüfungsordnungen. Im konkreten Fall ist entgegenstehendes Verfassungsrecht in der Wissenschaftsfreiheit des H/der Fakultät/der Universität nach Art. 5 Abs. 3 Satz 1 2. Var. GG zu finden. Hiernach hat H/die Fakultät/die Universität das Recht, die methodische Ausrichtung der Lehrveranstaltung zu bestimmen. Soweit die Auffassung, gleichwertige andere Lehrmethoden ständen nicht zur Verfügung, nicht ernsthaft in Zweifel zu ziehen ist, ist der Wissenschaftsfreiheit des H/der Fakultät/der Universität Vorrang einzuräumen. Der Eingriff ist daher verfassungsrechtlich gerechtfertigt.
4. Ergebnis. Die Gewissensfreiheit der B wird nicht verletzt.

Merke: Eingriffe in das Grundrecht der Gewissensfreiheit können nur durch kollidierendes Verfassungsrecht gerechtfertigt werden.

IV. Objektive Wirkung der Gewissensfreiheit

Gewissensgeleitetes Verhalten kann zu einem Verstoß gegen Strafgesetze 340 führen. Von einer Bestrafung befreit die Berufung auf die Gewissensfreiheit nicht. Art. 4 Abs. 1 GG ist jedoch als wertentscheidende Grundsatznorm bei der Strafzumessung zu berücksichtigen (BVerfGE 23, 127/134). Dies gilt etwa in den Fällen, in denen aus Gewissensgründen auch der Ersatzdienst verweigert wird. Die Gewissensfreiheit wirkt somit für die Strafzumessung als eine Art „Wohlwollensgebot" (BVerfG, a. a. O.).

§ 16. Kommunikationsgrundrechte (Art. 5 Abs. 1 und Abs. 2 GG)

I. Übersicht

Literatur: *Frenz, Walter*, Die Meinungs- und Medienfreiheit, JURA 2012, 198 ff.

Art. 5 Abs. 1 GG garantiert verschiedene Kommunikationsfreiheiten. Zu- 341 nächst enthält die Vorschrift in Abs. 1 Satz 1 1. Var. die **Meinungsfreiheit** und in Abs. 1 Satz 1 2. Var. die **Informationsfreiheit**. In Abs. 1 Satz 2 werden dann die **Pressefreiheit**, die **Rundfunkfreiheit** und die **Filmfreiheit** gewährleistet. Bei allen Garantien handelt es sich um jeweils eigenständige (wenn auch thematisch verwandte) Grundrechte.

Das Zensurverbot des Art. 5 Abs. 1 Satz 3 GG gilt für alle in Abs. 1 garan- 342 tierten Kommunikationsfreiheiten. Auch die Schranken des Art. 5 Abs. 2 GG werden auf alle in Abs. 1 garantierten Freiheiten angewendet.

II. Schutzbereiche

1. Meinungsfreiheit (Art. 5 Abs. 1 Satz 1 1. Var. GG)

Literatur: *Hardach, Felix/Ludwigs, Markus*, Die Novellierung der Warnhinweispflicht für Tabakerzeugnisse im Lichte der negativen Meinungsfreiheit, DÖV 2007, 288 ff.; *Heselhaus, Sebastian*, Neue Entwicklungen bei der Bestimmung des Schutzbereichs der Meinungsfreiheit, NVwZ 1992, 740 ff.; *Huster, Stefan*, Das Verbot der „Auschwitzlüge", die Meinungsfreiheit und das Bundesverfassungsgericht, NJW 1996, 487 ff.; *Kriele, Martin*, Ehrenschutz und Meinungsfreiheit, NJW 1994, 1897 ff.

a) Sachlicher Schutzbereich

(1) Der Begriff der Meinung. Das Grundrecht der Meinungsfreiheit zählt 343 das BVerfG zu den vornehmsten Menschenrechten überhaupt (siehe BVerfGE 7, 198/208). Es handelt sich um ein Grundrecht, das auch für das freiheitlich-

demokratische Grundwesen konstituierend ist (BVerfGE 62, 230/247; 76, 196/208f.). Daher ist der Begriff der Meinung grundsätzlich weit auszulegen (BVerfGE 61, 1/9). Eine Meinung liegt vor allem dann vor, wenn ein **Werturteil** abgegeben wird. Eine Meinung zeichnet sich durch das Element der **Stellungnahme** und des **Dafürhaltens** aus. Es kommt nicht darauf an, ob die Meinung „richtig" oder „falsch" ist, ob man sie als „wertvoll", oder „wertlos" betrachtet. Vom Grundrecht geschützt ist auch die Verbreitung von rechtsradikalem nationalsozialistischem Gedankengut (BVerfG, 1 BvR 2150/08).

344 (2) Schutz von Tatsachenäußerungen. Von Meinungen sind Tatsachen zu unterscheiden. Tatsachen sind durch die objektive Beziehung zwischen der Äußerung und der Realität gekennzeichnet; Tatsachen sind dem Beweis zugänglich. Die Mitteilung von Tatsachen fällt unter die Meinungsfreiheit, wenn und soweit sie die Voraussetzung der Bildung von Meinungen sind (BVerfGE 61, 1/8; 65, 1/41). Auch Fragen unterstehen dem Schutz der Meinungsfreiheit (BVerfGE 85, 1/31f.). Angaben statistischer Art stellen hingegen keine Meinungsäußerung dar, es sei denn, sie dienen als Grundlage für die Meinungsbildung. Auskunftspflichten zu Arbeitsplatz und Wohnung im Rahmen einer Volksbefragung sind deshalb kein Eingriff in die (negative) Meinungsfreiheit (BVerfGE 65, 1/40f.). Fließen Elemente der Meinungsäußerung mit einer Tatsachenmitteilung zusammen, ist im Zweifel von einer Meinungsäußerung auszugehen, die unter den Schutz der Meinungsfreiheit fällt (BVerfGE 61, 1/9; 90, 1/15).

345 Nicht von der Meinungsfreiheit geschützt ist die bewusste Behauptung unwahrer Tatsachen. Sie kann zur allein schützenswerten Meinungsbildung auf richtiger Tatsachengrundlage nicht beitragen (BVerfGE 85, 1/15). Nicht geschützt ist die Behauptung erwiesen unwahrer Tatsachen (z.B. die sog. Auschwitzlüge), auch dann nicht, wenn dies der Bekräftigung einer Meinung dient (BVerfGE 85, 1/15). Die Anforderungen an die Wahrheitspflicht dürfen allerdings nicht so bemessen sein, dass darunter die Funktion der Meinungsfreiheit leidet, weil Äußerungen aus Furcht vor Sanktionen unterlassen werden (BVerfG, NJW 1994, 1779/1779). Es darf nur ein vertretbarer Aufwand verlangt werden, um die Richtigkeit einer Äußerung zu überprüfen. So darf man sich auf eine unwidersprochen gebliebene Presseäußerung in dem Sinne verlassen, dass der Schutz der Meinungsfreiheit eingreift (BVerfG, NJW 1992, 1439ff.). Damit ist im Ergebnis auch die nicht fahrlässige Äußerung von (möglicherweise später) erwiesen unwahren Tatsachenbehauptungen verfassungsrechtlich geschützt. Zur Klarstellung: Es geht nur um die Fragen des Schutzbereichs! Auch bei hinreichender Vergewisserung kann eine zivilrechtliche Unterlassungsverpflichtung erfolgen (BVerfGE 99, 185/183ff., siehe § 16 IV).

346 (3) Abgrenzung von Tatsachen und Meinungen. Bei der Abgrenzung von Tatsachen und Meinungen ist im Zweifel von einer Meinung auszugehen. So besagt die Äußerung „Soldaten sind Mörder" nicht, dass Soldaten in der

§ 16. Kommunikationsgrundrechte (Art. 5 Abs. 1 und Abs. 2 GG) 101

Vergangenheit einen Mord begangen hätten. Vielmehr wird hierin ein (Un-)Werturteil über Soldaten und den Soldatenberuf zum Ausdruck gebracht (vgl. BVerfGE 93, 266 ff.).

Soweit die Abgrenzung von Tatsachen und Meinungen Konsequenzen für die Auslegung des einfachen Rechts hat, prüft das BVerfG die von den Fachgerichten vorgenommene Einordnung vergleichsweise intensiv nach. Vor allem muss die Deutung am Verständnis des durchschnittlichen Empfängers der Äußerung ausgerichtet werden; dabei sind auch die Begleitumstände der Äußerung zu berücksichtigen, soweit sie für den Rezipienten erkennbar waren und deswegen ihr Verständnis der Äußerung bestimmen konnten (BVerfGE 93, 266/295; NJW 1999, 483/484). 347

Eine verfassungsrechtliche Prüfung kann durchaus zu dem Ergebnis gelangen, dass sowohl die Einordnung als Tatsachenäußerung als auch als Meinungsäußerung vertretbar ist und die fachgerichtliche Entscheidung deshalb nicht zu beanstanden ist. 348

Beispiel *(BVerfGE 94, 1 ff.):* Die „Deutsche Gesellschaft für Humanes Sterben" (DGHS) tritt dafür ein, dass unheilbar Kranke ihrem Leben selbst ein Ende setzen dürfen. Der Verein V wirft der DGHS vor, sie „fälsche" in ihren Publikationen die Biographien ihrer Opfer, indem deren lebenswillige und hoffnungsfrohe Seite nicht vorkomme. Auf Klage der DGHS verurteilt das zuständige OLG den V zur Unterlassung. Der Fälschungsvorwurf sei eine nicht der Wahrheit entsprechende Tatsachenbehauptung. 349

Die von V eingelegte Verfassungsbeschwerde blieb ohne Erfolg. Die Einordnung der Äußerung als Tatsachenbehauptung sei aus verfassungsrechtlicher Sicht nicht zu beanstanden (das BVerfG hält sich an den Grundsatz einer reduzierten Kontrolldichte).

Aufbautechnisch problematisch ist, wie im Rahmen einer Urteilsverfassungsbeschwerde die Abgrenzung zwischen Tatsache und Meinung durch das Fachgericht zu prüfen ist. Zu empfehlen ist, die Abgrenzung zwischen Tatsache und Meinung auf der Schutzbereichsebene zunächst unabhängig von der Einordnung durch das Fachgericht vorzunehmen. Im Rahmen der Prüfung der Rechtsanwendung im Einzelfall ist dann gemäß der Heck'schen Formel und der Wechselwirkungslehre darauf einzugehen, ob durch die möglicherweise andere Einordnung, die das Fachgericht vorgenommen hat, ein Verstoß gegen spezifisches Verfassungsrecht vorliegt. In Zweifelsfällen sollte man sich in grundrechtsfreundlicher Weise für das Vorliegen einer Meinungsäußerung entscheiden. 350

(4) Geschützte Verhaltensweisen. Die Meinungsfreiheit schützt grundsätzlich die geistige Auseinandersetzung. Hierzu kann auch ein Boykottaufruf zählen (BVerfGE 7, 198/214 ff.). Nicht mehr vom Schutzbereich erfasst ist es jedoch, wenn durch wirtschaftlichen Druck versucht wird, dem Angesprochenen die Wahlfreiheit, ob er einer bestimmten Meinung folgt, zu nehmen (siehe BVerfGE 25, 256 ff.). 351

Die Meinungsfreiheit schützt das Äußern und das Verbreiten einer Meinung. Wie die Äußerung erfolgt, ist irrelevant. „Wort, Schrift und Bild" bildet nur 352 eine beispielhafte Aufzählung. Eine Meinung kann auch durch Plaketten, Uniformen oder in sonstiger Weise geäußert werden.

b) Persönlicher Schutzbereich

353 Träger des Grundrechts sind zum einen natürliche Personen, die eine Meinung äußern. Die Meinungsäußerungsfreiheit steht grundsätzlich auch Minderjährigen zu, weiterhin auch inländischen juristischen Personen und Personenvereinigungen. Staatliche Organe bzw. juristische Personen des öffentlichen Rechts können sich auf die Meinungsfreiheit nicht berufen. Sie dürfen Meinungen dann äußern, wenn sie sich auf entsprechende Kompetenznormen berufen können.

354 **Fall 31:** Neonazi N behauptet in einer rechtsradikalen Zeitschrift, die Judenverfolgung im Dritten Reich sei eine Erfindung des internationalen Judentums und diene der finanziellen Erpressung Deutschlands. Wegen Verstoßes gegen § 130 Abs. 3 StGB wird er zu einer Geldstrafe verurteilt. Liegt ein Verstoß gegen die Meinungsfreiheit vor?

Lösung Fall 31: Die Verurteilung des N zu einer Geldstrafe könnte gegen die Meinungsfreiheit gem. Art. 5 Abs. 1 Satz 1 1. Var. GG verstoßen.

1. Schutzbereich. Fraglich ist zunächst, ob der Schutzbereich der Meinungsfreiheit überhaupt eröffnet ist. Da N seine Behauptung in einer rechtsradikalen Zeitschrift verbreitet hat, stellt sich nämlich die Frage, ob im vorliegenden Fall nicht vielmehr die Pressefreiheit einschlägig sein könnte. Die Pressefreiheit schützt jedoch in erster Linie die institutionell-organisatorischen Voraussetzungen einer freien Presse. Hier geht es dagegen um die Zulässigkeit der Behauptung als solcher und nicht um die Art und Weise ihrer Verbreitung. Aus diesem Grund ist die Meinungsfreiheit einschlägig.

Das Grundrecht der Meinungsfreiheit gem. Art. 5 Abs. 1 Satz 1 1. Var. GG schützt jede Meinung, unabhängig von der Art ihrer Verbreitung. Geschützt sind daher jedes Werturteil und jede Tatsachenbehauptung, soweit sie zur Bildung einer Meinung dienen. Nicht geschützt sind jedoch solche Tatsachenbehauptungen, deren Unwahrheit bereits im Zeitpunkt ihrer Äußerung feststand. Die Behauptung des N ist eine erwiesen unwahre Tatsachenbehauptung. Sie fällt deshalb nicht in den Schutzbereich des Art. 5 Abs. 1 Satz 1 1. Var. GG (jedoch in den Schutzbereich von Art. 2 Abs. 1 GG).

2. Ergebnis. Die Verurteilung des N zu einer Geldstrafe verstößt daher nicht gegen die Meinungsfreiheit.

Merke: Erwiesen unwahre Tatsachenbehauptungen sind vom Schutzbereich der Meinungsfreiheit nicht umfasst.

2. Informationsfreiheit (Art. 5 Abs. 1 Satz 1 2. Var. GG)

Literatur: *Lerche, Peter,* Aktuelle Grundfragen der Informationsfreiheit, Jura 1995, 561 ff.

a) Allgemein zugängliche Quellen

355 Die Informationsfreiheit gibt das Recht, sich aus allgemein zugänglichen Quellen ungehindert zu unterrichten. Eine Quelle ist jeder denkbare Träger von Informationen. Es kommt nicht darauf an, ob die Quelle öffentliche oder private Angelegenheiten betrifft.

§ 16. Kommunikationsgrundrechte (Art. 5 Abs. 1 und Abs. 2 GG)

Die Quelle muss allgemein zugänglich sein. Dies ist sie dann, wenn sie geeignet und bestimmt ist, der Allgemeinheit, also einem individuell nicht bestimmbaren Personenkreis, Informationen zu verschaffen (BVerfGE 27, 71/83; 33, 52/65). Die Quelle ist auch dann allgemein zugänglich, wenn sie aus dem Ausland stammt. Geschützt wird deshalb etwa der Bezug ausländischer Zeitungen oder der Empfang ausländischer Sender. Eine Beeinträchtigung der Informationsfreiheit liegt daher vor, wenn die Anbringung von Parabolantennen durch Bauvorschriften oder Mietverträge untersagt wird (vgl. BVerfG, NJW 1994, 1147 ff.; NJW 1994, 2143). Nicht allgemein zugänglich sind private oder betriebliche Aufzeichnungen, die nicht zur Veröffentlichung bestimmt sind. 356

Auch Gerichtsverhandlungen sind Informationsquellen. Ob sie jedoch öffentlich zugänglich sind, entscheidet der Gesetzgeber, der das Recht hat, das Gerichtsverfahren auszugestalten. Das Verbot von Ton- und Fernsehrundfunkaufnahmen nach § 169 S. 2 GVG führt zu einer beschränkten allgemeinen Zugänglichkeit von Gerichtsverhandlungen, „prägt" also den Schutzbereich des Grundrechts und ist keine Schranke des Informationsrechts nach Art. 5 Abs. 2 GG (BVerfGE 103, 44/62). 357

b) Geschütztes Verhalten

Die Informationsfreiheit schützt die Entgegennahme von Informationen ebenso wie das aktive Beschaffen (BVerfGE 27, 71/82 f.). Vom Schutzbereich erfasst ist auch die Installation von Parabolantennen zum Empfang ausländischer Fernsehprogramme (BVerfGE 90, 27/32). Ein Beschaffen durch Einschleichen in einen Betrieb oder eine Organisation wird nicht geschützt, da die Quellen dadurch nicht allgemein zugänglich sind (BVerfGE 66, 116/137). 358

c) Grundrechtsträger

Träger des Grundrechts ist jede natürliche oder juristische Person, die sich informieren will. Das Grundrecht besteht auch in sog. besonderen Gewaltverhältnissen, etwa für Strafgefangene (BVerfGE 15, 288/293; 35, 307/309). 359

Fall 32 *(BVerfGE 27, 71 ff.):* B lässt sich im Jahr 1964 von Bekannten aus der DDR ein Exemplar der „Leipziger Volkszeitung" zuschicken. Er erhielt diese Zeitschrift nicht, da sie vom Landgericht Lüneburg wegen verschiedener Staatsschutzdelikte allgemein eingezogen worden war und von den Zollbehörden einbehalten wurde. Liegt ein Verstoß gegen die Informationsfreiheit vor? 360

Lösung Fall 32: Die Einziehung verstößt gegen die Informationsfreiheit, wenn sie als Eingriff in den Schutzbereich zu qualifizieren ist, der verfassungsrechtlich nicht gerechtfertigt werden kann.

1. Schutzbereich. Fraglich ist zunächst, ob der Schutzbereich eröffnet ist. Das Grundrecht der Informationsfreiheit gem. Art. 5 Abs. 1 Satz 1 2. Var. GG schützt das Recht, sich aus allgemein zugänglichen Quellen ungehindert zu unterrichten. Allgemein zugängliche Quellen sind solche, die geeignet und bestimmt sind, der Allgemeinheit und damit einem individuell nicht bestimmbaren Personenkreis Informationen zu übermitteln. Hierbei kommt es auf eine objektive Beurteilung der Allgemeinzugänglichkeit an, staatlich ge-

schaffene Zugangsbeschränkungen bleiben außer Betracht. Die Leipziger Volkszeitung ist eine solche allgemein zugängliche Quelle. Die Einziehung nach den Bestimmungen des Strafgesetzbuches vermag hieran nichts zu ändern. Der Schutzbereich ist somit eröffnet.
2. Eingriff. Durch die Einziehung der Zeitung wurde in den Schutzbereich eingegriffen.
3. Verfassungsrechtliche Rechtfertigung. Gem. Art. 5 Abs. 2 GG kann auch die Informationsfreiheit durch allgemeine Gesetze beschränkt werden. Da sich die Bestimmungen des Strafgesetzbuches nicht gegen eine bestimmte Meinung als solche richten, sind sie als allgemeine Gesetze anzusehen.

Im Rahmen der Wechselwirkungslehre sind die allgemeinen Gesetze jedoch selbst im Lichte der Informationsfreiheit auszulegen. Es ist daher eine Gesamt-Güterabwägung zwischen dem beeinträchtigten Kommunikationsgrundrecht und den Interessen, die mit den allgemeinen Gesetzen verfolgt werden, vorzunehmen. Für den vorliegenden Fall bedeutet dies, dass dem Grundrecht der Informationsfreiheit bei der Einziehungsentscheidung besondere Beachtung geschenkt werden muss. Dies ist jedoch nicht geschehen. Der Eingriff in den Schutzbereich kann daher nicht gerechtfertigt werden.

4. Ergebnis. Es liegt ein Verstoß gegen die Informationsfreiheit vor.

Merke: Staatlich geschaffene Zugangsbeschränkungen haben auf die Frage der allgemeinen Zugänglichkeit einer Informationsquelle keinen Einfluss.

3. Pressefreiheit (Art. 5 Abs. 1 Satz 2 1. Var. GG)

Literatur: *Hager, Johannes,* Persönlichkeitsschutz gegenüber Medien, Jura 1995, 566 ff.; *Kunig, Philip,* Die Pressefreiheit, Jura 1995, 589 ff.; *Manssen, Gerrit,* Verfassungswidriges Verbot der Benetton-Schockwerbung – BVerfG, NJW 2001, 591, in: JuS 2001, 1169 ff.

a) Sachlicher Schutzbereich

361 Die Pressefreiheit ist für eine freiheitlich-demokratische Grundordnung ebenfalls von zentraler Bedeutung. Presse sind alle zur Verbreitung an die Allgemeinheit bestimmten **Druckerzeugnisse.** Erfasst sind Bücher, Zeitungen, Zeitschriften, Plakate, Flugblätter und Handzettel. Die Verbreitung an die Allgemeinheit muss aufgrund eines Vervielfältigungsvorganges erfolgen. Ein nur in einfacher Ausfertigung hergestelltes Plakat ist deshalb kein Presseerzeugnis. An die Allgemeinheit gerichtet ist ein Druckerzeugnis dann, wenn der Adressatenkreis unbestimmt ist. Unter den Schutzbereich der Pressefreiheit fallen auch gruppeninterne Publikationen (z. B. Werkszeitungen, siehe BVerfGE 95, 28/35).

362 Ähnlich wie bei der Informationsfreiheit kommt es auf die inhaltliche Qualität des Presseerzeugnisses für den Grundrechtsschutz nicht an. Auch Klatsch- und Sensationsblätter sind geschützt (BVerfGE 34, 269/283; 66, 116/134). Die Pressefreiheit erstreckt sich auch auf den Anzeigenteil (BVerfGE 21, 245/278 f.).

363 Die Pressefreiheit schützt alle mit der Pressearbeit zusammenhängenden Tätigkeiten. Dies gilt von der Beschaffung der Information bis zur Verbreitung von Nachricht und Meinung (BVerfGE 20, 162/176). Woher die Informationen stammen, spielt keine Rolle. Es muss sich nicht um allgemein zugängliche

Quellen handeln. Geschützt ist auch die Vertraulichkeit der Redaktionsarbeit (BVerfGE 66, 116/133). Hierzu zählt auch das Vertrauensverhältnis zu Informanten und Presse sowie das Chiffregeheimnis (BVerfGE 64, 108/115). Zuschriften Dritter dürfen deshalb anonym veröffentlicht werden. Nicht geschützt ist die rechtswidrige Beschaffung von Informationen, wohl aber die Verbreitung von rechtswidrig erlangten Informationen. Die Pressefreiheit umfasst das Recht, sich über Vorgänge in einer öffentlichen Gerichtsverhandlung zu informieren und hierüber zu berichten (BVerfGE 91, 125/134).

Die in einem Presseerzeugnis enthaltene Meinungsäußerung steht unter dem Schutz der Meinungs-, nicht der Pressefreiheit (BVerfGE 85, 1/12; 86, 122/128). Der Schutzbereich der Pressefreiheit wird institutionell interpretiert. Es geht um den Schutz der Aufgabe, die die Presse im Kommunikationsprozess erfüllen soll und damit um die Institution freie Presse. **364**

Vom Schutzbereich der Pressefreiheit umfasst ist die Wiedergabe der Meinungen Dritter. **365**

Beispiel *(BVerfGE 102, 347ff.):* Die Firma Benetton (B) schaltet in der Illustrierten S mehrere Anzeigen (u. a. ein Bild eines menschlichen Gesäßes mit dem Ausdruck „H.I.V.-POSITIVE", sog. Schockwerbung). Die Illustrierte S wird nach § 1 UWG auf Unterlassung verklagt und vom BGH verurteilt. **366**
Das Urteil greift in die Pressefreiheit der S ein. Der Schutzbereich dieses Grundrechts reicht genauso weit wie der Schutzbereich der Meinungsfreiheit von B.

b) Persönlicher Schutzbereich

Träger des Grundrechts sind die Personen bzw. Unternehmen, die in organisatorischer Verbindung zu den geschützten Tätigkeiten stehen. Dies können auch juristische Personen oder Vereinigungen sein. Das BVerfG gesteht auch Mitarbeitern von Presseverlagen die Berufung auf das Grundrecht der Pressefreiheit zu (BVerfGE 25, 296/304). Damit wird der Kreis der Grundrechtsträger jedoch zu weit ausgedehnt. Die Pressefreiheit kommt deshalb nur denjenigen Mitarbeitern zu, die unmittelbar am redaktionellen Teil mitarbeiten. Zu beachten ist, dass die Pressefreiheit ein staatsgerichtetes Abwehrrecht ist. Eine „innere Pressefreiheit" etwa eines Redakteurs gegenüber dem Herausgeber oder Verleger garantiert das Grundrecht nicht. **367**

Fall 33 *(BVerfGE 97, 125ff.):* Das Presseerzeugnis „Neue Revue" berichtet auf der Titelseite über eine angebliche Traumhochzeit von Prinzessin C. Prinzessin C, die keine Heiratsabsichten hatte, erwirkt durch Urteil eine Gegendarstellung auf der Titelseite. Wird durch die Gerichtsentscheidung in das Grundrecht der Pressefreiheit eingegriffen? **368**
Lösung Fall 33: Zu prüfen ist ein Verstoß gegen die Pressefreiheit nach Art. 5 Abs. 1 Satz 2 1. Var. GG.
1. Schutzbereich. Das Grundrecht der Pressefreiheit schützt die Presse. Hiervon erfasst sind alle zur Verbreitung an die Allgemeinheit bestimmten Druckerzeugnisse. Unerheblich ist der „Wert" des Presseerzeugnisses, so dass auch die Klatsch- und Unterhaltungspresse miteinbezogen ist. In sachlicher Hinsicht schützt die Pressefreiheit alle mit der Pressearbeit zusammenhängenden Tätigkeiten, also auch die inhaltliche Gestaltung der Presseerzeug-

nisse. Hierunter fällt auch das Recht, selbst zu entscheiden, welche Beiträge veröffentlicht werden. Die Art und Weise der Gestaltung der Zeitschrift „Neue Revue" wird daher vom Schutzbereich der Pressefreiheit erfasst.

2. Eingriff. Ein Eingriff ist in jeder Behinderung der freien Pressearbeit zu sehen. C hat durch das Urteil eine Gegendarstellung auf der Titelseite erwirkt. Das BGH-Urteil greift daher in den Schutzbereich ein (Problem der Drittwirkung, vgl. oben § 5 III).

3. Verfassungsrechtliche Rechtfertigung. Das Grundrecht der Pressefreiheit kann durch die allgemeinen Gesetze beschränkt werden. Allgemeine Gesetze sind solche, die sich nicht gegen die Pressefreifreiheit als solche richten, sondern dem Schutze eines schlechthin, ohne Rücksicht auf eine bestimmte Meinung zu schützenden Rechtsgutes dienen. Die entsprechenden Bestimmungen des Landespressegesetzes sind als allgemeine Gesetze zu qualifizieren.

Erforderlich ist weiterhin, dass die Wechselwirkungslehre beachtet wird. Aus diesem Grund ist eine Gesamt-Güterabwägung zwischen dem Kommunikationsgrundrecht und dem zu schützenden Rechtsgut vorzunehmen. Hier widerstreitet die Pressefreiheit mit dem Persönlichkeitsrecht der C. Bei der Abwägung zwischen den widerstreitenden Rechtsgütern ist im konkreten Fall zu berücksichtigen, dass die in der „Neuen Revue" verbreitete Behauptung, C habe Heiratsabsichten, nicht der Wahrheit entsprach. Aus diesem Grund ist dem Persönlichkeitsrecht der C Vorrang einzuräumen.

4. Ergebnis. Das Grundrecht der Pressefreiheit ist daher nicht verletzt.

Merke: Bei der Abwägung ist auch der Wahrheitsgehalt der in der Presse getätigten Behauptung zu berücksichtigen

4. Rundfunkfreiheit (Art. 5 Abs. 1 Satz 2 2.Var. GG)

Literatur: *Hain, Karl-E./Poth, Hans-Christian,* Ausgestaltung und Beschränkung der „dienenden" Rundfunkfreiheit, JA 2010, 572 ff.; *Ladeur, Karl-Heinz/Gostomzyk, Tobias,* Rundfunkfreiheit und Rechtsdogmatik – Zum Doppelcharakter des Art. 5 I 2 GG in der Rechtsprechung des BVerfG, JuS 2002, 1145 ff.; *Starck, Christian,* „Grundversorgung" und Rundfunkfreiheit, NVwZ 1992, 3257 ff.

a) Sachlicher Schutzbereich

369 Unter Rundfunk versteht man die Veranstaltung und Verbreitung von Darbietungen aller Art für die Allgemeinheit mit Hilfe elektromagnetischer Wellen. Rundfunk und Presse unterscheiden sich dann durch ihren technischen Verbreitungsweg. Zum Rundfunk gehören auch die neuartigen Dienste wie Pay-TV, Videotext, elektronische Aufruf- und Zugriffsdienste über das Internet. Auch beim Rundfunk kommt es auf den Inhalt nicht an. Werbesendungen werden ebenfalls von der Rundfunkfreiheit erfasst.

370 Geschützt von der Rundfunkfreiheit werden alle mit der Veranstaltung von Rundfunk zusammenhängenden Tätigkeiten. Dies geht von der Beschaffung von Informationen und der Produktion der Sendungen bis zu ihrer Verbreitung (BVerfGE 77, 65/74). Der Schutz erstreckt sich auf die dem Medium eigentümlichen Formen der Berichterstattung und die Verwendung der dazu erforderlichen technischen Vorkehrungen (Einsatz von Kameras und Mikrophonen, vgl.

§ 16. Kommunikationsgrundrechte (Art. 5 Abs. 1 und Abs. 2 GG) 107

BVerfGE 91, 125/135; 119, 309/319). Die Rundfunkfreiheit schützt auch die Sammlung von Informationen sowie das Redaktionsgeheimnis. Insoweit gelten die gleichen Grundsätze wie bei der Pressefreiheit (BVerfGE 91, 125/134).

Die Rundfunkfreiheit wird vom BVerfG nicht primär als Abwehrrecht verstanden. Das Gericht geht vielmehr davon aus, dass der Rundfunk eine dienende Funktion habe, und zwar im Hinblick auf die freie Meinungsbildung. Der Gesetzgeber muss deshalb durch entsprechende materielle Verfahrens- und Organisationsregelungen zum einen die grundsätzliche Staatsfreiheit gewährleisten, zum anderen dafür sorgen, dass die Vielfalt der bestehenden Meinungen in Rundfunk und Fernsehen in möglichster Breite und Vollständigkeit Ausdruck findet (BVerfGE 57, 295/320). 371

b) Persönlicher Schutzbereich

Das BVerfG sah zunächst vor allem die vom Staat unabhängigen öffentlich-rechtlichen Rundfunkanstalten als Grundrechtsträger an (BVerfGE 31, 314/322; 59, 231/254 f.). Hierin zeigte sich die stark institutionell geprägte Auslegung der Rundfunkfreiheit. Ob auch Private Grundrechtsträger sind oder jedenfalls sein können, war lange Zeit strittig. Zunächst ist anerkannt worden, dass private Rundfunkanstalten jedenfalls dann Grundrechtsträger sind, wenn sie über eine Lizenz der Landesrundfunkanstalt verfügen und Rundfunkprogramme veranstalten (BVerfGE 95, 220/234). Nachdem das BVerfG mittlerweile auch die Grundrechtsträgerschaft von politischen Parteien anerkannt hat (BVerfGE 121, 30 ff.: Verfassungswidrigkeit eines absoluten Verbotes für politische Parteien, sich an Rundfunkveranstaltungen zu beteiligen), kann man heute davon ausgehen, dass die Grundrechtsträgerschaft bei der Rundfunkfreiheit genauso zu bestimmen ist wie beispielsweise bei der Meinungsfreiheit: Grundrechtsträger ist jede natürliche oder juristische Person nach den allgemeinen Regeln über die Grundrechtsträgerschaft, unabhängig davon, ob sie Rundfunk betreiben will oder schon betreibt. 372

c) Grundlinien für die gesetzgeberische Ausgestaltung der Rundfunkfreiheit

Stärker als wohl jedes andere Grundrecht ist die Rundfunkfreiheit von der Rechtsprechung des BVerfG bestimmt. Das Grundrecht ist in seiner heutigen Ausprägung eine nahezu originäre Schöpfung des BVerfG. Wichtig für das Grundverständnis sind deshalb die Anforderungen, die das BVerfG aus dieser verfassungsrechtlichen Garantie ableitet: 373

(1) Schaffung von Pluralität. Für die Ausgestaltung des Rundfunkrechts sind grundsätzlich die Länder zuständig. Es gilt der Parlamentsvorbehalt: Die materiellen, organisatorischen und verfahrensrechtlichen Regelungen müssen vom Parlament getroffen werden. Im entsprechenden Rundfunkgesetz müssen die Grundlinien für die Rundfunkordnung niedergelegt werden. Der Gesetzgeber hat vor allem festzulegen, wie die gesellschaftlichen Gruppen 374

an der Sicherung der Meinungsvielfalt im Rundfunk beteiligt werden. Eine verfassungsmäßige Möglichkeit bilden anstaltsinterne Kontrollgremien des öffentlich-rechtlichen Rundfunks, die sich aus Vertretern der gesellschaftlich relevanten Gruppen (Parteien, Verbänden, Kirchen) zusammensetzen (binnenpluralistisches Modell). Der Gesetzgeber kann sich auch dafür entscheiden, durch das Gesamtangebot der Programme die Meinungsvielfalt widerspiegeln zu lassen (außenpluralistisches Modell).

375 Der Gesetzgeber hat ein Mindestmaß an Verantwortung für das Gesamtprogramm. Er ist verpflichtet, dem Grundsatz des Jugendschutzes Rechnung zu tragen (BVerfGE 73, 118/199). Damit ist eine begrenzte Staatsaufsicht nötig und auch gerechtfertigt.

376 Auch wenn sich der Gesetzgeber für die Zulassung von privatem Rundfunk entscheidet, ist eine Überprüfung unverzichtbar, ob die Aufnahme privater Rundfunkveranstaltungen oder das Hinzutreten weiterer Veranstaltungen mit der Pflicht zur positiven Ordnung des Rundfunks vereinbar ist. Es ist deshalb ein Erlaubnisverfahren durchzuführen. Der Gesetzgeber muss die Voraussetzungen der Erteilung und Versagung der Erlaubnis selbst bestimmen.

377 (2) Der öffentlich-rechtliche Rundfunk. Die „Grundversorgung" ist grundsätzlich Sache der öffentlich-rechtlichen Rundfunkanstalten. Sie müssen sicherstellen, dass der klassische Auftrag des Rundfunks für die demokratische Ordnung und das kulturelle Leben in der Bundesrepublik erfüllt wird. Das Programm muss möglichst alle interessierten Bürger erreichen, und zwar zu zumutbaren finanziellen Bedingungen.

378 Der Schutz der Rundfunkfreiheit umfasst auch die finanzielle Sicherung des Aufgabenbereichs, den die öffentlich-rechtlichen Rundfunkanstalten von Verfassungs wegen erfüllen müssen. Die Tätigkeit der öffentlich-rechtlichen Rundfunkanstalten muss insgesamt hinreichend gesichert sein. Entscheidet sich der Gesetzgeber für eine duale Rundfunkordnung, also für ein Nebeneinander von privatem und öffentlichem Rundfunk, muss er die erforderlichen technischen, organisatorischen, personellen und finanziellen Voraussetzungen für den öffentlich-rechtlichen Rundfunk sicherstellen (BVerfGE 83, 238/298). Dadurch ergibt sich eine Entwicklungsgarantie des öffentlich-rechtlichen Rundfunks. Die Gebührenfestsetzung für den öffentlich-rechtlichen Rundfunk darf nicht zur Einflussnahme auf das Programm missbraucht werden und muss frei von medienpolitischen Zwecksetzungen sein. Dies muss verfahrensrechtlich abgesichert sein. Weichen die Landesgesetzgeber von einem Vorschlag der Kommission für die Überprüfung und Ermittlung des Finanzbedarfs der Rundfunkanstalten (KEF) ab, müssen sie hierfür nachvollziehbare Gründe angeben (BVerfGE 119, 181/228).

379 *Fall 34 (BVerfGE 97, 298 ff.):* Die Extra-Radio GmbH betreibt in Nordbayern aufgrund einer Erlaubnis der Landesmedienanstalt einen örtlichen Rundfunkbetrieb über UKW. Im Rahmen einer Frequenzbereinigung wird der GmbH die Erlaubnis entzogen. Die Verwaltungsgerichte weisen die Klage von Extra-Radio ab. Ein Verstoß gegen das Will-

§ 16. Kommunikationsgrundrechte (Art. 5 Abs. 1 und Abs. 2 GG) 109

kürverbot liege nicht vor, der Schutz von Art. 5 Abs. 1 Satz 2 GG stehe Extra-Radio als privatem Rundfunkanbieter nicht zu. Nach der Erschöpfung des Rechtsweges erhebt die Extra-Radio-GmbH Verfassungsbeschwerde. Ist die Verfassungsbeschwerde erfolgreich?

Lösung Fall 34: Die Verfassungsbeschwerde ist erfolgreich, wenn sie zulässig und begründet ist.

I. Zulässigkeit. Die Verfassungsbeschwerde müsste zunächst zulässig sein.

1. Zuständigkeit. Das BVerfG ist gem. Art. 93 Abs. 1 Nr. 4a GG, §§ 13 Nr. 8a, 90 ff. BVerfGG zur Entscheidung über eine Verfassungsbeschwerde zuständig.

2. Beschwerdeberechtigung. Beschwerdeberechtigt ist nach § 90 Abs. 1 BVerfGG, wer Träger des als verletzt gerügten Grundrechts ist. Grundsätzlich können nach Art. 19 Abs. 3 GG auch inländische juristische Personen Träger von Grundrechten sein. Die Extra-Radio-GmbH ist als juristische Personen des Privatrechts damit beschwerdeberechtigt.

(Hinweis: Schwerpunkt dieses Falles ist die Frage, ob private Rundfunkveranstalter Träger der Rundfunkfreiheit sein können. Aus diesem Grund ist es klausurtechnisch anzuraten, die Frage des persönlichen Schutzbereiches in der Begründetheit anzusprechen, um zu vermeiden, dass die Klausur zu „kopflastig" wird. Da die Beschwerdeführerin sich auch auf andere Grundrechte wie Art. 12 Abs. 1, Art. 14 Abs. 1 GG – eingerichteter und ausgeübter Gewerbebetrieb – berufen kann, ist die Beschwerdefähigkeit in jedem Fall gegeben.)

3. Beschwerdegegenstand. Tauglicher Beschwerdegegenstand ist jeder Akt der öffentlichen Gewalt. Als Akt der judikativen Gewalt ist die letztinstanzliche verwaltungsgerichtliche Entscheidung tauglicher Beschwerdegegenstand.

4. Beschwerdebefugnis. Die Beschwerdebefugnis ist gegeben, wenn die Möglichkeit besteht, dass der Beschwerdeführer selbst, gegenwärtig und unmittelbar in einem seiner Grundrechte verletzt ist. Hier kommt eine Verletzung der Rundfunkfreiheit in Frage. Da die Entscheidung die Entziehung der Erlaubnis aufrechterhält, ist der Extra-Radio-GmbH der Betrieb des örtlichen Rundfunksenders nicht mehr möglich. Eine Verletzung der Rundfunkfreiheit ist damit möglich. Daneben ist auch eine Verletzung von Art. 14 Abs. 1, 12 Abs. 1 sowie 2 Abs. 1 GG denkbar (vgl. oben). Die Entscheidung betrifft die Extra-Radio-GmbH zudem selbst, gegenwärtig und unmittelbar.

5. Rechtswegerschöpfung/Subsidiarität. Die nach § 90 Abs. 2 BVerfGG erforderliche Rechtswegerschöpfung ist gegeben. Andere Möglichkeiten stehen der Beschwerdeführerin nicht zur Verfügung, so dass der Grundsatz der Subsidiarität der Verfassungsbeschwerde gewahrt ist.

6. Frist. Die Einhaltung der Frist gem. § 93 Abs. 1 BVerfGG wird unterstellt.

7. Zwischenergebnis. Die Verfassungsbeschwerde ist zulässig.

II. Begründetheit. Die Verfassungsbeschwerde ist begründet, wenn die verwaltungsgerichtliche Entscheidung die Extra-Radio-GmbH in dem Grundrecht der Rundfunkfreiheit gem. Art. 5 Abs. 1 Satz 2 2. Var. GG verletzt. Da es sich vorliegend um eine Urteilsverfassungsbeschwerde handelt, ist zu beachten, dass das BVerfG die Entscheidung nur auf die Verletzung spezifischen Verfassungsrechts und damit daraufhin überprüft, ob die Instanzgerichte die Reichweite und Bedeutung eines Grundrechtes verkannt haben (sog. Heck'sche Formel). Fraglich ist im vorliegenden Fall, ob das Grundrecht der Rundfunkfreiheit gem. Art. 5 Abs. 1 Satz 2 2. Var. GG verletzt wurde.

1. Schutzbereich. Der Schutzbereich müsste eröffnet sein.

a. Sachlicher Schutzbereich. Unter Rundfunk versteht man die Veranstaltung und Verbreitung von Darbietungen aller Art für die Allgemeinheit mithilfe elektromagnetischer Wellen. Hierzu gehören auch Radiosendungen. Der sachliche Schutzbereich ist daher eröffnet.

b. Persönlicher Schutzbereich. Fraglich ist nun aber, ob auch der persönliche Schutzbereich der Rundfunkfreiheit eröffnet ist. Dann müsste die Extra-Radio-GmbH als private Rundfunkveranstalterin Trägerin des Grundrechts der Rundfunkfreiheit sein. Träger der Rundfunkfreiheit sind ohne Rücksicht auf öffentlich-rechtliche oder privatrechtliche Rechtsformen und auf kommerzielle oder gemeinnützige Betätigung alle natürlichen oder juristischen Personen, die Rundfunkprogramme veranstalten. Die Extra-Radio-GmbH ist daher Trägerin der Rundfunkfreiheit.

2. Verletzung von spezifischem Verfassungsrecht. Da die Verwaltungsgerichte die Einschlägigkeit von Art. 5 Abs. 1 Satz 2 GG übersehen haben, beruhen die Entscheidungen auf einer grundsätzlich unrichtigen Anschauung von der Reichweite und Bedeutung eines Grundrechts. Sie sind deshalb aufzuheben.

III. Ergebnis. Die Verfassungsbeschwerde ist somit begründet.

Merke: Das Grundrecht der Rundfunkfreiheit steht allen Veranstaltern von Rundfunk zu. Ob der Rundfunk dabei in öffentlich-rechtlicher oder privater Trägerschaft veranstaltet wird, ist ohne Bedeutung.

5. Filmfreiheit (Art. 5 Abs. 1 Satz 2 3. Var. GG)

Literatur: *Reupert, Christine,* Die Filmfreiheit, NVwZ 1994, 1155 ff.

380 Unter einem Film versteht man ein Massenmedium, bei dem ein chemisch-optischer Bildträger, dem meist eine Tonspur beigefügt ist, in der Öffentlichkeit vorgeführt wird. Auch sonstige Bild-Tonträger, wie Videobänder oder Filmplatten, fallen unter die Filmfreiheit. Im Unterschied zur Rundfunkfreiheit werden Filme am Ort des Abspielens vorgeführt.

381 Die Filmfreiheit schützt die Herstellung und Verbreitung von Filmen. Auch die Werbung für einen Film wird geschützt.

382 Träger des Grundrechts sind diejenigen Personen, die die geschützte Tätigkeit ausüben. Die Zuschauer sind nicht durch die Filmfreiheit, sondern durch die Informationsfreiheit geschützt. Das Grundrecht ist auch auf juristische Personen und Personenvereinigungen anwendbar.

383 Soweit es sich bei einem Film um ein Kunstwerk handelt, ist Art. 5 Abs. 3 Satz 1 1. Var. GG lex specialis. Die Filmfreiheit des Art. 5 Abs. 1 Satz 2 GG schützt deshalb vor allem berichterstattende Filme („tönende Wochenschau"). Deren Bedeutung hat in den letzten Jahrzehnten durch den Siegeszug des Fernsehens stark an Bedeutung eingebüßt. Dadurch ist Filmfreiheit heute eine weitgehend bedeutungslose Garantie.

III. Eingriffe

384 Eingriffe in die Kommunikationsfreiheiten können durch Gesetz, durch sonstige imperative Maßnahmen oder durch faktische Einwirkungen geschehen. Von der Meinungsfreiheit umfasst ist auch die Nutzung von öffentlichen Straßen bzw. Parks für die Kundgabe von Meinungen. Beschränkungen dieses Rechts sind deshalb Eingriffe in die Meinungsfreiheit.

Eingriffe in die Pressefreiheit sind etwa das Verbot der Berufsausübung als Redakteur (BVerfGE 10, 118/121), eine Beschlagnahme von Zeitungen bzw. von redaktionellen Unterlagen (BVerfGE 56, 247/248 f.) und der Hinweis in einem Verfassungsschutzbericht auf den Verdacht verfassungsfeindlicher Bestrebungen eines Presseverlages (BVerfGE 113, 63 ff.). Auch eine Subventionierung von bestimmten Zeitungen kann einen Eingriff darstellen (vgl. BVerfGE 80, 124/131). **385**

Die Rundfunkfreiheit wird durch jede Handlung beeinträchtigt, die die Unabhängigkeit der Rundfunkanstalten behindert. Dies gilt vor allem für die staatliche Einflussnahme auf Auswahl, Inhalt und Ausgestaltung des Programms (BVerfGE 59, 231/258 ff.). **386**

IV. Verfassungsrechtliche Rechtfertigung von Eingriffen

Literatur: *Degenhart, Christoph*, Zur Frage der Verfassungsmäßigkeit des § 130 Abs. 4 StGB im Hinblick auf die Meinungsfreiheit, JZ 2010, 306 ff.; *Hong, Mathias*, Das Sonderrechtsverbot als Verbot der Standpunktdiskriminierung – der Wunsiedel-Beschluss und aktuelle versammlungsgesetzliche Regelungen und Vorhaben, DVBl. 2010, 1267 ff.; *Ladeur, Karl-Heinz*, Die „allgemeinen Gesetze" als Schranke der Meinungsfreiheit: Zur dogmatischen Leistungsfähigkeit der formalen Konzeption, K&R 2010, 642 ff.

1. Die Schranke der „allgemeinen Gesetze" (Art. 5 Abs. 2 GG)

Durch Art. 5 Abs. 2 GG sind die Kommunikationsfreiheiten einer dreifachen Schranke unterstellt, zum einen den allgemeinen Gesetzen, weiterhin den gesetzlichen Bestimmungen zum Schutz der Jugend und dem Recht der persönlichen Ehre. Von zentraler Bedeutung sind dabei die allgemeinen Gesetze, während die anderen beiden Schranken als Unterfall allgemeiner Gesetze verstanden werden, wodurch sie in der Rechtsprechung systemwidrig („Schranken-Trias"!) keine besondere Beachtung finden. **387**

Der Begriff der allgemeinen Gesetze wird folgendermaßen definiert: Allgemeine Gesetze sind solche, die sich nicht gegen die Äußerung einer Meinung als solche richten, die vielmehr dem Schutz eines schlechthin, ohne Rücksicht auf eine bestimmte Meinung, zu schützenden Rechtsgutes dienen (BVerfGE 7, 198/209 f.; 62, 230/244; 71, 162/175). Diese Formel zerfällt bei näherem Hinsehen in zwei Teile (wichtige Neuakzentuierung der Rechtsprechung durch BVerfGE 124, 300/322 f.). Beim ersten Teil geht es um das Merkmal der **Meinungsneutralität.** Dies ist der Ausgangspunkt für die Prüfung, ob ein „allgemeines Gesetz" vorliegt. Ein Gesetz, welches ein Verhalten vollkommen unabhängig vom Inhalt der Meinungsäußerung erfasst, ist stets allgemein. Beispiel: Regelungen des Nachbar- oder Immissionsschutzrechts zum Schutz der Nachtruhe sind meinungsneutral. **388**

389 Nicht von vornherein meinungsneutral sind alle Gesetze, für deren Anwendung es möglicherweise doch auf den Inhalt der Meinung ankommt. § 185 StGB über das Verbot von Beleidigungen oder § 823 BGB über den Schutz des Persönlichkeitsrechts verbieten zwar tatbestandlich keine bestimmten Meinungen, bei der Anwendung auf einen konkreten Fall kann es aber genau darum gehen. Diese Gesetze sind deshalb nicht von vornherein meinungsneutral, sondern weiter zu prüfen. Dann kommt der zweite Teil der Formel ins Spiel. Es findet eine **abstrakte Güterabwägung** statt („ohne Rücksicht auf eine bestimmte Meinung zu schützendes Rechtsgut"). Das Gesetz muss, um doch „allgemein" zu sein, dem Schutz eines auch sonst in der Rechtsordnung geschützten Rechtsguts dienen. Dann ist zu vermuten, dass das Gesetz „meinungsneutral-allgemein" auf die Abwehr von Rechtsgutverletzungen zielt.

390 Zu den allgemeinen Gesetzen gehören nach Auffassung des BVerfG deshalb:
— Bestimmungen des BGB über den Ehr- und Persönlichkeitsschutz, insbesondere der Schutz des allgemeinen Persönlichkeitsrechts (§ 823 Abs. 1 BGB),
— Strafrechtliche Bestimmungen über den Ehrschutz (§§ 185 ff. StGB),
— Vorschriften zur politischen Mäßigungspflicht von Beamten und Soldaten (BVerfGE 39, 334/367),
— §§ 86 und 86a StGB (Verwendung von Kennzeichen verfassungswidriger Organisationen, Verbreitung von Propagandamitteln verfassungswidriger Organisationen; kein Sonderrecht, da Strafe für die organisationsbezogene Fortführung nationalsozialistischer Parteien oder Vereinigungen, so BVerfGE 124, 300/323),
— § 90a StGB über die Strafbarkeit der Verunglimpfung des Staates und seiner Symbole (BVerfGE 69, 257/268 f., zweifelhaft).

391 Kein allgemeines Gesetz ist nach Auffassung des BVerfG § 130 Abs. 4 StGB (Strafbarkeit bestimmter Formen der Billigung, Verherrlichung oder Rechtfertigung der nationalsozialistischen Gewalt- und Willkürherrschaft, BVerfGE 124, 300 ff.). Die Bestimmung richte sich gegen eine bestimmte Haltung zum Nationalsozialismus. Ein Gesetz sei jedoch nur dann allgemein, wenn es eine Meinungsäußerung pönalisiere, die sich aus verschiedenen politischen, religiösen oder weltanschaulichen Grundüberzeugungen ergeben könne. Ein allgemeines Gesetz müsse eine gewisse inhaltliche Distanz zu den verschiedenen Positionen im politischen und weltanschaulichen Meinungskampf wahren. Verfassungsmäßig sei § 130 Abs. 4 StGB gleichwohl, und zwar deshalb, weil im Hinblick auf die propagandistische Gutheißung der nationalsozialistischen Gewalt- und Willkürherrschaft der grundrechtlichen Garantie des Art. 5 Abs. 1 GG eine **Ausnahme vom Verbot des Sonderrechts** für meinungsbezogene Gesetze **immanent** sei. Methodisch ist das Vorgehen des BVerfG sehr zweifelhaft. Das Gericht hätte besser auf den Schutz von kollidierendem Verfassungsrecht abstellen sollen, vor allem auf die notwendige Einschränkung der Meinungsfreiheit zum Schutz der Menschenwürde der Opfer und ihrer Angehörigen.

§ 16. Kommunikationsgrundrechte (Art. 5 Abs. 1 und Abs. 2 GG)   113

Die Entscheidung, ob ein Gesetz i. S. v. Art. 5 Abs. 2 GG „allgemein" ist, **392**
lässt sich nicht schematisch treffen. Sie hat für die Klausurpraxis aber herausragende Bedeutung. Folgende Kriterien sollten deshalb im Anschluss an die Entscheidung des BVerfG (E 124, 300/324) bekannt sein und gegebenenfalls herangezogen werden:
— Für die Allgemeinheit eines Gesetzes spricht es, wenn die Norm abstrakt-inhaltsbezogen und nicht konkret-standpunktbezogen formuliert ist.
— Für die Allgemeinheit spricht es, wenn eine prinzipielle inhaltliche Distanz zu verschiedenen konkreten Positionen im politischen oder weltanschaulichen Meinungskampf gewahrt wird.
— Gegen die Allgemeinheit eines Gesetzes (also das Vorliegen von Sonderrecht) spricht es, wenn die Norm einen konkreten Konflikt des aktuellen öffentlichen Meinungskampfes betrifft oder inhaltliche Positionen existierender Gruppierungen sanktioniert.
— Gegen die Allgemeinheit eines Gesetzes spricht es, wenn es absehbar allein Anhänger bestimmter politischer, religiöser oder weltanschaulicher Auffassungen betrifft.
— Ein Indiz für Sonderrecht ist weiterhin, wenn ein Gesetz an die Deutung bestimmter historischer Gegebenheit anknüpft.
— Ebenso spricht es gegen die Allgemeinheit eines Gesetzes, wenn Rechtsgüter eines nicht mehr offenen, sondern eines feststehenden Personenkreises geschützt werden.

Insgesamt ist die Dogmatik des Art. 5 Abs. 2 GG derzeit in keinem guten **393**
Zustand. Das einzige Gesetz, von dem man sicher weiß, dass es nicht „allgemein" ist, ist § 130 Abs. 4 StGB. Diese Norm ist wegen der vom BVerfG angenommen Ausnahme vom Verbot des Sonderrechts gleichwohl verfassungsmäßig. Im Zweifel sollte man sich für das Vorliegen eines „allgemeinen" Gesetzes entscheiden, dies eröffnet klausurtaktisch den wichtigen Schritt in die Überprüfung der Rechtsanwendung.

Fall 35 *(BVerfGE 71, 206 ff.):* Die Illustrierte „stern" berichtet 1983 über die Ermittlun- **394**
gen der Bonner Staatsanwaltschaft in der „Flick-Affäre". Noch vor der Hauptverhandlung wurden Auszüge aus den Vernehmungsprotokollen veröffentlicht. Die Redakteure wurden daraufhin wegen Verstoßes gegen § 353d StGB angeklagt. Das zuständige Amtsgericht legte gemäß Art. 100 Abs. 1 GG dem BVerfG die Frage vor, ob § 353d StGB mit Art. 5 Abs. 1 und 2 GG vereinbar sei. Ist § 353d StGB mit dem Grundgesetz vereinbar?
Lösung Fall 35: Fraglich ist, ob die Vorschrift mit den Grundrechten der Meinungs- und Pressefreiheit gem. Art. 5 Abs. 1 GG vereinbar ist.
1. Schutzbereich und Eingriff. § 353d StGB stellt Mitteilungen über Gerichtsverhandlungen und amtliche Schriftstücke unter bestimmten Voraussetzungen unter Strafe. Die Vorschrift schränkt daher die Meinungs- und Pressefreiheit ein.
2. Verfassungsrechtliche Rechtfertigung. Diese Beschränkung könnte aber durch Art. 5 Abs. 2 GG verfassungsrechtlich gerechtfertigt sein. Dann müsste § 353d StGB ein allgemeines Gesetz sein. Dies ist der Fall, wenn das Gesetz nicht gegen eine bestimmte Meinung als solche gerichtet ist, sondern dem Schutze eines schlechthin, ohne Rücksicht auf eine

bestimmte Meinung zu schützenden Rechtsgutes dient. § 353d schützt die Durchführung des Strafverfahrens als ein wichtiges, gegenüber der Meinungsfreiheit jedenfalls gleichwertiges Rechtsgut. Insbesondere wird die Unbefangenheit der Verfahrensbeteiligten geschützt. Die Vorschrift selbst ist daher meinungsneutral und als allgemeines Gesetz einzustufen.

Weiterhin ist erforderlich, dass das allgemeine Gesetz selbst im Lichte der Kommunikationsgrundrechte auszulegen ist. Es ist also eine Gesamt-Güterabwägung zwischen dem Kommunikationsgrundrecht auf der einen und dem zu schützenden Rechtsgut auf der anderen Seite vorzunehmen. Die Unbefangenheit der Verfahrensbeteiligten ist eine wesentliche Voraussetzung für ein faires Verfahren. Aus diesem Grund müssen im speziellen Fall Meinungs- und Pressefreiheit zurücktreten. Die Vorschrift ist daher verhältnismäßig.

3. *Ergebnis.* § 353d StGB ist verfassungsmäßig und schränkt als allgemeines Gesetz i. S. v. Art. 5 Abs. 2 GG die Kommunikationsgrundrechte des Art. 5 Abs. 1 GG ein.

Merke: Es ist immer eine Gesamt-Güterabwägung zwischen dem Kommunikationsgrundrecht und den mit dem allgemeinen Gesetz geschützten Rechtsgütern vorzunehmen.

2. Wechselwirkungslehre

a) Allgemeines

395 Die allgemeinen Gesetze sind in der Regel nicht darauf angelegt, unmittelbar die Meinungsfreiheit zu regeln oder zu beschränken. Die Probleme bei der Beantwortung der Frage, wann ein Gesetz im Sinne von Art. 5 Abs. 2 GG „allgemein" ist, haben gezeigt, dass die meisten einschränkenden Gesetze diesem angeblich qualifizierten Gesetzesvorbehalt genügen. Für den Grundrechtsschutz ist deshalb die Kontrolle der Rechtsanwendung von besonderer Wichtigkeit. Insbesondere müssen Gerichtsurteile streng daraufhin überprüft werden, ob sie die Wertentscheidung des Art. 5 Abs. 1 GG zugunsten einer freien Meinungsbildung richtig umsetzen. Dazu wurde eine eigene Lehre entwickelt, die man als „Wechselwirkungslehre" oder – etwas abfällig – auch als „Schaukeltheorie" bezeichnet. Grundlage dafür ist die Erkenntnis, dass die Schranke des Art. 5 Abs. 2 GG ihrerseits aus der Erkenntnis der Bedeutung des Grundrechts im freiheitlich-demokratischen Staat auszulegen und in ihrer diese Grundrechte beschränkenden Wirkung selbst wieder einzuschränken ist (BVerfGE 71, 206/214). Notwendig ist also eine Gesamt-Güterabwägung zwischen dem beeinträchtigten Kommunikationsgrundrecht und den Interessen, die mit den allgemeinen Gesetzen verfolgt werden (BVerfGE 35, 202/224). Grundsätzlich gibt es dabei eine Vermutung zugunsten der freien Rede (BVerfGE 61, 1/11). Die einschränkenden Gesetze müssen ihrerseits einschränkend ausgelegt werden, um den Schutzbereich des Art. 5 Abs. 1 GG möglichst wenig zu begrenzen.

§ 16. Kommunikationsgrundrechte (Art. 5 Abs. 1 und Abs. 2 GG) 115

b) Beispiele

Bei **Werturteilen** geht der Persönlichkeitsschutz dann der Meinungsfreiheit 396
vor, wenn die Äußerung ein Angriff auf die Menschenwürde ist (BVerfGE
75, 369/380; NJW 1995, 3303/3304). Weiterhin darf sich die Äußerung nicht
als reine Schmähkritik oder als Formalbeleidigung darstellen (BVerfGE 93,
266/293 f.; 99, 185/196). Bei **Tatsachenbehauptungen** kommt es vor allem
auf den Wahrheitsgehalt an. Wahre Aussagen müssen hingenommen werden,
auch wenn sie nachteilig für den Betroffenen sind, unwahre hingegen nicht.
Auch bei wahren Aussagen können Persönlichkeitsbelange überwiegen, wenn
die Aussagen die Intim-, Privat- oder Vertraulichkeitssphäre betreffen und sie
nicht durch ein berechtigtes Informationsinteresse der Öffentlichkeit gerechtfertigt sind (BVerfGE 34, 269/281 ff.; 99, 185/197). Die Meinungsfreiheit tritt
auch dann zurück, wenn eine wahre Äußerung einen besonderen „Persönlichkeitsschaden" anzurichten droht (BVerfGE 35, 202/232: Verhinderung der
Resozialisierung). Je mehr jemand in der Öffentlichkeit steht, desto eher muss
er sich auch polemische und überspitzte Kritik gefallen lassen.

Die Einordnung einer Äußerung als Werturteil ist für den Äußernden im 397
Regelfall günstiger als die Einordnung als Tatsachenbehauptung. Vor allem
die Straf- und Zivilgerichte dürfen deshalb nicht vorschnell von einer Tatsachenbehauptung ausgehen, wenn auch ein Verständnis als Werturteil möglich
ist. Mehrere mögliche Deutungen müssen von den Gerichten erwogen werden
(vgl. auch oben § 16 II 1).

Ein Verstoß gegen das Grundrecht der Presse- (oder auch Rundfunk-)frei- 398
heit liegt dann vor, wenn die Strafverfolgungsbehörden aus der Tatsache der
Veröffentlichung von Dienstgeheimnissen bereits auf den Verdacht einer Beihilfe zum Geheimnisverrat (§§ 353b, 27 StGB) schließen. Insbesondere ist
es unzulässig, den derart konstruierten Verdacht allein oder doch vor allem
dazu zu nutzen, durch Durchsuchungen und Beschlagnahmen die Person des
Informanten (also die „undichte Stelle") zu ermitteln (BVerfGE 117, 244 ff.).

Fall 36 *(BVerfGE 7, 198 ff.):* Senatsdirektor Lüth wandte sich im Jahr 1950 mehrfach 399
öffentlich gegen Veit Harlan und rief zum Boykott von dessen Filmen auf, da Harlan
Regisseur des antisemitischen Propagandafilms „Jud Süß" gewesen war. Die Zivilgerichte
verurteilten Lüth zur Unterlassung. Lüth legte hiergegen Verfassungsbeschwerde ein. Mit
Erfolg?

Lösung Fall 36:
I. Zulässigkeit. Gegen die Zulässigkeit der Verfassungsbeschwerde bestehen keine Bedenken.
II. Begründetheit.
1. Schutzbereich. Die Äußerung des Lüth steht unter dem Schutz der Meinungsfreiheit
nach Art. 5 Abs. 1 Satz 1 1. Var. GG. Es handelt sich um eine Meinungsäußerung in Gestalt
eines Werturteils über den Regisseur Harlan.
2. Eingriff. Die zivilgerichtliche Verurteilung (Drittwirkung, vgl. auch oben § 5 III) ist
ein Eingriff in die Meinungsfreiheit.

3. Verfassungsrechtliche Rechtfertigung. Die §§ 826, 1004 BGB sind allgemeine Gesetze i. S. d. Art. 5 Abs. 2 GG, die die Meinungsfreiheit einschränken. Sie müssen aber im Lichte der Bedeutung der grundrechtlichen Garantien interpretiert werden. Nach einer Analyse der Urteilsgründe kam das BVerfG zum Ergebnis, dass die Zivilgerichte diesen verfassungsrechtlichen Anforderungen nicht gerecht geworden sind. Vor allem habe Lüth aus lauteren Motiven an das sittliche Gefühl der von ihm angesprochenen Kreise appelliert und sie zu einer nicht zu beanstandenden moralischen Haltung aufgerufen. (Im Ergebnis muss das Urteil des Zivilgerichts darauf überprüft werden, ob die Einschlägigkeit der grundrechtlichen Garantien richtig gewürdigt worden ist. Es handelt sich um eine Art Kontrolle des Abwägungsergebnisses).

III. Ergebnis. Die Verfassungsbeschwerde hatte Erfolg.

3. Zensurverbot (Art. 5 Abs. 1 Satz 3 GG)

400   Das Zensurverbot in Art. 5 Abs. 1 Satz 3 GG beschränkt die Beschränkungsmöglichkeiten (sog. Schrankenschranke). Eine Einschränkung gemäß Abs. 2 ist nicht möglich, wenn eine Zensur vorliegt. Mit der Zensur ist insoweit nur die **Vorzensur** gemeint (BVerfGE 33, 53/71). Unter einer Vorzensur versteht man die Verpflichtung, bei der Herstellung oder Verbreitung des Kommunikationsproduktes dieses einer Stelle vorzulegen, die die Veröffentlichung dann zulassen oder verbieten kann (BVerfGE 47, 198/236 f.). Die Nachzensur, also die Reaktion auf eine geschehene Veröffentlichung, fällt hingegen unter Art. 5 Abs. 2 GG.

4. Kollidierendes Verfassungsrecht

401   Eine Beschränkung der Kommunikationsfreiheiten ist auch unter Berufung auf kollidierendes Verfassungsrecht möglich (BVerfGE 66, 116/136). Dies hat vor allem Bedeutung für die Gesetze, die sich gegen eine bestimmte Meinung richten und daher nicht mehr im Sinne der Formel des BVerfG allgemein sind. Das Zensurverbot gilt für kollidierendes Verfassungsrecht nicht (vgl. BVerfGE 27, 88/99 f.).

402   **Fall 37:** A will ein Buch mit dem Titel „Kampf dem Staatskapitalismus" veröffentlichen. Hierin beschreibt er, wie Anschläge auf Politiker und Wirtschaftsführer geplant und durchgeführt werden können. Vor Erscheinen des Buches greifen die Sicherheitsbehörden ein. Das Buch wird auf gesetzlicher Grundlage verboten, die bereits gedruckten Exemplare werden eingezogen. Liegt ein Verstoß gegen Art. 5 Abs. 1 GG vor?

Lösung Fall 37: Es könnte zunächst ein Verstoß gegen das Zensurverbot des Art. 5 Abs. 1 Satz 3 GG vorliegen. Ein polizeiliches oder sicherheitsbehördliches Eingreifen im Einzelfall stellt jedoch keine Zensur dar (keine allgemeine Pflicht zur Vorlage vor Veröffentlichung). Die Polizei- und Sicherheitsgesetze sind auch allgemeine Gesetze i. S. d. Art. 5 Abs. 2 GG.

Selbst wenn man von einer „Zensur" ausgeht, wäre der Eingriff gerechtfertigt. Der Eingriff geschieht zum Schutz von kollidierendem Verfassungsrecht, nämlich dem Schutz von Leben und körperlicher Unversehrtheit der möglicherweise bedrohten Personen (Art. 2 Abs. 2 Satz 1 GG). Für solche Einschränkungen gilt das Zensurverbot nicht.

§ 17. Wissenschaftsfreiheit (Art. 5 Abs. 3 Satz 1 2. Var. GG)

Literatur: *v. Brünneck, Alexander,* Die Freiheit von Wissenschaft und Forschung, JA 1989, 165 ff.; *Ladeur, Karl-Heinz,* Die Wissenschaftsfreiheit der „entfesselten Hochschule", DÖV 2005, 753 ff.; *Losch, Bernhard,* Verantwortung der Wissenschaft als Rechtsproblem, NVwZ 1993, 625 ff.

I. Schutzbereich

1. Sachlicher Schutzbereich

a) Einheitlichkeit der Garantie

403 Art. 5 Abs. 3 Satz 1 2. Var. GG schützt die Freiheit von Wissenschaft, Forschung und Lehre. Forschung und Lehre sind dabei die wesentlichen Teilbereiche der Wissenschaft. Insgesamt handelt es sich um eine einheitliche verfassungsrechtliche Garantie der Wissenschaftsfreiheit.

b) Begriff der Wissenschaft

404 Der Begriff der Wissenschaft ist ähnlich schwer zu definieren wie der Begriff der Kunst. Das BVerfG geht davon aus, dass die Wissenschaftsfreiheit die auf wissenschaftlicher Eigengesetzlichkeit beruhenden Prozesse, Verhaltensweisen und Entscheidungen beim Auffinden von Erkenntnissen, ihrer Deutung und ihrer Weitergabe betrifft (BVerfGE 47, 327/367). Unter Forschung versteht man den nach Inhalt und Form ernsthaften und planmäßigen Versuch zur Ermittlung der Wahrheit, und zwar in einem methodisch geordneten Verfahren mit einem Kenntnisstand, der in der Regel auf einem wissenschaftlichen Studium beruht (vgl. auch BVerfGE 35, 79/113; 47, 327/367). Insoweit ist der Schutz umfassend, erfasst werden auch vorbereitende und unterstützende Tätigkeiten, vor allem auch die Organisation der Forschung und die Veröffentlichung von Forschungsergebnissen.

405 An der Wissenschaftlichkeit eines Werkes fehlt es nicht schon dann, wenn es Einseitigkeiten oder Lücken oder methodische Mängel aufweist; dem Bereich der Wissenschaft ist ein Werk erst dann entzogen, wenn es den Anspruch von Wissenschaftlichkeit nicht nur vereinzelt oder nach der Sicht bestimmter Schulen, sondern systematisch verfehlt (BVerfG, NJW 1994, 1781/1782). Das ist insbesondere dann der Fall, wenn es nicht auf Wahrheitserkenntnis gerichtet ist, sondern vorgefassten Meinungen oder Ergebnissen lediglich den Anschein wissenschaftlicher Gewinnung oder Nachweisbarkeit verleiht (BVerfG, a. a. O.).

c) Begriff der Lehre

406 Lehre im Sinne von Art. 5 Abs. 3 Satz 1 2. Var. GG ist die wissenschaftliche Lehre, die im Zusammenhang mit der Forschung des Lehrenden entsteht.

Dabei zeichnet sich die wissenschaftliche Lehre auch dadurch aus, dass fremde Forschungen weitergegeben werden. Keine Lehre ist etwa der Unterricht an Schulen. Die Forschungsfreiheit garantiert den Hochschullehrern die Bestimmung, den Ablauf und die methodische Ausgestaltung der Lehrveranstaltungen (z. B. die Entscheidung darüber, inwieweit im Rahmen des Biologiestudiums Tierversuche durchgeführt werden, siehe BVerwG, NVwZ 1998, 853/854, vgl. auch Fall 30).

d) Treue zur Verfassung (Art. 5 Abs. 3 Satz 2 GG)

407 Abs. 3 Satz 2 trifft die Klarstellung, dass die Freiheit der Lehre nicht von der Treue zur Verfassung entbindet. Eine echte Beschränkung der Wissenschaftsfreiheit ist damit jedoch nicht verbunden. Es handelt sich eher um eine Konkretisierung der dienstrechtlichen Verpflichtung zur Loyalität gegenüber der freiheitlich-demokratischen Grundordnung. Wissenschaftliche Kritik an der Verfassung ist deshalb zulässig.

2. Persönlicher Schutzbereich

408 Träger des Grundrechts ist grundsätzlich jeder, der eigenverantwortlich in wissenschaftlicher Weise tätig ist oder tätig werden will (BVerfGE 35, 79/112). Dies sind vor allem die Hochschullehrer. Für sie besteht der Kern der Wissenschaftsfreiheit darin, ihr Fach in Forschung und Lehre zu vertreten (BVerfGE 122, 89, 105). Studenten können sich auf die Wissenschaftsfreiheit berufen, soweit sie eine gewisse Vorbildung erworben haben und auf dieser Grundlage wissenschaftlich tätig sind (BVerfGE 55, 37/67 f.).

409 Die Wissenschaftsfreiheit kommt auch juristischen Personen zugute, die Wissenschaft betreiben und organisieren. Dies gilt auch für die Hochschulen und Fakultäten mit öffentlich-rechtlichem Status. Für Fachhochschulen wirkt die Wissenschaftsfreiheit eher am Rande (BVerfGE 61, 210/244; 64, 323/ 359).

II. Eingriffe

410 Die Wissenschaftsfreiheit ist im Kern ein Abwehrrecht gegen staatliche Einwirkungen. Ein Eingriff kann in einer Einflussnahme auf den einzelnen Wissenschaftler oder in einer Einflussnahme auf die wissenschaftlichen Einrichtungen von Institutionen bestehen. Daher schützt die Wissenschaftsfreiheit vor allem auch die Hochschulautonomie.

III. Verfassungsrechtliche Rechtfertigung von Eingriffen

Die Wissenschaftsfreiheit steht nicht unter Schrankenvorbehalt. Insbesondere ist Abs. 2 aus systematischen Gründen nicht anwendbar. Eine Beschränkung kommt deshalb nur durch kollidierendes Verfassungsrecht in Betracht, wobei jeweils eine gesetzliche Konkretisierung erforderlich ist. Oft ist eine Abwägung mit anderen Verfassungsgrundsätzen nötig, etwa mit der Berufsfreiheit von Studienbewerbern oder mit den Grundsätzen des Berufsbeamtentums. **411**

Beispiel *(BVerfGE 122, 89ff.)*: L ist Professor für Neues Testament an einer (evangelischen) theologischen Fakultät der staatlichen Universität G. In einem Buch „Der große Betrug" wendet er sich gegen die christliche Lehre. So bestreitet er, dass Jesus der Begründer des christlichen Glaubens sei. Auf Drängen der Landeskirche und der Fakultät wird T durch die Universitätsleitung von der Verpflichtung der Vertretung des Faches Neues Testament und der Ausbildung von Theologiestunden entbunden. Ihm wird stattdessen die Wahrnehmung des Faches „Frühchristliche Studien" außerhalb der Theologenausbildung übertragen. **412**

Die Verfügung der Universität greift in das Recht des T aus Art. 5 Abs. 3 Satz 1 2. Var. GG (Wissenschaftsfreiheit) ein. Vom Schutz des Grundrechts umfasst ist insbesondere das Recht, das eigene Fach in Forschung und Lehre zu vertreten.

Der Eingriff ist jedoch durch kollidierendes Verfassungsrecht gerechtfertigt. Ausbildung von Theologen an staatlichen Universitäten muss in Übereinstimmung mit dem verfassungsrechtlichen Selbstbestimmungsrecht der Religionsgemeinschaften erfolgen (Art. 140 GG i. V. m. Art. 137 Abs. 3 WRV), denn gelehrt werden „Glaubenswahrheiten" der jeweiligen Religionsgemeinschaft. Die Notwendigkeit einer Berücksichtigung der grundlegenden Überzeugungen der Religionsgemeinschaft ergibt sich auch aus Art. 7 Abs. 3 Satz 2 GG (Ausbildung von Religionslehrern). Weiterhin kann der Grundrechtseingriff auch durch das Recht der Fakultät aus Art. 5 Abs. 3 Satz 1 2. Var. GG gerechtfertigt werden. Deren Funktionsfähigkeit und Existenz ist gefährdet, wenn Forschung und Lehre im krassen Gegensatz zur kirchlichen Lehre erfolgen würden.

(Die Umsetzung durch die Universität greift auch in die Glaubensfreiheit des T nach Art. 4 Abs. 1 GG ein, was jedoch aus gleichen Gründen gerechtfertigt ist).

Fall 38: Professor P führt ohne Einholung der gesetzlich vorgeschriebenen Erlaubnis zur Erforschung des zentralen Nervensystems Versuche an Schimpansen durch, indem er operativ Nervenstränge der Affen durchtrennt. Daraufhin wird er wegen Verstoßes gegen das Tierschutzgesetz zu einer Geldstrafe verurteilt. Verstößt die Verurteilung des P gegen das Grundrecht der Wissenschaftsfreiheit gem. Art. 5 Abs. 3 Satz 1 2. Var. GG? **413**

Lösung Fall 38: Die Verurteilung des P könnte gegen die Wissenschaftsfreiheit verstoßen.

1. Schutzbereich. Das Grundrecht der Wissenschaftsfreiheit schützt die auf wissenschaftlicher Eigengesetzlichkeit beruhenden Prozesse, Verhaltensweisen und Entscheidungen beim Auffinden von Erkenntnissen, ihrer Deutung und ihrer Weitergabe. Hierunter fällt auch die Erforschung bestimmter organischer Zusammenhänge. P ist daher wissenschaftlich tätig.

2. Eingriff. Durch den Genehmigungsvorbehalt und die Bestrafung wird in den Schutzbereich der Wissenschaftsfreiheit gem. Art. 5 Abs. 3 Satz 1 2. Var. GG eingegriffen.

3. Verfassungsrechtliche Rechtfertigung. Die Schranken des Art. 5 Abs. 2 GG gelten nicht für Abs. 3. Eingriffe können daher nur durch kollidierendes Verfassungsrecht gerechtfertigt werden. Dies muss auf formell-gesetzlicher Grundlage geschehen, die vorliegt (TierSchG).

Seit der Änderung von Art. 20a GG ist der Schutz der Tiere ein Rechtsgut mit Verfassungsrang und daher als kollidierendes Verfassungsrecht zu berücksichtigen.

Fraglich ist allerdings, ob der Genehmigungsvorbehalt auch verhältnismäßig ist. Durch den Genehmigungsvorbehalt soll erreicht werden, dass nicht jedermann ohne behördliche Erlaubnis derart massive Eingriffe bei Säugetieren vornehmen kann. Zur Erreichung dieses Zieles ist der Genehmigungsvorbehalt sowohl geeignet als auch erforderlich. Darüber hinaus ist auch die Angemessenheit zu bejahen. Schließlich wird die Forschung an Säugetieren nicht gänzlich untersagt, sondern nur von der Erteilung einer behördlichen Erlaubnis abhängig gemacht. Der Eingriff kann daher gerechtfertigt werden.

4. Ergebnis. Die Wissenschaftsfreiheit des P ist daher nicht verletzt.

Merke: Eingriffe in die Wissenschaftsfreiheit können nur durch kollidierendes Verfassungsrecht gerechtfertigt werden.

IV. Objektive Dimension des Grundrechts

414 Die Wissenschaftsfreiheit verpflichtet den Staat zur Ausgestaltung einer freien Wissenschaft. Der Staat hat insoweit die personellen, finanziellen und organisatorischen Mittel zu ermöglichen und zu fördern (BVerfGE 35, 79/114f., 127, 87/114 ff.). Er hat also eine Ausgestaltungs- und Förderungspflicht (BVerfGE 111, 333/353). Diese Förderungs- und Ausgestaltungspflicht kann von den Trägern des Grundrechts eingeklagt werden (BVerfGE 35, 79/116). Der Gesetzgeber hat allerdings einen erheblichen Gestaltungsspielraum (BVerfGE 66, 155/177). An herkömmliche Strukturen und Organisationsmuster ist er nicht gebunden. So kann er die Stellen des Präsidenten oder Rektors bzw. der Dekane stärken, neue Managementformen einführen (z. B. einen Hochschulrat mit Vertretern aus der Wirtschaft und anderen gesellschaftlichen Gruppen) oder eine Mittelverteilung nach Belastungs- und/oder Qualitätskriterien vorsehen (BVerfGE 111, 333 ff.).

415 **Fall 39** *(BVerfGE 35, 79 ff.):* Das Universitätsgesetz des Landes N sieht vor, dass die Gruppe der Professoren in universitären Gremien nur noch gleichberechtigt mit Vertretern der Studenten und des Mittelbaus vertreten ist. Ist das Gesetz verfassungsmäßig?
Lösung Fall 39: Das Universitätsgesetz könnte gegen Art. 5 Abs. 3 Satz 1 2. Var. GG verstoßen.
1. Schutzbereich. Neben dem Schutz der Wissenschaftsfreiheit als Freiheits-/Abwehrrecht enthält Art. 5 Abs. 3 Satz 1 2. Var. GG auch ein Teilhaberecht an staatlichen Leistungen.
2. Eingriff. Durch das Universitätsgesetz wird der Einfluss der Hochschullehrer auf wissenschaftsrelevante Fragestellungen (Lehrprogramm, Forschung, Personal im wissenschaftlichen Bereich) eingeschränkt. Ein Eingriff liegt somit vor.
3. Verfassungsrechtliche Rechtfertigung. Dem Gesetzgeber steht bei der Ausgestaltung zwar ein Gestaltungsspielraum zu. Dabei muss er aber der herausgehobenen Stellung von Hochschullehrern Rechnung tragen und einen maßgeblichen Einfluss dieser auf wissen-

schaftsrelevante Fragen sicherstellen. Dies ist bei einem gleichmäßig besetzten Gremium nicht der Fall.
4. *Ergebnis.* Das Universitätsgesetz verstößt daher gegen Art. 5 Abs. 3 Satz 1 2. Var. GG.

§ 18. Kunstfreiheit (Art. 5 Abs. 3 Satz 1 1. Var. GG)

Literatur: *Borgmann, Klaus,* Kann Pornographie Kunst sein? – BVerfGE 83, 130, in: JuS 1992, 916 ff.; *Schröder, Meinhard,* Die Je-desto-Formel des Bundesverfassungsgerichts in der Esra-Entscheidung und ihre Bedeutung für Grundrechtsabwägungen, DVBl. 2008, 146 ff.; *Steinberg, Rudolf/Hartung, Sven,* Straßenkunst als Gemeingebrauch oder als Sondernutzung?, JuS 1990, 795 ff.; *Würkner, Joachim,* Die Freiheit der Kunst in der Rechtsprechung von BVerfG und BVerwG, NVwZ 1992, 1 ff.; *ders.,* Was darf die Satire?, JA 1988, 183 ff.

I. Schutzbereich

1. Sachlicher Schutzbereich

Der Umgang mit der Kunstfreiheit ist für den Rechtsanwender besonders problematisch. Eine generelle Definition von Kunst ist nicht möglich (BVerfGE 67, 213/225). Es ist dem Staat verwehrt, sich zum staatlichen Kunstrichter aufzuspielen. Die grundsätzliche Eigenständigkeit der Kunst muss akzeptiert werden. Der Staat hat nicht das Recht, das künstlerische Niveau zu bestimmen oder Vorgaben für die künstlerische Betätigung zu machen. Andererseits muss die Verfassungsgarantie der Kunst beachtet werden. Inhalt und Grenzen des Gewährleistungsgehaltes müssen deshalb bestimmt werden. **416**

Um den Kunstbegriff greifbar zu machen, sind verschiedene Formeln zu seiner Definition entwickelt worden. Nach dem **materialen Kunstbegriff** besteht das Wesentliche der künstlerischen Betätigung in der freien schöpferischen Gestaltung, in der Eindrücke, Erfahrungen, Erlebnisse des Künstlers durch das Medium einer bestimmten Formensprache zu unmittelbarer Anschauung gebracht werden (BVerfGE 30, 173/188 f.; 119, 1/20 f.). Dieser Begriff ist eher unpräzise. Er ist eigentlich eher eine Beschreibung als eine Definition. **417**

Der zweite Kunstbegriff wird als **formaler Kunstbegriff** bezeichnet. Das Wesentliche eines Kunstwerks besteht darin, dass es einem bestimmten Werktyp zugeordnet werden kann (etwa Malen, Bildhauen, Dichten, Theaterspielen). Dieser formale Kunstbegriff ist zweifellos zu eng, da das Bestreben moderner Kunst gerade darin besteht, ständig neue Werktypen zu entwickeln. Positiv lässt sich jedoch beim Vorliegen eines Werktyps in der Regel auf das Vorliegen von Kunst schließen. Bei einem Nichtvorliegen eines anerkannten Werktyps darf allerdings nicht ohne Weiteres das Vorliegen von Kunst abgelehnt werden. **418**

Schließlich gibt es noch den **offenen Kunstbegriff.** Das kennzeichnende Merkmal einer künstlerischen Äußerung besteht danach darin, dass es wegen der **419**

Mannigfaltigkeit des Aussagegehaltes möglich ist, der Darstellung im Wege einer fortgesetzten Interpretation immer weitreichendere Bedeutungen zu entnehmen, so dass sich eine praktisch unerschöpfliche, vielstufige Informationsvermittlung ergibt (BVerfGE 67, 213/226 f.). Das Vorliegen von Pornographie schließt nicht aus, dass es sich um Kunst handelt (BVerfGE 83, 130 ff.). Die Rechtsprechung ist zudem gezwungen, sich mit dem Prinzip der Anerkennung durch Anerkannte zu helfen. Der Staat darf die Kunsteigenschaft dann nicht verneinen, wenn Kunstsachverständige und andere Künstler überwiegend von der Kunsteigenschaft eines Werkes ausgehen. Im Zweifelsfall ist der Kunstbegriff weit auszulegen.

420 **Fall 40** *(BVerfGE 83,130ff.):* V verlegt seit 1978 den Roman „Josefine Mutzenbacher – Die Lebensgeschichte einer wienerischen Dirne, von ihr selbst erzählt". Der Roman wurde 1979 von der Bundesprüfstelle als schwer jugendgefährdend in die Liste jugendgefährdender Schriften aufgenommen. Eine solche Indizierung führte zu erheblichen Beschränkungen der Vertriebsmöglichkeiten. Das Vorliegen von Kunst wurde von der Prüfstelle von vornherein verneint, weil die Schrift pornographisch sei. War das Verhalten der Prüfstelle rechtmäßig?
Lösung Fall 40: Die Kunsteigenschaft kann nicht alleine deshalb verneint werden, weil „Pornographie" vorliegt. Die Prüfstelle hätte sich deshalb vor der Indizierung mit der Kunsteigenschaft des Werkes auseinandersetzen müssen.

Merke: Der Kunstbegriff ist weit auszulegen. Die Kunsteigenschaft eines Werkes kann nicht alleine deshalb verneint werden, weil es sittlich oder moralisch anstößig ist.

2. Persönlicher Schutzbereich

421 Der persönliche Schutzbereich der Kunstfreiheit wird ähnlich wie der sachliche Schutzbereich weit ausgelegt. Träger des Grundrechts ist nicht nur derjenige, der das Kunstwerk herstellt, (sog. **Werkbereich**), sondern auch die Person, die das Kunstwerk der Öffentlichkeit zugänglich macht (sog. **Wirkbereich**). Hierzu zählt etwa ein Verleger (siehe BVerfGE 30, 173/191; 36, 321/331; 119, 1/22). Träger der Kunstfreiheit können auch juristische Personen und Personenvereinigungen sein, weiterhin Kunst- und Musikhochschulen, soweit es sich um Einrichtungen des öffentlichen Rechts handelt.

422 **Fall 41** *(BVerfGE 30, 173ff.):* A war Adoptivsohn des Schauspielers Gustav Gründgens. A erwirkte ein zivilrechtliches Urteil gegen den Verlag V, dem verboten wurde, den Roman „Mephisto – Roman einer Karriere" von Klaus Mann zu vervielfältigen, zu verbreiten und zu veröffentlichen, da dieser eine verleumderische Biographie des mittlerweile verstorbenen Schauspielers darstelle. Hiergegen erhob V unter Berufung auf Art. 5 Abs. 3 Satz 1 1. Var. GG Verfassungsbeschwerde. Ist die Verfassungsbeschwerde gegen das letztinstanzliche zivilgerichtliche Urteil erfolgreich?
Lösung Fall 41: Die Verfassungsbeschwerde ist erfolgreich, wenn sie zulässig und begründet ist.
I. Zulässigkeit. Die Verfassungsbeschwerde müsste zunächst zulässig sein.
1. Zuständigkeit. Das BVerfG ist gem. Art. 93 Abs. 1 Nr. 4a GG, §§ 13 Nr. 8a, 90 ff. BVerfGG zur Entscheidung über eine Verfassungsbeschwerde zuständig.

§ 18. Kunstfreiheit (Art. 5 Abs. 3 Satz 1 1. Var. GG)

2. *Beschwerdeberechtigung.* Beschwerdeberechtigt ist, wer Träger des als verletzt gerügten Grundrechts ist. Grundsätzlich können nach Art. 19 Abs. 3 GG auch inländische juristische Personen Träger von Grundrechten sein. Der V-Verlag ist damit beschwerdefähig im Hinblick auf eine mögliche Verletzung von Art. 5 Abs. 3 Satz 1 1. Var. GG (Wirkbereich der Kunstfreiheit).

(Hinweis: Schwerpunkt dieses Falles ist die Frage des persönlichen Schutzbereiches der Kunstfreiheit. Aus diesem Grund ist es klausurtechnisch anzuraten, die Frage des persönlichen Schutzbereiches in der Begründetheit anzusprechen, um zu vermeiden, dass die Klausur zu „kopflastig" wird. Da der Beschwerdeführer sich auch auf andere Grundrechte wie Art. 12 Abs. 1, Art. 14 Abs. 1 – eingerichteter und ausgeübter Gewerbebetrieb – sowie subsidiär Art. 2 Abs. 1 GG berufen kann, ist die Beschwerdeberechtigung in jedem Fall gegeben.)

3. *Beschwerdegegenstand.* Tauglicher Beschwerdegegenstand ist jeder Akt der öffentlichen Gewalt. Als Akt der judikativen Gewalt ist die letztinstanzliche zivilgerichtliche Entscheidung tauglicher Beschwerdegegenstand.

4. *Beschwerdebefugnis.* Die Beschwerdebefugnis ist gegeben, wenn die Möglichkeit besteht, dass der Beschwerdeführer selbst, gegenwärtig und unmittelbar in einem seiner Grundrechte verletzt ist. Hier kommt eine Verletzung der Kunstfreiheit in Frage. Da dem V-Verlag durch das zivilgerichtliche Urteil die Veröffentlichung des Romans verboten wird, ist eine Verletzung der Kunstfreiheit zumindest möglich. Daneben ist auch eine Verletzung von Art. 14 Abs. 1, 12 Abs. 1 sowie 2 Abs. 1 GG denkbar (vgl. oben). Das Urteil betrifft den V-Verlag weiterhin selbst, gegenwärtig und unmittelbar.

5. *Rechtswegerschöpfung/Subsidiarität.* Die nach § 90 Abs. 2 BVerfGG erforderliche Rechtswegerschöpfung ist gegeben. Andere Möglichkeiten stehen dem Beschwerdeführer nicht zur Verfügung, so dass der Grundsatz der Subsidiarität der Verfassungsbeschwerde gewahrt ist.

6. *Frist.* Die Einhaltung der Frist gem. § 93 Abs. 1 BVerfGG wird unterstellt.

7. *Zwischenergebnis*: Die Verfassungsbeschwerde ist zulässig.

II. *Begründetheit.* Die Verfassungsbeschwerde ist begründet, wenn das zivilgerichtliche Urteil den V-Verlag in einem seiner Grundrechte verletzt. Da es sich vorliegend um eine Urteilsverfassungsbeschwerde handelt, ist zu beachten, dass das BVerfG die Entscheidung nur auf die Verletzung spezifischen Verfassungsrechts und damit dahingehend zu überprüfen hat, ob die Instanzgerichte die Reichweite und Bedeutung eines Grundrechtes verkannt haben (sog. Heck'sche Formel). Wegen des besonders starken Eingriffs, den das Verbot des Romans darstellt, führt das Gericht aber eine Prüfung der Entscheidung nach den konkreten Umständen des Einzelfalls durch (vgl. BVerfGE 119, 1/22 – Esra-Entscheidung). Fraglich ist im vorliegenden Fall, ob das Grundrecht auf Kunstfreiheit gem. Art. 5 Abs. 3 Satz 1 1. Var. GG verletzt wurde.

1. *Schutzbereich.* Der Schutzbereich müsste eröffnet sein.

a. *Sachlicher Schutzbereich.* Der sachliche Schutzbereich der Kunstfreiheit ist eröffnet. Ein schriftstellerischer Roman fällt sowohl nach dem materialen als auch dem formalen und offenen Kunstbegriff unter den Schutzbereich der Kunstfreiheit.

b. *Persönlicher Schutzbereich.* Fraglich ist aber, ob auch der persönliche Schutzbereich eröffnet ist. Bedenken hieran bestehen, weil sich nicht der Künstler selbst als eigentlicher Urheber des Kunstwerkes auf die Kunstfreiheit beruft, sondern der V-Verlag als bloßer Kunstvermittler dieses Grundrecht geltend machen möchte. Auch der persönliche Schutzbereich der Kunstfreiheit ist jedoch weit auszulegen. Träger des Grundrechts sind daher nicht nur die Hersteller eines Kunstwerkes, <u>sondern auch diejenigen, die das Kunstwerk der Öffentlichkeit zugänglich machen.</u> Hierzu zählen auch die Verleger, die eine unentbehrliche Mittlerfunktion zwischen Künstler und Publikum ausüben. Der V-Verlag ist daher Träger der Kunstfreiheit. Der persönliche Schutzbereich ist somit eröffnet.

Teil III. Freiheitsrechte

2. Eingriff (Drittwirkungsproblem). Das zivilgerichtliche Urteil verbietet dem V-Verlag die Veröffentlichung und greift daher in den Schutzbereich ein.

3. Verfassungsrechtliche Rechtfertigung. Fraglich ist jedoch, ob der Eingriff verfassungsrechtlich gerechtfertigt werden kann. Als vorbehaltloses Grundrecht können Eingriffe in die Kunstfreiheit nur durch kollidierendes Verfassungsrecht gerechtfertigt werden. In Frage kommt hier der aus Art. 1 Abs. 1 GG abgeleitete, fortwirkende Achtungsanspruch zugunsten von G. Gründgens (sog. postmortales Persönlichkeitsrecht). Das Werk von Klaus Mann war nach damaliger Auffassung der Gerichte eine „Schmähschrift in Romanform", so dass hier die Kunstfreiheit zurückstehen musste. Der Eingriff ist daher gerechtfertigt, das Grundrecht der Kunstfreiheit ist nicht verletzt.

III. Ergebnis. Die Verfassungsbeschwerde wird somit keinen Erfolg haben.

Merke: Persönlicher und sachlicher Schutzbereich der Kunstfreiheit sind weit auszulegen.

II. Eingriffe

423   Die Kunstfreiheit wird dann beeinträchtigt, wenn der Staat entweder den Werk- oder den Wirkbereich regelt oder beschränkt. Dies kann durch Gesetze, z. B. durch strafrechtliche Verbote, aber auch durch Verwaltungsakte oder gerichtliche Entscheidungen geschehen.

III. Verfassungsrechtliche Rechtfertigung von Eingriffen

1. Die Beurteilung von einschränkenden Gesetzen

424   Die Kunstfreiheit unterliegt keinem Gesetzesvorbehalt. Sie kann daher lediglich durch kollidierendes Verfassungsrecht, also zum Schutz anderer verfassungsrechtlich geschützter Werte beschränkt werden (BVerfGE 67, 213/228). Die Eingriffe bedürfen einer gesetzlichen Grundlage. Dazu ist eine Abwägung zwischen den verschiedenen Interessen erforderlich. Insoweit ist der Wirkbereich weniger stark geschützt als der Werkbereich (BVerfGE 77, 240/253 ff.). So ist es zulässig, die Genehmigung für die Aufstellung von Monumentalfiguren der Baukunst im Außenbereich wegen Widerspruchs zu städtebaulichen Interessen zu verweigern, da die entsprechende Bestimmung des Bauplanungsrechts (§ 35 Abs. 3 BauGB) der Verwirklichung der Staatszielbestimmung des Art. 20a GG dient (BVerwG, NJW 1995, 2648 ff.).

425   **Fall 42** *(BVerfGE 81, 278 ff.):* B wird aufgrund der Herstellung einer Kollage (männlicher Corpus uriniert auf die Bundesflagge) wegen Verunglimpfung des Staates und seiner Symbole nach § 90a Abs. 1 Nr. 2 StGB zu einer Geldstrafe verurteilt. Die Kollage hatte Kunstcharakter. Liegt ein rechtswidriger Eingriff in Art. 5 Abs. 3 Satz 1 1. Var. GG vor?
Lösung Fall 42: Die Verurteilung könnte gegen die Kunstfreiheit verstoßen.

§ 18. Kunstfreiheit (Art. 5 Abs. 3 Satz 1 1. Var. GG)

1. Schutzbereich. Die Anfertigung der Kollage steht unter dem Schutz von Art. 5 Abs. 3 Satz 1 1. Var. GG.
2. Eingriff. Durch die Verurteilung wird in den Schutzbereich eingegriffen.
3. Verfassungsrechtliche Rechtfertigung. Zu prüfen ist, ob der Eingriff verfassungsrechtlich gerechtfertigt werden kann. Die verfassungsrechtliche Rechtfertigung des Eingriffs muss durch ein formelles Gesetz zum Schutz von Grundrechten Dritter oder anderer Verfassungsgüter geschehen. § 90a Abs. 1 Nr. 2 StGB ist ein formelles Bundesgesetz. Fraglich ist, ob die Vorschrift zum Schutz von Grundrechten Dritter oder anderer Verfassungsgüter auch der Kunstfreiheit Schranken setzt. Ansonsten dürfte sie auf Kunstwerke nicht angewendet werden. Voraussetzung für eine Anwendbarkeit wäre, dass § 90a Abs. 1 Nr. 2 StGB zum Schutz kollidierenden Verfassungsrechts geeignet, erforderlich und verhältnismäßig ist.

Art. 22 Abs. 2 GG kann insoweit nicht unmittelbar als Schutzgut herangezogen werden, da dort nur die Farben der Bundesflagge festgelegt werden. Nach Auffassung des BVerfG setzt Art. 22 Abs. 2 GG jedoch das Recht des Staates voraus, zu seiner Selbstdarstellung Symbole zu verwenden. Zweck sei es, an das Staatsgefühl der Bürger zu appellieren. Als freiheitlicher Staat sei die Bundesrepublik auf die Identifikation ihrer Bürger mit den in der Flagge versinnbildlichten Grundwerten angewiesen. Diese Grundwerte gäben die in Art. 22 Abs. 2 GG vorgeschriebenen Staatsfarben wieder. Sie ständen also für die freiheitlich-demokratische Grundordnung. Jede Verunglimpfung könne die für den inneren Frieden notwendige Autorität des Staates beeinträchtigen (BVerfGE 81, 278/295 f.). § 90a Abs. 1 Nr. 2 StGB kann deshalb auch auf die Herstellung oder Verbreitung von Kunstwerken angewendet werden.

Die Rechtsanwendung im Einzelfall (Abwägung) wurde nicht beanstandet.
4. Ergebnis. Es liegt somit kein Verstoß gegen die Kunstfreiheit vor.

2. Die Beurteilung der Rechtsanwendung im konkreten Fall

Hinsichtlich der Kunstfreiheit bemüht sich das BVerfG darum, die Gerichte vor dem Ausspruch zivil- oder strafrechtlicher Sanktionen auf eine hinreichende **werkgerechte Interpretation** zu verpflichten. Dies spielt insbesondere bei satirischen Darstellungen eine Rolle. **426**

Deshalb wurde im Fall 42 die Verurteilung aufgehoben. Es war keine werkgerechte Interpretation erfolgt, da bei satirischen Darstellungen zwischen Einkleidung und Aussagekern hätte unterschieden werden müssen (BVerfGE 81, 278/294). Die angeführte Karikatur habe deshalb vorrangig eine antimilitärische Tendenz. Die Staatlichkeit oder die verfasste Ordnung der Bundesrepublik Deutschland sollte nach Auffassung des BVerfG nicht angegriffen werden. Da die Strafgerichte dies verkannt hatten, waren die Urteile wegen Verstoßes gegen Art. 5 Abs. 3 Satz 1 1. Var. GG aufzuheben (sehr zweifelhaft). **427**

Bei starken Eingriffen in die Kunstfreiheit (etwa dem Verbot eines Romans) führt das BVerfG eine vergleichsweise intensive verfassungsrechtliche Überprüfung fachgerichtlicher Entscheidungen durch. **428**

Beispiel (*BVerfGE 119, 1 ff. – Esra*): In seinem Roman „Esra" beschreibt der Schriftsteller Maxim Biller die Beziehung zwischen einem Schriftsteller („Adam") und einer bekannten Schauspielerin („Esra"). Geschildert werden auch Episoden aus dem Intimleben. Aufgrund **429**

des Bekanntheitsgrades der beteiligten Personen ist ohne Weiteres erkennbar, dass es sich jedenfalls teilweise um autobiographische Darstellungen handelt. Die Veröffentlichung des Romans wird von den Zivilgerichten (teilweise) verboten.

Das Verbreitungsverbot wurde vom BVerfG weitgehend bestätigt. Da das Abbild „Esra" mit dem „Urbild" der Schauspielerin in wesentlichen Punkten übereinstimmt, liegt eine schwere Beeinträchtigung des Persönlichkeitsrechts vor. Da auch Geschehnisse des besonders geschützten Bereichs des allgemeinen Persönlichkeitsrechts behandelt werden, hätte eine stärkere Fiktionalisierung stattfinden müssen (also: je mehr Verfremdung, desto eher geht die Abwägung zugunsten der Kunstfreiheit aus, je weniger verfremdet wird, desto eher ist das allgemeine Persönlichkeitsrecht verletzt).

§ 19. Schutz von Ehe, Familie und Elternrecht (Art. 6 GG)

Literatur: *Franz, Einiko B./Günther, Thomas,* Grundfälle zu Art. 6 GG, JuS 2007, 626 ff., 716 ff.; *Lindenberg, Ina Maria/Micker, Lars,* Die Vereinbarkeit des Lebenspartnerschaftsgesetzes mit Art. 6 Abs. 4 GG, DÖV 2003, 707 ff.; *Rixen, Stephan,* Das Ende der Ehe? – Neukonturierung der Bereichsdogmatik von Art. 6 Abs. 1 GG: ein Signal des spanischen Verfassungsgerichts, JZ 2013, 864 ff.

I. Überblick

430   Art. 6 GG umfasst verschiedene Garantien, die sich mit der Ehe, der Familie und der Kindererziehung befassen. Art. 6 Abs. 1 GG enthält das Grundrecht von Ehe und Familie. Der Verfassungswortlaut bringt jedoch bereits zum Ausdruck, dass hierin eine besondere staatliche Schutzverpflichtung enthalten ist. Gleichwohl lässt sich Art. 6 Abs. 1 GG auch als Abwehrrecht einordnen. Weiterhin entnimmt die Rechtsprechung Art. 6 Abs. 1 GG ein besonderes Gleichheitsgebot (dazu unten § 19 V 1).

431   Das Recht der Eltern, ihre Kinder zu erziehen, ist in Art. 6 Abs. 2 GG niedergelegt. Bei der Kindererziehung handelt es sich nicht nur um ein Recht, sondern auch um eine Pflicht. Der staatlichen Gemeinschaft wird ein Wächteramt übertragen (Art. 6 Abs. 2 Satz 2 GG). Art. 6 Abs. 4 GG enthält ein Leistungsrecht der Mütter hinsichtlich des Schutzes und der Fürsorge durch die Gemeinschaft. Art. 6 Abs. 5 GG verpflichtet zur Gleichstellung von ehelichen und unehelichen Kindern.

Bei der Interpretation von Art. 6 Abs. 1 GG zeigt sich in besonderem Maße, dass sich die Interpretation der Verfassung gewandelten gesellschaftlichen Auffassung anpasst. Besonders deutlich wird dies bei der Behandlung von gleichgeschlechtlichen Paarbeziehungen. Während 1949 zur Zeit des Inkrafttretens des Grundgesetzes gleichgeschlechtliche Beziehungen teilweise sogar noch strafbewehrt waren, werden mittlerweile eingetragenen Lebenspartnerschaften meist unter Berufung auf den Gleichheitssatz des Art. 3 Abs. 1 GG die gleichen Rechte eingeräumt wie der klassischen Ehe zwischen Mann und

§ 19. Schutz von Ehe, Familie und Elternrecht (Art. 6 GG)   127

Frau. Es zeigt sich, dass die Verfassung ein „living tree" ist, die Interpretation der Normen also nicht „originalistisch" nach dem Horizont des Entstehungszeitpunktes zu erfolgen hat, auch wenn derzeit noch der Zeitpunkt erreicht zu sein scheint, gleichgeschlechtliche Partnerschaften als „Ehe" im Sinne von Art. 6 Abs. 1 GG anzuerkennen.

II. Schutzbereich

1. Schutz von Ehe und Familie

a) Schutz der Ehe

Art. 6 Abs. 1 GG verpflichtet den Staat zum Schutz der Ehe. Hierin ist **432** zunächst eine Institutsgarantie enthalten. Der Staat muss Normen erlassen, die es den Bürgern ermöglichen, eine Ehe zu schließen. Soweit entsprechende Normen bestehen, darf er sie nicht ersatzlos abschaffen. Der Verfassung liegt dabei das Bild der „verweltlichten" bürgerlich-rechtlichen Ehe zugrunde (BVerfGE 31, 58/82 f.; 53, 224/245). „Ehe" im Sinne des Grundgesetzes ist also die Verbindung eines Mannes und einer Frau zur grundsätzlich unauflöslichen Lebensgemeinschaft. Nichteheliche Gemeinschaften oder eheähnliche Gemeinschaften stehen deshalb nicht unter dem Schutz des Art. 6 Abs. 1 GG, können Ehen jedoch in gewissem Rahmen rechtlich gleichgestellt werden, z. B. im Unterhalts- oder Erbrecht.

Auch gleichgeschlechtliche Verbindungen sind aus dem Ehebegriff ausgeschlossen (BVerfG, NJW 1993, 3058; E 105, 313/345, anders dann, wenn **433** sich ein Partner während der Ehe einer Geschlechtsumwandlung unterzogen hat, siehe BVerfG, DVBl. 2008, 1116 ff.). Damit ist es dem Gesetzgeber allerdings nicht verwehrt, auch für gleichgeschlechtliche Partnerschaften eine Rechtsform zu schaffen oder besondere rechtliche Regelungen zu erlassen, die solche Partnerschaften eheähnlich ausgestalten (Lebenspartnerschaften, siehe BVerfGE 105, 313 ff.). Ein „Nivellierungsverbot" oder ein „Abstandsgebot" im Hinblick auf das Verhältnis der klassischen Ehe zu den gleichgeschlechtliche Lebensgemeinschaften lässt sich aus der Verfassung nicht ableiten (BVerfGE 105, 313/348). Der Gesetzgeber ist zum besonderen Schutz der Ehe verpflichtet, zur Gleichstellung anderer Lebensgemeinschaften ist er bei Vorliegen entsprechender sachlicher Gründe berechtigt. Die Ehe darf allerdings gegenüber sonstigen Lebensformen nicht schlechter gestellt werden.

Von Art. 6 Abs. 1 GG geschützt ist nur die Einehe; bei etwa im Ausland geschlossenen Mehrehen kommt ein Schutz durch den Aspekt des Schutzes der **434** Familie in Betracht (BVerwGE 71, 228/231 f.).

b) Geschütztes Verhalten der Ehefreiheit

435 Das durch Art. 6 Abs. 1 GG geschützte Verhalten im Hinblick auf die Ehe reicht von der Eheschließung über das eheliche Zusammenleben bis zur Entscheidung der Eltern, wann und wie viele Kinder sie haben wollen. Geschützt ist auch das Recht auf Ehescheidung (BVerfGE 31, 58/82 f.; 53, 224/250), die Freiheit der Wahl des Ehepartners und des Zeitpunktes der Eheschließung, weiterhin die Entscheidung über die Wahl des Ehe- bzw. Familiennamens (BVerfGE 84, 9/22). Geschützt ist auch die Entscheidung, keine Ehe einzugehen (negative Dimension des Grundrechts).

c) Schutz der Familie

436 Auch der Begriff der **Familie** knüpft an das bürgerlich-rechtliche Institut der Familie an (BVerfGE 6, 55/82). Familie ist insoweit die umfassende Gemeinschaft zwischen Eltern und Kindern (BVerfGE 80, 81/90). Es kommt nicht darauf an, ob die Kinder ehelich oder nichtehelich sind. Geschützt wird auch die Gemeinschaft zwischen Alleinerziehenden und ihren Kindern, zwischen Eltern und heranwachsenden bzw. volljährigen Kindern, weiterhin die Gemeinschaft mit Adoptiv-, Stief- oder Pflegekindern. Auch die „soziale Familie" ohne rechtliche Elternschaft ist geschützt. Ob die Eltern gleich- oder verschiedengeschlechtlich sind, ist ebenfalls irrelevant. Familie ist damit auch die „sozial-familiäre Gemeinschaft" aus eingetragenen Lebenspartnern und dem leiblichen oder angenommenen Kind eines Lebenspartners (BVerfG, EuGRZ 2013, 79/86). Insoweit gilt für gleichgeschlechtliche Lebenspartner das Gleiche wie für Verheiratete: Es kommt nicht darauf an, dass beide Partner Eltern des Kindes sind.

Geschützt sind die Familiengründung und das familiäre Zusammenleben. Es gibt hingegen keine aus der Verfassung folgende Verpflichtung, die Entstehung einer Familie zu fördern. Daher steht es im Ermessen des Gesetzgebers festzulegen, ob die gesetzlichen Krankenkassen die Kosten einer künstlichen Befruchtung übernehmen müssen. Verfassungsgemäß ist auch eine Beschränkung der Kostenübernahme auf verheiratete Paare (BVerfGE 117, 316 ff.). Schließlich folgt aus Art. 6 Abs. 2 GG auch nicht das Recht auf Adoption. Hierbei handelt es sich um eine Frage der Ausgestaltung des Familienrechts. Werden gleichgeschlechtliche Lebensgemeinschaften gegenüber der Ehe vom Adoptionsrecht ohne hinreichenden Sachgrund ausgeschlossen, verstößt dies gegen Art. 3 Abs. 1 GG (BVerfG, EuGRZ 2013, 79/87).

437 **Fall 43:** Durch ein neues Scheidungsgesetz wird eine neue Regelung in das BGB eingeführt, dass Ehepartner durch einseitige, empfangsbedürftige Willenserklärung (Scheidungsbrief) eine Auflösung der Ehe bewirken können. Liegt ein Verstoß gegen Art. 6 Abs. 1 GG vor?

Lösung Fall 43: Die Regelung über den Scheidungsbrief könnte gegen die Institutsgarantie des Art. 6 Abs. 1 GG verstoßen. Diese Institutsgarantie verpflichtet den Staat zum Schutz der Ehe. Das vom Staat zur Regelung der Ehe geschaffene (und zu schaffende)

§ 19. Schutz von Ehe, Familie und Elternrecht (Art. 6 GG) 129

Normgefüge muss dem Bild der verweltlichten, bürgerlich-rechtlichen Ehe entsprechen. Hierzu gehört auch der Grundsatz der Unauflöslichkeit der Ehe. Dieser Grundsatz hat zur Folge, dass eine Scheidung nur in einem besonders geregelten gerichtlichen Verfahren bewirkt werden kann. Der Gesetzgeber ist zwar zu einer Weiterentwicklung des Eherechts befugt, der Kernbereich des Instituts, seine Essentialia, dürfen jedoch nicht grundlegend geändert werden. Dies geschieht jedoch durch die Einführung des „Scheidungsbriefes". Die Reform ist daher verfassungswidrig.

Merke: Eine Weiterentwicklung des Eherechts ist nur zulässig, wenn das Bild der verweltlichten, bürgerlich-rechtlichen Ehe gewahrt bleibt.

d) Grundrechtsträger

Art. 6 Abs. 1 GG ist kein deutschen Staatsangehörigen vorbehaltenes Grundrecht. Es steht vielmehr auch Ausländern zu. **438**

Eine Besonderheit gegenüber anderen Grundrechten besteht darin, dass das Mitglied der Ehe oder der Familie persönlich in den Schutzbereich miteinbezogen ist, also berechtigt ist, den Schutz für sich selbst gegenüber staatlichen Maßnahmen in Anspruch zu nehmen, die seine eheliche oder familiäre Gemeinschaft berühren. Das gilt auch dann, wenn die staatlichen Maßnahmen den anderen Ehepartner, ein Elternteil oder Kinder betreffen. **439**

2. Elternrechte und Elternpflichten (Art. 6 Abs. 2 und 3 GG)

Das Elternrecht umfasst die Pflege, d. h. die Sorge für das körperliche Wohl, und die Erziehung der minderjährigen Kinder. Die im Elternrecht wurzelnden Rechtsbefugnisse nehmen mit fortschreitendem Alter des Kindes ab und erlöschen mit der Volljährigkeit (BVerfGE 59, 360/382; 72, 122/137). Das Elternrecht erstreckt sich auch auf die religiöse Unterweisung des Kindes und die Ausbildung in der Schule. **440**

Träger des Grundrechts sind die leiblichen Eltern, weiterhin die Adoptiveltern, nicht jedoch die Pflegeeltern (BVerfGE 79, 51/60; offengelassen von BVerfG, NJW 1994, 183/183). Träger des Elternrechts sind auch die Väter nichtehelicher Kinder (BVerfGE 127, 132 ff.). Deren Interessen sind etwa bei Adoptionsentscheidungen oder der Ausgestaltung des Sorgerechts zu beachten; der Gesetzgeber muss entsprechend ausgestaltende Regelungen treffen (BVerfGE 107, 150 ff.). Verfassungswidrig ist es, Väter unehelicher Kinder generell von der Sorgetragung ohne Zustimmung der Mutter auszuschließen; jedenfalls muss der Vater des Kindes die Möglichkeit haben, eine gerichtliche Überprüfung unter dem Aspekt des Kindeswohles herbei zu führen (BVerfGE 127, 132 ff.). Auch die rein biologischen (nicht rechtlichen) Väter sind in gewissem Umfang in ihrem Interesse am Umgang mit „ihrem" Kind geschützt. Der Gesetzgeber muss Regelungen schaffen, die es dem leiblichen (biologischen) Vater ermöglichen, die rechtliche Vaterposition zu erlangen, wenn dies dem **441**

Schutz einer familiären Beziehung zwischen dem Kind und seinen rechtlichen Eltern nicht entgegensteht (BVerfGE 108, 82 ff.).

442 Auch die Pflichten der Eltern sind auszugestalten, vor allem vom Gesetzgeber, aber auch von der Rechtsprechung. Hierbei ist es verfassungsgemäß, wenn ein Vater zum Umgang mit seinem nichtehelich erzeugten Kind verpflichtet wird, auch wenn dies in sein allgemeines Persönlichkeitsrecht (Art. 2 Abs. 1 i. V. m. Art. 1 Abs. 1 GG) eingreift. Der Umgang mit beiden Elternteilen dient in der Regel dem Kindeswohl. Nicht vereinbar mit dem Kindeswohl ist es allerdings, die grundsätzliche Pflicht zum Umgang mit Zwangsmitteln durchzusetzen (BVerfGE 121, 69 ff.).

III. Eingriff

443 Gesetzesvorbehalte für Eingriffe in Grundrechte aus Art. 6 Abs. 1 und Abs. 2 GG bestehen nur für bestimmte Konstellationen (siehe § 19 IV.). Negative Einwirkungen auf Ehe- und Elternrecht werden jedoch nicht grundsätzlich als Eingriff in das Grundrecht verstanden. Das Recht der Ehe und das Elternrecht sind auf gesetzliche Ausgestaltungen angewiesen. Der Erlass von gesetzlichen Bestimmungen, die diesen Auftrag erfüllen, stellt keinen Eingriff in das Grundrecht dar. Vielmehr sind solche gesetzgeberischen Regelungen allein an der Institutsgarantie zu messen. Sie müssen deshalb dem Bild der verweltlichten, bürgerlich-rechtlichen Ehe und der bürgerlich-rechtlichen Familie entsprechen. Fortentwicklungen sind möglich. Die „Essentialia" dürfen jedoch nicht angetastet werden.

444 Weder Art. 6 Abs. 1 noch Art. 6 Abs. 2 Satz 1 GG begründen einen grundrechtlichen Anspruch von ausländischen Ehegatten oder Familienangehörigen auf Nachzug zu ihrem berechtigterweise in der Bundesrepublik Deutschland lebenden ausländischen Ehegatten oder Familienangehörigen (BVerfGE 76, 1/47 f.). Daher müssen Ausländer sowie Deutsche, die Ehen mit Ausländern schließen, damit rechnen, dass das eheliche bzw. familiäre Zusammenleben sich nicht stets in der Bundesrepublik Deutschland vollziehen kann. Ein Eingriff in das Ehe- oder Familienrecht soll erst dann vorliegen, wenn es dem Ehepartner oder den Familienangehörigen nicht möglich oder nicht zumutbar ist, dem Ausländer ins Ausland zu folgen (BVerfG, NJW 1994, 3155).

445 Ein typischer Eingriff in das Grundrecht der „Ehe" (Abs. 1) ist die rechtliche Beschränkung der Eheschließungsfreiheit. Ein Eingriff in das Elternrecht (Abs. 2 Satz 1) ist etwa der Entzug oder die Beschränkung des Sorgerechts. Als Eingriff angesehen wird auch der Entzug von elterlichen Beteiligungsrechten im Rahmen eines Jugendstrafverfahrens (BVerfG, NJW 2003, 2004 ff.).

IV. Verfassungsrechtliche Rechtfertigung von Eingriffen

1. Eingriffe in Ausübung des staatlichen Wächteramtes (Art. 6 Abs. 2 Satz 2 GG)

In beschränktem Umfang sind Eingriffe durch Art. 6 Abs. 2 Satz 2 GG erlaubt (staatliches Wächteramt). Erforderlich ist eine formell-gesetzliche Grundlage, die hinreichend bestimmt sein muss. 446

Beispiel *(BVerfGE 107, 104ff.):* Nach einer Bestimmung im JGG sollten die Eltern von der Hauptverhandlung im Jugendgerichtsverfahren ausgeschlossen werden, soweit Bedenken gegen ihre Anwesenheit bestehen. Der Begriff „Bedenken" ist für eine Norm, die zu Eingriffen in das Elternrecht ermächtigt, zu unbestimmt. 447

Das Wächteramt darf nur im Interesse des Kindeswohls ausgeübt werden. Im Kollisionsfall ist das Kindeswohl gegenüber dem Elternrecht vorrangig (BVerfGE 99, 145/156). Bei der Namenswahl muss der Staat das Kind vor einer verantwortungslosen Entscheidung der Eltern in Schutz nehmen, darf aber die Eltern nicht bevormunden. 448

Beispiel *(BVerfG, BayVBl. 2006, 148f.):* Der Vorname „Anderson Bernd Peter" ist verfassungsrechtlich nicht zu beanstanden. 449

Verfahrensrechtlich muss das Kindeswohl ggf. durch die Bestellung eines Ergänzungspflegers abgesichert werden (BVerfGE 99, 145/157). In Sorgerechts- und ähnlichen Verfahren folgt aus Art. 6 Abs. 2 Satz 2 GG ein Anspruch des Kindes auf Anhörung. Verstöße gegen das Kindeswohl führen zu einem Verstoß gegen das Elternrecht aus Art. 6 Abs. 2 Satz 1 GG (so BVerfGE 99, 145/156 ff.). 450

Eingriffe in das Elternrecht sind durch das Verhältnismäßigkeitsprinzip beschränkt. Der Staat muss nach Möglichkeit versuchen, durch helfende, unterstützende, auf Herstellung oder Wiederherstellung eines verantwortungsvollen Verhaltens der Eltern gerichtete Maßnahmen sein Ziel zu erreichen (BVerfGE 24, 119/144 f.). 451

2. Zwangsweise Trennung von Eltern und Kindern (Art. 6 Abs. 3 GG)

Besondere Regelungen enthält Abs. 3 für die Trennung von Eltern und Kindern. Trennung meint die körperliche Trennung von beiden. Abs. 3 ist insoweit nicht nur im Augenblick der Trennung maßgeblich, sondern auch dann, wenn es um Entscheidungen über die Aufrechterhaltung dieses Zustandes geht (BVerfGE 68, 176/187). 452

3. Eingriffe aufgrund der staatlichen Schulhoheit (Art. 7 Abs. 1 GG)

453 Eine Art besonderen Gesetzesvorbehalt für das elterliche Erziehungsrecht enthält Art. 7 Abs. 1 GG (siehe § 20 II). Der dort begründete staatliche Einwirkungs- und Erziehungsbereich bedarf gegebenenfalls des Ausgleichs mit dem elterlichen Erziehungsrecht.

4. Sonstige Eingriffe

454 Eingriffe in die Grundrechte des Art. 6 Abs. 1, Abs. 2 GG sind weiterhin durch kollidierendes Verfassungsrecht zu rechtfertigen. So kann etwa eine nachhaltige Beeinträchtigung der Sicherheit der Bundesrepublik Deutschland einen Eingriff rechtfertigen.

V. Objektive Grundrechtswirkungen

1. Finanzielle Förderung von Familien

455 Ehe und Familie muss der Staat vor Beeinträchtigungen durch andere Kräfte bewahren. Der Gesetzgeber hat insoweit jedoch einen weiten Gestaltungsfreiraum. Dies gilt insbesondere für die wirtschaftliche Förderung von Familien. Finanzielle Leistungen stehen dabei unter dem Vorbehalt des Möglichen im Sinne dessen, was der Einzelne vernünftigerweise von der Gesellschaft beanspruchen kann (BVerfGE 87, 1/35). Es besteht keine Verpflichtung des Staates, jegliche die Familie treffende finanzielle Belastung auszugleichen (BVerfGE 75, 348/360).

456 Art. 6 Abs. 1 GG enthält nach Auffassung des BVerfG jedoch einen **besonderen Gleichheitssatz** (BVerfGE 107, 205/215). Dieses Benachteiligungsverbot steht jeder belastenden Differenzierung entgegen, die an die Existenz der Ehe oder die Wahrnehmung des Elternrechts in ehelicher Erziehungsgemeinschaft anknüpft. Verheiratete dürfen nicht schlechter gestellt werden als unverheiratete Personen in gleicher Lage. Hieraus folgt, dass der Gesetzgeber nicht das Recht hat, Kinderbetreuungskosten steuerlich nur zu Gunsten von alleinstehenden Eltern mit Kindern zu berücksichtigen, verheiratete Eltern hingegen von der Begünstigung auszunehmen. Es ist aber immer auf den Zusammenhang abzustellen, in dem eine Regelung steht. So kann es sein, dass eine Regelung punktuell Eheleute benachteiligt, insgesamt aber eine Schlechterstellung nicht vorliegt (z. B. im Krankenversicherungsrecht im Hinblick auf die Mitversicherung von Kindern, BVerfGE 107, 205/215 ff.).

2. Vollzug ausländerrechtlicher Bestimmungen

Im Rahmen des Vollzugs ausländerrechtlicher Bestimmungen ist die objektive Wertentscheidung des Art. 6 Abs. 1 GG zu beachten. Im Rahmen des Ermessens muss der Schutz von Ehe und Familie Berücksichtigung finden. Dies gilt sowohl bei Ausweisungsentscheidungen als auch dann, wenn Angehörige eines in der Bundesrepublik lebenden Ausländers in die Bundesrepublik einreisen wollen. 457

Der Schutz vor allem der Familie ist allerdings abgestuft. Erziehungsgemeinschaften zwischen Eltern und minderjährigen Kindern kommt ein stärkerer verfassungsrechtlicher Schutz zu als etwa einer Hausgemeinschaft von älteren erwachsenen Kindern mit ihren Eltern oder einer reinen „Begegnungsgemeinschaft". 458

3. Besonderer Schutz der werdenden Mütter (Art. 6 Abs. 4 GG)

Der besondere Schutz des Art. 6 Abs. 4 GG kommt insbesondere werdenden Müttern zugute (BVerfGE 55, 154/157 f.; 88, 203/258). Er steht auch Müttern nach der Entbindung zu, erfasst aber nicht die ganze Lebenszeit einer Frau, die einmal Mutter geworden ist. Hinsichtlich der Ausgestaltung dieses Schutzanspruchs hat der Staat ein weites Ermessen. Geboten ist jedoch ein wirksamer arbeitsrechtlicher Kündigungsschutz (BVerfGE 84, 133/156; 85, 167/175; 85, 360/372). 459

Art. 6 Abs. 4 GG verlangt nicht, dass die Kosten des Mutterschutzes ausschließlich vom Staat zu tragen sind. Der Gesetzgeber darf sich Dritter „bedienen", sie also finanziell belasten. In Betracht kommen vor allem Krankenkassen und Arbeitgeber (BVerfGE 109, 64/87). 460

Ob Art. 6 Abs. 4 GG ein Grundrecht ist, hat das BVerfG bisher offen gelassen (BVerfG, NJW 2005, 2382 f.). Als Wertentscheidung spielt die Norm vor allem bei der Auslegung von Normen eine Rolle. Wird sie missachtet, liegt im Regelfall die Verletzung eines anderen Grundrechts (z. B. Art. 2 Abs. 1 GG) vor. 461

Fall 44 *(BVerfG NJW 2001, 957 ff.):* Die weitgehend einkommens- und vermögenslose M ist schwanger und drängt ihren Freund V zur Heirat. V ist hierzu nur bereit, wenn M ehevertraglich in einen gegenseitigen Unterhaltsverzicht für den Fall einer Scheidung einwilligt und V von Unterhaltsansprüchen des Kindes K freistellt. Ist eine entsprechende Vereinbarung wirksam? 462

Lösung Fall 44: Die Vereinbarung könnte gegen verfassungsrechtliche Wertentscheidungen verstoßen (Vertragsfreiheit nach Art. 2 Abs. 1 GG, Kindeswohl nach Art. 6 Abs. 2 GG, Schutz werdender Mütter nach Art. 6 Abs. 4 GG). Für die Sittenwidrigkeit (§ 138 BGB) und damit Unwirksamkeit spricht die finanzielle Zwangslage der M. M befindet sich aufgrund der Schwangerschaft zudem in einer psychischen und physischen Ausnahmesituation, die V ausnutzt. Die Vereinbarung verstößt zudem gegen das Kindeswohl. Die Unterhaltsansprüche des K gegen M bleiben zwar unberührt. Da bei einer Scheidung i. d. R. die Frau das Sorgerecht erhält, wird wegen der Freistellungsverpflichtung M gezwungen, den Barunterhalt für K aufzubringen. Damit verschlechtert sich die wirtschaftliche Lage von K. Die Vereinbarung ist deshalb unwirksam.

4. Gleichstellungsauftrag nach Art. 6 Abs. 5 GG

463 Einen Gleichstellungsauftrag gegenüber dem Gesetzgeber enthält Art. 6 Abs. 5 GG. Insoweit ist eine Ungleichbehandlung von ehelichen und nichtehelichen Kindern verfassungsrechtlich unzulässig. Die Vorschrift wird weit ausgelegt. Sie verlangt nicht nur eine Gleichbehandlung der Kinder, sondern auch der Eltern. So ist es verfassungswidrig, wenn die Mutter eines nichtehelichen Kindes gegen den Vater einen zeitlich kürzer bemessenen Unterhaltsanspruch hat als die Mutter eines ehelichen Kindes (oder umgekehrt, wenn der Vater das Kind versorgt). Das nichteheliche Kind erhielte sonst eine geringere Chance auf die „volle Zuwendung" des versorgenden Elternteils als ein ehelich geborenes Kind (BVerfGE 118, 45 ff.).

§ 20. Schulwesen (Art. 7 GG)

Literatur: *Jarass, Hans D.,* Zum Grundrecht auf Bildung und Ausbildung, DÖV 1995, 674 ff.; *Kramer, Urs,* Grundfälle zu Art. 7 GG, JuS 2009, 1090 ff.

I. Überblick

464 In Art. 7 GG sind verschiedene, sachlich nur teilweise zusammenhängende Regelungen getroffen worden. Abs. 1 stellt das gesamte Schulwesen unter die Aufsicht des Staates. Diese Bestimmung stellt quasi einen Gesetzesvorbehalt für Eingriffe in das elterliche Erziehungsrecht (Art. 6 Abs. 2 GG) und in den Betrieb von „privaten" Schulen (besser: „Schulen in privater Trägerschaft") dar. Abs. 2 und Abs. 3 beschäftigen sich dann mit dem traditionell besonders strittigen Problem des Religionsunterrichts an öffentlichen Schulen. Abs. 4–6 betreffen die Schulorganisation, insbesondere die Errichtung und den Betrieb von Privatschulen.

II. Schulaufsicht (Art. 7 Abs. 1 GG)

1. Begriff der Schule

465 Der Staat übt die Aufsicht über Schulen aus. Schulen sind Einrichtungen, die auf gewisse Dauer berechnet sind und ein zusammenhängendes Unterrichtsprogramm haben. Keine Schulen sind etwa Vortragsreihen, Fahrschulen,

§ 20. Schulwesen (Art. 7 GG)   135

Kindergärten oder Volkshochschulen. Keine Schulen sind die Universitäten bzw. die Fachhochschulen, die jedenfalls teilweise unter der Garantie von Art. 5 Abs. 3 Satz 1 2. Var. GG stehen.

2. Inhalt und Grenzen der Schulaufsicht

Zur Schulaufsicht gehört die Gesamtheit der staatlichen Befugnisse zur Organisation, Leitung und Planung des Schulwesens (BVerfGE 26, 228/238). Der Staat hat das Recht, die Ausbildungsgänge und Unterrichtsziele festzulegen, die Aufnahmeentscheidungen der Schulleitung zu koordinieren, über die Auswahl und Verwendung von Schulbüchern zu entscheiden und die Erziehungsziele festzulegen.   466

Art. 7 Abs. 1 GG ist eine Art Gesetzesvorbehalt für das in Art. 6 Abs. 2 GG garantierte Erziehungsrecht. Eingriffe in das elterliche Erziehungsrecht, die auf Art. 7 Abs. 1 GG gestützt werden, müssen jedoch im Einzelnen am Verhältnismäßigkeitsprinzip gemessen werden. Der staatliche Erziehungsauftrag in der Schule ist dem elterlichen Erziehungsrecht gleichgeordnet (BVerfGE 34, 165/182 f.; 52, 223/236). Die Eltern haben kein Recht zu verlangen, dass ihnen eine ihren Wünschen entsprechende Schule zur Verfügung gestellt wird (BVerwGE 35, 111/112).   467

Fall 45 *(BVerfGE 47, 46 ff.):* In Hamburg wurde 1970 durch eine Richtlinie der Schulbehörde Sexualkundeunterricht an den öffentlichen Schulen eingeführt. Die Eltern des Schülers S sehen sich in ihrem Grundrecht aus Art. 6 Abs. 2 GG verletzt, da Sexualerziehung eine Sache der Eltern sei. Liegt eine Verletzung des Elternrechts vor?   468
Lösung Fall 45: Fraglich ist, ob das Elternrecht aus Art. 6 Abs. 2 GG verletzt wurde.
1. Schutzbereich. Das Elternrecht nach Art. 6 Abs. 2 GG umfasst das Recht der Eltern, ihre minderjährigen Kinder zu erziehen. Dieses Recht erstreckt sich auch auf die religiöse Unterweisung des Kindes und die Ausbildung in der Schule sowie auf die individuelle Sexualerziehung. Der Schutzbereich des Art. 6 Abs. 2 GG ist daher eröffnet.
2. Eingriff. Durch die Einführung des Sexualkundeunterrichts an den öffentlichen Schulen aufgrund einer Richtlinie der Schulbehörde wird in den Schutzbereich eingegriffen.
3. Verfassungsrechtliche Rechtfertigung. Als Schranke für das elterliche Erziehungsrecht kommt der Erziehungs- und Bildungsauftrag des Staates gem. Art. 7 Abs. 1 GG in Betracht. Zur Schulaufsicht gehört die Gesamtheit der staatlichen Befugnisse zur Organisation, Leitung und Planung des Schulwesens. Hierzu gehört das Recht, Ausbildungsgänge und Unterrichtsziele festzulegen, und damit auch die Einbeziehung des Sexualkundeunterrichts in den Unterricht.
Die Einführung des Sexualkundeunterrichts bedarf aufgrund der Wesentlichkeitstheorie jedoch einer formell-gesetzlichen Grundlage. Zudem muss bei der Ausgestaltung des Sexualkundeunterrichts darauf geachtet werden, dass die verschiedenen Wertvorstellungen auf diesem Gebiet beachtet werden. Auf das Erziehungsrecht der Eltern und auf deren religiöse und weltanschauliche Überzeugungen muss Rücksicht genommen werden. Diese Voraussetzungen sind im vorliegenden Fall nicht erfüllt, so dass eine verfassungsrechtliche Rechtfertigung des Eingriffs nicht möglich ist. Der Sexualkundeunterricht wurde lediglich durch eine Richtlinie der Schulbehörde eingeführt.

4. Ergebnis. Die Einführung des Sexualkundeunterrichts ohne formell-gesetzliche Grundlage verstößt deshalb gegen das Erziehungsrecht der Eltern aus Art. 6 Abs. 2 GG.

Merke: Eingriffe in das elterliche Erziehungsrecht aufgrund der staatlichen Schulhoheit bedürfen immer einer formell-gesetzlichen Grundlage.

III. Religionsunterricht (Art. 7 Abs. 2 und 3 GG)

Literatur: *Heckmann, Dirk,* Verfassungsmäßigkeit des Ethik-Unterrichts – DVBl. 1998, 1344, in: JuS 1999, 227 ff.; *Renck, Ludwig,* Rechtsfragen des Religionsunterrichts im bekenntnisneutralen Staat, DÖV 1994, 27 ff.

469   Das Grundgesetz geht von der grundsätzlichen Trennung von Staat und Kirche aus. Der Staat ist zur Bekenntnisneutralität verpflichtet. Teilweise wird dieses Prinzip jedoch durchbrochen, z. B. durch Art. 7 Abs. 3 GG. Danach ist der Staat verpflichtet, in öffentlichen Schulen Religionsunterricht durchführen zu lassen. Der Staat muss den Religionsunterricht veranstalten und die Kosten dafür tragen. Der Religionsunterricht ist Pflichtfach. Die Erziehungsberechtigten haben jedoch das Recht, ihre Kinder nicht am Religionsunterricht teilnehmen zu lassen (Abs. 2). Als Pflichtfach kann der Religionsunterricht auch bei der Versetzungsentscheidung berücksichtigt werden (BVerwGE 42, 346/349).

470   Mit der Pflicht des Staates geht ein Anspruch der jeweiligen Religionsgemeinschaften einher. Ein Anspruch der Religionsgemeinschaften besteht auch dahingehend, dass der Unterricht im Bereich Religion in Übereinstimmung mit ihren Grundsätzen erteilt wird. Lehrer haben als Ausdruck ihrer Religionsfreiheit (Art. 4 Abs. 1 GG) das Recht, die Erteilung von Religionsunterricht abzulehnen (Art. 7 Abs. 3 Satz 3 GG).

471   Die Verpflichtung des Art. 7 Abs. 3 GG besteht nicht in Ländern, in denen am 1. Januar 1949 eine andere Regelung bestand (Art. 141 GG, sog. Bremer Klausel). Strittig ist, ob Art. 141 GG auch auf die fünf neuen Länder Anwendung findet. Es entspricht der Zielsetzung der Vorschrift, Besonderheiten in einzelnen Gebieten zu berücksichtigen. Weitere Erfordernisse wie das ununterbrochene Bestehen des Landes als Rechtssubjekt stellt die Vorschrift nicht auf. Dies spricht für eine entsprechende Anwendung der Bestimmung auch im Beitrittsgebiet.

472   **Fall 46** *(BVerwGE 107, 75 ff.):* S besucht das Gymnasium im Bundesland BW. Er meldet sich mit Zustimmung seiner Eltern ordnungsgemäß vom Religionsunterricht ab. Nach einer entsprechenden Bestimmung im Landesschulgesetz ist er deshalb verpflichtet, an einem weltanschaulich und religiös neutralen Ethikunterricht (gleiche Stundenzahl, ebenfalls ordentliches Lehrfach) teilzunehmen. Ist die Bestimmung des Landesschulgesetzes mit dem Grundgesetz vereinbar?

§ 20. Schulwesen (Art. 7 GG)

Lösung Fall 46: Die Bestimmung des Landesschulgesetzes ist dann mit dem Grundgesetz vereinbar, wenn sie formell und materiell verfassungsgemäß ist.
A) Formelle Verfassungsmäßigkeit. Mangels entgegenstehender Anhaltspunkte ist von der formellen Verfassungsmäßigkeit auszugehen.
B) Materielle Verfassungsmäßigkeit.
I. Glaubensfreiheit. Zunächst könnte im Hinblick auf den S ein Verstoß gegen die Glaubensfreiheit des Art. 4 Abs. 1 und 2 GG vorliegen.
1. Schutzbereich. Art. 4 Abs. 1 und 2 GG schützt als einheitliches Grundrecht das Recht, einen Glauben zu bilden, zu haben, den Glauben zu bekennen, zu verbreiten und gemäß dieses Glaubens zu handeln. Mitumfasst ist auch das Recht des Einzelnen, sein gesamtes Verhalten an seinem Glauben auszurichten und gemäß seiner Glaubensüberzeugung zu handeln. Voraussetzung ist allerdings, dass diese Handlungen religiös motiviert sind. Hieran fehlt es im vorliegenden Fall. Charakteristisches Wesensmerkmal eines Ethikunterrichts ist gerade seine religiöse und weltanschauliche Neutralität. Der Wille, daran nicht teilzunehmen, ist nicht religiös motiviert. Die Pflicht zur Teilnahme am Ethikunterricht ist eine Alternative zum Religionsunterricht, keine „Strafe" dafür, dass S am Religionsunterricht nicht teilnehmen will.
2. Zwischenergebnis. Die Glaubensfreiheit ist schon vom Schutzbereich her nicht einschlägig.
II. Allgemeine Handlungsfreiheit. Möglicherweise liegt jedoch ein Verstoß gegen die allgemeine Handlungsfreiheit des S gem. Art. 2 Abs. 1 GG vor.
1. Schutzbereich. Die allgemeine Handlungsfreiheit schützt die Freiheit, „zu tun und zu lassen, was man will". Hierzu gehört auch das Recht, die Teilnahme am Ethikunterricht zu verweigern.
2. Eingriff. Durch die im Landesschulgesetz geregelte Verpflichtung zur Teilnahme am Ethikunterricht wird in den Schutzbereich eingegriffen.
3. Verfassungsrechtliche Rechtfertigung. Fraglich ist jedoch, ob der Eingriff in den Schutzbereich der allgemeinen Handlungsfreiheit verfassungsrechtlich gerechtfertigt werden kann. Nach Art. 2 Abs. 1 GG sind Beschränkungen durch die verfassungsmäßige Ordnung möglich. Zur verfassungsmäßigen Ordnung gehören alle Rechtsnormen, die formell und materiell verfassungsmäßig sind. Das Landesschulgesetz ist verfassungsmäßig und damit Teil der verfassungsmäßigen Ordnung. Seine Vereinbarkeit mit der Verfassung ergibt sich vor allem aus dem umfassenden schulischen Bildungs- und Erziehungsauftrag aus Art. 7 Abs. 1 GG. Hiernach hat der Staat das Recht, neue und zusätzliche Unterrichtsfächer, wie etwa das Fach Ethik, einzuführen. Der Ethikunterricht dient der Erziehung von Schülern zu verantwortungs- und wertbewusstem Verhalten. Er verfolgt daher legitime Ziele, ohne durch seinen Inhalt den einzelnen Schüler übermäßig oder auch nur mehr als andere schulische Pflichtfächer zu belasten oder in seiner Entfaltungsfreiheit unzumutbar einzuschränken.
4. Zwischenergebnis. Die allgemeine Handlungsfreiheit des S ist daher nicht verletzt.
III. Teilnahme am Religionsunterricht. In Betracht käme weiterhin ein Verstoß gegen das Recht der Erziehungsberechtigten, über die Teilnahme des Kindes am Religionsunterricht zu entscheiden (Art. 7 Abs. 2 GG).
1. Schutzbereich. Art. 7 Abs. 2 GG ist eine Konkretisierung des elterlichen Erziehungsrechts in Bezug auf die Teilnahme am Religionsunterricht. Der Gesetzgeber hat die Wahlfreiheit hinsichtlich der Teilnahme am Religionsunterricht zu akzeptieren und darf durch die Einführung von Ersatzunterricht keinen Zwang im Hinblick auf die Teilnahme am Religionsunterricht ausüben. Der Schutzbereich ist daher eröffnet.
2. Eingriff. Es müsste ferner ein Eingriff in den Schutzbereich des Art. 7 Abs. 2 GG vorliegen. Im vorliegenden Fall ist der eingeführte Ethikunterricht mit dem Religionsunterricht

gleichwertig. Er beinhaltet verwandte Unterrichtsinhalte, die gleiche Stundenzahl und hat für das Zeugnis die gleiche Bedeutung. Ein Zwang zur Teilnahme am Religionsunterricht wird daher nicht ausgeübt.

3. Zwischenergebnis. Art. 7 Abs. 2 GG ist nicht verletzt.

IV. Elternrecht. Es könnte ein Verstoß gegen das allgemeine Elternrecht gem. Art. 6 Abs. 2 GG vorliegen.

1. Schutzbereich. Das Elternrecht gem. Art. 6 Abs. 2 GG umfasst das Recht der Eltern, ihre minderjährigen Kinder zu erziehen. Dieses Recht erstreckt sich auch auf die verantwortungs- und wertebewusste Erziehung. Der Schutzbereich ist daher eröffnet.

2. Eingriff. Durch die Einführung eines Ethikunterrichts als ordentliches Lehrfach wird in den Schutzbereich eingegriffen.

3. Verfassungsrechtliche Rechtfertigung. Als Schranke für das elterliche Erziehungsrecht kommt der Erziehungs- und Bildungsauftrag des Staates gem. Art. 7 Abs. 1 GG in Betracht. Zur Schulaufsicht gehört die Gesamtheit der staatlichen Befugnisse zur Organisation, Leitung und Planung des Schulwesens. Der Staat kann daher grundsätzlich unabhängig von den Eltern eigene Erziehungsziele verfolgen. Dabei stehen sich der Erziehungsauftrag des Staates und das Elternrecht grundsätzlich gleichrangig gegenüber. Allerdings ist die individuelle und individualisierende Erziehung zu verantwortungs- und wertbewusstem Verhalten in erster Linie das natürliche Recht der Eltern. Die Einführung des Ethikunterrichts schließt jedoch die elterliche Erziehung keineswegs aus, sondern ergänzt sie. Die Schule verfügt dabei über Möglichkeiten der Wissensvermittlung, die über das im Elternhaus Vermittelbare hinausgehen können. So können im Rahmen des Ethikunterrichts regelmäßig die gesellschaftlichen und historischen Bezüge ethischer Fragestellungen sachkundiger, wissenschaftlich fundierter und pädagogisch zielgerichteter vermittelt werden. Daneben dient dieser Erziehungsauftrag der „Bewährung der Grundlagen eines weitgebundenen demokratischen Gemeinwesens" (so das BVerwG), so dass dem staatlichen Erziehungs- und Bildungsauftrag im Falle einer Kollision der Vorrang einzuräumen ist.

4. Zwischenergebnis. Das Elternrecht gem. Art. 6 Abs. 2 GG ist nicht verletzt.

V. Endergebnis. Die Bestimmung des Landesschulgesetzes ist somit verfassungsgemäß.

Merke: Die Einführung eines verpflichtenden Ethikunterrichts ist verfassungsmäßig, solange der Ethikunterricht mit dem angebotenen Religionsunterricht gleichwertig ist.

IV. Privatschulfreiheit (Art. 7 Abs. 4 und 5 GG)

Literatur: *Geis, Max-Emanuel,* Die Anerkennung des „besonderen pädagogischen Interesses" nach Art. 7 Abs. 5 GG, Ein Bezug zur Dogmatik des Beurteilungsspielraums, DÖV 1993, 22 ff.; *Pieroth, Bodo,* Erziehungsauftrag und Erziehungsmaßstab der Schule im freiheitlichen Verfassungsstaat, DVBl. 1994, 949 ff.; *Vogel, Johann Peter,* Zur Errichtung von Grundschulen in freier Trägerschaft, – Die Rechtsprechung des Bundesverfassungsgerichts und die bayerische Verwaltungspraxis –, DÖV 1995, 587 ff.

473 Das Grundgesetz entscheidet sich in Art. 7 Abs. 4 und 5 GG gegen ein staatliches Schulmonopol. Grundsätzlich wird das Recht gewährleistet, private Schulen zu errichten (Instituts- bzw. Einrichtungsgarantie). Dieses Recht ist jedoch eingeschränkt. Folgende Unterscheidungen sind zu treffen:

§ 20. Schulwesen (Art. 7 GG)

1. Zulassung von privaten Volksschulen (Art. 7 Abs. 5 GG)

a) Begriff der Volksschule

Unter einer Volksschule versteht man die Grund- und Hauptschule im herkömmlichen Sinn. Das Grundgesetz knüpft insoweit an Art. 145 Satz 1 und 2 WRV an („Es besteht allgemeine Schulpflicht. Ihrer Erfüllung dient grundsätzlich die Volksschule mit mindestens acht Schuljahren ..."). **474**

b) Genehmigungsvoraussetzungen für Volksschulen

Private Volksschulen sollen die Ausnahme bleiben (Abs. 5). Sie werden von der zuständigen Verwaltungsbehörde nur dann zugelassen, wenn die Unterrichtsverwaltung ein besonderes pädagogisches Interesse anerkennt oder wenn auf Antrag von Erziehungsberechtigten eine Gemeinschafts-, Bekenntnis- oder Weltanschauungsschule errichtet werden soll oder eine öffentliche Volksschule dieser Art in der Gemeinde nicht besteht. **475**

Ob ein pädagogisches Interesse besonderer Art vorliegt, steht nicht im Ermessen des Schulträgers oder der Eltern (BVerfGE 88, 40/51). Erforderlich ist, dass eine sinnvolle Alternative zum bestehenden, öffentlichen und privaten Schulangebot geboten wird, die die pädagogische Erfahrung bereichert und der Entwicklung des Schulsystems insgesamt zugute kommt (BVerfGE 88, 40/53). Grundsätzlich sollen die öffentlichen Grundschulen jedoch einen Vorrang behalten (BVerfGE 88, 40/55). Es besteht insoweit ein Beurteilungsspielraum der Unterrichtsverwaltung, der jedoch engen Grenzen unterliegt. Die Behörde muss feststellen, ob das besondere pädagogische Interesse den Vorrang der öffentlichen Grundschule, den die Verfassung grundsätzlich vorsieht, überwiegt (BVerfGE 88, 40/55). Die gerichtliche Überprüfung ist hinsichtlich der Bewertung des pädagogischen Konzepts im konkreten Fall und hinsichtlich der Abwägung beschränkt. **476**

2. Zulassung von privaten Ersatzschulen (Art. 7 Abs. 4 GG)

a) Begriff der privaten Ersatzschule

Private Ersatzschulen bedürfen ebenfalls der staatlichen Genehmigung (Abs. 4 Satz 2). Ersatzschule ist eine Privatschule, die nach dem mit ihrer Errichtung verfolgten Gesamtzweck als Ersatz für eine in dem Land vorhandene oder grundsätzlich vorgesehene öffentliche Schule, die keine Volksschule ist, dienen soll (BVerfGE 27, 195/201 f.; 75, 40/76). **477**

b) Genehmigungsvoraussetzungen für private Ersatzschulen

Die Genehmigung unterliegt jedoch restriktiven Voraussetzungen. Nach Abs. 4 Satz 3 muss die Einrichtung zum einen öffentlichen Schulen gleichwertig sein, zum anderen darf eine Sonderung nach den Besitzverhältnissen der **478**

Eltern nicht gefördert werden. Diese beiden Anforderungen führen dazu, dass eine rein privat finanzierte Ersatzschule nicht existenzfähig ist. Wenn ein den öffentlichen Schulen vergleichbarer Standard gehalten werden sollte, müssten Schulgebühren erhoben werden, die nur von gut betuchten Eltern bezahlt werden könnten und die damit zu einer Sonderung der Kinder nach den Besitzverhältnissen der Eltern führten. Daraus schließt das BVerfG, dass der Staat die Pflicht hat, das Ersatzschulsystem auch finanziell zu unterstützen (BVerfGE 75, 40/66 ff.; 112, 74 ff.). Es handelt sich deshalb um einen der seltenen Fälle, in denen unmittelbar aus dem Grundgesetz ein Finanzierungsanspruch dem Grunde nach abgeleitet werden kann.

479 Aus der grundsätzlichen staatlichen Finanzierungspflicht folgen aber in der Regel keine subjektiven Rechte einzelner Träger von Ersatzschulen auf bestimmte Zahlungen. Der Gesetzgeber ist lediglich verpflichtet, die Existenz von Ersatzschulen überhaupt zu ermöglichen. Seiner grundsätzlichen Pflicht kommt er nur dann nicht nach, wenn er die wirtschaftliche Grundlage für Privatschulen insgesamt in Frage stellt. Eine Handlungspflicht des Staates besteht erst dann, wenn die Institution des Ersatzschulwesens eindeutig gefährdet wäre (BVerfGE 75, 40/67; 112, 74 ff.).

3. Sonstige Schulen

480 Sonstige Schulen, die weder Ersatz- noch Volksschulen sind, können ohne Genehmigung errichtet werden.

4. Verbot von Vorschulen (Art. 7 Abs. 6 GG)

481 Unter Vorschulen versteht man öffentliche oder private Sondereinrichtungen für den Elementarunterricht von Kindern, die später höhere Lehranstalten (Realschulen, Gymnasien) besuchen sollen. Sie ersetzten früher den Volksschulbesuch. Aufgrund der Schulgeldpflicht kam es zu einer Sonderung der Kinder nach den Vermögensverhältnissen. Deshalb verbietet das Grundgesetz in Art. 7 Abs. 6 solche Vorschulen.

482 Nicht erfasst von dem Verbot sind Vorklassen, die den Grundschulen vorgeschaltet sind und lediglich der Eingewöhnung in den Schulbetrieb dienen sollen. Nicht verboten sind auch Förderklassen an Grundschulen zur Vorbereitung für den Besuch weiterer Förderschulen. Nicht untersagt ist auch die Einführung von Gesamtschulen.

483 **Fall 47** *(BVerwG, NVwZ 1998, 60)*: T betreibt eine staatlich anerkannte Lehranstalt für medizinisch-technische Assistenten (MTA). Der Antrag auf Genehmigung nach Art. 7 Abs. 4 GG wird abgelehnt, da das Schulgesetz des entsprechenden Landes L solche Lehranstalten aus dem Anwendungsbereich des Schulgesetzes herausnimmt. Zu Recht?
Lösung Fall 47: Die Verweigerung der Genehmigung könnte gegen Art. 7 Abs. 4 GG und gegen Art. 3 Abs. 1 GG verstoßen.

I. Privatschulfreiheit gem. Art. 7 Abs. 4 GG. In Betracht kommt zunächst ein Verstoß gegen Art. 7 Abs. 4 GG.
1. Schutzbereich. Art. 7 Abs. 4 GG gewährleistet das Recht, private Schulen zu errichten. Gem. Art. 7 Abs. 4 Satz 2 GG bedürfen Ersatzschulen einer Genehmigung. Ersatzschule ist eine Privatschule, die nach dem mit ihrer Errichtung verfolgten Gesamtzweck als Ersatz für eine in dem Land vorhandene oder grundsätzlich vorgesehene öffentliche Schule, die keine Volksschule ist, dienen soll. Ob eine Schule Ersatzschule ist, richtet sich auch nach Landesrecht. Da es im Land L keine öffentliche Schule gibt, die der Anstalt des T entspricht, handelt es sich bei dieser auch nicht um eine Ersatzschule. Der Schutzbereich des Art. 7 Abs. 4 GG ist somit nicht eröffnet.
2. Zwischenergebnis. Art. 7 Abs. 4 GG ist nicht verletzt.
II. Gleichheitssatz gem. Art. 3 Abs. 1 GG. Es könnte aber ein Verstoß gegen Art. 3 Abs. 1 GG vorliegen.
1. Ungleichbehandlung. Dann müsste zunächst eine Ungleichbehandlung wesentlich gleicher Sachverhalte vorliegen. Die Lehranstalt des T für medizinisch-technische Assistenten wird vom Anwendungsbereich des Schulgesetzes ausgenommen und damit anders behandelt als die übrigen Schulen. Eine Ungleichbehandlung liegt damit vor.
2. Sachliche Rechtfertigung. Die Ungleichbehandlung ist aber gerechtfertigt, wenn sie nicht willkürlich erfolgt, d. h. wenn sich ein sachlicher Grund für die Ungleichbehandlung anführen lässt. Die Herausnahme aus dem Bereich des Schulgesetzes ist dadurch gerechtfertigt, dass MTA-Anstalten herkömmlicherweise mit Krankenhäusern verbunden sind und deshalb über die Pflegesätze mitfinanziert werden. Ein sachlicher Grund liegt somit vor.
3. Zwischenergebnis. Art. 3 Abs. 1 GG ist nicht verletzt.
III. Endergebnis. Die Verweigerung der Genehmigung erfolgte zu Recht.

§ 21. Versammlungsfreiheit (Art. 8 GG)

Literatur: *Battis, Ulrich/Grigoleit, Klaus,* Rechtsextremistische Demonstrationen und öffentliche Ordnung – Roma locuta?, NJW 2004, 3459 ff.; *Höfling, Wolfram,* Versammlungsrecht in Bewegung, JA 2012, 734 ff.; *Hoffmann-Riem, Wolfgang,* Demonstrationsfreiheit auch für Rechtsextremisten?, NJW 2004, 2777 ff.; *Mittelsdorf, Kathleen,* Blockade mit Versammlungscharakter als strafbare Nötigung – BVerfG, NJW 2002, 1031, in: JuS 2002, 1062 ff.; *Neumann, Conrad,* Die rechtliche Beurteilung moderner Kommunikations- und Interaktionsformen, NVwZ 2011, 1171 ff.

I. Schutzbereich

1. Sachlicher Schutzbereich

a) Versammlung und Ansammlung

Art. 8 GG garantiert die Versammlungsfreiheit. Die einfachgesetzliche Ausgestaltung und Begrenzung dieses Grundrechts erfolgte bis zur sog. Föderalismusreform I durch das bundesrechtliche Versammlungsgesetz (VersG). Seitdem ist die bundesrechtliche Gesetzgebungskompetenz für das Versammlungsrecht entfallen. Das Versammlungsgesetz gilt nach Art. 125a GG fort, soweit nicht

484

Landesgesetze erlassen worden sind (mittlerweile gibt es Versammlungsgesetze in Bayern, Brandenburg (Teilregelung), Niedersachsen, Sachsen und Sachsen-Anhalt).

485 Voraussetzung für den Grundrechtsschutz ist zunächst das Vorliegen einer Versammlung. Eine Versammlung zeichnet sich dadurch aus, dass sie Ausdruck gemeinschaftlicher, auf Kommunikation angelegter Entfaltung ist (BVerfGE 69, 315/342 f.). Voraussetzung ist also eine innere Verbindung der Personen zu gemeinsamem Handeln (BVerwGE 82, 34/38). Die Zusammenkunft muss darauf gerichtet sein, an der öffentlichen Meinungsbildung teilzunehmen. Eine Versammlung im Sinne des Grundrechts ist deshalb eine örtliche Zusammenkunft mehrerer Personen zur gemeinschaftlichen, auf die Teilhabe an der öffentlichen Meinungsbildung gerichteten Erörterung oder Kundgebung (BVerfGE 104, 92/104). Es kommt nicht darauf an, ob es sich um eine öffentliche Versammlung handelt, zu der jeder Zutritt hat, oder ob eine nichtöffentliche Versammlung vorliegt, zu der nur bestimmte Personen zugelassen sind.

486 Liegt ein gemeinsamer Zweck im Sinne der Teilhabe an der öffentlichen Meinungsbildung nicht vor, handelt es sich nicht um eine Versammlung, sondern um eine **Ansammlung** oder eine Volksbelustigung, die allein von Art. 2 Abs. 1 GG geschützt ist. Dadurch können Ansammlungen straßen- und straßenverkehrsrechtlichen Erlaubnispflichten unterzogen werden, was Gebührenpflichten sowie die Möglichkeit der Nichtgenehmigung bzw. die erleichterte Erteilung von Auflagen zur Folge hat.

487 Bei unterhaltenden oder kommerziellen Veranstaltungen wird in der Regel die Existenz einer inneren Verbindung bestritten. „Fuck Parade" und „Love Parade" werden überwiegend nicht als Versammlung angesehen, da es sich schwerpunktmäßig um Musik-/Tanzveranstaltungen handelt (BVerfG, NJW 2001, 2459 f.).

488 Die Versammlung braucht nicht ortsfest zu sein, geschützt sind auch Demonstrationszüge. Hinsichtlich der Teilnehmerzahl muss eine Versammlung aus mindestens zwei Personen bestehen (str., nach a. A. drei oder sieben. Die Frage wird in der Landesgesetzgebung neuerdings geregelt, siehe Art. 2 Abs. 1 BayVersG: mindestens zwei Personen).

b) Geschütztes Verhalten

489 Hinsichtlich des geschützten Verhaltens ist die Versammlungsfreiheit weit zu interpretieren. Die sich Versammelnden können über Ort, Zeit, Art und Inhalt der Versammlung entscheiden (BVerfGE 69, 315/343). Geschützt sind auch die vorbereitenden Maßnahmen wie die Organisation, Werbung für die Veranstaltung und die Anreise (BVerfGE 84, 203/209). Aus Art. 8 GG folgt unmittelbar das Recht, öffentliche Straßen und Plätze für die Demonstration zu nutzen.

490 Versammlungsfreiheit gibt es zunächst und vor allem für den öffentlichen Straßenraum. Außerhalb des öffentlichen Straßenraums sind auch Versamm-

§ 21. Versammlungsfreiheit (Art. 8 GG) 143

lungen an **Orten allgemeiner Kommunikation** geschützt (z. B. Einkaufszentren, Ladenpassagen, Bahnhöfe, öffentlich zugängliche Teile von Flughäfen, siehe BVerfG, NJW 2011, 1201 ff. – Abs. 67 ff.). Ein Zutrittsrecht zu beliebigen Orten gibt das Versammlungsrecht nicht, insbesondere nicht zu solchen Orten, die nicht allgemein zugänglich sind oder zu denen schon nach den äußeren Umständen nur zu bestimmten Zwecken Zugang gewährt wird. Entscheidend ist also, ob an dem Ort **allgemeiner öffentlicher Verkehr** eröffnet ist.

Mit anderen Grundrechten steht Art. 8 GG in der Regel in Idealkonkurrenz. Soll etwa eine bestimmte Meinung kundgetan werden und wird eine Versammlung deshalb untersagt, können sich die Versammlungsteilnehmer auch auf Art. 5 Abs. 1 Satz 1 1. Var. GG berufen (BVerfGE 111, 147/154). Dient die Versammlung auch der Kundgabe einer religiösen Überzeugung, wird sie zusätzlich durch Art. 4 Abs. 1 GG geschützt. **491**

c) Erfordernis der Friedlichkeit

Der Schutzbereich von Art. 8 Abs. 1 GG ist dahingehend beschränkt, dass die Versammlung friedlich sein muss, um unter dem Schutz des Art. 8 Abs. 1 GG zu stehen. In Anlehnung an § 5 Nr. 3 VersG geht man davon aus, dass eine Versammlung dann nicht friedlich ist, wenn sie einen gewalttätigen oder aufrührerischen Verlauf nimmt. Unfriedlich ist eine Versammlung vor allem dann, wenn Handlungen von einiger Gefährlichkeit stattfinden (z. B. Ausschreitungen gegen Personen oder Sachen). Dass es zu Behinderungen Dritter kommt, lässt den Grundrechtsschutz allein noch nicht entfallen. **492**

Auch eine Sitzblockade kann von Art. 8 Abs. 1 GG geschützt sein (BVerfGE 73, 206/249; 87, 399/406). Wenn sich die Teilnehmer anketten oder auf sonstige Weise eine physische Barriere bilden, kann zwar strafrechtlich der Nötigungstatbestand des § 240 StGB vorliegen. Gleichwohl entfällt der Schutz des Art. 8 Abs. 1 GG durch ein solches Verhalten nicht (BVerfGE 104, 92/106; die Rechtsprechung ist einerseits zweifelhaft, da strafbares Tun grundrechtlich unterstützt wird; andererseits besteht wegen der teilweise exzessiven Auslegung des Gewaltbegriffs im Rahmen des § 240 StGB durch die Strafgerichte die Gefahr, dass das Grundrecht ansonsten leer laufen würde). Soweit nur einige Teilnehmer unfriedlich sind, verlieren auch nur sie den grundrechtlichen Schutz des Art. 8 Abs. 1 GG (BVerfGE 69, 315/361). **493**

2. Persönlicher Schutzbereich

Träger des Grundrechts ist jeder Deutsche im Sinne von Art. 116 GG. Auch Minderjährige sind Grundrechtsträger. Die überwiegende Meinung geht davon aus, dass auch juristische Personen und Personenvereinigungen sich auf das Grundrecht berufen können. Die Versammlung selbst ist hingegen kein Grundrechtsträger. **494**

II. Eingriff

495 In den Schutzbereich wird eingegriffen, wenn staatliche Maßnahmen das Versammlungsverhalten regeln. Beispiele dafür sind Anmelde- und Erlaubnispflichten, Auflösungen oder Verbote. Das Grundrecht kann auch durch faktische Behinderungen beeinträchtigt werden. Dies geschieht etwa dann, wenn Kontrollen bei Anfahrten zur Versammlung nur schleppend vorgenommen werden (siehe BVerfGE 69, 315/349) oder wenn Personen, die an der Versammlung teilnehmen wollen, etwa durch Registrierung oder andere Maßnahmen von der Teilnahme abgeschreckt werden sollen. Hausverbote durch privatrechtlich organisierte Unternehmen, die zu mehr als 50 % der öffentlichen Hand gehören, sind ebenfalls als Grundrechtseingriffe anzusehen.

III. Verfassungsrechtliche Rechtfertigung von Eingriffen

1. Beschränkungen von Versammlungen „unter freiem Himmel"

496 Die Versammlungsfreiheit steht nach Art. 8 Abs. 2 GG teilweise unter Gesetzesvorbehalt. Der Gesetzesvorbehalt betrifft Versammlungen „unter freiem Himmel", also nicht solche in „geschlossenen Räumen". Die Unterscheidung ist **nicht wörtlich zu verstehen**. Die besonderen Beschränkungsmöglichkeiten für Versammlungen „unter freiem Himmel" erklären sich daraus, dass in solchen Fällen die Öffentlichkeit mit dem Anliegen konfrontiert wird. Es geht also um Versammlungen im „öffentlichen Raum" (BVerfG, NJW 2011, 1201 ff. – Abs. 76). Ob der Raum nach oben „offen" ist oder nicht, ist irrelevant. Auch Versammlungen in Einkaufszentren, Ladenpassagen, allgemein zugänglichen Bereichen eines Flughafengebäudes u. ä. fallen unter den Gesetzesvorbehalt des Art. 8 Abs. 2 GG.

> **Merke:** Versammlungen „unter freiem Himmel" sind Versammlungen im „öffentlichen Raum".

a) Verfassungsmäßigkeit der gesetzlichen Grundlagen

497 Zur Rechtfertigung eines Eingriffs bedarf es einer gesetzlichen Grundlage. Die wichtigste gesetzliche Grundlage für Eingriffe in das Versammlungsrecht ist das Versammlungsgesetz (VersG, Übergangsrecht nach Art. 125a GG, mittlerweile Landeskompetenz). Damit ist den Behörden ein Rückgriff auf das allgemeine Polizei- und Ordnungsrecht im Anwendungsbereich des Versammlungsgesetzes verwehrt (sog. **Polizeifestigkeit des Versammlungsrechts**). Die Versammlungsgesetze gelten im Regelfall jedoch nur für öffentliche Versammlungen, also Versammlungen, bei denen die Zulassung nicht auf einen

§ 21. Versammlungsfreiheit (Art. 8 GG) 145

individuell bezeichneten Personenkreis beschränkt ist. Für nicht-öffentliche Versammlungen muss dann auf das allgemeine Polizei- und Ordnungsrecht zurückgegriffen werden (muss im Einzelnen nach dem jeweiligen Versammlungsgesetz geprüft werden).

Die Versammlungsgesetze unterscheiden wie die Verfassung in Art. 8 Abs. 2 GG zwischen Versammlungen „unter freiem Himmel" und „in geschlossenen Räumen". „Unter freiem Himmel" ist in entsprechender Heranziehung verfassungsrechtlicher Maßstäbe als „im öffentlichen Raum" zu verstehen. Solche Versammlungen sind im Übrigen immer „öffentlich", weil sich jederzeit jemand hinzugesellen kann. Hingegen gibt es in geschlossenen Räumen öffentliche Versammlungen (für die das Versammlungsrecht gilt) und nicht öffentliche Versammlungen, für die das Versammlungsrecht im Regelfall nicht gilt. **498**

Versammlungen „unter freiem Himmel" können verboten oder von Auflagen abhängig gemacht werden, wenn die **öffentliche Sicherheit oder Ordnung** unmittelbar gefährdet wird (§ 15 Abs. 1 VersG, ebenso Art. 15 Abs. 1 BayVersG). Zur öffentlichen Sicherheit gehört vor allem die Rechtsordnung. Eingriffe können somit zur Abwehr von Rechtsverstößen erfolgen. Unter „öffentlicher Ordnung" versteht man wie im Polizei- und Sicherheitsrecht die Gesamtheit der essentiellen ungeschriebenen Regeln für das Verhalten des Einzelnen in der Öffentlichkeit. Öffentliche Sicherheit und öffentliche Ordnung sind unbestimmte Rechtsbegriffe, deren Verwendung durch den Gesetzgeber grundsätzlich zulässig ist. Bei ihrer Anwendung im Einzelfall sind jedoch gegebenenfalls verfassungsrechtliche Wertentscheidungen besonders zu berücksichtigen. So können Empfindlichkeiten ausländischer Politiker alleine ein Verbot einer Versammlung oder eine Verlegung außerhalb des Sicht- und Hörbereichs der Staatsgäste nicht rechtfertigen (etwa bei einem G-8-Gipfel, siehe BVerfG, NJW 2007, 2167 ff.). Gegen eine Versammlung können weiterhin dann Maßnahmen ergehen, wenn sie an einem besonders sensiblen Ort stattfinden soll (§ 15 Abs. 2 VersG). **499**

Öffentliche Versammlungen „unter freiem Himmel" sind innerhalb bestimmter Fristen vor der Bekanntgabe (nicht vor der Durchführung) der zuständigen Behörde anzuzeigen (48 Stunden nach § 14 Abs. 1 VersG, 72 oder sogar 96 Stunden nach Art. 13 Abs. 1 BayVersG). Eine Versammlung ist also nicht genehmigungspflichtig! Auch Genehmigungen nach dem Straßenrecht oder Straßenverkehrsrecht sind nicht erforderlich. **500**

Die Anmeldepflicht nach § 14 Abs. 1 VersG ist verfassungsrechtlich hinsichtlich von Eil- oder Spontanversammlungen problematisch. Das BVerfG geht gleichwohl von ihrer Verfassungsmäßigkeit aus. Spontanversammlungen unterliegen jedoch keiner Anmeldepflicht, da sie sonst generell verboten wären (BVerfGE 85, 69/75, ebenso jetzt Art. 13 Abs. 4 BayVersG). Liegt eine Eilversammlung vor, bei der die Anmeldefrist nur unter Gefährdung des Demonstrationszwecks gewahrt werden kann, ist die Versammlung so früh wie möglich anzumelden (BVerfGE 85, 69/75, so auch Art. 13 Abs. 3 BayVersG). Es **501** ist zweifelhaft, ob bezüglich der Auslegung von § 14 Abs. 1 VersG die Grundsätze über die verfassungskonforme Interpretation noch eingehalten werden (Grenze des Wortlauts der Norm wird überschritten). Richtiger dürfte es sein, § 14 Abs. 1 VersG als verfassungswidrig einzustufen. Es ist zu erwarten, dass die Bundesländer – dem bayerischen Vorbild folgend – ausdrückliche Regelungen für Eil- und Spontanversammlungen erlassen werden.

b) Verfassungsmäßigkeit von Einzelmaßnahmen

502 Bei der Auslegung des eingreifenden Gesetzes ist die Wechselwirkungstheorie zu beachten (BVerfGE 87, 399/407). Die einschränkende Maßnahme muss strikt im Hinblick auf die Verhältnismäßigkeit überprüft werden. Die Sicherheitsbehörden müssen die Zusammenarbeit mit den Veranstaltern suchen. Je mehr die Veranstalter zu vertrauensbildenden Maßnahmen oder zur Kooperation bereit sind, desto höher rückt die Schwelle für behördliches Eingreifen wegen Gefährdung der öffentlichen Sicherheit (BVerfGE 69, 315 ff.).

503 Wichtig ist bei der Beurteilung von Einzelmaßnahmen die Unterscheidung von Versammlungsauflagen und Versammlungsverboten. Auflagen (z. B. das Verbot, durch eine bestimmte Straße zu ziehen) sind rechtlich eher zulässig als Verbote, die angesichts der hohen Bedeutung des Art. 8 Abs. 1 GG nur zur Abwehr von Gefahren für verfassungsrechtlich geschützte Rechtsgüter zulässig sind (also etwa bei Gefahren für Leben, körperliche Unversehrtheit oder Eigentum). Der in § 15 Abs. 1 VersG enthaltene Begriff der „öffentlichen Sicherheit" ist einschränkend zu interpretieren.

504 Auch ausländische Politiker müssen sich Kritik durch öffentliche Kundgebungen gefallen lassen. „Empfindlichkeiten" können nicht dazu führen, Demonstrationen nur außerhalb der Sicht- und Hörweite ausländischer Staatsgäste stattfinden zu lassen. Die Schaffung räumlicher Distanz etwa durch Sperrzäune muss sich durch entsprechende Sicherheitserwägungen rechtfertigen lassen (vgl. BVerfG, NJW 2007, 2167 ff.).

505 Ebenso wenig dürfen Versammlungen mit rechtsradikalem Hintergrund unter Rückgriff auf die sog. öffentliche Ordnung verboten werden (zur Erinnerung: die Gesamtheit der essentiellen ungeschriebenen Regeln für das Verhalten des Einzelnen in der Öffentlichkeit). Die öffentliche Ordnung ist kein Einfallstor für das Verbot von Kundgebungsinhalten, die von der Mehrheit der Bevölkerung abgelehnt werden (BVerfG, NJW 2001, 2072 ff.). Der unbestimmte Rechtsbegriff öffentliche Ordnung ist aus verfassungsrechtlichen Gründen restriktiv zu interpretieren. Insofern ist auch das Zusammenspiel von Art. 5 Abs. 2 GG und Art. 8 Abs. 2 GG zu beachten. Eine zulässige Meinungskundgabe kann nicht zum Verbot der Versammlung führen, auf der diese Meinung kundgetan werden soll. Im Landesrecht finden sich Sonderregelungen für Kundgebungen mit rechtsradikalem Hintergrund an „sensiblen Tagen" (siehe Art. 15 Abs. 2 BayVersG).

§ 21. Versammlungsfreiheit (Art. 8 GG)

Beispiel *(BVerfGE 111, 147 ff.)*: Ein Landesverband der NPD meldet bei der zuständigen Versammlungsbehörde eine Demonstration mit dem Motto: „Keine Steuergelder für den Synagogenbau!" an. Die Versammlung wird von der Behörde wegen Verstoßes der Versammlung gegen die öffentliche Ordnung verboten.
§ 15 Abs. 1 VersG sieht zwar ein Verbot einer Versammlung wegen Verstoßes gegen die öffentliche Ordnung vor. Die öffentliche Ordnung ist aber keine zulässige Schranke der Meinungsfreiheit nach Art. 5 Abs. 2 GG. Eine Versammlung kann unter Rückgriff auf die öffentliche Ordnung deshalb nur dann untersagt werden, wenn es nicht um den Inhalt der Äußerungen, sondern um die Art und Weise der Durchführung geht (z. B. einschüchterndes Verhalten der Teilnehmer). Solange kein Verstoß gegen die öffentliche Sicherheit (Rechtsordnung, insbesondere bei Vorliegen von Straftatbeständen) vorliegt, ist ein solches Verbot rechtswidrig.

506

Veranstaltungen rechtsradikaler Parteien können nicht wegen möglicher Verfassungsfeindlichkeit der veranstaltenden Partei verboten werden. Insofern entfaltet Art. 21 Abs. 2 S. 2 GG Sperrwirkung auch gegenüber den Versammlungsbehörden. Bis zu einer Entscheidung des BVerfG müssen rechtsradikale Parteien behandelt werden wie andere Veranstalter auch (str.).

507

Art der Maßnahme	Rechtliche Beurteilung
1. Verbot wegen zu erwartender gewalttätiger Gegendemonstrationen	rechtswidrig, Sicherheitsbehörden müssen gegen gewalttätige Gegendemonstranten vorgehen
2. Verbot wegen zu erwartender Gewalttätigkeiten der Teilnehmer	rechtmäßig, wenn hierfür hinreichend konkrete Anhaltspunkte vorliegen
3. Verbot wegen des Inhalts der Meinungskundgabe	rechtswidrig, wenn die Beschränkung der Meinungskundgabe nicht von Art. 5 Abs. 2 GG gedeckt ist
4. Auflage, dass die Teilnehmer keine einheitliche Kleidung tragen dürfen	rechtswidrig, solange nicht gegen das Uniformierungsverbot (§ 3 VersG, Art. 7 BayVersG) verstoßen wird
5. Auflagen, dass keine Fahnen oder Gegenstände mit verfassungsfeindlichen Symbolen mitgeführt werden dürfen	rechtmäßig, vgl. §§ 86, 86a StGB
6. Verbot des Mitführens von Gegenständen (Trommeln, Fackeln, Baseballschläger)	i. d. R. rechtswidrig, es sei denn, es gibt konkrete Anhaltspunkte für den Einsatz der Gegenstände zu Gewaltzwecken

508

Abgrenzungsschwierigkeiten ergeben sich bei der zeitlichen Durchführung von Versammlungen:

509

Beispiel *(BVerfG, NJW 2001, 1409)*: Die rechtsradikale N-Partei will am 27. 1. 2001 (sog. Holocaust-Gedenktag) eine Demonstration mit dem Thema „Für Meinungsfreiheit – Demo statt Infotisch" durchführen. Die Versammlungsbehörde verlangt mittels Auflage eine Verschiebung auf den 28. 1. 2001.

510

Die Auflage ist zum Schutz der öffentlichen Ordnung rechtmäßig. Dem 27. 1. kommt als Tag der Befreiung des KZ Auschwitz eine wichtige Symbolkraft zu. Die Durchführung der geplanten Demo durch die N-Partei würde soziale und ethische Anschauungen verletzen. Die Demo steht zudem mit dem 27. 1. in keinem untrennbaren Zusammenhang.

511 **Weiteres Beispiel:** Die N-Partei will am 1. 9. (Kriegsbeginn 2. Weltkrieg) eine Demo „Gegen Krieg und militärischen Größenwahn" durchführen.

Da in diesem Fall das Thema und der Termin untrennbar miteinander verbunden sind, kann eine Verschiebung etwa auf den 2. 9. nur unter den strengen Voraussetzungen eines Demonstrationsverbotes verfügt werden.

2. Beschränkungen von Versammlungen in geschlossenen Räumen

512 Versammlungen im nicht öffentlichen Raum unterfallen nicht dem Gesetzesvorbehalt des Art. 8 Abs. 2 GG. Sie können auf gesetzlicher Grundlage jedoch dann beschränkt werden, wenn dies zum Schutz eines kollidierenden Verfassungsgutes zwingend geboten ist. Rechtsgrundlage für Eingriffe bei öffentlichen Versammlungen in geschlossenen Räumen sind die §§ 5 ff. VersG (Art. 10 ff. BayVersG).

513 Unterscheide deshalb folgende Fälle:
- Versammlung im öffentlichen Raum (z. B. öffentliche Demonstration vor dem Ministerium gegen Studiengebühren): Schutzbereich des Art. 8 Abs. 1 GG ist eröffnet, Gesetzesvorbehalt des Art. 8 Abs. 2 GG gilt, ebenso die Eingriffsbefugnisse für Versammlungen unter freiem Himmel nach dem jeweiligen Versammlungsgesetz. Die Versammlung im öffentlichen Raum ist immer „öffentlich" im Sinne der Versammlungsgesetze, grundsätzlich kann sich jeder, der möchte, anschließen.
- Öffentliche Versammlungen im nichtöffentlichen Raum (z. B. Versammlung im Audimax zum Protest gegen Studiengebühren, oder Versammlung im Stadion eines örtlichen Fußballvereins): Schutzbereich des Art. 8 Abs. 1 GG ist eröffnet, Gesetzesvorbehalt des Art. 8 Abs. 2 GG **gilt nicht**, da Audimax oder Stadion kein öffentlicher Raum (nicht allgemein zugänglich) ist. Versammlungsgesetz ist anwendbar, da unbestimmter Personenkreis eingeladen und Versammlung damit „öffentlich" ist. Es gelten die Regeln des Versammlungsgesetzes über „Versammlungen in geschlossenen Räumen". Einschränkungen des Schutzbereichs sind nur zum Schutz von kollidierenden Verfassungsgütern zulässig.
- Nichtöffentliche Versammlungen im nichtöffentlichen Raum (z. B. studentische Vertreter beraten intern über neue Aktionen gegen Studiengebühren): Schutzbereich des Art. 8 Abs. 1 GG ist eröffnet, Gesetzesvorbehalt gilt nicht, ebenso gilt das jeweilige Versammlungsgesetz im Regelfall nicht.

514 **Fall 48:** Die nicht verbotene rechtsradikale N-Partei plant eine Demonstration in der Fußgängerzone der kreisfreien Stadt S. Wegen verfassungsfeindlicher Bestrebungen unter-

§ 21. Versammlungsfreiheit (Art. 8 GG) 149

sagt die Stadt S die Versammlung unter Berufung auf § 15 Abs. 1 VersG. Als Begründung führt die Stadt aus, dass der Schutz von Art. 8 GG Gegnern der Verfassung nicht zustehe. Verstößt die Untersagung gegen die Versammlungsfreiheit?

Lösung Fall 48: Die Untersagung verstößt gegen das Grundrecht der Versammlungsfreiheit, wenn sie als Eingriff in den Schutzbereich zu qualifizieren ist, der verfassungsrechtlich nicht gerechtfertigt werden kann.

1. *Schutzbereich.* Art. 8 GG schützt die Versammlungsfreiheit. Eine Versammlung ist eine örtliche Zusammenkunft mehrerer Personen zur gemeinschaftlichen, auf die Teilhabe an der öffentlichen Meinungsbildung gerichteten Erörterung oder Kundgebung. Dies ist bei einer Demonstration der Fall. Die N-Partei ist zudem Trägerin des Grundrechts der Versammlungsfreiheit. Dass die N-Partei rechtsradikal ist und ihre Bestrebungen nach Auffassung der Stadt verfassungsfeindlich sind, hat für die Frage der Eröffnung des Schutzbereiches keine Bedeutung. Eine Verwirkung von Grundrechten nach Art. 18 GG durch eine Entscheidung des BVerfG liegt nicht vor. Wegen des Parteienprivilegs nach Art. 21 Abs. 2 GG darf die Partei zudem von der Stadt nicht als verfassungsfeindlich behandelt werden. Hinsichtlich des Zweckes der Veranstaltung verhalten sich Art. 8 GG und § 15 Abs. 1 VersG neutral. Der Schutzbereich ist daher eröffnet.

2. *Eingriff.* Das Verbot der Demonstration greift in den Schutzbereich der Versammlungsfreiheit ein.

3. *Verfassungsrechtliche Rechtfertigung.* Die Versammlungsfreiheit steht gem. Art. 8 Abs. 2 GG bei Veranstaltungen unter freiem Himmel (= im öffentlichen Raum) unter Gesetzesvorbehalt. Nach § 15 Abs. 1 VersG können öffentliche Versammlungen verboten werden, wenn die öffentliche Sicherheit oder Ordnung bei der Durchführung der Versammlung unmittelbar gefährdet ist. Diese Vorschrift ist als solche verfassungsmäßig.

Fraglich ist aber, ob die auf § 15 Abs. 1 VersG gestützte Untersagung der Demonstration im Einzelfall verfassungsmäßig war. Die Stadt S führt als Begründung für die Untersagung der Veranstaltung an, dass der Schutz von Art. 8 GG Gegnern der Verfassung nicht zustehe. Diese Auffassung überzeugt jedoch aufgrund der Inhaltsneutralität der Versammlungsfreiheit nicht. Solange die Partei nicht nach Art. 21 Abs. 2 GG verboten ist, ist das Grundrecht auf Versammlungsfreiheit zu wahren. Ein „Parteiverbot durch die Hintertür" kann nicht verfügt werden (großzügig für die Möglichkeit des Verbotes von Neonazi-Demonstrationen hingegen das OVG Münster, siehe etwa NJW 2001, 2986 f. m. w. N.). Dass darüber hinaus die Voraussetzungen des § 15 Abs. 1 VersG vorlagen, ist nicht ersichtlich. Eine verfassungsrechtliche Rechtfertigung ist daher nicht möglich.

4. *Ergebnis.* Das Verbot verstößt gegen die Versammlungsfreiheit.

Merke: Veranstaltungen rechtsradikaler Parteien können nicht alleine wegen möglicher Verfassungsfeindlichkeit der Partei untersagt werden. Insofern entfaltet Art. 21 Abs. 2 Satz 2 GG Sperrwirkung.

IV. Objektiv-rechtliche Dimension des Grundrechts

1. Auslegung von Straftatbeständen

Aus Art. 8 GG entnimmt man eine grundsätzliche Pflicht des Staates, die 515 Durchführung von Versammlungen zu ermöglichen. Dies hat Bedeutung vor allem für die Benutzung öffentlicher Straßen, auf die in der Regel ein Anspruch besteht. Hinsichtlich der Nutzung sonstiger öffentlicher Flächen besteht jedoch nur ein Anspruch auf fehlerfreien Ermessensgebrauch (BVerwGE 91, 135/139 f. – Bonner Hofgartenwiese). Im Vorfeld von Großdemonstrationen müssen die staatlichen Behörden versammlungsfreundlich verfahren (BVerfGE 69, 315 ff.).

516   **Fall 49** (*BVerfGE 87, 399 ff.*): Der deutsche Staatsbürger D nimmt an einer ordnungsgemäß angemeldeten Demonstration in Form einer Sitzblockade vor der Kaserne in K teil. Obwohl alle Auflagen der Versammlungsbehörde eingehalten werden, verfügt die Polizei die Auflösung der Versammlung. D entfernt sich nicht unverzüglich vom Versammlungsort. Er wird deshalb wegen Verstoßes gegen § 29 Abs. 1 Nr. 2 VersG zu einer Geldbuße verurteilt. Verstößt die Verurteilung gegen die Versammlungsfreiheit des D?

Lösung Fall 49: Die Verurteilung verstößt gegen das Grundrecht der Versammlungsfreiheit, wenn sie als Eingriff in den Schutzbereich zu qualifizieren ist, der nicht gerechtfertigt werden kann.

1. *Schutzbereich.* Der Schutzbereich müsste eröffnet sein.

a. Sachlicher Schutzbereich. Art. 8 GG schützt die Versammlungsfreiheit. Eine Versammlung ist eine örtliche Zusammenkunft mehrerer Personen zur gemeinschaftlichen, auf die Teilhabe an der öffentlichen Meinungsbildung gerichteten Erörterung oder Kundgebung. Dies ist bei einer Demonstration der Fall. Dass diese Demonstration in Form einer Sitzblockade stattfand, hat auf die Frage der Eröffnung des Schutzbereiches keinen Einfluss.

b. Persönlicher Schutzbereich. Als Deutscher ist D Träger des Grundrechts.

2. *Eingriff.* Die Verhängung einer Geldbuße ist ein Eingriff in die Versammlungsfreiheit.

3. *Verfassungsrechtliche Rechtfertigung.* Versammlungen unter freiem Himmel können gem. Art. 8 Abs. 2 GG grundsätzlich durch Gesetze beschränkt werden. Die Verhängung einer Geldbuße ist in § 29 Abs. 1 Nr. 2 VersG geregelt. An der Verfassungsmäßigkeit der Vorschrift als solcher bestehen keine Bedenken, da sie verhältnismäßig ist. Grundsätzlich ist es nicht zu beanstanden, wenn Geldbußen bei der Verweigerung der Entfernung nach einer Versammlungsauflösung verhängt werden.

Fraglich ist jedoch, ob auch die konkrete Anwendung des Gesetzes verfassungsmäßig erfolgt ist. Hierbei sind die besonderen Umstände des Einzelfalles zu beachten. Die Auflösungsverfügung selbst war verfassungswidrig, da bei der Demonstration alle Auflagen der Versammlungsbehörde eingehalten wurden. Der Bedeutung von Art. 8 Abs. 1 GG wird es jedoch nicht gerecht, wenn von einer Ordnungswidrigkeit auch dann auszugehen ist, wenn die Auflösungsverfügung selbst nicht nach § 15 Abs. 3 VersG rechtmäßig ist. In einem solchen Fall verstößt die Verhängung eines Bußgeldes gegen Art. 8 Abs. 1 GG. Eine verfassungsrechtliche Rechtfertigung ist dann nicht möglich. Dem Gesetzgeber ist es zwar nicht von vornherein verwehrt, Widergesetzlichkeit gegen behördliche Anordnungen unter Strafe und Buße zu stellen, ohne dass es auf die Rechtmäßigkeit der Anordnung selbst ankommt. Allerdings muss dies dann im Gesetz selbst ausdrücklich zum Ausdruck kommen (BVerfGE 87, 399/401).

4. *Ergebnis.* Die Verurteilung des D verstößt daher gegen Art. 8 Abs. 1 GG.

2. Prozessuale Besonderheiten

517   Nach § 32 Abs. 1 BVerfGG kann das BVerfG einstweilige Anordnungen treffen, wenn dies zur Abwehr schwerer Nachteile dringend geboten ist. Von vornherein abgewiesen wird ein Antrag nach § 32 Abs. 1 BVerfGG, wenn ein Hauptsacheantrag (der noch nicht vorliegen muss) evident unzulässig oder

unbegründet wäre. Ansonsten wird eine sog. **folgenorientierte Doppelhypothese** durchgeführt:
- Welche Nachteile entstehen, wenn die einstweilige Anordnung nicht ergeht, die Verfassungsbeschwerde aber im Ergebnis Erfolg hat?
- Welche Nachteile entstehen, wenn die einstweilige Anordnung ergeht, die Verfassungsbeschwerde aber im Ergebnis keinen Erfolg hat?

Überwiegt (1) (2), ergeht die Anordnung, sonst nicht. So kann man im Grundsatz auch im Versammlungsrecht verfahren (BVerfG, NJW 2001, 2076/2077), auch wenn die genannte Formel eher für die Überprüfung von Normen formuliert worden ist. 518

Im Versammlungsrecht stellt sich regelmäßig das Problem, dass Hauptsacheentscheidungen der Verwaltungsgerichte oder gar des BVerfG nicht rechtzeitig ergehen können. Die Verwaltungsgerichtsbarkeit hat in vielen Fällen (in eindeutig rechtswidriger Weise) den gebotenen einstweiligen Rechtsschutz nicht gewährt. Das BVerfG sah sich deshalb veranlasst, etwas zu tun, was eigentlich nicht seine Aufgabe ist (Stichwort: kein Superrevisions- oder hier kein Superbeschwerdegericht): Es prüft die dem Rechtsschutzbegehren zugrunde liegenden Sachverhalte. Dabei müssen die entsprechenden Ermittlungen und tatsächlichen Würdigungen der besonderen Bedeutung des Art. 8 Abs. 1 GG und auch des Art. 5 Abs. 1 GG (Meinungsfreiheit) für eine freiheitlich-demokratische Grundordnung gerecht werden. Beschränkungen und Verbote von Versammlungen werden aufgehoben, wenn die entsprechenden Bestimmungen offensichtlich falsch angewendet worden sind. Mit anderen Worten: Die Erfolgsaussichten einer Verfassungsbeschwerde finden entgegen den allgemeinen Grundsätzen für den Erlass einstweiliger Anordnungen doch Berücksichtigung, wenn ein Abwarten auf das Hauptsacheverfahren den Grundrechtsschutz vereiteln würde (BVerfGE 111, 147 ff.). 519

Folgewirkungen hat die Versammlungsfreiheit auch im Hinblick auf die gerichtliche Kontrolle von Verboten nach Erledigung. Die Rechtsschutzgarantie des Art. 19 Abs. 4 GG verlangt effektiven Rechtsschutz im Hauptsacheverfahren, nicht nur durch Eilrechtsschutz (BVerfGE 110, 77/86 ff.). Das besondere Feststellungsinteresse für eine Fortsetzungsfeststellungsklage nach § 113 Abs. 1 Satz 4 VwGO muss deshalb von den Verwaltungsgerichten bejaht werden, wenn die angegriffene Maßnahme die Versammlungsfreiheit schwer beeinträchtigt hat, oder wenn die Gefahr einer Wiederholung besteht, oder wenn ein Rehabilitationsinteresse anzuerkennen ist (BVerfGE 110, 77/89). Das Verfassungsgericht will mit dieser Rechtsprechung verhindern, dass sich die Verwaltungsgerichte um die vor allem im Zusammenhang mit rechtsradikalen Streitigkeiten auch wegen der Klägerklientel als unangenehm empfundenen Angelegenheiten durch enge Auslegung prozessualer Erfordernisse „herumdrücken". 520

521 **Fall 50** (*BVerfG, NJW 2001, 2078f.*): Die rechtsextreme N-Partei will am 1.5. 2001 in der Stadt A eine Kundgebung unter dem Motto „Arbeitsplätze zuerst für Deutsche" durchführen. Mit Bescheid vom 24.4. 2001 verfügt die Stadt A nach § 15 Abs. 1 VersG ein Versammlungsverbot. Als Begründung führt die Stadt aus, es seien anlässlich des Aufzugs Straftaten zu erwarten. Konkrete Belege hat die Stadt hierfür jedoch nicht. Die N-Partei ruft zunächst ohne Erfolg die Verwaltungsgerichte an. Dann stellt sie Antrag auf Erlass einer einstweiligen Anordnung nach § 32 Abs. 1 BVerfGG. Mit Erfolg?

Lösung Fall 50: Der Antrag auf Erlass einer einstweiligen Anordnung nach § 32 Abs. 1 BVerfGG hat Erfolg, wenn er zulässig und begründet ist.

I. Zulässigkeit. Der Antrag auf Erlass einer einstweiligen Anordnung ist in allen Verfahrensarten des Hauptsacheverfahrens statthaft. Die Sachurteilsvoraussetzungen müssen daher denjenigen des Hauptsacheverfahrens, im vorliegenden Fall also der Verfassungsbeschwerde, entsprechen.

1. Beschwerdeberechtigung. Die N-Partei ist als Träger des Grundrechts der Versammlungsfreiheit aus Art. 8 Abs. 1 GG beschwerdeberechtigt.

2. Prozessfähigkeit. Die Prozessfähigkeit, also die Fähigkeit, seine Rechte vor Gericht selbst oder durch einen selbst gewählten Vertreter geltend machen zu können, liegt ebenfalls vor. Die N-Partei wird hierbei durch den Vorstand vertreten.

3. Antragsgegenstand. Antragsgegenstand ist der Bescheid der Stadt A vom 24.4. 2001, welcher durch die verwaltungsgerichtlichen Entscheidungen aufrechterhalten wird.

4. Antragsbefugnis. Die Antragsbefugnis der N-Partei ist zu bejahen. Es besteht die Möglichkeit, dass sie durch das Verbot in ihrem Grundrecht aus Art. 8 Abs. 1 GG verletzt wird. Die N-Partei ist auch selbst, gegenwärtig und unmittelbar betroffen.

5. Form und Frist. An Einhaltung von Form und Frist bestehen keine Zweifel.

6. Zwischenergebnis. Der Antrag ist somit zulässig.

II. Begründetheit. Der Antrag ist begründet, wenn er in der Hauptsache nicht offensichtlich unzulässig oder unbegründet ist, die Hauptsache durch den Erlass der einstweiligen Anordnung nicht vorweggenommen wird und das Interesse der N-Partei an dem Erlass der Anordnung das öffentliche Interesse im Rahmen einer Folgenabwägung überwiegt.

1. Keine offensichtliche Unzulässigkeit bzw. Unbegründetheit. Eine Verfassungsbeschwerde wäre weder offensichtlich unzulässig, noch unbegründet.

2. Keine Vorwegnahme der Hauptsache. Problematisch ist in diesem Fall jedoch die Frage der Vorwegnahme der Hauptsache. Grundsätzlich dürfen durch den Erlass einer einstweiligen Anordnung keine vollendeten Tatsachen geschaffen werden, durch welche das Hauptsacheverfahren überflüssig würde. Käme aufgrund besonderer Einzelfallumstände eine Entscheidung in der Hauptsache jedoch möglicherweise zu spät, so ist ausnahmsweise ihre Vorwegnahme zulässig. In einem solchen Fall ist die Prüfung dann nicht auf die übliche Folgenabwägung beschränkt, sondern es sind summarisch die Erfolgsaussichten der Hauptsache zu prüfen. Ein solcher Ausnahmefall liegt hier vor. Ergeht die einstweilige Anordnung, so werden durch das Gestatten der Versammlung vollendete Tatsachen geschaffen. Auf der anderen Seite würde ein Abwarten der Entscheidung im Hauptsacheverfahren dazu führen, dass der Grundrechtsschutz vereitelt würde.

3. Erfolgsaussichten der Hauptsache.

a. Schutzbereich. Der Schutzbereich des Art. 8 Abs. 1 GG ist eröffnet. Die geplante Demonstration fällt unter den Schutzbereich der Versammlungsfreiheit. Auf das Motto der Demonstration kommt es hierbei wegen der Inhaltsneutralität des Art. 8 GG nicht an. Auch rechtsradikale Demonstrationen sind daher geschützt, solange die veranstaltende Partei nicht nach Art. 21 Abs. 2 GG verboten ist.

b. Eingriff. Durch das Veranstaltungsverbot liegt ein Eingriff in den Schutzbereich vor.

c. *Verfassungsrechtliche Rechtfertigung.* Dieser Eingriff kann verfassungsrechtlich nicht gerechtfertigt werden. Das Grundrecht der Versammlungsfreiheit kann bei Versammlungen unter freiem Himmel zwar grundsätzlich beschränkt werden. Erforderlich ist hierbei aber, dass das auf § 15 Abs. 1 VersG gestützte Verbot im Einzelfall verfassungsmäßig ist. Dies ist vorliegend nicht der Fall. Es liegen hier keine konkreten Hinweise vor, dass anlässlich des Aufzuges Straftaten zu erwarten sind. Ohne konkrete Hinweise durfte die Stadt A nicht von einer Gefährdung für die öffentliche Sicherheit ausgehen. Auch der Umgang mit möglichen Verfassungsfeinden muss rechtsstaatlich ergehen.

d. *Zwischenergebnis.* Das Veranstaltungsverbot verstößt daher gegen Art. 8 Abs. 1 GG.

III. *Endergebnis.* Da somit die Hauptsache Erfolg haben wird, ist der Antrag auf Erlass einer einstweiligen Anordnung begründet. Das BVerfG wird damit die Durchführung des Aufzuges im Wege der einstweiligen Anordnung nach § 32 Abs. 1 BVerfGG erlauben.

Merke: Eine Veranstaltung kann nur untersagt werden, wenn konkrete Hinweise für die Gefährdung der öffentlichen Sicherheit oder Ordnung vorliegen.

§ 22. Vereinigungsfreiheit (Art. 9 Abs. 1 GG)

Literatur: *Kunig, Philip,* Vereinsverbot, Parteiverbot, Jura 1995, 384 ff.; *Murswiek, Dietrich,* Grundfälle zur Vereinigungsfreiheit – Art. 9 I, II GG, JuS 1992, 116 ff.; *von Mutius, Albert,* Die Vereinigungsfreiheit gem. Art. 9 Abs. 1 GG, Jura 1984, 193 ff.

I. Schutzbereich

1. Begriff der Vereinigung

Art. 9 Abs. 1 GG schützt das Recht, Vereine und Gesellschaften zu bilden, 522 also das Prinzip freier sozialer Gruppenbildung. Vereine und Gesellschaften werden unter dem Sammelbegriff der „Vereinigung" zusammengefasst. Eine Differenzierung ist nicht erforderlich, da Vereine und Gesellschaften rechtlich gleichbehandelt werden.

Eine Vereinigung ist ein Zusammenschluss mehrerer natürlicher oder ju- 523 ristischer Personen bzw. Personenvereinigungen für längere Zeit zu einem gemeinsamen Zweck auf freiwilliger Basis bei Unterwerfung unter eine organisatorische Willensbildung. Deshalb gehören gesetzlich angeordnete öffentlich-rechtliche Zwangszusammenschlüsse (z. B. Rechtsanwaltskammer, Ärztekammer) nicht zu den von Art. 9 Abs. 1 GG geschützten Vereinigungen.

Es kommt nicht darauf an, welchen Zweck eine Vereinigung verfolgt. Dies 524 kann ein ideeller, aber auch ein wirtschaftlicher Zweck sein. Eine Vereinigung muss jedoch mindestens zwei Mitglieder haben. Vereinigungen sind also beispielsweise eingetragene Vereine, Personengesellschaften sowie Kapitalgesellschaften, soweit sie mehrere Mitglieder haben.

Teil III. Freiheitsrechte

525 Subsidiär ist die Vereinigungsfreiheit gegenüber der Glaubensfreiheit (Art. 4 Abs. 1 GG). Die Bildung und Betätigung einer Religionsgemeinschaft fällt deshalb unter Art. 4, Art. 140 GG i. V. m. Art. 137 Abs. 2 WRV.

2. Individuelle Vereinigungsfreiheit

a) Sachlicher Gewährleistungsumfang

526 Die Vereinigungsfreiheit besteht aus einer individuellen und einer kollektiven Komponente. Die individuelle Vereinigungsfreiheit schützt das Tätigwerden der künftigen oder gegenwärtigen Vereinigungsmitglieder. Alle Deutschen haben also das Recht, eine Vereinigung zu gründen, die Gründung einer Vereinigung vorzubereiten, sich in einer Vereinigung zu betätigen oder aus einer Vereinigung auszutreten. Die individuelle Vereinigungsfreiheit hat somit eine positive und eine negative Seite. Hinsichtlich der negativen Vereinigungsfreiheit ist allerdings zu beachten, dass die Rechtsprechung davon ausgeht, dass der Pflichtzusammenschluss in einer öffentlich-rechtlichen Körperschaft nicht an Art. 9 Abs. 1 GG zu messen ist, sondern lediglich an Art. 2 Abs. 1 GG. Dies wird damit begründet, dass diese öffentlich-rechtlichen Zwangsverbände ihrerseits das Recht aus Art. 9 Abs. 1 GG nicht in Anspruch nehmen können (sog. Kehrseitenargument).

b) Grundrechtsträger

527 Träger des Grundrechts der individuellen Vereinigungsfreiheit sind alle Deutschen. Träger des Grundrechts sind gemäß Art. 19 Abs. 3 GG auch juristische Personen oder Personenvereinigungen. Nichtdeutsche können sich auf Art. 2 Abs. 1 GG berufen. Im Hinblick auf EU-Bürger ist im Anwendungsbereich der Verträge im Rahmen des Art. 2 Abs. 1 GG das gleiche Schutzniveau zu garantieren wie im Rahmen des Art. 9 Abs. 1 GG.

3. Kollektive Vereinigungsfreiheit

a) Sachlicher Gewährleistungsumfang

528 Art. 9 Abs. 1 GG ist insoweit ein kollektives Grundrecht, als es auch den Vereinigungen selbst zusteht (siehe BVerfGE 84, 372/378). Die Vereinigung ist in ihrer Existenz und Funktionsfähigkeit sowie in der Selbstbestimmung über ihre eigene Organisation, das Verfahren ihrer Willensbildung und die Führung ihrer Geschäfte geschützt (BVerfGE 50, 290/354; 80, 244/253). Erfasst ist deshalb auch das Recht des Vereins, über die Aufnahme und den Ausschluss von Mitgliedern selbst zu bestimmen (BVerfGE 124, 25/34: Kontrahierungszwang für Versicherungsvereine).

529 Nicht von Art. 9 Abs. 1 GG geschützt ist hingegen die Tätigkeit der Vereinigung, soweit sie keinen vereinsspezifischen Charakter hat. Wenn eine

§ 22. Vereinigungsfreiheit (Art. 9 Abs. 1 GG)

Vereinigung etwa beruflich tätig wird, gilt hinsichtlich dieser Betätigung der Grundrechtsschutz des Art. 12 Abs. 1 GG i. V. m. Art. 19 Abs. 3 GG. Die Vereinigung ist damit den gleichen Einschränkungen unterworfen wie eine in gleicher Weise tätige natürliche Person. Ein Verwaltungsakt, der ein Chemieunternehmen in der Rechtsform einer AG verpflichtet, eine neue Kläranlage zu bauen, greift in Art. 12 Abs. 1 und 14 Abs. 1 i. V. m. Art. 19 Abs. 3 GG ein, nicht in Art. 9 Abs. 1 GG. Das Verbot einer Versammlung, die von einer Bürgerinitiative organisiert wird, ist an Art. 8 und Art. 5 GG i. V. m. Art. 19 Abs. 3 GG zu messen.

b) Grundrechtsträger

Träger der kollektiven Vereinigungsfreiheit ist jede von Art. 9 Abs. 1 GG erfasste Vereinigung, unabhängig davon, ob sie rechtsfähig ist. Beides folgt unmittelbar aus Art. 9 Abs. 1 GG, ohne dass ein Rückgriff auf Art. 19 Abs. 3 GG nötig ist. 530

Die Vereinigung muss des Weiteren von Deutschen „beherrscht" sein. Ansonsten käme man dazu, dass Ausländern das Grundrecht des Art. 9 Abs. 1 GG als kollektives Grundrecht zustände, obwohl sie nicht unter den individuellen Schutzbereich fallen. Verlangt wird weiterhin, dass die Vereinigung ihren Sitz in Deutschland haben muss. Die lässt sich ebenfalls unmittelbar aus Art. 9 Abs. 1 GG ableiten. Eine ausländische Vereinigung kann in Deutschland nicht mehr Rechte haben als eine ausländische natürliche Person. Ein Rückgriff auf Art. 19 Abs. 3 GG ist wiederum nicht erforderlich. Eine von Deutschen im Vereinigten Königreich errichtete Limited hat also keinen Grundrechtsschutz aus Art. 9 Abs. 1 GG. 531

Noch nicht entschieden hat das Bundesverfassungsgericht, ob Träger der Vereinigungsfreiheit auch Wirtschaftsgesellschaften wie große Aktiengesellschaften oder Versicherungsvereine auf Gegenseitigkeit mit hunderttausenden von Mitgliedern sind (BVerfGE 124, 25/34). Gegen eine Grundrechtsträgerschaft spricht, dass bei solchen Vereinigungen das personale Element bis zur Bedeutungslosigkeit zurücktritt. Andererseits lassen sich kaum vernünftige Grenzen ziehen. Auch ist nicht einsehbar, warum „große" Vereinigungen weniger Grundrechtsschutz genießen sollen als „kleine". 532

Fall 51 *(BVerfG, NJW 1993, 1253f.)*: D ist Mitglied einer sog. Drückerkolonne. Im Auftrag einer Werbefirma warb er ohne behördliche Erlaubnis von Haus zu Haus Mitglieder für die „Deutsche Luftrettung e. V.". Wegen Verstoßes gegen das landesrechtliche Sammlungsgesetz wird D zu einer Geldbuße verurteilt. Hiergegen erhebt er Verfassungsbeschwerde. Ist die Verfassungsbeschwerde begründet? 533
Lösung Fall 51: Die Verfassungsbeschwerde ist begründet, wenn die Verurteilung gegen die Grundrechte des D verstößt.
I. Art. 9 Abs. 1 GG. D wirbt Mitglieder für die „Deutsche Luftrettung e. V." Da ihm diese Tätigkeit untersagt wird, kommt ein Verstoß gegen das Grundrecht der Vereinigungsfreiheit in Frage.

1. Schutzbereich. Fraglich ist an dieser Stelle, ob der Schutzbereich der Vereinigungsfreiheit eröffnet ist. Die Vereinigungsfreiheit schützt das Recht, Vereine und Gesellschaften zu bilden. Hierzu zählen grundsätzlich auch Aktivitäten zur Mitgliederwerbung. Erhebliche Zweifel bestehen aber daran, ob D überhaupt Mitgliederwerbung im „typischen" Sinne betreibt. Als Mitglied einer sog. „Drückerkolonne" kommt es ihm weniger auf die tatsächliche Werbung von Mitgliedern, sondern vielmehr auf die Gewinnung finanzieller Zuwendungen an. Derartige Mitgliederwerbung unterfällt jedoch nicht dem Schutzbereich der Vereinigungsfreiheit.

2. Zwischenergebnis. Der Schutzbereich des Art. 9 Abs. 1 GG ist daher nicht eröffnet.

II. Art. 12 Abs. 1 GG. Möglicherweise liegt aber ein Verstoß gegen das Grundrecht der Berufsfreiheit vor.

1. Schutzbereich. Art. 12 Abs. 1 GG schützt den Beruf und damit jede Tätigkeit von einer gewissen Dauer, die der Schaffung und Erhaltung einer Lebensgrundlage dient. Die Frage der Erlaubtheit des Berufes ist hierbei kein Kriterium. Alleine sozialschädliche Tätigkeiten fallen aus dem Schutzbereich heraus. Eine Sozialschädlichkeit (wie beispielsweise bei der Tätigkeit eines Berufskillers) ist bei sog. Drückerkolonnen wohl noch nicht zu bejahen. Der Schutzbereich der Berufsfreiheit ist daher eröffnet.

2. Eingriff. Durch die Verurteilung zu einer Geldbuße wegen Verstoßes gegen die Genehmigungspflicht liegt ein Eingriff in die Berufsfreiheit vor.

3. Verfassungsrechtliche Rechtfertigung. Das Grundrecht der Berufsfreiheit steht nach Art. 12 Abs. 1 Satz 2 GG unter Gesetzesvorbehalt. Der Eingriff könnte daher durch das Sammlungsgesetz gerechtfertigt sein. Hierfür ist jedoch erforderlich, dass das einschränkende Gesetz selbst verfassungsmäßig ist. Im Rahmen der Drei-Stufen-Theorie ist in dem Genehmigungsvorbehalt eine Berufsausübungsregelung zu erblicken, die durch vernünftige Gründe des Gemeinwohls gerechtfertigt werden kann. Der Erlaubnisvorbehalt dient dazu, den Bürger vor psychischen Zwangslagen zu schützen und Opfersinn und Gebefreudigkeit der Bevölkerung nicht zu unlauteren Zwecken zu missbrauchen. Dies sind in jedem Fall vernünftige Gemeinwohlgründe. Das Sammlungsgesetz stellt daher eine verhältnismäßige Beschränkung des Grundrechts aus Art. 12 Abs. 1 GG dar.

An der verfassungsmäßigen Anwendung des Gesetzes auf den Einzelfall bestehen ebenfalls keine Zweifel.

4. Zwischenergebnis. Es liegt daher keine Verletzung des Grundrechts der Berufsfreiheit des D vor.

III. Endergebnis. Die Verfassungsbeschwerde ist somit nicht begründet.

Merke: Die Vereinigungsfreiheit schützt auch die typische Mitgliederwerbung.

II. Eingriff

534 Die Vereinigungsfreiheit kann zunächst durch imperative Maßnahmen der öffentlichen Gewalt beeinträchtigt werden. Hierzu gehört etwa die Entziehung der Rechtsfähigkeit eines Vereins (§ 43 BGB) oder das Verbot einer Vereinigung. Auch faktische Beeinträchtigungen von einigem Gewicht können eine Grundrechtsbeeinträchtigung darstellen.

535 Fraglich ist, inwieweit die sonstigen Bestimmungen des Gesellschafts- und Vereinsrechts Grundrechtseingriffe sind (z. B. Registerpflicht, Vorschriften

§ 22. Vereinigungsfreiheit (Art. 9 Abs. 1 GG)   157

über Kapitalausstattung etc.). Hierbei geht die überwiegende Meinung davon aus, dass die Vereinigungsfreiheit in mehr oder minder großem Umfang auf Regelungen angewiesen ist, die die freien Zusammenschlüsse und ihr Leben in die allgemeine Rechtsordnung einfügen, die Sicherheit des Rechtsverkehrs gewährleisten, Rechte der Mitglieder sichern und den schutzwürdigen Belangen Dritter oder auch öffentlichen Interessen Rechnung tragen (siehe BVerfGE 50, 290/254 f.). Insoweit soll es sich nicht um Eingriffe handeln, sondern um eine **Ausgestaltung** des Grundrechts. Allerdings ist der Gesetzgeber verpflichtet, „das Prinzip freier Assoziation und Selbstbestimmung" zu wahren. Vorzugswürdig erscheint es, vom Vorliegen eines Eingriffs auszugehen, der allerdings nicht an Art. 9 Abs. 2 GG zu messen ist, sondern nur am Verhältnismäßigkeitsgrundsatz.

Fall 52 *(BVerfGE 50, 290 ff. – Mitbestimmung):* Durch Bundesgesetz wird für große Kapitalgesellschaften die paritätische Mitbestimmung der Arbeitnehmer im Aufsichtsrat eingeführt, vorbehaltlich des Stichentscheidungsrechts des Vorsitzenden, der von der Seite der Anteilseigner gewählt wird. Verletzt dies Art. 9 Abs. 1 GG?   **536**
Lösung Fall 52: Es könnte ein Verstoß gegen Art. 9 Abs. 1 GG vorliegen.
1. Schutzbereich. Art. 9 Abs. 1 GG gewährleistet das Recht, Vereine und Gesellschaften zu bilden. Die Vereinigung ist in ihrer Existenz und Funktionsfähigkeit sowie in der Selbstbestimmung über ihre Organisation, das Verfahren ihrer Willensbildung und die Führung ihrer Geschäfte geschützt. Die paritätische Mitbestimmung betrifft die Organisation und Willensbildung innerhalb der Vereinigung, so dass der Schutzbereich eröffnet ist.
2. Eingriff. Es müsste ferner ein Eingriff in Art. 9 Abs. 1 GG vorliegen. Dabei ist zu berücksichtigen, dass die Vereinigungsfreiheit auf gesetzliche Regelungen angewiesen ist. Die jeweilige Ausgestaltung muss sich am Schutzgut des Art. 9 Abs. 1 GG orientieren; freie Assoziation und Selbstbestimmung sind mit sonstigen (vor allem sozialen) Belangen zum Ausgleich zu bringen. Das Gesetz beeinträchtigt das Prinzip des freien Zusammenschlusses und auch die Funktionsfähigkeit der Gesellschaften nicht. Es liegt daher kein Eingriff vor.
3. Ergebnis. Es liegt kein Verstoß gegen Art. 9 Abs. 1 GG vor.

III. Verfassungsrechtliche Rechtfertigung von Eingriffen

1. Kein Verbot von Verfassungs wegen

Art. 9 Abs. 1 GG steht nach Art. 9 Abs. 2 GG unter Gesetzesvorbehalt. Der Wortlaut der Vorschrift spricht zwar dafür, dass Vereinigungen, die sich gegen die dort genannten Rechtsgüter richten, von Verfassungs wegen verboten sind. Eine solche Auffassung wäre jedoch grundrechtsfeindlich. Vereinigungen hätten keine Sicherheit dahingehend, ob sie verboten „sind" oder nicht. Deshalb muss verlangt werden, dass eine Verbotsverfügung durch die Verwaltung ergeht. Diese Verbotsverfügung hat **konstitutive Wirkung.**   **537**

Eingriffe in die Vereinigungsfreiheit bedürfen deshalb einer formell-gesetzlichen Grundlage. Art. 9 Abs. 2 GG ist auf politische Parteien nicht anwendbar; insofern ist Art. 21 Abs. 2 GG lex specialis.   **538**

2. Anforderungen an die Verbotsnormen

539 Die Ermächtigung zum Verbot einer Vereinigung setzt die Erfüllung eines der in Abs. 2 genannten Tatbestände voraus. Verboten werden können zunächst Vereinigungen, deren Zwecksetzung oder Tätigkeit sich gegen die Strafgesetze richtet. Damit sind nur allgemeine Strafgesetze gemeint, die ein Verhalten unabhängig davon pönalisieren, ob es vereinsmäßig begangen wird. Das Verhalten einzelner Mitglieder ist dann relevant, wenn es dem Verein zugerechnet werden kann. Einzelne Verstöße gegen Strafgesetze genügen nicht. Die Verstöße müssen vielmehr in einem inneren Zusammenhang mit der Vereinstätigkeit stehen und diese prägen.

540 Ein weiterer Verbotsgrund ist, dass sich die Vereinigung gegen die verfassungsmäßige Ordnung richtet. Der Begriff der verfassungsmäßigen Ordnung wird hier im Sinne von „freiheitlich-demokratischer Grundordnung" verstanden (BVerwGE 47, 330/352). Dies ist im Sinne einer grundrechtsfreundlichen Interpretation der Vereinigungsfreiheit richtig. Nur wer sich gegen die Grundprinzipien der Verfassung wendet, kann sein Vereinigungsrecht verlieren. Erforderlich ist weiterhin, dass sich die Vereinigung aktiv und aggressiv kämpferisch gegen die verfassungsmäßige Ordnung richtet (BVerwGE 37, 344/358 f.; 61, 218/220).

541 Schließlich können solche Vereinigungen verboten werden, die sich gegen die Völkerverständigung richten. Dies ist dann der Fall, wenn eine Vereinigung auf die Störung des Friedens zwischen den Völkern und Staaten abzielt.

3. Anforderungen an die Verbotsverfügung

542 Die Verbotsverfügungen selbst müssen verhältnismäßig sein. Unabhängig von den qualifizierten Voraussetzungen des Art. 9 Abs. 2 GG können Einschränkungen dann gerechtfertigt sein, wenn sie zum Schutz von kollidierendem Verfassungsrecht notwendig sind. So kann auf gesetzlicher Grundlage die Vereinigungsfreiheit von Strafgefangenen beschränkt werden, soweit dies zur Durchführung des Strafvollzugs erforderlich ist.

§ 23. Koalitionsfreiheit (Art. 9 Abs. 3 GG)

Literatur: *Günther, Thomas/Franz, Einiko B.*, Grundfälle zu Art. 9 GG, JuS 2006, 788 ff.; 873 ff.; *Höfling, Wolfgang/Burkiczak, Christian*, Die unmittelbare Drittwirkung gemäß Art. 9 Abs. 3 Satz 2 GG, RdA 2004, 263 ff.; *Steiner, Udo*, Zum verfassungsrechtlichen Stellenwert der Tarifautonomie, Festschrift für Peter Schwerdtner zum 65. Geburtstag, 2003, S. 355–366; *Wank, Rolf*, Zur Koalitionsfreiheit nach Art 9 Abs. 3 GG, JZ 1996, 629 ff.

I. Schutzbereich

1. Begriff der Koalition

Der Schutzbereich der Koalitionsfreiheit (Art. 9 Abs. 3 Satz 1 GG) ist nur 543 dann eröffnet, wenn eine Koalition vorliegt. Eine Koalition ist ein Sonderfall einer Vereinigung i. S. v. Art. 9 Abs. 1 GG (zu den Begriffsmerkmalen siehe oben § 22 I 1). Die Vereinigung muss weiterhin einen speziellen Zweck haben, nämlich den, die Arbeitsbedingungen zu fördern. Dies muss der Hauptzweck sein. Die Förderung der Wirtschaftsbedingungen kommt nur als ergänzender Aspekt in Betracht. Koalitionen sind deshalb beispielsweise Gewerkschaften und Arbeitgeberverbände, nicht hingegen sonstige Wirtschaftsverbände wie Kartelle oder Verbrauchervereinigungen.

Eine Koalition i. S. d. Art. 9 Abs. 3 Satz 1 GG liegt weiterhin nur dann 544 vor, wenn die Vereinigung von der Gegenseite unabhängig ist (BVerfGE 4, 96/106 f.; 50, 290/368). Sie muss zudem gegnerfrei organisiert werden (BVerfGE 50, 290/373 ff.). Dies ist dann nicht der Fall, wenn in einem Arbeitgeberverband Arbeitnehmer Mitglieder sind oder umgekehrt in einem Arbeitnehmerverband Arbeitgeber. Die Vereinigung muss frei gebildet sein, überbetrieblich tätig sein und eine ausreichende Durchsetzungsfähigkeit haben (BVerfGE 58, 233/249). Die Tariffähigkeit ist hingegen keine notwendige Voraussetzung für das Vorliegen einer Koalition (BVerfGE 19, 303/312).

2. Individuelle Koalitionsfreiheit

Ähnlich wie bei der Vereinigungsfreiheit gibt es eine individuelle und eine 545 kollektive Koalitionsfreiheit. Die individuelle Koalitionsfreiheit schützt das Recht, einer Koalition beizutreten, ihr nicht beizutreten, in ihr zu verbleiben, in ihr nicht zu verbleiben oder sich in einer Koalition zu betätigen bzw. nicht zu betätigen. Träger der individuellen Koalitionsfreiheit ist jeder Arbeitgeber und jeder Arbeitnehmer (BVerfGE 84, 212/224). Dazu gehören auch Ausländer und Minderjährige. Das Grundrecht ist auf juristische Personen des Privatrechts gemäß Art. 19 Abs. 3 GG anwendbar. Zivilrechtliche Vereinbarungen, die die Koalitionsfreiheit beschränken, sind nichtig (Art. 9 Abs. 3 Satz 2 GG, unmittelbare Drittwirkung).

3. Kollektive Koalitionsfreiheit

546 Als kollektive Komponente enthält Art. 9 Abs. 3 Satz 1 GG ein Grundrecht der Koalitionen. Geschützt sind zunächst alle Tätigkeiten der Koalition, die für den Erhalt und die Sicherung der Koalition unerlässlich sind (BVerfGE 57, 220/246). Dazu gehört etwa die Wahl der Organisationsform, die Satzungsautonomie und die Mitgliederwerbung, aber auch der Ausschluss von Mitgliedern, die gegen die Ziele der Koalition verstoßen. Weiterhin schützt die kollektive Koalitionsfreiheit auch das Recht, sich spezifisch koalitionsmäßig zu betätigen und die in Abs. 3 genannten Zwecke zu verfolgen. Hierzu gehört insbesondere der Abschluss von Tarifverträgen.

547 Der Schutz des Art. 9 Abs. 3 Satz 1 GG greift auch dann, wenn die betreffende Tätigkeit für die Wahrung der Koalitionszwecke nicht unerlässlich ist (BVerfGE 93, 352/358). Es gibt keine Beschränkung des Schutzes der koalitionsmäßigen Betätigung auf einen „Kernbereich" (str.). Geschützt ist also beispielsweise der Abschluss von Tarifverträgen, weiterhin aber auch der Streik, die Abwehraussperrung durch Arbeitgeber, die gewerkschaftliche Präsenz im Betrieb, die gewerkschaftliche Betätigung in Betriebsräten und Personalvertretungen und die außergerichtliche Beratung (BVerfGE 88, 5/15). Träger der kollektiven Koalitionsfreiheit sind alle Koalitionen.

548 **Fall 53** *(BVerfG, NJW 1996, 1201ff.)*: Arbeitnehmer und Gewerkschaftsmitglied A verteilt in seinem Betrieb Flugblätter der G-Gewerkschaft. Von seinem Arbeitgeber erhält A daraufhin eine Abmahnung. Die Klage hiergegen wird vom Bundesarbeitsgericht letztinstanzlich abgewiesen, da sich A nicht auf die Koalitionsfreiheit berufen könne. A erhebt hiergegen Verfassungsbeschwerde. Ist die Verfassungsbeschwerde begründet?

Lösung Fall 53: Die Verfassungsbeschwerde ist begründet, wenn das letztinstanzliche Arbeitsgerichtsurteil die Koalitionsfreiheit des A verletzt. Hierbei ist zu beachten, dass es sich um eine Urteilsverfassungsbeschwerde handelt, so dass das BVerfG nur die Verletzung spezifischen Verfassungsrechts prüft. Eine solche Verletzung ist gegeben, wenn die Instanzgerichte die Bedeutung und Tragweite eines Grundrechtes verkannt haben. In Frage kommt eine Verletzung der Koalitionsfreiheit gem. Art. 9 Abs. 3 Satz 1 GG.

1. Schutzbereich. Art. 9 Abs. 3 Satz 1 GG schützt die Koalition. Charakteristisches Merkmal einer Koalition als Sonderfall einer Vereinigung ist der durch sie verfolgte Hauptzweck, die Arbeitsbedingungen zu fördern. Der Schutzbereich erstreckt sich nicht nur auf das Recht, eine Koalition zu gründen und auf solche Tätigkeiten, die zur Erhaltung und Sicherung der Koalition unerlässlich sind, sondern auch auf alle koalitionsspezifischen Verhaltensweisen. Geschützt sind die individuelle und die kollektive Betätigung. Hierzu gehört auch das Verteilen von Flugblättern. Der Schutzbereich ist daher eröffnet.

2. Eingriff. Das Urteil des Bundesarbeitsgerichtes greift in den Schutzbereich ein.

3. Verfassungsrechtliche Rechtfertigung. Art. 9 Abs. 2 GG ist aus systematischen Gründen auf die in Abs. 3 geschützte Koalitionsfreiheit nicht anwendbar. Eingriffe können daher nur durch kollidierendes Verfassungsrecht gerechtfertigt werden. Rechtsgüter mit Verfassungsrang, die im vorliegenden Fall eine Einschränkung rechtfertigen können, sind nicht ersichtlich. Zudem beruht das letztinstanzliche Urteil auf der Feststellung des BAG, A könne sich wegen des Verteilens von Flugblättern nicht auf den Schutzbereich der Koa-

§ 23. Koalitionsfreiheit (Art. 9 Abs. 3 GG) 161

litionsfreiheit berufen. Dies ist jedoch unrichtig. Das Gericht hat somit die Reichweite des Schutzbereiches verkannt.

4. *Ergebnis*. Die Entscheidung ist daher aufzuheben.

Merke: Die Koalitionsfreiheit umfasst sämtliche koalitionsspezifischen Verhaltensweisen.

II. Eingriffe

Ein Eingriff in die Koalitionsfreiheit liegt zunächst dann vor, wenn das geschützte Verhalten geregelt wird. Auch faktische oder mittelbare Beeinträchtigungen können Eingriffe sein. So greift die Errichtung einer öffentlich-rechtlichen Zwangskörperschaft mit ähnlichen Aufgaben wie bei einer Koalition in die Koalitionsfreiheit ein (BVerfGE 38, 281/303 f.). 549

Die Koalitionsfreiheit steht nicht unter Gesetzesvorbehalt. Schwierig ist deshalb die Einordnung von die Koalitionsfreiheit ausgestaltenden Regelungen. Hier geht die überwiegende Meinung davon aus, dass der Gesetzgeber berechtigt ist, Rechtsinstitute und Normenkomplexe zu schaffen, die erforderlich sind, um die grundrechtlich garantierten Freiheiten ausüben zu können (BVerfGE 50, 290/368; 88, 103/115). Der Gesetzgeber hat insoweit einen weiten Handlungsspielraum, um einen rechtlichen Rahmen zu schaffen, der ein ausgewogenes Aushandeln der Arbeits- und Wirtschaftsbedingungen ermöglicht (BVerfG, NJW 1996, 185 ff.). Die Ausgestaltung kann auch durch Richterrecht erfolgen (BVerfGE 88, 103/115), es sei denn, der Staat ist selbst als Partei involviert, z. B. beim Einsatz von Beamten auf bestreikten Arbeitsplätzen in staatlichen Betrieben. In diesem Fall muss der Gesetzgeber die Frage eines solchen Einsatzes regeln (BVerfG, NJW 1993, 1379/1380). Die Ausgestaltung muss sich stets am Normziel des Art. 9 Abs. 3 GG orientieren (BVerfGE 92, 26/41). Der Kernbereich der Koalitionsfreiheit darf nicht beeinträchtigt werden. 550

Es lässt sich allerdings bezweifeln, ob diese Rechtsprechung überzeugt. Richtigerweise handelt es sich auch bei Ausgestaltungsregelungen um Eingriffe in die Koalitionsfreiheit. Sie müssen deshalb auf kollidierendes Verfassungsrecht gestützt werden. Dies ist in der Regel möglich, da Hintergrund einer Regelung meist der Schutz anderer Grundrechtsträger der Koalitionsfreiheit ist. 551

III. Verfassungsrechtliche Rechtfertigung von Eingriffen

Die Koalitionsfreiheit steht nicht unter Gesetzesvorbehalt. Die Schranken des Art. 9 Abs. 2 GG sind auf die Koalitionsfreiheit nicht anwendbar. Dies ergibt sich aus der systematischen Stellung. Deshalb sind Eingriffe nur durch kollidieren- 552

Teil III. Freiheitsrechte

des Verfassungsrecht zu rechtfertigen. Im Verhältnis Staat-Bürger ist insoweit eine gesetzliche Konkretisierung erforderlich (BVerfGE 88, 103/116). Ansonsten bestehen keine Bedenken dagegen, dass die Grenzen der Koalitionsfreiheit richterrechtlich konkretisiert werden. Kollidierendes Verfassungsrecht kann sich vor allem aus der Koalitionsfreiheit Dritter ergeben (BVerfGE 84, 212/228).

553 Das BVerfG hat es weiterhin als zulässig angesehen, wenn der Gesetzgeber Vorschriften über die zwingende Befristung der Arbeitsverhältnisse von wissenschaftlichen Mitarbeitern an Hochschulen und staatlichen Forschungseinrichtungen trifft und eine anderweitige tarifvertragliche Regelung ausschließt (vgl. dazu BVerfGE 94, 268 ff.). Der damit verbundene Eingriff in die Koalitionsfreiheit rechtfertigt sich u. a. daraus, dass der Gesetzgeber Stellen im sog. Mittelbau für Nachwuchswissenschaftler zur Verfügung stellen will, die in periodischem Abstand neu besetzt werden. Schutzgut ist also die Wissenschaftsfreiheit (Art. 5 Abs. 3 Satz 1 2. Var. GG). Jede Beschränkung muss im Übrigen dem Grundsatz der Verhältnismäßigkeit entsprechen.

554 **Fall 54** *(BVerfGE 84, 212 ff.)*: Die Gewerkschaft führt einen Streik für höhere Löhne durch. Über zwei Wochen treten 4 300 Arbeitnehmer in den Streik. Die Arbeitgeberverbände sperren daraufhin 130 000 Arbeitnehmer aus. Das Bundesarbeitsgericht stellt die Rechtswidrigkeit des Aussperrungsbeschlusses fest. Die Arbeitgeber erheben hiergegen Verfassungsbeschwerde. Ist die Verfassungsbeschwerde begründet?

Lösung Fall 54: Die Verfassungsbeschwerde ist begründet, wenn die Entscheidung des Bundesarbeitsgerichts gegen das Grundrecht der Koalitionsfreiheit verstößt.
1. *Schutzbereich.* Art. 9 Abs. 3 Satz 1 GG schützt die Koalition. Charakteristisches Merkmal einer Koalition als Sonderfall einer Vereinigung ist der durch sie verfolgte Hauptzweck, die Arbeitsbedingungen zu fördern. Zu den Koalitionen zählen auch die Arbeitgeberverbände. Da sich der Schutzbereich nicht nur auf das Recht beschränkt, eine Koalition zu gründen, sondern auch alle koalitionsspezifischen Verhaltensweisen schützt, ist die Aussperrung durch die Arbeitgeber zu Abwehr eines Streiks von Art. 9 Abs. 3 Satz 1 GG erfasst.
2. *Eingriff.* Die Feststellung der Rechtswidrigkeit des Aussperrungsbeschlusses durch das Bundesarbeitsgericht greift in den Schutzbereich ein.
3. *Verfassungsrechtliche Rechtfertigung.* Fraglich ist jedoch, ob der Eingriff verfassungsrechtlich gerechtfertigt werden kann. Als vorbehaltloses Grundrecht können Eingriffe in die Koalitionsfreiheit nur durch kollidierendes Verfassungsrecht gerechtfertigt werden. Ein solches ergibt sich im vorliegenden Fall aus der Koalitionsfreiheit Dritter nach Art. 9 Abs. 3 Satz 1 GG (derjenigen der Arbeitnehmer).

Der Eingriff müsste im konkreten Fall verhältnismäßig sein. Da eine gesetzliche Grundlage für die Bestimmung der Grenzen des Arbeitskampfes nicht besteht, darf das Bundesarbeitsgericht die Grenzen zulässiger Maßnahmen richterrechtlich bestimmen. Das Bundesarbeitsgericht lässt hierbei die Aussperrung nur zu, soweit dies erforderlich ist, um das Verhandlungsgleichgewicht der Tarifparteien wiederherzustellen. Die Aussperrung von 130 000 Arbeitnehmern bei 4 300 Streikenden durfte das Bundesarbeitsgericht daher als unverhältnismäßig und damit rechtswidrig ansehen. Das Grundrecht der Koalitionsfreiheit ist nicht verletzt.
4. *Ergebnis.* Die Verfassungsbeschwerde ist somit unbegründet.

Merke: Die Koalitionsfreiheit kann nur durch kollidierendes Verfassungsrecht eingeschränkt werden.

§ 24. Brief-, Post- und Fernmeldegeheimnis (Art. 10 GG)

Literatur: *Funke, Andreas/Lüdemann, Jörn,* Grundfälle zu Art. 10 GG, JuS 2008, 780 ff.; *Jahn, Matthias,* Der strafprozessuale Zugriff auf Telekommunikationsverbindungsdaten – BVerfG, NJW 2006, 976, in: JuS 2006, 491 ff.; *Janz, Norbert,* Erteilung von Auskünften über die Verbindungsdaten der Telefongespräche von Journalisten – BVerfG, NJW 2003, 1787, in: JuS 2003, 1063 ff.; *Schlink, Bernhard,* Die dritte Abhörentscheidung des Bundesverfassungsgerichts, NJW 1989, 11 ff.

I. Schutzbereich

1. Allgemeines

Art. 10 GG enthält nach seinem Wortlaut drei verschiedene Grundrechte. 555
Sie lassen sich jedoch auch als ein einheitliches Grundrecht verstehen, nämlich als ein solches der **Vertraulichkeit individueller Kommunikation,** soweit der Kommunikationsinhalt schriftlich oder fernmeldetechnisch (elektronisch) übertragen wird. Dadurch kommt es zu einer „Einbuße an Privatheit" (BVerfG, NJW 2007, 351 ff.). Der Schutz des Grundrechts kompensiert dies und schützt davor, dass Dritte unbefugt Kenntnis von Inhalt oder Umständen der Kommunikation erhalten.

Räumlich beschränkt sich Art. 10 GG nicht auf das Inland. Er ist auch dann 556
anwendbar, wenn beispielsweise der BND mit Empfangsanlagen im Inland die Kommunikation im Ausland erfasst und aufzeichnet (so das BVerfG).

2. Briefgeheimnis

Obwohl von einem einheitlichen Grundrecht ausgegangen werden kann, 557
wird üblicherweise bei der Grundrechtsprüfung nach den Tatbestandsvarianten unterschieden, also nach Brief-, Post- und Fernmeldegeheimnis. Das Briefgeheimnis schützt die Vertraulichkeit von schriftlichen Mitteilungen. Es muss sich um individuelle Kommunikation handeln. Postwurfsendungen fallen nicht darunter. Das Briefgeheimnis kommt nur verschlossenen Briefen bzw. Inhalten zugute (str.). Auf die Übermittlungsart kommt es nicht an. Das Briefgeheimnis greift auch dann ein, wenn eine Privatperson als Übermittler eingesetzt wird.

3. Postgeheimnis

Das Postgeheimnis schützt nach überwiegender Auffassung die körperli- 558
che Nachrichtenübermittlung und Kommunikation durch Posteinrichtungen (BVerfGE 67, 157/171). Dazu gehören Briefe, Pakete, Päckchen und Warenproben. Der Schutz beginnt mit der Einlieferung der Sendung bei der „Post" und endet mit der Ablieferung an den Empfänger.

4. Fernmeldegeheimnis

559 Das Fernmeldegeheimnis schützt die unkörperliche Nachrichtenübermittlung mit Hilfe des Fernmeldeverkehrs (neuere Terminologie: „Telekommunikation"). Hierzu gehört vor allem die Übertragung von Daten über Standleitungen, über Mobilfunk, über Satellitenfunksysteme oder das Internet. Erfasst wird neben dem Inhalt auch das Ob und das Wie der Kommunikation. Art. 10 Abs. 1 GG schützt insoweit die Vertraulichkeit der Information im Hinblick auf den Übertragungsvorgang (BVerfGE 106, 28/36).

560 Angesichts der rasanten Entwicklung des Informationssektors ergeben sich leicht Abgrenzungsprobleme. Zur Bestimmung des Schutzbereichs ist entscheidend auf den Schutzzweck der Norm abzustellen. Das Grundrecht will jenen Gefahren für die Kommunikation begegnen, die sich gerade aus der Verwendung dieses Mediums ergeben, das als Mittel zur Überbrückung räumlicher Distanz einem staatlichen Zugriff leichter ausgesetzt ist als die direkte Kommunikation unter Anwesenden.

561 Für die Speicherung von Daten kommt es entscheidend darauf an, inwieweit sie sich im Herrschaftsbereich des Kommunikationsteilnehmers befinden. Werden E-Mails auf dem Server eines Providers gespeichert (egal ob gelesen oder ungelesen), ist die staatliche „Sicherstellung und Beschlagnahme" zum Beispiel im Rahmen einer Strafverfolgung nach den Regeln der StPO ein Eingriff in das Fernmeldegeheimnis des Art. 10 Abs. 1 GG (BVerfGE 124, 43 ff.). Ist die E-Mail hingegen auf der Festplatte des eigenen PC gespeichert, wäre das Computergrundrecht der richtige Prüfungsmaßstab. Im ersten Fall (Speicherung auf dem Server) ist der Kommunikationsvorgang noch nicht endgültig abgeschlossen, weil der Zugriff den ggf. erneuten Aufbau einer Internetverbindung erfordert. Im zweiten Fall (Speicherung auf dem eigenen PC) ist hingegen der Kommunikationsvorgang abgeschlossen. Ist für den Zugriff auf den PC auch noch ein Betreten oder Durchsuchen der Wohnung nötig, kommt es zu einem zusätzlichen Eingriff in Art. 13 Abs. 1 GG.

562 Der sog. Lauschangriff (Überwachung dessen, was innerhalb von geschlossenen Räumen gesprochen wird) greift nicht in Art. 10 Abs. 1 GG, sondern in die Unverletzlichkeit der Wohnung (Art. 13 Abs. 1 GG) ein. Gewährt ein Teilnehmer des Telekommunikationsvorganges einem Dritten die Möglichkeit der Kenntnisnahme (Lautsprecher, Mithöreinrichtung), ist der Gewährleistungsbereich des Art. 10 Abs. 1 GG ebenfalls nicht betroffen. Insoweit geht es um den Schutz des gesprochenen Wortes durch das allgemeine Persönlichkeitsrecht (Art. 2 Abs. 1 GG i. V. m. Art. 1 Abs. 1 GG, siehe BVerfGE 106, 28 ff.).

563 Nicht eröffnet ist der Schutzbereich des Fernmeldegeheimnisses beim Einsatz von sog. IMSI-Catchern nach § 100i Abs. 1 StPO (siehe BVerfG, NJW 2007, 351 ff.). Hierbei werden Geräte- und Kartennummer sowie der Standort eines eingeschalteten Mobiltelefons mittels technischer Geräte ermittelt, da sich diese ständig bei ihrer Basisstation anmelden und deshalb Signale absenden.

§ 24. Brief-, Post- und Fernmeldegeheimnis (Art. 10 GG)

Dies steht aber nicht im Zusammenhang mit einem konkreten Kommunikationsvorgang und betrifft auch nicht den Kommunikationsinhalt. Anknüpfungspunkt für die Maßnahme ist allein das Bereithalten des betriebsbereiten Gerätes. Es liegt deshalb nur ein Eingriff in die allgemeine Handlungsfreiheit des Art. 2 Abs. 1 GG (wenn es um die Feststellung des Standortes geht) oder in das Recht auf informationelle Selbstbestimmung (Art. 2 Abs. 1 i. V. m. Art. 1 Abs. 1 GG) vor.

Auch die Zuordnung von Telekommunikationsnummern (auch statischen IP-Adressen) zu ihren Anschlussinhabern betrifft nur das Recht auf informationelle Selbstbestimmung. Hingegen verlangt die Zuordnung auf eine dynamische (mehreren Nutzern zuteilbare) IP-Adresse des Rückgriffs auf einen bestimmten Kommunikationsvorgang. Deshalb liegt in einem solchen Fall ein Eingriff in Art. 10 Abs. 1 GG vor (BVerfGE 130, 151 ff.).

5. Persönlicher Schutzbereich

Träger des Grundrechts ist jedermann, auch Minderjährige und juristische Personen oder Personenvereinigungen, die eine der geschützten Tätigkeiten ausüben. Geschützt sind auch Unternehmen, die die Übermittlungsleistungen anbieten. **564**

Fall 55 *(BVerfGE 115, 166 ff.)*: Wegen des Verdachts der Verletzung von Dienstgeheimnissen durch Richterin R ordnet das Landgericht L die Durchsuchung ihrer Privatwohnung und die Beschlagnahme ihres Mobiltelefons an, um an die im Mobiltelefon gespeicherten Verbindungsdaten zu gelangen. Verletzt die Beschlagnahme des Mobiltelefons das Fernmeldegeheimnis? **565**

Lösung Fall 55: Die Beschlagnahme verletzt das Fernmeldegeheimnis, wenn sie als Eingriff in den Schutzbereich zu qualifizieren ist, der verfassungsrechtlich nicht gerechtfertigt werden kann.

1. Schutzbereich. Das Fernmeldegeheimnis aus Art. 10 Abs. 1 3. Var. GG schützt die Vertraulichkeit der individuellen Kommunikation, wenn diese wegen der räumlichen Distanz zwischen den Beteiligten auf eine Übermittlung durch Dritte angewiesen ist. Hierbei schützt das Grundrecht nicht nur den Kommunikationsinhalt, sondern auch die näheren Umstände der Telekommunikation. Hierunter fallen grundsätzlich auch die beispielsweise beim Telekommunikationsunternehmen gespeicherten Verbindungsdaten. Fraglich ist jedoch, ob auch die im Teilnehmerendgerät gespeicherten Verbindungsdaten geschützt sind. Hierfür spricht zwar, dass diese Daten häufig automatisch und ohne Zutun des Telekommunikationsteilnehmers durch das Gerät gespeichert werden. Zu beachten ist aber, dass Art. 10 Abs. 1 GG gerade die spezifischen Gefahren der räumlich distanzierten Kommunikation und damit nur den Übertragungsvorgang als solchen schützt. Der Kommunikationsteilnehmer ist gerade wegen seiner Abhängigkeit von einem Vermittler besonders schutzwürdig, da er auf die bei diesem gespeicherten Daten nicht zugreifen kann. Anders liegt der Fall jedoch bei den im eigenen Gerät gespeicherten Daten. Diese befinden sich im Einflussbereich des Kommunikationsteilnehmers, so dass dieser die Daten löschen kann. Die im Telefon der R gespeicherten Daten fallen daher nicht unter den Schutzbereich.

2. Ergebnis. Das Fernmeldegeheimnis der R ist nicht verletzt.

(Hinweis: Im konkreten Fall sind die beschlagnahmten Daten aber vom Recht auf informationelle Selbstbestimmung gem. Art. 2 Abs. 1 i. V. m. Art. 1 Abs. 1 GG geschützt; nach der neueren Rechtsprechung kann man auch von einem Eingriff in das sog. Computergrundrecht ausgehen, siehe BVerfGE 120, 274 ff. und oben § 11 I).

Merke: Die im Teilnehmerendgerät enthaltenen Verbindungsdaten fallen nicht in den Schutzbereich des Fernmeldegeheimnisses, sondern unter denjenigen des Rechts auf informationelle Selbstbestimmung.

II. Eingriffe

566   In das Grundrecht kann durch Regelungen eingegriffen werden, die das Recht der individuellen Kommunikation beeinträchtigen. In das Grundrecht wird auch dann eingegriffen, wenn eine staatliche Stelle Übermittlungsdaten fixiert (BVerfGE 85, 386/396) oder der Gesetzgeber die Speicherung durch Private (vor allem Diensteanbieter im Bereich der Telekommunikation) anordnet (Beispiel: Vorratsdatenspeicherung, BVerfGE 125, 260/310). Gegen unbefugte Kenntnisnahme durch Private schützt das Strafrecht (vgl. § 202a und § 202b StGB). Damit erfüllt der Staat seine Schutzpflicht für die Vertraulichkeit individueller Kommunikation.

567   Ursprünglich war durch das Grundrecht die Post als staatliches Sondervermögen sowie die postexterne Staatsgewalt gebunden. Seit der Privatisierung der früheren deutschen Bundespost und der Schaffung der Deutschen Post AG und der Deutschen Telekom AG stellt sich die Frage, inwieweit auch diese noch an das Grundrecht gebunden sind (die postexterne Staatsgewalt bleibt gebunden). Ist es ein an Art. 10 Abs. 1 GG zu messender Grundrechtseingriff, wenn zur Aufdeckung „undichter Stellen" die Deutsche Telekom AG die Anschlüsse ihrer Aufsichtsratsmitglieder überprüft? Die Frage ist zu verneinen. Art. 87 f Abs. 2 GG spricht gegen eine Grundrechtsbindung, da dort ausdrücklich festgelegt wird, dass die entsprechenden Tätigkeiten privatwirtschaftlich erfolgen. Auch wenn der Staat nach wie vor die Aktienmehrheit bei der Deutschen Post AG und der Deutschen Telekom AG innehat, gibt es keinen Grund dafür, die Unternehmen anders zu behandeln als sonstige im herkömmlichen Postbereich tätige Anbieter. Den Staat trifft deshalb aus Art. 10 Abs. 1 GG heute vor allem eine Schutzpflicht. Er muss sicherstellen, dass die im Schutzbereich des Grundrechts tätigen Unternehmen das Postgeheimnis beachten.

§ 24. Brief-, Post- und Fernmeldegeheimnis (Art. 10 GG)   167

III. Verfassungsrechtliche Rechtfertigung von Eingriffen

1. Der allgemeine Gesetzesvorbehalt (Art. 10 Abs. 2 Satz 1 GG)

Der Gesetzesvorbehalt des Art. 10 Abs. 2 Satz 1 GG verlangt zunächst das Vorliegen eines formellen Gesetzes. Der eigentliche Eingriff kann dann auch aufgrund einer Rechtsverordnung oder Satzung geschehen. 568

Wegen der hohen Bedeutung des Grundrechts für die freie Entfaltung der Persönlichkeit sind grundsätzlich strenge Anforderungen an die Normbestimmtheit zu stellen. Anlass, Zweck und Grenzen des Eingriffs müssen in der gesetzlichen Ermächtigung bereichsspezifisch, präzise und normenklar festgelegt werden (so BVerfGE 110, 33/53; 125, 260/315). Das einschränkende Gesetz muss weiterhin das Zitiergebot des Art. 19 Abs. 1 Satz 2 GG wahren. 569

Ein Eingriff aufgrund von § 34 StGB ist deshalb nicht möglich. Diese Vorschrift erfüllt keine der genannten Voraussetzungen. Sie ist vor allem nicht bereichsspezifisch und bietet keine hinreichenden Kontrollmaßstäbe für das Verwaltungshandeln. 570

Jede Beeinträchtigung im Einzelnen muss zudem mit dem Übermaßverbot vereinbar sein. Soweit die Daten aus der Überwachungstätigkeit weiter verarbeitet werden oder es zum Zugriff auf besonders sensible persönliche Daten kommt (etwa bei der Beschlagnahme von E-Mails auf dem Server eines Providers), müssen die Anforderungen gewahrt werden, die sich aus dem Recht auf informationelle Selbstbestimmung ergeben (BVerfGE 124, 43/60). Auch insoweit stellen sich vor allem wieder Fragen der Normklarheit, der Normbestimmtheit und des Schutzes des Persönlichkeitsrechts. Die besonderen Schranken, die bei Eingriffen in das allgemeine Persönlichkeitsrecht entwickelt worden sind (z. B. für die Online-Durchsuchung, „Computergrundrecht" – siehe § 11 III) werden auf das Grundrecht aus Art. 10 Abs. 1 GG übertragen (BVerfGE 124, 43/60). Dies ist zunächst evident sachgerecht. Die Gefahren für den Schutz des Persönlichkeitsrechts sind nicht deshalb geringer, weil Daten statt auf dem privaten PC auf einem Server gespeichert sind. Andererseits ist die ganze Dogmatik schon merkwürdig: Der geschriebene Gesetzesvorbehalt des Art. 10 Abs. 2 GG bleibt hinter dem zurück, was als Eingriffsgrenze aus dem allgemeinen Persönlichkeitsrecht bzw. dem Computergrundrecht abgeleitet wird. Dann werden die besonderen, richterrechtlich entwickelten Eingriffsgrenzen für das unbenannte Grundrecht auf ein geschriebenes Grundrecht übertragen. 571

Bei jeder Überwachungsmaßnahme zu beachten ist der Schutz des Kernbereichs privater Lebensgestaltung (BVerfGE 129, 208/245, siehe auch oben § 8 II 5.). Das BVerfG hat zudem weitere Eingriffsschranken für die Nutzung von im Rahmen der sog. Vorratsdatenspeicherung gesammelten Daten durch staatliche Stellen entwickelt (BVerfGE 125, 260 ff.). Der Zugriff ist nur dann verhältnismäßig, wenn er überragend wichtigen Aufgaben des Rechtsgüter- 572 schutzes dient (Verdacht schwerer Straftaten, konkrete Gefahr für Leib, Leben, Freiheit einer Person, Bestand oder Sicherheit des Bundes oder eines Landes, gemeine Gefahr). Letztlich sind die Voraussetzungen ganz ähnlich denen bei der Online-Durchsuchung von Computern.

2. Der besondere Gesetzesvorbehalt (Art. 10 Abs. 2 Satz 2 GG)

573 Der besondere Gesetzesvorbehalt des Abs. 2 Satz 2 wurde im Rahmen der Notstandsgesetze (vom 24. 6. 1968, BGBl. I, 709) in das Grundgesetz eingefügt. Er erleichtert unter bestimmten Voraussetzungen Eingriffe in das Fernmeldegeheimnis.

574 Der Gesetzesvorbehalt ist nur dann anwendbar, wenn eine Beschränkung dem Schutz der freiheitlichen demokratischen Grundordnung oder des Bestandes oder der Sicherung des Bundes oder eines Landes dient. In solchen Fällen kann das Gesetz bestimmen, dass die Überwachung dem Betroffenen nicht mitgeteilt wird, zudem kann der Rechtsweg durch eine Nachprüfung einer anderen Stelle ersetzt werden. Dies ist allerdings dahingehend restriktiv zu interpretieren, dass der Ausschluss der Benachrichtigung und des Rechtsweges im Hinblick auf den Zweck des Eingriffs erforderlich sein muss. Die Informationen dürfen also nicht auf andere Weise gewonnen werden können (BVerfGE 67, 157/177). Die Benachrichtigung muss nachgeholt werden, wenn dies ohne Gefährdung des Zwecks der Maßnahme möglich ist (BVerfGE 30, 1/21). Die ersatzweise Kontrolle muss durch unabhängige und an keine Weisungen gebundene staatliche Organe sichergestellt werden (BVerfGE 67, 157/185). Die Kontrolle muss zudem materiell und verfahrensmäßig der gerichtlichen Kontrolle gleichwertig sein (BVerfGE 30, 1/23). Insofern wird also der Gesetzesvorbehalt quasi verfassungskonform im Hinblick auf das Rechtsstaatsprinzip interpretiert.

575 **Fall 56** *(BVerfG, NJW 2000, 55 ff.)*: Gemäß § 5 des Gesetzes zur Beschränkung des Brief-, Post- und Fernmeldegeheimnisses (Artikel 10 – Gesetz – G 10) können auf Antrag des Bundesnachrichtendienstes Beschränkungen für den internationalen Telekommunikationsverkehr angeordnet werden. Ist § 5 G 10 mit Art. 10 Abs. 2 GG vereinbar?
Lösung Fall 56: Da die Überwachung dem Betroffenen nicht mitgeteilt wird und der Rechtsweg ausgeschlossen ist (siehe § 13 G 10) müssen die Voraussetzungen des Art. 10 Abs. 2 Satz 2 GG erfüllt sein. Fraglich ist also, ob die Beschränkung dem Schutz der freiheitlichen demokratischen Grundordnung oder des Bestandes oder der Sicherung des Bundes oder eines Landes dient. Dies wäre hinsichtlich eines bewaffneten Angriffs auf die Bundesrepublik Deutschland (§ 5 Abs. 1 Satz 3 Nr. 1 G 10) unproblematisch der Fall. Die außen- und sicherheitspolitischen Interessen der Bundesrepublik werden auch in den Fällen von § 5 Abs. 1 Satz 3 Nr. 2–4 und Nr. 6 G 10 in gewichtigem Maße berührt. Verfassungsmäßig ist auch die Bestimmung des § 5 Abs. 1 Satz 3 Nr. 5 G 10, da danach nur eingegriffen werden darf, wenn die Gefahr einer Beeinträchtigung der Geldwertstabilität besteht. § 5 G 10 ist daher mit Art. 10 Abs. 2 GG vereinbar.

IV. Objektiv-rechtliche Dimensionen des Grundrechts

Wie alle Grundrechte hat auch Art. 10 GG eine objektiv-rechtliche Dimension. Deshalb ist der Staat verpflichtet, im Rahmen der Privatisierung des Post- und Fernmeldeverkehrs private Anbieter zum Schutz der individuellen Kommunikation zu verpflichten. 576

§ 25. Freizügigkeit (Art. 11 GG)

Literatur: *Kunig, Philip,* Das Grundrecht auf Freizügigkeit, Jura 1990, 306 ff.; *Pieroth, Bodo,* Das Grundrecht der Freizügigkeit (Art. 11 GG), JuS 1985, 81 ff.

I. Schutzbereich

1. Sachlicher Schutzbereich

a) Wohnsitz und Aufenthalt

Art. 11 Abs. 1 GG enthält eine Garantie von nur sachlich beschränkter Reichweite. Freizügigkeit i. S. d. Vorschrift bedeutet die Möglichkeit, an jedem Ort innerhalb des Bundesgebietes Aufenthalt oder Wohnsitz zu nehmen (so BVerfGE 2, 266/273; 80, 137/150). Geschützt ist die Einreise in das Bundesgebiet, nicht jedoch die Ausreise aus dem Bundesgebiet, die von Art. 2 Abs. 1 GG geschützt ist (BVerfGE 6, 32/34 f.). 577

Der Wohnsitz bestimmt sich nach § 7 BGB. Der Begriff des Aufenthaltes ist weiter und umfasst auch den Wohnsitz. Ein Aufenthalt wird dann angenommen, wenn jemand die Absicht hat, an einem bestimmten Ort eine bestimmte Weile zu verbleiben. Wie lang der beabsichtigte Verweilzeitraum sein muss, ist strittig. Die Vorschläge reichen von wenigen Minuten über einen Tag mit Übernachtung bis hin dazu, dass nur die Schaffung eines neuen und dauernden Lebensmittelpunktes geschützt sei (so BVerwGE 3, 308/312). Wenige Minuten dürften jedoch als Zeitraum zu kurz sein. Daher erscheint die mittlere Lösung am ehesten einsichtig. 578

b) Verhältnis zu anderen Grundrechten

Grundsätzlich ist es unerheblich, aus welchen Gründen ein Ortswechsel erfolgt. Geschieht dies jedoch aus beruflichen Gründen, ist nicht Art. 11 Abs. 1 GG einschlägig, sondern Art. 12 Abs. 1 GG. Sog. Residenzpflichten von Beamten oder Organwaltern der Rechtspflege sind an Art. 12 Abs. 1 und Art. 33 GG, nicht hingegen an Art. 11 GG zu messen (h. M.). Das Recht zur Mitnahme von Eigentum fällt unter Art. 14 GG, soweit es sich nicht um die engere persönliche Habe handelt. Vor allem wegen der Subsidiarität gegenüber der 579

Berufsfreiheit hat das Grundrecht der Freizügigkeit nur einen sehr beschränkten Anwendungsbereich.

Die Freizügigkeit ist nicht betroffen, wenn jemand wegen staatlichen Regelungen über die Bodennutzung sein Wohneigentum aufgeben muss (z. B. wegen der Ausweisung der Fläche als Abbaugebiet für Braunkohle). Das Grundrecht vermittelt also kein „Recht auf Heimat" (BVerfG 1 BvR 3139/08 und 3386/08 vom 17. 12. 2010, Rn. 251 ff.) Die Inanspruchnahme von Eigentum für die Verfolgung öffentlicher Zwecke ist deshalb an der Eigentumsgarantie des Art. 14 GG zu messen.

2. Persönlicher Schutzbereich

580 Träger des Grundrechts ist jeder Deutsche i. S. v. Art. 116 GG. Auch Minderjährige können sich auf das Grundrecht berufen. Dies ergibt sich aus dem Gesetzesvorbehalt des Abs. 2 („Schutze der Jugend vor Verwahrlosung"). Inländische juristische Personen können sich auf Art. 11 GG berufen, soweit sie keinen wirtschaftlichen Zweck verfolgen (dann wäre Art. 12 Abs. 1 GG einschlägig). Die Freizügigkeit von Nichtdeutschen richtet sich nach Art. 2 Abs. 1 GG.

II. Eingriff

581 Das Grundrecht schützt vor allem vor imperativen Einwirkungen, etwa Genehmigungspflichten oder Nachweispflichten für einen Ortswechsel. Auch mittelbare oder faktische Eingriffe kommen in Betracht, z. B. durch eine gesetzliche Regelung, die Spätaussiedlern Sozialhilfe entzieht, wenn sie nicht den zugewiesenen Ort als ständigen Aufenthalt nehmen (BVerfGE 110, 177/ 191).

III. Verfassungsrechtliche Rechtfertigung von Eingriffen

1. Beschränkung durch oder aufgrund eines Gesetzes

582 Beschränkungen des Grundrechts sind unmittelbar durch ein formelles Gesetz möglich. Weiterhin kommen Beschränkungen auf formell-gesetzlicher Grundlage durch Rechtsverordnungen oder Verwaltungsakt in Betracht. Materiell rechtmäßig ist die Beschränkung nur dann, wenn das Gesetz dazu dient, einen der besonderen Zwecke des Abs. 2 zu erfüllen. Weiterhin muss das Gesetz hierzu geeignet, erforderlich und verhältnismäßig sein. Wegen des erheblichen finanziellen Aufwandes für notwendige Integrationsmaßnahmen ist die Beschränkung der freien Wohnortwahl bei Spätaussiedlern verfassungsmäßig (BVerfGE 110, 177 ff.).

2. Materielle Anforderungen an Beschränkungsmaßnahmen

Die Beschränkung des Grundrechts ist dann möglich, wenn keine ausreichende Lebensgrundlage vorhanden ist und der Allgemeinheit daraus besondere Lasten entstehen würden. Eine ausreichende Lebensgrundlage ist dann nicht vorhanden, wenn die entsprechende Person der Sozialhilfe anheimfallen würde. 583

Die Freizügigkeit kann weiterhin eingeschränkt werden, wenn dies zur Abwehr einer drohenden Gefahr für den Bestand oder die freiheitliche demokratische Grundordnung des Bundes oder eines Landes erforderlich ist. Der Begriff der freiheitlich-demokratischen Grundordnung umfasst die wesentlichen Verfassungsprinzipien des Grundgesetzes. Zu denken ist etwa an Fälle, in denen verfassungsfeindliche Extremisten versuchen, ein Ghetto an einem bestimmten Ort zu bilden. 584

Seuchengefahren sind durch übertragbare Krankheiten verursachte Gefahren. Die schweren Unglücksfälle müssen mit Naturkatastrophen vergleichbar sein. Jugend i. S. d. Gesetzesvorbehaltes sind solche Personen, die noch nicht volljährig sind. Der Kriminalvorbehalt („strafbare Handlungen vorbeugen") dient der Ergreifung von vorbeugenden Maßnahmen. Weitere Maßnahmen sind schließlich dann möglich, wenn sie sich auf kollidierendes Verfassungsrecht stützen lassen. 585

Bei Eingriffen in die Freizügigkeit unterliegt der Gesetzgeber dem Zitiergebot des Art. 19 Abs. 1 Satz 2 GG. Eingriffe aufgrund der polizeilichen Generalklausel sind deshalb nur in den Ländern zulässig, in denen dem Zitiergebot Genüge getan wurde. 586

§ 26. Berufsfreiheit, Arbeitszwang, Zwangsarbeit (Art. 12 GG)

Literatur: *Gusy, Christoph*, Arbeitszwang – Zwangsarbeit – Strafvollzug BVerfGE 74, 102, in: JuS 1989, 710 ff.; *Mann, Thomas/Worthmann, Esther-Maria*, Berufsfreiheit (Art. 12 GG) – Strukturen und Problemkonstellationen, JuS 2013, 385 ff.

I. Übersicht

Art. 12 GG enthält insgesamt drei Grundrechte. Abs. 1 Satz 1 gibt das Recht, Beruf, Arbeitsplatz und Ausbildungsstätte frei zu wählen. Weiterhin wird die Berufsausübung erwähnt (Art. 12 Abs. 1 Satz 2 GG). Hieraus leitet die überwiegende Meinung ein **einheitliches Grundrecht der Berufsfreiheit** ab (BVerfGE 7, 377/400 ff.). 587

588 In Abs. 2 und Abs. 3 geht es um die Freiheit von **Arbeitszwang** und **Zwangsarbeit**. Diese beiden Garantien hängen sachlich miteinander zusammen, sie sind jedoch zu trennen, da sie unter unterschiedlichen Gesetzesvorbehalten stehen.

II. Schutzbereich

Literatur: *Bauer, Hartmut/Kahl, Wolfgang*, Europäische Unionsbürger als Träger von Deutschen-Grundrechten?, JZ 1995, 107.

1. Persönlicher Schutzbereich

589 Träger des Grundrechts der Berufsfreiheit sind grundsätzlich alle Deutschen im Sinne von Art. 116 GG. Juristischen Personen steht unter den Voraussetzungen des Art. 19 Abs. 3 GG das Grundrecht aus Art. 12 GG zu. Nicht-EU-Bürger können sich lediglich auf Art. 2 Abs. 1 GG (allgemeine Handlungsfreiheit) berufen. Fraglich ist, inwieweit auch EU-Ausländer Berechtigte i. S. d. Art. 12 Abs. 1 GG sind. Teilweise wird die Auffassung vertreten, wegen Art. 18 AEUV sei eine Erweiterung des Grundrechtsschutzes auf EU-Bürger erforderlich.

590 Zweifellos besteht eine Kollisionslage zwischen den Gleichbehandlungsgeboten des AEUV hinsichtlich der Behandlung von europäischen Unionsbürgern im Bereich der Anwendung des Vertrages über die Arbeitsweise der Europäischen Union einerseits und der besonderen Garantie der Berufsfreiheit, die Art. 12 Abs. 1 GG allen Deutschen zuerkennt, andererseits. Diese Kollision muss jedoch nicht dadurch aufgelöst werden, dass auch EU-Bürger gegen den eindeutigen Verfassungswortlaut als Grundrechtsträger des Art. 12 Abs. 1 GG angesehen werden. Vielmehr reicht insoweit der Rückgriff auf Art. 2 Abs. 1 GG aus. Dieses Grundrecht ist zwar grundsätzlich „schwächer" als Art. 12 Abs. 1 GG. Im Falle von Unionsbürgern muss aus gemeinschaftsrechtlichen Gründen jedoch das Schutzniveau auf das Niveau des Art. 12 Abs. 1 GG angehoben werden. Daher darf eine Beschränkung der beruflichen Freiheit, die gegenüber Deutschen unzulässig wäre, auch gegenüber EU-Bürgern nicht als verfassungsmäßig angesehen werden. Das Schutzniveau ist daher identisch, auch wenn Grundlage für den Schutz unterschiedliche Grundrechtsgewährleistungen sind. Der deutschen Gesetzgebung ist es also untersagt, zu Lasten des Unionsbürgers in stärkerem Maße öffentliche Interessen zur Geltung zu bringen als gegenüber einem Deutschen. Ein entsprechendes Gesetz wäre wegen Verstoßes gegen Europarecht (Art. 18 AEUV) unanwendbar und damit nicht Bestandteil der verfassungsmäßigen Ordnung i. S. v. Art. 2 Abs. 1 GG.

§ 26. Berufsfreiheit, Arbeitszwang, Zwangsarbeit (Art. 12 GG)

2. Sachlicher Schutzbereich

a) Berufsbegriff

Als Beruf versteht man eine Tätigkeit, die der Schaffung und Erhaltung einer Lebensgrundlage dient bzw. zur Schaffung und Erhaltung einer Lebensgrundlage beiträgt (BVerfGE 7, 377/397; 54, 301/313). Es kommt nicht darauf an, ob die Tätigkeit selbstständig oder unselbstständig ausgeübt wird. Auch Zweitberufe oder nebenberufliche Tätigkeiten sind geschützt (BVerfGE 110, 141/156 für Züchter von Kampfhunden). Kein Beruf ist gegeben, wenn jemand ein Hobby ausübt. Die Tätigkeit muss auf Dauer angelegt sein. Dies heißt nicht, dass sie ständig oder überwiegend ausgeübt werden muss. Nebentätigkeiten von Beamten, Doppel- oder Nebenberufe werden ebenfalls vom Berufsbegriff erfasst. 591

Ein Beruf kann innerhalb oder außerhalb des öffentlichen Dienstes ausgeübt werden. Soweit es sich um einen Beruf im öffentlichen Dienst oder in besonderer Nähe zum öffentlichen Dienst (Notar!) handelt, gelten allerdings Sonderregelungen nach Art. 33 GG, so dass beispielsweise die Zahl der Stellen beschränkt werden kann. Grundsätzlich verbleibt es aber beim Schutz von Bewerbern und Berufstätigen durch Art. 12 Abs. 1 GG auch in diesem Bereich (BVerfGE 110, 304/321). 592

Kein Merkmal des Berufsbegriffs ist das Erlaubtsein der Tätigkeit. Verbietet der Gesetzgeber eine Tätigkeit, greift er in den Schutzbereich des Art. 12 Abs. 1 GG ein. Damit ist der Eingriff rechtfertigungsbedürftig. Ein Beruf ist deshalb auch der Betrieb einer öffentlichen Spielbank, auch wenn hierfür eine Erlaubnis erforderlich ist und eine solche Erlaubnis zur Bekämpfung der Spielsucht nur in sehr restriktiver Weise (oder gar nicht) erteilt wird (BVerfGE 102, 197 ff.; das Gleiche gilt für Sportwetten, siehe BVerfGE 115, 276 ff.). Aus dem Berufsbegriff heraus fallen nur offensichtlich sozialschädliche Tätigkeiten (z. B. berufsmäßiger Rauschgifthandel, Berufskiller, Zuhälter). 593

Fall 57: Aufgrund von Art. 297 EGStGB erlässt das Bundesland D eine Verordnung, dass in Gemeinden bis 50 000 Einwohnern die Ausübung der Prostitution untersagt ist. Prostituierte P, die ihr Gewerbe bisher in der 30 000 Einwohner zählenden Stadt S ausgeübt hat, fühlt sich in ihrer Berufsfreiheit (Art. 12 Abs. 1 GG) beeinträchtigt. Ist der Schutzbereich der Berufsfreiheit eröffnet? 594

Lösung Fall 57: Der Schutzbereich ist eröffnet, wenn die Prostitution als Beruf i. S. v. Art. 12 Abs. 1 GG zu qualifizieren ist. Bei der Prostitution handelt es sich um eine auf Dauer angelegte Tätigkeit zur Schaffung bzw. Erhaltung einer Lebensgrundlage. Prostitution erweckt zwar sittlichen Anstoß, die Tätigkeit ist jedoch nicht sozialschädlich. Nach dem Prostitutionsgesetz (ProstG) begründen aufgrund entsprechender Vereinbarung gegen Entgelt vorgenommene sexuelle Handlungen zivilrechtlich durchsetzbare Forderungen (§ 1 ProstG). Es liegt deshalb ein Beruf i. S. v. Art. 12 Abs. 1 GG vor. Der Schutzbereich ist eröffnet.

b) Berufswahlfreiheit

595 Von der Berufsfreiheit geschützt ist die Wahl eines Berufes, also die Entscheidung, überhaupt einen Beruf zu ergreifen. Geschützt ist aber auch die Entscheidung, einen Beruf nicht zu ergreifen. Das **Berufsbild** kann der Grundrechtsträger selbst bestimmen. Er kann also auch atypische Betätigungen zum Gegenstand eines Berufes machen. Die Berufswahlfreiheit umfasst auch die Wahl eines **Zweitberufes** oder einer **Nebenbeschäftigung**. Sie erstreckt sich auch auf Berufe im Rahmen des öffentlichen Dienstes. Für den Zugang zu solchen Berufen enthält aber Art. 33 Abs. 2 GG eine Sonderregelung. Zur Berufswahlfreiheit gehört auch das Recht, einen Beruf zu beenden.

596 **Fall 58** *(BVerfGE 73, 280ff. – Notarbewerber):* Assessor A bewirbt sich mit ausreichendem Zweiten Juristischen Staatsexamen für die Übernahme in den Notardienst des Landes B. Nach einer Verwaltungsvorschrift werden für den Notardienst nur solche Bewerber in die engere Wahl gezogen, die das Zweite Staatsexamen mindestens mit der Note „vollbefriedigend" bestanden haben. Wird A in seinem Grundrecht der Berufsfreiheit verletzt?

Lösung Fall 58: Eine Verletzung der Berufswahlfreiheit liegt vor, wenn die Verwaltungsvorschrift als Eingriff in den Schutzbereich zu qualifizieren ist, der verfassungsrechtlich nicht gerechtfertigt werden kann.

1. *Schutzbereich.* Art. 12 Abs. 1 GG enthält ein einheitliches Grundrecht der Berufsfreiheit. Beruf ist jede dauerhafte, auf die Schaffung und Erhaltung einer Lebensgrundlage gerichtete Tätigkeit. Hierzu gehört auch der Notarberuf. Die Berufsfreiheit schützt nicht nur die Freiheit, einen Beruf auszuüben, sondern auch die Freiheit, einen Beruf zu wählen. Der Schutzbereich ist daher eröffnet.

2. *Eingriff.* Durch die Verwaltungsvorschrift werden für den Notardienst nur solche Bewerber in die engere Auswahl gezogen, die das Zweite Staatsexamen mit mindestens der Note „vollbefriedigend" bestanden haben. A fällt deshalb aus dem Kreis möglicher Bewerber heraus, so dass ein Eingriff in den Schutzbereich gegeben ist.

3. *Verfassungsrechtliche Rechtfertigung.* Fraglich ist jedoch, ob der Eingriff verfassungsrechtlich gerechtfertigt werden kann. Die Berufswahlfreiheit steht unter Gesetzesvorbehalt (Art. 12 Abs. 1 Satz 2 GG wird entsprechend auf die Berufswahlfreiheit angewendet). Der Staat hat daher das Recht, die Berufswahlfreiheit zu beschränken. Zudem handelt es sich bei dem Notarberuf um einen staatlich gebundenen Beruf. Deshalb besteht gem. Art. 33 Abs. 2 GG lediglich ein Anspruch auf gleichheitsgemäßen Zugang zum Notarberuf. Der Staat setzt die Zahl der Notarstellung in Ausübung seiner Organisationshoheit fest, da die Notare staatliche Funktionen ausüben. Die Auswahlmaßstäbe und das Auswahlverfahren müssen jedoch auf gesetzlicher Grundlage geregelt werden. Anordnungen in einer Verwaltungsvorschrift genügen insoweit nicht.

4. *Ergebnis.* Daher wird A in seinem Grundrecht aus Art. 12 Abs. 1 GG verletzt.

Merke: Der Gesetzesvorbehalt des Art. 12 Abs. 1 Satz 2 GG wird auf die Berufswahlfreiheit entsprechend angewendet.

c) Berufsausübungsfreiheit

597 Neben der Wahl des Berufes wird auch die Ausübung des Berufes geschützt. Hierzu gehört die Bestimmung über Form, Mittel und Umfang sowie Inhalt der beruflichen Tätigkeit. Von der Berufsausübungsfreiheit ist das Recht um-

§ 26. Berufsfreiheit, Arbeitszwang, Zwangsarbeit (Art. 12 GG) 175

fasst, eine Vergütung für die eigene Tätigkeit zu fordern. Das Grundrecht gibt dem Grundrechtsinhaber das Recht, erworbene berufliche Qualifikationen wahrheitsgemäß und angemessen kund zu tun (BVerfGE 106, 181 ff. zur Führung mehrerer Facharztbezeichnungen). Geschützt sind auch Werbemaßnahmen. Dies gilt auch bei sog. freien Berufen (Ärzten, Apothekern, Anwälten etc.).

Geschützt von Art. 12 Abs. 1 GG sind Betriebs- und Geschäftsgeheimnisse (BVerfGE 115, 205 ff.). Hierunter versteht man Tatsachen, Umstände und Vorgänge, die nicht offenkundig sind und an deren Nichtverbreitung der Rechtsträger ein berechtigtes Interesse hat. Hierzu zählen etwa Einzelheiten der technischen Leistungserbringung und der Entgeltkalkulation. Muss ein Unternehmen derartige Informationen offen legen, beeinträchtigt dies seine Möglichkeiten im Wettbewerb. **598**

d) Arbeitsplatzwahlfreiheit

Art. 12 Abs. 1 Satz 1 GG gibt das Recht, einen konkreten Arbeitsplatz nach eigener Wahl anzunehmen, beizubehalten oder aufzugeben (BVerfGE 85, 360/372 f.). Unter einem Arbeitsplatz versteht man den räumlichen Ort sowie den Umkreis der Betätigung (BVerfGE 84, 133/146). Der Schutz der Arbeitsplatzwahlfreiheit kommt nur Arbeitnehmern zugute. Selbständige können sich auf die Berufsausübungsfreiheit berufen. **599**

Der Schutz der Freiheit der Arbeitsplatzwahl ist dann betroffen, wenn durch Gesetz der Arbeitgeber wechselt. **600**

Beispiel *(BVerfG, NJW 2011, 1427 ff.)*: Durch Landesgesetz werden die Universitätskliniken in Gießen und Marburg zusammengefasst und privatisiert. Die bisher beim Land angestellten Bediensteten der Kliniken sind nunmehr Bedienstete eines privaten Unternehmens. Der Austausch des Arbeitgebers stellt einen Eingriff in das Recht auf Arbeitsplatzwahl dar. **601**

Hinweis: Art. 12 Abs. 1 GG verdrängt als Prüfungsmaßstab Art. 2 Abs. 1 GG unter dem Aspekt der Vertragsfreiheit!

e) Wahl der Ausbildungsstätte

Unter einer Ausbildungsstätte versteht man eine berufsbezogene Einrichtung, die mehr als nur eine allgemeine Schulbildung vermittelt, also der Ausbildung für einen Beruf dient. Hierzu zählen Universitäten, pädagogische Akademien, der staatliche Vorbereitungsdienst für Lehrer und Juristen, Einrichtungen der betrieblichen oder überbetrieblichen Lehrlingsausbildung sowie des zweiten Bildungsweges. Ein Gymnasium (insb. Sekundarstufe II) ist keine Ausbildungsstätte (a. A. BVerfGE 58, 257/273). **602**

Das Recht auf Zugang zur Ausbildungsstätte steht unter Kapazitätsvorbehalt. Bei staatlichen Ausbildungsstätten besteht jedoch ein Kapazitätserschöpfungsgebot. **603**

604 Fall 59: Abiturient A begehrt die Zulassung zum Medizinstudium an der Universität U. Obwohl noch freie Plätze vorhanden sind, lehnt die Universität eine Zulassung ab, da A in den mathematisch-naturwissenschaftlichen Fächern nur ausreichende Noten erzielt hat. Verletzt die Universität das Grundrecht des A aus Art. 12 Abs. 1 GG?
Lösung Fall 59: Fraglich ist, ob eine Verletzung des Art. 12 Abs. 1 GG vorliegt.
1. Schutzbereich. Das Grundrecht der Berufsfreiheit schützt auch die freie Wahl der Ausbildungsstätte. Hierunter ist eine berufsbezogene Einrichtung zu verstehen, die mehr als nur eine allgemeine Schulbildung vermittelt, also der Ausbildung für einen Beruf dient. Die Universität U ist eine solche Ausbildungsstätte. Der Schutzbereich ist daher eröffnet.
2. Eingriff. Die Verweigerung der Zulassung stellt einen Eingriff in das Grundrecht dar.
3. Verfassungsrechtliche Rechtfertigung. Der Eingriff in den Schutzbereich kann verfassungsrechtlich nicht gerechtfertigt werden. Grundsätzlich steht das Recht auf Zugang zu einer Ausbildungsstätte zwar unter Kapazitätsvorbehalt. Dies bedeutet gerade bei staatlichen Ausbildungsstätten aber auch, dass die vorhandenen Kapazitäten ausgeschöpft werden müssen. Vorliegend erfüllt A die Zulassungsvoraussetzungen. Auch mit einem schlechten Abitur hat er die Befähigung erworben, ein wissenschaftliches Studium an einer deutschen Hochschule aufzunehmen. Da die Studienplätze an der Universität U verfügbar sind, besteht kein öffentlicher Grund für die Rechtfertigung des Eingriffs. A muss deshalb zugelassen werden.
4. Ergebnis. A ist in seinem Grundrecht aus Art. 12 Abs. 1 GG verletzt.

Merke: Das Recht auf Zugang zu einer Ausbildungsstätte führt bei staatlichen Ausbildungsstätten zu einem Kapazitätserschöpfungsgebot.

III. Eingriffe in die Berufsfreiheit

Literatur: *Bryde, Brun-Otto,* Art. 12 Grundgesetz – Freiheit des Berufs und Grundrecht der Arbeit –, NJW 1984, 2177 ff.; *Heintzen, Markus,* Staatliche Warnungen als Grundrechtsproblem, VerwArch 81 (1990), 532 ff.; *Höfling, Wolfram,* Beruf – Berufsbild – Berufsfeld, DÖV 1989, 110 ff.

1. Regelungen mit subjektiv berufsregelnder Tendenz

605 Ein Eingriff in die Berufsfreiheit liegt jedenfalls dann vor, wenn die berufliche Tätigkeit bzw. die Berufswahl durch imperative Regelungen geregelt oder beeinträchtigt wird. Man spricht auch von Regelungen mit **subjektiv berufsregelnder Tendenz.** Hierzu zählen etwa Erlaubnispflichten, Auskunftspflichten, die Regelung der Vergütung oder die gesetzliche Aufhebung von Arbeitsverhältnissen.

2. Zweifelsfälle

606 Ein Eingriff kann aber auch durch mittelbare oder tatsächliche Auswirkungen auf die berufliche Tätigkeit eintreten. Das BVerfG verlangt jedoch insoweit regelmäßig eine jedenfalls **objektiv berufsregelnde Tendenz** (BVerfGE 70,

§ 26. Berufsfreiheit, Arbeitszwang, Zwangsarbeit (Art. 12 GG)

191/214). Die Berufsfreiheit sei berührt, wenn sich die Rahmenbedingungen der beruflichen Tätigkeit verändern und aufgrund ihrer Gestaltung ein enger Zusammenhang mit der Ausübung des Berufes besteht (BVerfGE 111, 191/213). Ansonsten soll lediglich ein Eingriff in die allgemeine Handlungsfreiheit (Art. 2 Abs. 1 GG) vorliegen.

Richtig ist sicher, dass Veränderungen der Rahmenbedingungen der Berufsausübung allein keinen Eingriff in die Berufsfreiheit darstellen. So kann sich ein Taxifahrer oder ein Versicherungsvertreter gegenüber einer Erhöhung der Mineralölsteuer nicht auf den Schutz der Berufsfreiheit berufen (vgl. BVerfGE 110, 274/288). Ansonsten ist vieles unklar. Tendenziell geht das BVerfG in jüngerer Zeit eher von Eingriffen in Art. 12 Abs. 1 GG aus als früher. Exakte Linien sind aber nicht immer zu erkennen.

Die wichtigsten Problemfälle:

– Die Rechtsprechung geht davon aus, dass Zwangsmitgliedschaften in Berufskammern Eingriffe in Art. 2 Abs. 1 GG, nicht in Art. 12 Abs. 1 GG sind (BVerwG, NJW 1983, 2651). Nicht auszuschließen ist allerdings, dass das BVerfG das in neuer Sicht anders entscheiden würde.

– Nicht eindeutig ist die Rechtsprechung zu Vertretungsverboten im Kommunalrecht, die es Ratsmitgliedern untersagen, Ansprüche Dritter gegen die Gemeinde geltend zu machen. Auch insoweit wird teilweise auf die allgemeine Handlungsfreiheit des Art. 2 Abs. 1 GG, nicht auf die Berufsfreiheit abgestellt (offen gelassen in BVerfG, DVBl. 1988, 54/55).

– Kein Eingriff in Art. 12 Abs. 1 GG wurde angenommen hinsichtlich der Verpflichtung, Künstlersozialversicherungsbeiträge zu leisten, die durch Gesetz Musikverlagen, Schulbuchverlagen, Tonträgerherstellern etc. auferlegt wurden (BVerfGE 75, 108/264).

– Die Pflicht zur Abführung einer Kuponsteuer (eine Art Zinsabschlagsteuer) durch Kreditinstitute wurde hingegen als Eingriff in die Berufsfreiheit gewertet (BVerfGE 22, 380 ff.). Auch in anderen Fällen hat die Rechtsprechung zuletzt Art. 12 Abs. 1 GG herangezogen (vgl. BVerwG, NJW 2001, 1590 für Beiträge zu berufsständischen Versorgungswerken; BVerfGE 99, 202/211 für Erstattungspflichten des Arbeitgebers im Arbeitsförderungsrecht). Ein Eingriff in die Berufsfreiheit wird auch bei Abgabepflichten von Notaren an die Notarkasse angenommen (BVerfGE 111, 191/ 213).

– Staatliche Konkurrenz auf dem Wirtschaftssektor wird nicht als Eingriff in die Berufsfreiheit, sondern als Eingriff in die Wettbewerbsfreiheit verstanden, die in Art. 2 Abs. 1 GG verortet wird (BVerwGE 65, 167 ff.).

– Deliktische oder vertragliche Schadensersatzpflichten wegen schuldhafter Verletzung von absoluten Rechten in Ausübung des Berufes sind nach Auffassung des BVerfG kein Eingriff in Art. 12 Abs. 1 GG (BVerfG, NJW 1998, 519/520).

– Festbeträge für erstattungsfähige Kosten im Gesundheitsrecht (z. B. bei Brillen, Hörhilfen oder Medikamenten) greifen nicht in die Berufsfreiheit der Hersteller oder Lieferanten ein. Wirtschaftliche Folgen treten lediglich als Reflex auf ein kostenbewussteres Verhalten von Ärzten und Versicherten auf. Solche Wirkungen reichen nicht aus, um eine berufsregelnde Tendenz zu bejahen (BVerfG, NJW 2003, 1232 ff.). Hingegen soll durch solche Regelungen in die Berufsfreiheit der Ärzte eingegriffen werden (Therapiefreiheit, zweifelhaft).

- Die Sicherstellung und Beschlagnahme von Datenträgern einer Anwaltskanzlei im Rahmen von strafprozessualen Maßnahmen gegen den Inhaber der Kanzlei stellen keinen Eingriff in die Berufsfreiheit dar. Die Besonderheiten der beruflichen Tätigkeit (Gefahr des Verlusts von Mandanten) seien bei der Prüfung der Rechtfertigung des Eingriffs in Art. 2 Abs. 1 GG (Übermaßverbot) zu berücksichtigen (BVerfGE 113, 29/48).
- Sog. Tariftreue-Regelungen, nach denen öffentliche Aufträge nur an solche Unternehmen vergeben werden sollen, die Tariflöhne bezahlen, sind Eingriffe in Art. 12 Abs. 1 GG (BVerfGE 116, 202/222: „eingriffsgleiche Beeinträchtigung der Berufsfreiheit").
- Die Pflichtmitgliedschaft in der gesetzlichen Krankenversicherung greift in Art. 2 Abs. 1 GG ein (BVerfGE 115, 41 ff.).

608   Vor allem die ältere Rechtsprechung des BVerfG überzeugt nicht (in neuerer Zeit ist eine verstärkte Tendenz hin zum Art. 12 Abs. 1 und weg vom Art. 2 Abs. 1 GG zu erkennen). Art. 12 Abs. 1 GG ist lex specialis zu Art. 2 Abs. 1 GG. Es gibt keinen Grund dafür, von der allgemeinen Dogmatik hinsichtlich mittelbarer Grundrechtseingriffe bei Art. 12 GG abzuweichen und Grundrechtseingriffe nur unter besonders restriktiven Voraussetzungen anzunehmen. Vor allem ist die Rechtsprechung auch nicht konsequent. Es ist nicht berechenbar, wann Art. 12 Abs. 1 GG und wann Art. 2 Abs. 1 GG herangezogen wird. In den genannten Fällen ist deshalb von einem Eingriff in Art. 12 Abs. 1 GG auszugehen. Es ist deshalb sehr zu begrüßen, dass das Gericht in einer neueren Entscheidung zur Verfassungsmäßigkeit einer Bestimmung über die Pflicht des Arbeitgebers zur Zahlung eines Zuschusses zum Mutterschaftsgeld den Nachweis einer „besonderen berufsregelnden Tendenz" nicht mehr für erforderlich hält (BVerfGE 109, 64/85). Ob damit der wünschenswerte generelle Verzicht auf das Merkmal der berufsregelnden Tendenz verbunden ist, ist allerdings derzeit unklar (der Begriff der berufsregelnden Tendenz taucht wieder auf z. B. in der Entscheidung BVerfGE 110, 274/288). Dem Lernenden bleibt deshalb eine Auseinandersetzung mit der Rechtsprechung des Verfassungsgerichts zu den Merkmalen eines Eingriffs in die Berufsfreiheit nicht erspart. Ein Tipp dazu: Entscheiden Sie sich im Zweifelsfall für die Einschlägigkeit des Art. 12 Abs. 1 GG.

609   **Fall 60:** R lässt sich im Bezirk des OLG N als Rechtsanwalt nieder. Gemäß § 60 BRAO wird er damit Mitglied in der Rechtsanwaltskammer. Wird dadurch in das Grundrecht des R aus Art. 12 Abs. 1 GG eingegriffen?

§ 26. Berufsfreiheit, Arbeitszwang, Zwangsarbeit (Art. 12 GG) 179

Lösung Fall 60: Ein Eingriff in die Berufsfreiheit liegt vor, wenn die berufliche Tätigkeit bzw. die Berufswahl durch imperative Regelungen geregelt oder beeinträchtigt wird. Ein Eingriff kann jedoch auch durch mittelbare oder tatsächliche Auswirkungen auf die berufliche Tätigkeiten eintreten. Die Pflichtmitgliedschaft in der Anwaltskammer regelt nicht unmittelbar die Berufsausübung des R. Daher verneint die überwiegende Meinung einen Eingriff in Art. 12 Abs. 1 GG und geht von einem Eingriff in die allgemeine Handlungsfreiheit (Art. 2 Abs. 1 GG) aus. Nach der Gegenauffassung liegt ein Eingriff vor. Da die Pflichtmitgliedschaft an eine berufliche Tätigkeit anknüpft, sei sie an Art. 12 Abs. 1 GG zu messen. Nicht einschlägig ist hingegen Art. 9 Abs. 1 GG, da es um die Mitgliedschaft in einer öffentlich-rechtlichen Vereinigung geht.

Merke: Eingriffe in die Berufsfreiheit müssen zumindest mittelbare oder tatsächliche Auswirkungen auf die berufliche Tätigkeit haben.

3. Eingriffe durch Realakte

In den Schutzbereich kann auch durch Realakte eingegriffen werden. Bei Informationen durch die öffentliche Hand wird allerdings nicht in jedem Handeln eine Beeinträchtigung des Schutzbereichs gesehen. Soweit öffentliche Stellen im Rahmen ihrer Aufgaben und Zuständigkeiten richtige und sachliche Informationen verbreiten, soll ein Grundrechtseingriff nicht vorliegen (BVerfGE 105, 252 ff.). Diese Rechtsprechung ist in die allgemeine Dogmatik zum Grundrechtseingriff nur schwer zu integrieren. Den allgemeinen Regeln würde es entsprechen, bei Informationshandeln stets einen Eingriff anzunehmen. Die Frage, ob die Informationen den rechtlichen Anforderungen entsprechen, wäre dann ein Problem der Rechtfertigung des Eingriffs. Dann würde sich jedoch das Problem einer gesetzlichen Grundlage stellen, dem das BVerfG wohl ausweichen wollte. 610

Ein Eingriff kann schließlich auch durch staatliche Konkurrenz erfolgen. Allerdings verlangt Art. 12 Abs. 1 GG keine grundsätzliche Enthaltung des Staates auf dem Wirtschaftssektor. Etwas anderes gilt dann, wenn der Staat einen Verdrängungswettbewerb mit nicht marktkonformen Mitteln gegen den Grundrechtsträger führt. 611

Fall 61 *(BVerfGE 105, 252 ff.):* 1985 wird bekannt, dass verschiedenen Weinsorten österreichischer Herkunft Diethylenglykol beigemischt ist. Das Bundesministerium für Gesundheit veröffentlicht nach entsprechenden Untersuchungen eine Liste der Weine, in denen dieser Stoff nachgewiesen worden ist. Eine deutsche Weinkellerei, die österreichische Weine abfüllt und vertreibt, fühlt sich in ihrem Grundrecht aus Art. 12 Abs. 1 GG verletzt. Zu Recht? 612

Lösung Fall 61: Nach Auffassung des BVerfG liegt nur dann ein Grundrechtseingriff vor, wenn die rechtlichen Voraussetzungen für das Informationshandeln nicht eingehalten werden.
1. Aufgabenzuweisung. Soweit Regierung oder Verwaltung eine bestimmte Aufgabe wahrnehmen sollen, haben sie auch die Befugnis, diese Aufgabe durch Informationshandeln zu erfüllen. Aufgabe des Ministeriums ist u. a. der Gesundheitsschutz. Dazu dürfen

auch Informationen an die Öffentlichkeit verbreitet werden. Dies wird vom BVerfG nicht als Aufgabe der Verwaltung, sondern der „Staatsleitung" verstanden.

2. *Zuständigkeit*. Fraglich ist, ob das Bundesministerium tätig werden durfte. Innerhalb der Regierung ist das Gesundheitsministerium zuständig. Im Bund-Länder-Verhältnis soll nicht Art. 30 GG anwendbar sein. Es genügt, wenn die Angelegenheit länderübergreifende Bedeutung oder Auslandsbezug hat.

3. *Inhaltliche Richtigkeit und Sachlichkeit.* Die Informationen waren inhaltlich richtig und sachlich gehalten.

4. *Ergebnis.* Ein Grundrechtseingriff liegt nicht vor.

(Hinweis: Das Urteil des BVerfG enthält deutliche Elemente freier Rechtsschöpfung. Man kann die getroffenen Annahmen mit Bestimmungen des Grundgesetzes stützen, aber sie nicht wirklich ableiten).

IV. Verfassungsrechtliche Rechtfertigung von Eingriffen in die Berufsfreiheit

Literatur: *Hufen, Friedhelm,* Berufsfreiheit – Erinnerung an ein Grundrecht, NJW 1994, 2913 ff.; *Ipsen, Jörn,* „Stufentheorie" und Übermaßverbot – Zur Dogmatik des Art. 12 GG, JuS 1990, 634 ff.; *Lorz, Ralph Alexander,* Die Erhöhung der verfassungsgerichtlichen Kontrolldichte gegenüber berufsrechtlichen Einschränkungen der Berufsfreiheit, NJW 2002, 169 ff.; *Terhechte, Jörg Philipp,* Der Ladenschluss und die Berufsfreiheit der Apotheker – BVerfG, NJW 2002, 666, in: JuS 2002, 551 ff.

1. Einheitlicher Gesetzesvorbehalt

613 Art. 12 Abs. 1 Satz 2 GG enthält einen Regelungsvorbehalt allein für die Berufsausübung. Dieser Regelungsvorbehalt wird von der überwiegenden Meinung wie ein Gesetzesvorbehalt verstanden. Da es sich bei der Berufsfreiheit um ein einheitliches Grundrecht handelt (oben § 26 I), bezieht sich der Gesetzesvorbehalt auf das gesamte Grundrecht der Berufsfreiheit. Deshalb kann auch die Wahl des Berufs bzw. die Wahl des Arbeitsplatzes oder der Ausbildungsstätte gesetzlich geregelt werden.

614 **Fall 62:** R möchte sich im Bezirk des OLG N als Rechtsanwalt niederlassen. Da er das Zweite Juristische Staatsexamen endgültig nicht bestanden hat, wird ihm die Zulassung verweigert. R ist der Auffassung, Eingriffe in die Berufswahlfreiheit seien durch das Grundgesetz nicht erlaubt.

Lösung Fall 62: Art. 12 Abs. 1 Satz 2 GG wird als einheitlicher Gesetzesvorbehalt verstanden. Daher sind Eingriffe auch in die Berufswahlfreiheit möglich.

2. Erfordernis einer gesetzlichen Grundlage

615 Jeder Eingriff in die Berufsfreiheit bedarf einer formell-gesetzlichen Grundlage. Der eigentliche Eingriff kann dann durch Rechtsverordnung, Satzung oder Verwaltungsakt bewirkt werden. ==Das Zitiergebot des Art. 19 Abs. 1 Satz 2 GG gilt für Eingriffe in die Berufsfreiheit nach überwiegender Auffassung==

§ 26. Berufsfreiheit, Arbeitszwang, Zwangsarbeit (Art. 12 GG)

nicht. Dies wird mit dem unterschiedlichen Wortlaut (Art. 19 Abs. 1 GG spricht von Einschränkungen, Art. 12 Abs. 1 Satz 2 GG von Regelungen) begründet. Überzeugend ist diese Auffassung nicht, sie hat sich jedoch mittlerweile eingebürgert.

Die gesetzliche Grundlage für den Eingriff unterliegt besonderen Anforderungen. Dies gilt zunächst hinsichtlich des Bestimmtheitsgrundsatzes. Auch wenn der eigentliche Eingriff durch Rechtsverordnung, Satzung oder Verwaltungsakt erfolgen darf, müssen die wesentlichen „Umrisse" des Eingriffs im formellen Gesetz selbst geregelt werden. So können etwa statusrechtliche Fragen der freien Berufe nicht durch Satzung der öffentlich-rechtlichen Berufskammern festgelegt werden (BVerfGE 33, 125/158 ff.). Das einschränkende Gesetz muss hinreichend bestimmt sein, also Umfang und Grenzen des Eingriffs deutlich erkennen lassen (BVerfGE 86, 28/40). Je intensiver der Eingriff ist, desto höher sind die Anforderungen an die Bestimmtheit (BVerfGE 87, 287/316 f.). Für Rechtsverordnungen sind die Maßstäbe des Art. 80 Abs. 1 Satz 2 GG entsprechend zu verschärfen (BVerwG, NVwZ 1995, 488). Ergänzend kommt hinzu, dass die grundlegenden Anforderungen an die Organisation und das Verfahren der handelnden Organe gesetzlich hinreichend bestimmt sein müssen (BVerfGE 111, 191/217). Der Gesetzgeber muss die Bildung der Organe, ihre Aufgaben und ihre Handlungsbefugnisse regeln. Insoweit lässt sich auch von einem institutionellen Gesetzesvorbehalt sprechen (der natürlich nicht nur bei Art. 12 GG gilt, sondern auch bei anderen Grundrechten).

Fall 63 *(BVerfGE 33, 125 ff. – Facharzt):* A hat rechtmäßig die Facharztqualifikation für die Bereiche „Innere Medizin" und „Röntgen" erworben. Auf seinem Praxisschild führt er beide Facharztbezeichnungen. Er verstößt damit jedoch gegen eine Satzungsbestimmung, die von der Landesärztekammer erlassen worden ist. Sie untersagt die Führung von mehreren Facharztbezeichnungen. Rechtsgrundlage für die Satzung ist das Heilberufegesetz des Landes L, das den Ärztekammern allgemein die Befugnis zum Erlass von „verbindlichen Berufsordnungen" einräumt. Verletzt die Satzung der Landesärztekammer die Berufsfreiheit des A?

Lösung Fall 63: Fraglich ist, ob die Satzung der Landesärztekammer die Berufsfreiheit des A verletzt.

1. Schutzbereich. Das Grundrecht der Berufsfreiheit schützt als einheitliches Grundrecht auch die Berufsausübungsfreiheit. Hierzu gehört unter anderem die Bestimmung über Form, Mittel, Umfang sowie Inhalt der beruflichen Tätigkeit, so dass auch Werbemaßnahmen umfasst sind. Geschützt wird daher auch das Recht, die erworbenen Facharztbezeichnungen zu führen und auf dem Praxisschild anzugeben.

2. Eingriff. Die Satzung der Landesärztekammer untersagt A, beide Facharztbezeichnungen auf dem Schild anzubringen. Sie greift daher in den Schutzbereich des Grundrechts ein.

3. Verfassungsrechtliche Rechtfertigung. Das Grundrecht der Berufsfreiheit steht nach Art. 12 Abs. 1 Satz 2 GG unter Gesetzesvorbehalt. Eingriffe können daher grundsätzlich durch eine formell-gesetzliche Grundlage gerechtfertigt werden. Fraglich ist jedoch, ob die aufgrund des Heilberufegesetzes des Landes L erlassene Satzung der Landesärztekammer hierzu ausreicht.

Die gesetzliche Grundlage räumt den Ärztekammern allgemein die Befugnis zum Erlass von „verbindlichen Berufsordnungen" ein. Diese Regelung ist jedoch für Eingriffe der vorliegenden Art nicht hinreichend bestimmt. Zwar wendet das BVerfG Art. 80 Abs. 1 Satz 2 GG (und die entsprechenden hier anwendbaren Parallelvorschriften in den Landesverfassungen) auf Satzungsermächtigungen nicht an (zweifelhaft). Nach der Wesentlichkeitstheorie müssen jedoch die Eingriffe in die Berufswahlfreiheit durch formelles Gesetz getroffen werden. Regelungen der Berufsausübungsfreiheit können zwar grundsätzlich auch durch Satzungen erfolgen. Eine Grenze ergibt sich jedoch für sog. statusbildende Normen. Dazu lässt sich auch die Frage zählen, welche Facharztbezeichnungen geführt werden dürfen. Solche Fragen müssen durch formelles Gesetz geregelt werden. Der Eingriff kann folglich nicht verfassungsrechtlich gerechtfertigt werden.

4. Ergebnis. Die Berufsfreiheit des A ist somit verletzt.

3. Besondere Anforderungen hinsichtlich der Verhältnismäßigkeitsprüfung

a) Legitime Zwecksetzung, Geeignetheit, Erforderlichkeit

618 Auch hinsichtlich der Verhältnismäßigkeitsprüfung gelten bei Art. 12 Abs. 1 GG besondere Regelungen. Das BVerfG hat die sog. Drei-Stufen-Lehre entwickelt, mit der die Verhältnismäßigkeitsprüfung konkretisiert wird (BVerfGE 7, 377 ff. – sog. Apothekenurteil). Zunächst gilt jedoch wie bei jedem anderen Grundrechtseingriff, dass der Eingriff zur Erreichung des verfolgten Zweckes geeignet sein muss. Weiterhin muss der Eingriff erforderlich sein. Vor allem darf eine Berufswahlregelung nicht erfolgen, wenn eine Berufsausübungsregelung ebenso geeignet ist. Der Gesetzgeber hat einen erheblichen Beurteilungs- und Gestaltungsspielraum, wenn es um wirtschaftliche, sozial- oder arbeitsrechtliche Fragen geht (BVerfGE 39, 210/225 f.; 77, 84/ 106; 77, 308/332).

619 **Fall 64** *(BVerfGE 53, 135 ff. – Puffreisschokolade):* Nach § 14 Nr. 2 KakaoVO bestand für Lebensmittel, die mit Schokolade verwechselt werden können, ein absolutes Verkehrsverbot. Hiergegen erhoben Hersteller von Süßwaren-Saison-Artikeln wie Weihnachtsmännern und Osterhasen, die im Wesentlichen aus Puffreis bestehen und bei denen sich die als Bindemasse verwendete Fettglasur aus Sojafett, Staubzucker und Kakaopulver zusammensetzt, Verfassungsbeschwerde. Ist die Verfassungsbeschwerde begründet?
Lösung Fall 64: Die Verfassungsbeschwerde ist begründet, wenn das absolute Verkehrsverbot für Lebensmittel, die mit Schokolade verwechselt werden können, die Grundrechte der Hersteller verletzt. In Frage kommt eine Verletzung der Berufsfreiheit.
1. Schutzbereich. Beruf ist jede auf Dauer angelegte Tätigkeit zur Schaffung und Erhaltung einer Lebensgrundlage. Hierzu gehört auch die Herstellung von Süßwaren. Der Schutzbereich der Berufsfreiheit ist eröffnet.
2. Eingriff. § 14 Nr. 2 KakaoVO beinhaltet ein absolutes Verkehrsverbot für Lebensmittel, die mit Schokolade verwechselt werden können. Die Vorschrift greift daher in die Berufsfreiheit ein.
3. Verfassungsrechtliche Rechtfertigung. Fraglich ist jedoch, ob der Eingriff verfassungsrechtlich gerechtfertigt werden kann. Vorliegend handelt es sich um einen Eingriff in die

§ 26. Berufsfreiheit, Arbeitszwang, Zwangsarbeit (Art. 12 GG)

Berufsausübungsfreiheit. Eine Berufswahlregelung liegt deshalb nicht vor, weil es keinen Beruf des Puffreisherstellers, sondern nur den Beruf des Süßwarenherstellers gibt.

Die Berufsfreiheit kann nach Art. 12 Abs. 1 Satz 2 GG durch Gesetz oder aufgrund eines Gesetzes beschränkt werden. Im vorliegenden Fall erfolgt der Eingriff aufgrund einer Verordnung, die ihre Grundlage im LMBG findet. Fraglich ist jedoch, ob diese Regelung überhaupt verhältnismäßig ist.

a. Legitimes Ziel. Dann müsste mit dem Verbot zunächst eine legitime Zielsetzung verfolgt werden. Das Verbot dient dem Verbraucherschutz. Der Verbraucher soll vor Verwechslungen und Täuschungen bewahrt werden. Die Zielsetzung ist somit legitim.

b. Geeignetheit. Das Verbot ist zudem geeignet, das angestrebte Ziel zu erreichen. Bei einem absoluten Verkehrsverbot kann der Verbraucher die Süßwaren nicht mehr mit Schokolade verwechseln.

c. Erforderlichkeit. Fraglich ist jedoch, ob das Verbot auch erforderlich ist. Dann dürfte kein milderes Mittel vorhanden sein, durch welches das angestrebte Ziel ebenso gut erreicht werden kann. Als milderes Mittel kommt hier ein Kennzeichnungsgebot in Frage. Wenn die Süßwaren entsprechend gekennzeichnet sind, kann der Verbraucher diese nicht mehr verwechseln. Das mildere Mittel ist folglich ebenso gut geeignet, den Verbraucher zu schützen. Zudem ist zu berücksichtigen, dass aus einer Verwechslung von Schokolade und Fettglasur keine Gefahr für die Gesundheit der Verbraucher entsteht. Das absolute Verkehrsverbot ist daher unverhältnismäßig und verletzt die Hersteller in ihrem Grundrecht aus Art. 12 Abs. 1 GG.

4. Ergebnis. Die Verfassungsbeschwerde ist begründet.

> **Merke:** Ein absolutes Verkehrsverbot von Lebensmitteln zum Verbraucherschutz verstößt gegen den Grundsatz der Erforderlichkeit, wenn bloße Kennzeichnungspflichten genügen.

b) Berufsausübungsregelungen

620 (1) Allgemeines. Hinsichtlich der eigentlichen Verhältnismäßigkeitsprüfung wird zwischen Berufsausübungsregelungen (1. Stufe) und Berufswahlregelungen (2. und 3. Stufe) unterschieden. Typische Berufsausübungsregelungen sind beispielsweise Anmeldepflichten, Auskunftspflichten, Regelungen über Werbung oder Vergütungsbestimmungen. Solche Berufsausübungsregelungen werden dann als rechtmäßig angesehen, wenn vernünftige Erwägungen des Allgemeinwohls den Eingriff rechtfertigen (BVerfGE 7, 377/405 f.). Gesichtspunkte der Zweckmäßigkeit dürfen im Vordergrund stehen (BVerfGE 77, 308/332). Der Gesetzgeber hat bei reinen Berufsausübungsregelungen ein erhebliches Maß an „Freiheit" (BVerfGE 109, 64/85, im Übrigen kein schöner Ausdruck, gemeint ist „Gestaltungsspielraum"). In jedem Fall ist jedoch eine Prüfung der Verhältnismäßigkeit durchzuführen.

621 (2) Abgrenzung zwischen den einzelnen Stufen. Die Abgrenzung zwischen der 1. und 2. bzw. 3. Stufe ist nicht immer einfach. Wird der entsprechende Berufsbegriff eng gefasst, liegt eher eine Wahlregelung vor, fasst man ihn weit, eine Ausübungsregelung. Abgestellt wird auf das Berufsbild, das sich seinerseits aus den Verkehrsanschauungen ergibt.

622 **Beispiel:** Ein Verkehrsverbot für Puffreisschokolade (Fall 64) ist eine Ausübungsregelung, weil man nach den Verkehrsanschauungen davon ausgeht, dass der Beruf der des „Schokoladenherstellers" ist. Ginge man davon aus, dass es einen eigenen Beruf „Puffreisschokoladenhersteller" gäbe, läge eine Wahlregelung (3. Stufe) vor.

623 (3) *Einzelfälle.* Eine zulässige Berufsausübungsregelung ist die Pflicht, den Beginn eines Gewerbes gemäß § 14 GewO bei der zuständigen Behörde anzuzeigen. Auch gegen Genehmigungspflichten nach dem Gaststättenrecht (§ 4 GastG) bestehen keine Bedenken, da es sich um eine gebundene Verwaltungsentscheidung handelt, bei der die Verwaltung bei Vorliegen der gesetzlichen Voraussetzungen genehmigen muss. Zulässig sind staatliche Konzessionsentscheidungen, also Entscheidungen, bei denen die öffentliche Hand ein weitgehend ungebundenes Ermessen hat. Sie können dann eingeführt werden, wenn öffentliche Interessen für das Verbot einer Tätigkeit sprechen, diese jedoch ausnahmsweise (oft zur Deckung staatlicher Finanzinteressen) zugelassen werden soll. Beispiele sind Konzessionen für Spielbanken oder Lotterien.

624 Zulässige Berufsausübungsregelungen sind **Werbebeschränkungen,** soweit es um den Schutz des Verbrauchers oder sonst um die Verhinderung von unlauteren Geschäftspraktiken geht. Gegenüber freiberuflich Tätigen (Ärzten, Apothekern, Rechtsanwälten, Notaren, Architekten) gelten oft besondere Werbeverbote. Lange Zeit wurde Werbung als mit einer freiberuflichen Tätigkeit unvereinbar angesehen. Mittlerweile hat die Rechtsprechung eine Reihe von Auswüchsen bei Werbeverboten für verfassungswidrig erklärt (siehe BVerfGE 82, 18 ff. – Werbung durch Rechtsanwälte; BVerfGE 85, 248 ff. – Arztwerbung; BVerfGE 94, 372 ff. – Apothekenwerbung). Vor allem können Werbeverbote nicht aus einem der verfassungsrechtlichen Garantie vorgelagerten Berufsbild etwa des Arztes, Apothekers oder Rechtsanwaltes gerechtfertigt werden. Vielmehr muss jede Werbebeschränkung im Einzelfall legitimiert werden. So sind Werbebeschränkungen für Apotheker nur dann zulässig, wenn dies erforderlich und verhältnismäßig ist, um einen übermäßigen Medikamentenkonsum der Bevölkerung zu verhindern. Verfassungswidrig ist deshalb ein Verbot für Apotheken, Impfstoffe an Ärzte zu versenden und hierfür zu werben (BVerfGE 107, 186 ff.). Die anwaltliche Werbung darf nur insoweit untersagt werden, als es erforderlich ist, eine übermäßige Inanspruchnahme der staatlichen Justizbehörden zu verhindern. Ärztliche Werbung kann dann untersagt werden, wenn sie geeignet ist, Verunsicherungen bei der Bevölkerung herbeizuführen.

625 Der Staat kann das Einkommen vor allem von freiberuflich Tätigen durch **Gebührenordnungen** regeln. Er hat hierbei einen sehr weitgehenden Gestaltungsspielraum (vgl. auch BVerfGE 101, 331 ff. – Vergütung von Berufsbetreuern). Im Einzelfall können die Grundrechtsträger sogar verpflichtet werden, nicht kostendeckende Tätigkeiten auszuüben, wenn hierfür ein besonderes öffentliches Interesse besteht. Das Verbot von anwaltlichen Erfolgshonoraren ist grundsätzlich verfassungsmäßig, es müssen jedoch Ausnahmen für solche

§ 26. Berufsfreiheit, Arbeitszwang, Zwangsarbeit (Art. 12 GG) 185

Fälle erlaubt sein, dass die Vereinbarung eines Erfolgshonorars besonderen Umständen in der Person des Auftraggebers Rechnung trägt und diesen sonst davon abhalten würde, seine Rechte zu verfolgen (BVerfGE 117, 163 ff.).

Niederlassungsbeschränkungen für Vertragsärzte können gerechtfertigt werden, wenn sie zum Erhalt der Finanzierbarkeit der gesetzlichen Krankenversicherung erforderlich sind. Die Ausgaben pro Patient steigen nach den Erfahrungen der letzten Jahrzehnte mit zunehmender Arztdichte. Für die Beschränkung der Niederlassungsfreiheit von Apothekern sprechen derzeit hingegen keine hinreichenden öffentlichen Interessen. **626**

Zulässige Beschränkungen der Berufsausübungsfreiheit enthalten grundsätzlich auch die Regelungen über den **Ladenschluss**. Sie schützen vor allem die Sonn- und Feiertagsruhe (Art. 140 GG i. V. m. Art. 139 WRV), verfolgen nach Auffassung des BVerfG (BVerfGE 111, 10/33) auch legitime Zwecke im Hinblick auf den Schutz von Arbeitnehmern (fester Feierabend für Ladenangestellte) sowie wettbewerbspolitische Ziele (Schutz kleinerer Geschäfte gegenüber großen Kaufhäusern). Verfassungswidrig ist allerdings ein Verbot der Sonntagsöffnung für Apotheken an verkaufsoffenen Sonntagen (BVerfGE 104, 357 ff.). Der Arbeitszeitschutz für das Personal kann anderweitig gewährleistet werden, der Eingriff für die betroffenen Apotheken ist hingegen erheblich. **627**

Ein absolutes **Rauchverbot** in Gaststätten und Kneipen ist wegen der besonderen Gefahren des Passivrauchens grundsätzlich verfassungsmäßig. Verfassungswidrig ist ein Rauchverbot aber im Hinblick auf kleine Gaststätten mit getränkegeprägtem Angebot („Eckkneipe"), wenn für größere Gaststätten die Möglichkeit eingeräumt wird, getrennte Raucherräume einzurichten (BVerfGE 121, 317 ff.). Darüber hinaus kommt es zu einer Existenzgefährdung, die durch das öffentliche Interesse des Schutzes der Nichtraucher nicht mehr gerechtfertigt ist, da der Gesetzgeber selbst Ausnahmen zugelassen hat. **628**

Der ohnehin weite Gestaltungsspielraum des Gesetzgebers wird noch einmal größer, wenn es um Regelungen geht, die nicht berufsregelnd sind, sondern lediglich an bestimmte Konstellationen im Arbeitsverhältnis eine berufsunspezifische Kostenlast knüpfen (z. B. Verpflichtung des Arbeitgebers zur Zahlung eines Zuschusses zum Mutterschaftsgeld, BVerfGE 109, 64/85). Dies sind solche Fälle, die nach der älteren Dogmatik zum Eingriffsmerkmal bei Art. 12 Abs. 1 GG gar nicht in den Schutzbereich dieses Grundrechts fallen würden, sondern nur von der allgemeinen Handlungsfreiheit des Art. 2 Abs. 1 GG erfasst wären. **629**

Fall 65 *(BVerfGE 77, 308 ff. – Bildungsurlaub)*: Nach dem hessischen Bildungsurlaubsgesetz hat ein Arbeitnehmer in Hessen Anspruch auf jährlich fünf Tage bezahlten Bildungsurlaub. Pädagogische Mitarbeiter bei Bildungsveranstaltungen haben einen zusätzlichen Anspruch von fünf Arbeitstagen Bildungsurlaub. Liegt hierin ein Verstoß gegen die Berufsfreiheit? **630**
Lösung Fall 65: Zu prüfen ist, ob ein Verstoß gegen die Berufsfreiheit gemäß Art. 12 Abs. 1 GG vorliegt.
1. Schutzbereich. Die Berufsfreiheit dient auch dem Schutz des Arbeitgebers.

2. Eingriff. Durch die Aufbürdung von zusätzlichen Freistellungs- und Kostenlasten, welche die Verfügung über die Arbeitskraft ihrer Arbeitnehmer einschränken, wird in die Berufsausübungsfreiheit der Arbeitgeber eingegriffen.

3. Verfassungsrechtliche Rechtfertigung. Die Berufsfreiheit kann gemäß Art. 12 Abs. 1 Satz 2 GG durch Gesetz oder aufgrund eines Gesetzes eingeschränkt werden. Im vorliegenden Fall erfolgt der Eingriff durch das hessische Bildungsurlaubsgesetz. Dieses müsste formell und materiell verfassungsgemäß sein. Die Befugnis des Landes Hessen zur Regelung des Bildungsurlaubs ergibt sich aus Art. 70, 72 Abs. 1 und Art. 74 Abs. 1 Nr. 12 GG, da der Bund insoweit nicht regelnd tätig geworden ist. Von der Einhaltung der weiteren formellen Voraussetzungen (Verfahren, Form) ist mangels entgegenstehender Angaben auszugehen.

Das Gesetz müsste ferner auch materiell verfassungsgemäß sein. Es handelt sich um eine Maßnahme der Arbeitnehmerfortbildung, die ihre Rechtfertigung in der Notwendigkeit lebenslangen Lernens als Voraussetzung individueller Selbstbehauptung und gesellschaftlicher Anpassungsfähigkeit findet. Die Belastung der Arbeitgeber durch den Lohnfortzahlungsanspruch ist nach Auffassung des BVerfG verhältnismäßig.

Anders hat das BVerfG für den Urlaub der pädagogischen Mitarbeiter entschieden. Der Bildungsurlaubsanspruch an sich ist zwar nicht zu beanstanden, wohl jedoch der Lohnfortzahlungsanspruch. Diese zusätzliche Kostenbelastung betrifft solche Arbeitgeber, die pädagogische Mitarbeiter beschäftigen, unverhältnismäßig stark.

4. Ergebnis. Die Belastung der Arbeitgeber von pädagogischen Mitarbeitern mit dem Lohnfortzahlungsanspruch für fünf zusätzliche Tage verstößt gegen Art. 12 Abs. 1 GG.

c) Subjektive Berufswahlregelungen

631 **(1) Allgemeines.** Hinsichtlich der Berufswahlregelungen wird zwischen subjektiven Wahlregelungen (sog. 2. Stufe) und objektiven Wahlregelungen (sog. 3. Stufe) unterschieden. Subjektive Wahlregelungen sind solche Bestimmungen, in denen der Gesetzgeber bestimmte Befähigungen oder eine Eignung verlangt, damit jemand einen Beruf ausüben darf. Beispiele sind bestimmte körperliche Voraussetzungen oder die Einhaltung einer Altersgrenze. Subjektiv sind die Wahlregelungen dann, wenn ihre Erfüllung im Verantwortungsbereich des Grundrechtsträgers liegt. Subjektive Berufswahlregelungen dürfen zum Schutz wichtiger Gemeinschaftsgüter ergehen.

632 **(2) Problemfälle.** Ein subjektives Zulassungserfordernis ist der **große Befähigungsnachweis** (Meisterprüfung) zur Ausübung eines selbstständigen **Handwerks** (§ 7 HandwO). Die Rechtsprechung geht davon aus, dass zum Schutz der Leistungsfähigkeit des Handwerks das Erfordernis verfassungsmäßig ist (BVerfGE 13, 97/107; 69, 209/218). Die Rechtsprechung ist zweifelhaft. Zu beachten ist, dass es beim großen Befähigungsnachweis nicht primär um sicherheitsrechtliche Aspekte geht! Für industrielle Produktionen mit erheblich höherem Gefahrenpotential ist kein besonderer Befähigungsnachweis erforderlich.

633 Im Recht der freien Berufe bestehen häufig **Altersgrenzen.** Hierbei darf der Gesetzgeber davon ausgehen, dass jedenfalls ab Vollendung des 70. Lebensjahres die individuelle Leistungsfähigkeit insoweit abnimmt, dass eine ordnungsgemäße Berufsausübung in Bereichen, wo es zu Gefährdungen hochrangiger Rechtsgüter kommen kann, nicht mehr hinreichend sichergestellt ist

§ 26. Berufsfreiheit, Arbeitszwang, Zwangsarbeit (Art. 12 GG)

(BVerfGE 9, 338/345 ff.). Problematisch ist die Altersgrenze für Vertragsärzte (früher Kassenärzte). Bis zum Jahr 2008 erlosch die Zulassung eines Vertragsarztes zur gesetzlichen Krankenversicherung mit Vollendung des 68. Lebensjahres. Hierbei ging es darum, nachrückenden Ärztegenerationen bessere Chancen auf eine Vertragsarztzulassung einzuräumen. Von daher waren gegen diese Altersbegrenzung keine verfassungsrechtlichen Einwände zu erheben (zur Sicherstellung der medizinischen Versorgung – Mangel an niedergelassenen Ärzten vor allem in ländlichen Räumen – ist die Altersgrenze zurzeit abgeschafft).

Der Beruf eines Rechtsanwaltes darf nur dann ausgeübt werden, wenn **634** die Befähigung zum Richteramt vorliegt (§ 4 BRAO). Damit wird gewährleistet, dass zum Schutz der Rechtsuchenden und im Interesse der möglichst reibungslosen Abwicklung des Rechtsverkehrs fremde Rechtsangelegenheiten geschäftsmäßig nur von entsprechend geeigneten Personen wahrgenommen werden. Verfassungswidrig ist es allerdings, einen Verstoß gegen das Rechtsberatungsgesetz auch dann anzunehmen, wenn eine Gesellschaft sich lediglich mit der Überwachung von Patentgebühren befasst, indem Patentinhaber an das Fälligwerden von Jahresgebühren erinnert werden. In solchen Fällen sind keine besonderen Rechtskenntnisse erforderlich, die Einschränkung ist daher verfassungswidrig, weil eine angesichts der ausgeübten Tätigkeit übermäßige Qualifikation verlangt wird (BVerfGE 97, 12 ff.; 119, 96 ff.).

Fall 66 *(BVerfGE 93, 213 ff.):* R war als Rechtsanwalt in der ehemaligen DDR tätig. **635** 1980 hatte er eine Verpflichtungserklärung für die Staatssicherheit unterschrieben und bis 1989 einige weitgehend „harmlose" Berichte über Mandanten geschrieben. 1992 wird ihm die Zulassung als Rechtsanwalt entzogen. Grundlage war ein Gesetz vom 24. Juli 1992 (Gesetz zur Prüfung von Rechtsanwaltszulassungen, Notarbestellungen und Berufungen ehrenamtlicher Richter – RNPG). Voraussetzung war, dass der Betroffene wegen Verstößen gegen Grundsätze der Menschlichkeit oder der Rechtsstaatlichkeit als unwürdig erscheint, den Beruf des Rechtsanwaltes auszuüben (§ 1 Abs. 1 RNPG). R erhebt nach erfolglosen Klageverfahren Verfassungsbeschwerde. Wird R in seinem Grundrecht aus Art. 12 Abs. 1 GG verletzt?

Lösung Fall 66: Die Entziehung der Zulassung könnte gegen das Grundrecht der Berufsfreiheit aus Art. 12 Abs. 1 GG des R verstoßen.

1. Schutzbereich. Art. 12 Abs. 1 GG schützt die Berufsfreiheit. Beruf ist jede dauerhafte, auf die Schaffung und Erhaltung einer Lebensgrundlage gerichtete Tätigkeit. Dabei ist es unerheblich, ob die Tätigkeit selbstständig oder unselbstständig ausgeübt wird. Der Beruf des Rechtsanwalts ist daher vom Schutzbereich erfasst.

2. Eingriff. Durch die Entziehung der Zulassung aufgrund § 1 Abs. 1 RNPG kann R den Rechtsanwaltsberuf nicht mehr ausüben. Ein Eingriff in den Schutzbereich liegt daher vor.

3. Verfassungsrechtliche Rechtfertigung. Fraglich ist jedoch, ob der Eingriff verfassungsrechtlich gerechtfertigt werden kann. Die Berufsfreiheit kann nach Art. 12 Abs. 1 Satz 2 GG durch Gesetz oder aufgrund eines Gesetzes beschränkt werden. Hier erfolgt der Eingriff durch die auf § 1 Abs. 1 RNPG gestützte Entziehung der Zulassung. § 1 RNPG macht die Erteilung der Zulassung von persönlichen Voraussetzungen abhängig. Es handelt sich daher um eine subjektive Zulassungsbeschränkung. Subjektive Zulassungsbeschränkungen können nur gerechtfertigt werden, wenn sie zum Schutz eines wichtigen Gemeinschaftsgutes erforderlich sind. § 1 RNPG dient dem Schutz der Integrität der Rechtsanwaltschaft als Organ der Rechtspflege. Dies ist als wichtiges Gemeinschaftsgut anzusehen. Fraglich ist aber, ob die Entziehung der Zulassung auch im konkreten Fall verhältnismäßig war. Nach Auffassung des BVerfG waren die dem R vorgeworfenen Verfehlungen nicht hinreichend erheblich, um ein Tätigkeitsverbot zu rechtfertigen.

4. Ergebnis. R wird in seinem Grundrecht aus Art. 12 Abs. 1 GG verletzt.

> **Merke:** Subjektive Berufswahlregelungen dürfen zum Schutz wichtiger Gemeinschaftsgüter ergehen.

d) Objektive Wahlregelungen

636 (1) *Allgemeines.* Die dritte Stufe i. S. d. Drei-Stufen-Theorie bilden objektive Berufswahlregelungen. Sie liegen dann vor, wenn eine Beschränkung des Berufszugangs angeordnet wird, die Gründe hierfür jedoch außerhalb der Risikosphäre des Grundrechtsträgers liegen. Ein klassisches Beispiel ist etwa eine **Bedarfsplanung**.

637 Objektive Wahlregelungen sind nur zum Schutz nachweisbarer oder höchstwahrscheinlicher Gefahren für besonders wichtige Gemeinschaftsgüter zulässig. Hierzu zählt beispielsweise die Volksgesundheit (BVerfGE 7, 377/ 414). In der Regel muss es sich um solche Rechtsgüter handeln, die selbst in der Verfassung geschützt sind.

638 (2) *Problemfälle.* Unzulässig ist eine Bedürfnisprüfung im Sachverständigenwesen (BVerfG, NJW 1992, 2621 ff.). Es ist kein Grund ersichtlich, warum nicht alle diejenigen zum öffentlich bestellten Sachverständigen ernannt werden sollen, die über eine entsprechende berufliche Qualifikation verfügen.

639 Objektive Wahlregelungen stellen **Finanz-** und **Verwaltungsmonopole** des Staates dar. Da Finanzmonopole (z. B. das Branntweinmonopol) allein fiskalischen Zwecken dienen, sind sie im Hinblick auf Art. 12 Abs. 1 GG unzulässig. (Eine andere Frage ist, ob bei Inkrafttreten des Grundgesetzes bestehende Finanzmonopole durch Art. 105 Abs. 1 GG anerkannt worden sind und deshalb bestehen bleiben dürfen – str. –.) Bei Verwaltungsmonopolen, z. B. für die Luftverkehrsverwaltung (Art. 87d GG), muss ein überragend wichtiges Gemeinschaftsgut die Einführung rechtfertigen. Objektive Zulassungsvoraussetzungen finden sich häufig im Verkehrsrecht. Zulässig ist es, im Hinblick auf einen funktionsfähigen Linienverkehr Beschränkungen vorzunehmen. Die Beschränkung der Zahl von Taxi-Konzessionen ist hingegen verfassungswidrig (anders die h. M. vgl. § 13 Abs. 4 Satz 1 PBefG). Für die Monopolbereiche, die noch von der Deutschen Post AG wahrgenommen werden, erhält Art. 143b Abs. 2 Satz 1 GG eine Sonderregelung, die Art. 12 Abs. 1 GG vorgeht (BVerfGE 108, 370/388).

640 Bezüglich staatlicher Monopole bei **Lotterien und Sportwetten** hat das BVerfG zur Bekämpfung der Spielsucht die von den Ländern (vor allem aus fiskalischen Gründen) eingeführten eigenen Monopole für verfassungsmäßig

§ 26. Berufsfreiheit, Arbeitszwang, Zwangsarbeit (Art. 12 GG)

gehalten (BVerfGE 115, 276 ff.). Der EuGH hat die staatlichen Monopole hingegen als europarechtswidrig (Verstoß gegen die Dienstleistungsfreiheit, Art. 56 AEUV) angesehen, da sie nicht konsequent am Ziel der Bekämpfung der Spielsucht ausgerichtet waren (EuGH, NVwZ 2010, 1081 ff.).

Fall 67: Abiturient A bewirbt sich um die Zulassung zum Medizinstudium an der Universität U. Da alle Plätze an andere Bewerber vergeben sind, erhält er keinen Studienplatz. Liegt ein rechtswidriger Eingriff in das Recht der Berufswahl vor? **641**
Lösung Fall 67: Es könnte ein Verstoß gegen Art. 12 Abs. 1GG vorliegen.
1. Schutzbereich. Das Grundrecht der Berufsfreiheit schützt auch die freie Wahl der Ausbildungsstätte. Hierunter ist eine berufsbezogene Einrichtung zu verstehen, die mehr als nur eine allgemeine Schulbildung vermittelt, also der Ausbildung für einen Beruf dient. Die Universität U ist eine solche Ausbildungsstätte, so dass der Schutzbereich eröffnet ist.
2. Eingriff. Die Verweigerung der Zulassung stellt einen Eingriff in das Grundrecht aus Art. 12 Abs. 1 GG dar.
3. Verfassungsrechtliche Rechtfertigung. Die Berufsfreiheit kann gemäß Art. 12 Abs. 1 Satz 2 GG durch Gesetz oder aufgrund eines Gesetzes geregelt werden. Die Versagung der Zulassung beruht auf den Regelungen des Hochschulrechts. Durch den Erwerb des Abiturs hat A die Befähigung zum Medizinstudium erworben. Die Kapazitätsknappheit an der Universität liegt außerhalb seines Risikobereichs. Es liegt deshalb eine objektive Berufswahlregelung vor. Sie ist nur dann gerechtfertigt, wenn sie zum Schutz eines überragend wichtigen Gemeinschaftsgutes erforderlich ist. Aus der Garantie der Berufsfreiheit folgt deshalb ein Kapazitätserschöpfungsgebot für die Universitäten. Wird über die zulässige Kapazität hinausgegangen, gefährdet dies zum einen die Ausbildung der anderen Studenten, weiterhin die Funktionsfähigkeit von Forschung und Lehre sowie in medizinischen Studiengängen die Patientenversorgung. Es liegt deshalb eine Gefahr für ein überragend wichtiges Gemeinschaftsgut vor. Der Eingriff ist verfassungsrechtlich gerechtfertigt.
4. Ergebnis. Es liegt ein rechtmäßiger Eingriff in Art. 12 Abs. 1 GG vor.

e) Sonderfälle

Bei der Anwendung der Drei-Stufen-Theorie ist zu beachten, dass es sich **642** um eine Typisierung handelt. Im Einzelfall ist stets noch einmal zu prüfen, ob die Maßnahme verhältnismäßig ist. Es kann durchaus sein, dass eine Ausübungsregelung ähnlich schwer belastend ist wie eine Wahlregelung. Dann sind gegebenenfalls die Rechtfertigungsanforderungen der dritten Stufe auch auf Berufsausübungsregelungen anwendbar.

Fall 68 *(BVerfGE 77, 84 ff. – Leiharbeit):* Der Gesetzgeber gelangte Anfang der 80er Jahre **643** zu der Auffassung, dass die Missstände im Bereich der gewerblichen Arbeitnehmerüberlassung im Baugewerbe (Schwarzarbeit, Hinterziehung von Steuern und Sozialversicherungsabgaben, Beschäftigung von ausländischen Arbeitnehmern ohne Arbeitserlaubnis) ein nicht mehr hinnehmbares Ausmaß erreicht hätten. Durch Einfügung des § 12a AFG wurde die gewerbliche Arbeitnehmerüberlassung in Betrieben des Baugewerbes untersagt. Liegt ein Verstoß gegen das Grundrecht der Berufsfreiheit vor?
Lösung Fall 68: Fraglich ist, ob § 12a AFG mit dem Grundrecht der Berufsfreiheit vereinbar ist.
1. Schutzbereich. Art. 12 Abs. 1 GG schützt die Berufsfreiheit. Beruf ist jede dauerhafte, auf die Schaffung und Erhaltung einer Lebensgrundlage gerichtete Tätigkeit. Sowohl der

Verleiher von Arbeitnehmern als auch der Leiharbeitnehmer selbst sind Berufe im Sinne des Art. 12 Abs. 1 GG. Der Schutzbereich ist daher eröffnet.

2. Eingriff. Durch die in § 12a AFG geregelte Untersagung der gewerblichen Arbeitnehmerüberlassung in Betrieben des Baugewerbes wird in den Schutzbereich eingegriffen.

3. Verfassungsrechtliche Rechtfertigung. Fraglich ist, ob der Eingriff verfassungsrechtlich gerechtfertigt werden kann. Grundsätzlich kann die Berufsfreiheit nach Art. 12 Abs. 1 Satz 2 GG durch Gesetz beschränkt werden. Erforderlich ist jedoch, dass der Eingriff auch verhältnismäßig ist. § 12a AFG ist eine Berufsausübungs- und keine Berufswahlregelung, da die Arbeitnehmerüberlassung in Betrieben des Baugewerbes nicht als eigener Beruf zu qualifizieren ist.

Berufsausübungsregelungen können als Eingriff auf unterster Stufe der Drei-Stufen-Theorie grundsätzlich durch vernünftige Erwägungen des Allgemeinwohls gerechtfertigt werden. Solche liegen hier vor. Jedoch ist an dieser Stelle zu beachten, dass der Eingriff diejenigen Unternehmen besonders hart trifft, die auf Arbeitnehmerüberlassung im Baugewerbe spezialisiert sind. Die Berufsausübungsregelung kommt daher in ihrer Wirkung einer objektiven Zulassungsschranke gleich.

Verhältnismäßig ist der Eingriff deshalb nur, wenn die Voraussetzungen einer objektiven Wahlregelung (3. Stufe) vorliegen. Es muss also eine nachweisbare oder höchstwahrscheinliche Gefahr für ein überragend wichtiges Gemeinschaftsgut gegeben sein. Die Nichtabführung von Sozialversicherungsabgaben gefährdet die Existenz der Sozialversicherung als eine der Säulen des Sozialstaates (vgl. Art. 74 Abs. 1 Nr. 12 GG). Verstärkte Kontrollmaßnahmen als milderes Mittel waren fehlgeschlagen. Der Eingriff ist deshalb verfassungsrechtlich gerechtfertigt.

4. Ergebnis. Das Grundrecht der Berufsfreiheit ist daher nicht verletzt.

Merke: Kommt eine bloße Berufsausübungsregelung faktisch einer objektiven Wahlregelung gleich, so sind die Rechtfertigungsanforderungen der dritten Stufe heranzuziehen.

V. Objektive Dimension der Berufsfreiheit

Literatur: *Häberle, Peter,* Arbeit als Verfassungsproblem, JZ 1984, 345 ff.; *Hermes, Georg,* Grundrechtsschutz durch Privatrecht auf neuer Grundlage?, NJW 1990, 1764 ff.

1. Leistungsrechte

644 Die Berufsfreiheit steht in enger Verbindung zur Menschenwürdegarantie (Art. 1 Abs. 1 GG). Viele Menschen definieren ihre Identität über ihre berufliche Tätigkeit. Die berufliche Sphäre konkretisiert in besonderer Weise das Recht auf freie Entfaltung der Persönlichkeit. Daher erkennt das BVerfG der Berufsfreiheit eine besondere objektive Dimension zu. Der Staat ist verpflichtet, die berufliche Freiheitssphäre zu schützen und zu sichern (BVerfGE 92, 26/46). Hieraus ergeben sich jedoch keine Leistungsansprüche, etwa hinsichtlich eines Rechts auf Arbeit oder eines Rechts auf einen Ausbildungsplatz (BVerfGE 84, 133/146 f.). Es gibt auch keinen Anspruch auf einen Studienplatz.

Die Verweigerung der Zulassung zu einer Universität richtet sich ohnehin nach Eingriffsgrundsätzen (siehe oben § 26 IV 3d).

2. Verfahrensrechtliche Absicherung der Berufsfreiheit

Wie bei allen Grundrechten besteht auch im Bereich der Berufsfreiheit die Pflicht des Gesetzgebers und der Verwaltung, den Grundrechtsschutz durch die Ausgestaltung des Verfahrens zu unterstützen. Dies hat insbesondere bei der Durchführung von **Prüfungsverfahren** besondere Bedeutung erlangt. So ergeben sich aus der Verfassung folgende Anforderungen an Prüfungsverfahren: 645

– Die Prüfungsteilnehmer müssen ihren Standpunkt gegenüber einer Prüfungsentscheidung bereits im Verwaltungsverfahren wirksam vertreten können. Sie müssen deshalb über den Verfahrensstand informiert werden und die Möglichkeit haben, Einwände vorzubringen.
– Die Prüfungsbehörden müssen sich um eine vorbeugende Fehlervermeidung bemühen. Prüfungsfragen müssen hinreichend kontrolliert werden.
– Dem Prüfling muss ein hinreichender Antwortspielraum verbleiben. Vertretbare Antworten dürfen nicht als falsch gewertet werden.

Diese Anforderungen haben auch Auswirkungen auf die verwaltungsgerichtliche Überprüfung von Prüfungsentscheidungen. Nach Art. 12 Abs. 1 GG i. V. m. Art. 19 Abs. 4 Satz 1 GG besteht ein Anspruch auf eine tatsächlich wirksame gerichtliche Kontrolle (BVerfGE 84, 34/49). Auch **fachwissenschaftliche Fragen** müssen von der Rechtsprechung überprüft werden. Eine Einschränkung besteht lediglich hinsichtlich sog. **prüfungsspezifischer Wertungen,** bei denen die Gerichte nur eine willkürliche Handhabung durch die Prüfungsbehörde rügen können. Es ist also verfassungsmäßig, in diesem Bereich den Behörden einen Beurteilungsspielraum zu gewähren. 646

3. Bedeutung der Berufsfreiheit im Privatrecht

Die Berufsfreiheit hat auch im Privatrecht erhebliche Bedeutung. Der Gesetzgeber ist etwa verpflichtet, angemessene Kündigungsschutzregeln zu treffen. Die Berufsfreiheit muss bei der Auslegung und Anwendung privatrechtlicher Vorschriften beachtet werden (BVerfGE 92, 140/152). 647

Fall 69 (BVerfGE 81, 242ff. – Handelsvertreter): V war Handelsvertreter bei der Weingroßhandlung W. V hatte sich in seinem Vertrag verpflichtet, jegliche Konkurrenztätigkeit für zwei Jahre nach dem Ausscheiden aus dem Betrieb des W zu unterlassen. Für den Fall einer von V verursachten Vertragsbeendigung war die im HGB vorgesehene Zahlung einer Karenzentschädigung ausgeschlossen (das HGB ließ einen solchen Ausschluss zu). V wurde wegen einer schwerwiegenden Vertragsverletzung außerordentlich gekündigt. Die Klage auf Karenzentschädigung wurde vom BGH abgewiesen. Liegt ein Verstoß gegen Art. 12 Abs. 1 GG vor? 648

Lösung Fall 69: Es könnte ein Verstoß gegen Art. 12 Abs. 1 GG vorliegen.
1. Schutzbereich. Art. 12 Abs. 1 GG schützt die Berufsfreiheit. Beruf ist jede dauerhafte, auf die Schaffung und Erhaltung einer Lebensgrundlage gerichtete Tätigkeit. Die Tätigkeit eines Handelsvertreters ist ein Beruf. Der Schutzbereich des Art. 12 Abs. 1 GG ist somit eröffnet.
2. Eingriff. Aufgrund der Verurteilung durch den BGH wird V zur Wettbewerbsunterlassung ohne Karenzentschädigung verpflichtet. Ein Eingriff liegt daher vor.
3. Verfassungsrechtliche Rechtfertigung. Problematisch ist insofern, dass diese Beschränkung maßgeblich auf einer von V geschlossenen Vereinbarung beruht. Der Gesetzgeber ist jedoch verpflichtet, Vorkehrungen zum Schutz der Berufsfreiheit gegen vertragliche Beschränkungen zu schaffen, vor allem wenn es an einem annähernden Kräftegleichgewicht der Beteiligten fehlt. Nach diesen Grundsätzen war das Urteil aufzuheben, da ein genereller Ausschluss des Anspruchs auf Karenzentschädigung im Falle einer außerordentlichen Kündigung ein unverhältnismäßig starker Eingriff ist (beachte, dass es sich um ein Drittwirkungsproblem handelt!).
4. Ergebnis. V wird in seinem Grundrecht aus Art. 12 Abs. 1 GG verletzt.

VI. Schutz vor Arbeitszwang (Art. 12 Abs. 2 GG)

649 Art. 12 Abs. 2 GG schützt jedermann davor, zu einer bestimmten Arbeit gezwungen zu werden. Eine Arbeit liegt nur dann vor, wenn es sich um eine Tätigkeit handelt, die einen gewissen Umfang besitzt. Es darf sich zudem nicht um eine Tätigkeit im Rahmen einer beruflichen Verpflichtung handeln, da dann Art. 12 Abs. 1 GG einschlägig ist (z. B. die Pflicht zur Abführung von Sozialversicherungsbeiträgen und Steuern der Arbeitnehmer durch die Arbeitgeber). Die Prüfung der Merkmale des Schutzbereichs und des Eingriffs fällt bei Art. 12 Abs. 2 GG meist zusammen.

650 Die Zulässigkeit von Arbeitszwang setzt zunächst ein formelles Gesetz voraus. Dieses Gesetz muss eine herkömmliche allgemeine und für alle gleiche öffentliche Dienstleistungspflicht vorsehen. Herkömmlich ist eine Pflicht dann, wenn sie bereits vor Inkrafttreten des Grundgesetzes anerkannt war. Allgemein ist die Pflicht, wenn sie nicht nur einzelnen, sondern breiteren Bevölkerungskreisen auferlegt wird. Gleich ist die Pflicht schließlich, wenn die Pflichtigen in gleicher Weise belastet werden.

651 Kommunale Ehrenämter sind keine Berufe i. S. v. Art. 12 Abs. 1 GG. Die Pflicht zur Übernahme solcher Ämter nach den Kommunalgesetzen unterfällt daher nicht Art. 12 Abs. 2 GG, sondern Art. 2 Abs. 1 GG.

652 Fall 70: Im Bundesland D werden Männer zwangsweise zum Dienst in der Freiwilligen Feuerwehr herangezogen. M verweigert den Dienst, da er der Meinung ist, es handle sich um unzulässigen Arbeitszwang. Ist die zwangsweise Heranziehung mit Art. 12 Abs. 2 GG und Art. 3 GG vereinbar?
Lösung Fall 70:
I. Verstoß gegen Art. 12 Abs. 2 GG. In Betracht kommt zunächst ein Verstoß gegen Art. 12 Abs. 2 GG.

§ 26. Berufsfreiheit, Arbeitszwang, Zwangsarbeit (Art. 12 GG)   193

1. Schutzbereich. Art. 12 Abs. 2 GG schützt jedermann davor, zu einer bestimmten Arbeit gezwungen zu werden. Eine Arbeit liegt nur dann vor, wenn es sich um eine Tätigkeit handelt, die einen gewissen Umfang besitzt. Bei der Heranziehung zum Dienst in der Freiwilligen Feuerwehr handelt es sich um eine Tätigkeit von gewissem Umfang, so dass eine Arbeit im Sinne von Art. 12 Abs. 2 GG vorliegt. Der Schutzbereich des Art. 12 Abs. 2 GG ist somit eröffnet.
2. Eingriff. In der Heranziehung zum Dienst in der freiwilligen Feuerwehr ist auch ein Eingriff in den Schutzbereich zu sehen.
3. Verfassungsrechtliche Rechtfertigung. Ein Verstoß gegen Art. 12 Abs. 2 GG liegt gleichwohl nicht vor. Die Pflicht ist „herkömmlich", da sie traditionell üblich ist. Die Pflicht ist auch allgemein, da nach einem abstrakten Kriterium bestimmt wird, wer feuerwehrdienstpflichtig ist. Die Pflicht ist weiterhin gleich, da die Inanspruchnahme der Verpflichteten in gleichem Umfang erfolgt.
4. Zwischenergebnis. Es liegt somit kein Verstoß gegen Art. 12 Abs. 2 GG vor.
II. Verstoß gegen Art. 3 Abs. 2 i. V. m. Art. 3 Abs. 3 Satz 1 1. Var. GG. Es könnte aber ein Verstoß gegen Art. 3 Abs. 2 i. V. m. Art. 3 Abs. 3 Satz 1 1. Var. GG vorliegen.
1. Ungleichbehandlung. Dann müsste zunächst eine Ungleichbehandlung aufgrund des Geschlechts vorliegen. Vorliegend werden nur Männer zum Dienst in der Freiwilligen Feuerwehr herangezogen, so dass eine Ungleichbehandlung aufgrund des Geschlechts vorliegt.
2. Sachliche Rechtfertigung. Die Ungleichbehandlung kann gerechtfertigt werden, wenn sie im Hinblick auf die objektiven biologischen Unterschiede nach der Natur des jeweiligen Lebensverhältnisses eine besondere Regelung erlaubt oder geboten ist oder wenn sie zur Lösung von Problemen, die ihrer Natur nach entweder nur bei Männern oder nur bei Frauen auftreten können, zwingend erforderlich ist. Solche Gründe sind vorliegend nicht ersichtlich, so dass die Ungleichbehandlung nicht gerechtfertigt werden kann.
3. Zwischenergebnis Art. 3 Abs. 2 i. V. m. Art. 3 Abs. 3 Satz 1 1. Var. GG ist verletzt.
III. Endergebnis. Es liegt ein Verstoß gegen Art. 3 Abs. 2 i. V. m. Art. 3 Abs. 3 Satz 1 1. Var. GG vor.

VII. Schutz vor Zwangsarbeit (Art. 12 Abs. 3 GG)

Literatur: *Gusy, Christoph,* Arbeitszwang – Zwangsarbeit – Strafvollzug BVerfGE 74, 102, in: JuS 1989, 710 ff.

Unter einer Zwangsarbeit versteht man die Pflicht zur Indienststellung der 653 gesamten Arbeitskraft. Solche Zwangsarbeit ist nur bei gerichtlich angeordneter Freiheitsentziehung zulässig. Auch insoweit ist eine formell-gesetzliche Grundlage erforderlich.

Fall 71 *(BVerfGE 74, 102 ff.):* Der 17-jährige S wird vom Jugendgericht wegen Fahrens 654 ohne Führerschein zur Ableistung eines 16-stündigen Hilfsdienstes in einem Altenheim verpflichtet (§ 10 Abs. 1 Satz 3 Nr. 4 JGG). Ist die Verurteilung mit Art. 12 Abs. 2 und 3 GG vereinbar?
Lösung Fall 71: Es könnte ein Verstoß gegen Art. 12 Abs. 2 und 3 GG vorliegen.
1. Schutzbereich. Es müsste zunächst der Schutzbereich eröffnet sein. Nach dem BVerfG handelt es sich bei den Art. 12 Abs. 2 und Abs. 3 GG um ein einheitliches Grundrecht, das dazu dient, die im nationalsozialistischen System üblich gewordene Form der Zwangsar-

beit mit ihrer Herabwürdigung der menschlichen Persönlichkeit auszuschließen. Allerdings ist nicht schon jede hoheitliche, gegen den Willen einer Person geforderte Tätigkeit eine erzwungene Arbeit in diesem Sinne. Erfasst werden vielmehr nur solche Tätigkeiten, die mit einer Herabwürdigung der menschlichen Persönlichkeit einhergehen. Die im JGG vorgesehene Weisung, Arbeitsleistungen zu erbringen, ist eine eng begrenzte Erziehungsmaßregel, die vornehmlich dem Wohl des Jugendlichen oder Heranwachsenden zu dienen bestimmt ist. Ihre Zulässigkeit folgt zudem aus dem Recht des Staates, über die Erziehung des Jugendlichen zu wachen, Art. 6 Abs. 2 Satz 2 GG, und aus der damit zusammenhängenden staatlichen Aufgabe, auf ein künftig straffreies Verhalten des Betroffenen hinzuwirken. Sinn und Zweck der Erziehungsregel ist somit nicht Ahndung und Sühne, sondern der durch die konkrete Straftat erkennbar gewordenen Erziehungsbedürftigkeit des Täters mit sachgerechten und zumutbaren Mitteln Rechnung zu tragen. Nach ihrer Natur und Zielsetzung kann die Arbeitsweisung den Betroffenen daher nicht in seiner Person herabwürdigen. Der Schutzbereich ist somit nicht eröffnet.

2. *Ergebnis.* Art. 12 Abs. 2 und Abs. 3 GG sind nicht verletzt.

§ 27. Unverletzlichkeit der Wohnung (Art. 13 GG)

Literatur: *Amelung, Knut,* Die Entscheidung des BVerfG zur „Gefahr im Verzug" i. S. des Art. 13 II GG, NStZ 2001, 337 ff.; *Gusy, Christoph,* Lauschangriff und Grundgesetz, JuS 2004, 457 ff.; *Ostendorf, Heribert/Brüning, Janique,* Die gerichtliche Überprüfbarkeit der Voraussetzungen von „Gefahr im Verzug" – BVerfG, NJW 2001, 1121, in: JuS 2001, 1063 ff.; *Ruthig, Josef,* Die Unverletzlichkeit der Wohnung (Art. 13 GG n. F.), JuS 1998, 506 ff.; *Wissmann, Hinnerk,* Grundfälle zu Art. 13 GG, JuS 2007, 324 ff., 426 ff.

I. Schutzbereich

1. Sachlicher Schutzbereich

655 Das Grundrecht aus Art. 13 GG schützt die Unverletzlichkeit der Wohnung. Unter einer Wohnung versteht man solche Räume, die der allgemeinen Zugänglichkeit durch eine räumliche Abschottung entzogen sind und zur Stätte privaten Lebens und Wirkens gemacht sind. Geschützt sind deshalb Wohnungen im engeren Sinne, aber auch Höfe, Keller, Böden und Hotelzimmer. Nach überwiegender Meinung zählen auch Arbeits-, Betriebs- und Geschäftsräume zur Wohnung i. S. d. Grundrechts (BVerfGE 32, 54/68 ff.). Daher genießt auch eine als Vereinslokal dienende öffentlich zugängliche Teestube den Schutz des Art. 13 Abs. 1 GG (BVerwG, NJW 2005, 454 ff.).

656 Von der Zielrichtung der Norm geht es darum, dem Einzelnen einen elementaren Lebensraum zu sichern, in dem man in Ruhe gelassen wird (BVerfGE 109, 279/309), ihm also eine Art Rückzugsraum zu gewähren. Insofern ist die Norm spezieller Ausdruck des allgemeinen Persönlichkeitsrechts (Art. 2 Abs. 1 GG i. V. m. Art. 1 GG), das sie in ihrem Anwendungsbereich verdrängt.

§ 27. Unverletzlichkeit der Wohnung (Art. 13 GG)   195

Beachte: Die beiden Grundrechte des Art. 13 Abs. 1 GG und des allgemei- 657
nen Persönlichkeitsrechts können gleichwohl nebeneinander zur Anwendung
kommen, wenn neben dem Wohnungsinhaber andere Personen durch staatliche Maßnahmen (etwa Abhören der Wohnung) betroffen sind (BVerfGE 109,
279/326).

2. Persönlicher Schutzbereich

Träger des Grundrechts ist derjenige, der unmittelbarer Besitzer der ge- 658
schützten Räume ist. Auf die Eigentumsverhältnisse kommt es nicht an. Voraussetzung für den Grundrechtsschutz ist jedoch die Rechtmäßigkeit des Besitzes bzw. die Duldung des Besitzes durch den Berechtigten. Zum geschützten
Personenkreis zählen auch juristische Personen und Personenvereinigungen
des Privatrechts.

II. Eingriff

Literatur: *Sachs, Michael,* Behördliche Nachschaubefugnisse und richterliche Durchsuchungsanordnung nach Art. 13 II GG, NVwZ 1987, 560 ff.; *Voßkuhle, Andreas,* Behördliche
Betretungs- und Nachschaurechte – Versuch einer dogmatischen Klärung –, DVBl. 1994,
611 ff.

Ein Eingriff findet dann statt, wenn eine staatliche Stelle die Privatheit der 659
Wohnung beeinträchtigt. Dies kann durch ein körperliches Eindringen geschehen. Auch das Abhören der Wohnräume (insbesondere durch den Einbau
von Abhörgeräten) oder eine optische Überwachung stellen einen Eingriff dar
(BVerfGE 109, 279/309).

Ist der Grundrechtsinhaber mit dem Eindringen einverstanden, liegt keine 660
Grundrechtsbeeinträchtigung vor. Die Einwilligung darf jedoch nicht durch
Drohung oder Täuschung erlangt worden sein.

Einen nur reduzierten Schutz bietet das Grundrecht bei Geschäfts- und 661
Betriebsräumen. Die zweifelhafte Erweiterung des Schutzbereiches auf Ge-
schäfts- und Betriebsräume wird von der herrschenden Meinung in weitgehend
inkonsequenter Weise dadurch relativiert, dass behördliche Überwachungs-
und Betretungsrechte unabhängig von den speziellen Rechtfertigungsvoraussetzungen der Art. 13 Abs. 2–7 GG zugelassen werden. Solche Betretungen und
Besichtigungen sind zulässig, wenn folgende Voraussetzungen gegeben sind:

– Eine besondere gesetzliche Vorschrift muss zum Betreten der Räume ermächtigen (dies ist nach dem Vorbehalt des Gesetzes eine Selbstverständlichkeit).
– Das Betreten und die Besichtigungen müssen einem erlaubten Zweck dienen
  und für dessen Erreichung erforderlich sein (gilt nach dem Übermaßverbot
  ohnehin).

- Das Gesetz muss den Zweck sowie Gegenstand und Umfang der zugelassenen Besichtigung deutlich erkennen lassen (aus allgemeinen Grundsätzen folgende Bestimmtheitsanforderungen).
- Die Betretungen und Besichtigungen dürfen nur für Zeiten gestattet werden, in denen die Räume normalerweise für die jeweilige geschäftliche oder betriebliche Nutzung zur Verfügung stehen (siehe zu den Einzelheiten auch BVerfGE 32, 54/75 ff.).

662 **Fall 72:** Aufgrund der Beschwerde eines Kunden will die Gewerbeaufsicht der Stadt S die Betriebsräume des Gastwirtes G auf die Einhaltung hygienischer Bestimmungen untersuchen. Es erscheint daraufhin in der Mittagszeit ein Beauftragter der Stadt und besichtigt die Küche des G. Ist die Besichtigung mit Art. 13 Abs. 1 GG vereinbar?

Lösung Fall 72: Durch die Besichtigung könnte das Grundrecht auf Unverletzlichkeit der Wohnung gem. Art. 13 Abs. 1 GG des G verletzt sein.

1. *Schutzbereich.* Art. 13 Abs. 1 GG schützt die Unverletzlichkeit der Wohnung. Da im vorliegenden Fall die Betriebsräume und die Küche der Gaststätte des G besichtigt wurden, stellt sich zunächst die Frage, ob Betriebsräume überhaupt unter den Schutzbereich subsumiert werden können. Unter Wohnung sind solche Räume zu verstehen, die der allgemeinen Zugänglichkeit durch eine räumliche Abschottung entzogen sind und zur Stätte privaten Lebens und Wirkens gemacht sind. Nach herrschender Meinung zählen aber auch Arbeits-, Betriebs- und Geschäftsräume zur Wohnung i. S. d. Grundrechts. Die Betriebsräume und die Küche des G sind daher vom Schutzbereich erfasst.

2. *Eingriff.* Fraglich ist sodann, ob durch die Besichtigung in den Schutzbereich eingegriffen wurde. Grundsätzlich liegt ein Eingriff vor, wenn eine staatliche Stelle die Privatheit der Wohnung beeinträchtigt. Insofern könnte man in der Besichtigung einen Eingriff in den Schutzbereich erblicken. Jedoch ist zu beachten, dass es sich hier um Geschäfts- und Betriebsräume handelt, die durch das Grundrecht nur reduziert geschützt werden. Behördliche Überwachungs- und Betretungsrechte können daher unabhängig von den speziellen Rechtfertigungsvoraussetzungen zugelassen werden. Ein Eingriff in den Schutzbereich liegt deshalb dann nicht vor, wenn eine besondere gesetzliche Vorschrift zum Betreten der Räume ermächtigt. Dies ist nach § 22 Abs. 2 GastG der Fall. Da auch die übrigen Voraussetzungen erfüllt sind, ist ein Eingriff in den Schutzbereich des Grundrechts nicht gegeben.

3. *Ergebnis.* Die Besichtigung ist mit Art. 13 Abs. 1 GG vereinbar.

Merke: Art. 13 Abs. 1 GG bietet Betriebs- und Geschäftsräumen nur einen reduzierten Schutz.

III. Verfassungsrechtliche Rechtfertigung von Eingriffen

1. Rechtfertigung von Durchsuchungen (Art. 13 Abs. 2 GG)

663 In Art. 13 Abs. 2–7 GG sind verschiedene Maßnahmen vorgesehen, die als Eingriff in das Grundrecht gerechtfertigt sein können. Zunächst nennt Abs. 2 die „Durchsuchung". Unter einer Durchsuchung versteht man das ziel- und zweckgerichtete Suchen staatlicher Organe nach Personen oder Sachen oder zur Ermittlung eines Sachverhaltes, um etwas aufzuspüren, was der Inhaber

§ 27. Unverletzlichkeit der Wohnung (Art. 13 GG) 197

der Wohnung von sich aus nicht offen legen oder hergeben will (BVerfGE 51, 97/106; 75, 318/327; 76, 83/89). Für Durchsuchungen gilt ein Richtervorbehalt. Bei Gefahr im Verzug darf auch ein anderes Organ die Anordnung vornehmen. Gefahr im Verzug liegt dann vor, wenn die durch die Anrufung des Richters eintretende Verzögerung den Erfolg der Durchsuchung gefährden würde. Trotz der Eilkompetenz der Exekutive muss der Richtervorbehalt nach Möglichkeit eingehalten werden. Dies muss organisatorisch sichergestellt werden. Anordnungen durch die Staatsanwaltschaften oder die Polizei dürfen nicht der Regelfall werden (vgl. auch BVerfG, NJW 2001, 1121/1122). Deshalb muss der Begriff „Gefahr im Verzug" eng ausgelegt werden. Es müssen konkrete, auf den Einzelfall bezogene Tatsachen vorliegen, aus denen die Gefahr abgeleitet wird (nicht nur Hypothesen, Spekulationen, Vermutungen oder kriminalistische Alltagserfahrungen, siehe BVerfG, a. a. O.).

Die Durchsuchungsanordnung selbst muss mit dem Verhältnismäßigkeitsprinzip vereinbar sein. Dies muss im Einzelfall von der anordnenden Stelle überprüft werden. **664**

Fall 73 *(BVerfGE 96, 34ff.):* Die Staatsanwaltschaft in R beantragt im Juli 1990 beim **665** Amtsgericht einen Durchsuchungsbeschluss für die Praxisräume des Dr. B wegen Verdachts des Abrechnungsbetruges. Die Durchsuchung wird zwei Jahre später im Juli 1992 durchgeführt. Ist dies mit Art. 13 Abs. 2 GG vereinbar?
Lösung Fall 73: Fraglich ist, ob das Grundrecht auf Unverletzlichkeit der Wohnung verletzt ist.
1. Schutzbereich. Der Schutzbereich des Art. 13 Abs. 1 GG ist eröffnet, da Arbeits- und Betriebsräume ebenfalls unter den Wohnungsbegriff zu subsumieren sind.
2. Eingriff. Durch die Durchsuchung der Praxis im Juli 1992 wird in den Schutzbereich eingegriffen.
3. Verfassungsrechtliche Rechtfertigung. Fraglich ist jedoch, ob der Eingriff in den Schutzbereich verfassungsrechtlich gerechtfertigt werden kann. Voraussetzung für einen Eingriff ist eine richterliche Anordnung. Diese liegt vor.
Der Sinn des Richtervorbehalts besteht darin, dass der Richter die Verantwortung für die Verhältnismäßigkeit der Maßnahme übernimmt. Er muss Rahmen, Grenzen und Ziel der Durchsuchung definieren. Deshalb verliert spätestens nach Ablauf eines halben Jahres ein Durchsuchungsbeschluss seine rechtfertigende Kraft. Nach dieser Zeit kann dem Richter die Verantwortung für die Durchsuchung nicht mehr zugerechnet werden.
Die Praxisdurchsuchung ist deshalb von Art. 13 Abs. 2 GG nicht gedeckt und verstößt gegen das Grundrecht der Unverletzlichkeit der Wohnung.
4. Ergebnis. Die Durchsuchung verstößt gegen Art. 13 GG.

Merke: Richterliche Durchsuchungsbeschlüsse verlieren spätestens nach Ablauf eines halben Jahres ihre rechtfertigende Kraft.

2. Rechtfertigung von technischen Überwachungen (Art. 13 Abs. 3–6 GG)

666 Durch ein Änderungsgesetz vom 26.3.1998 (BGBl. I S. 610) wurden die Artikel 13 Abs. 3–6 in das Grundgesetz eingefügt („Großer Lauschangriff"). Damit werden technische Überwachungsmaßnahmen im Hinblick auf Wohnungen zugelassen. Die Vorschrift ist bei entsprechend verfassungskonformer Interpretation grundsätzlich verfassungsmäßig (BVerfGE 109, 279 ff.).

Im Einzelnen ist wie folgt zu differenzieren:

667 Art. 13 Abs. 3 GG betrifft die **Strafverfolgung.** Die akustische Überwachung von Wohnungen ist zulässig zur Verfolgung von durch Gesetz einzeln bestimmten besonders schweren Straftaten. Erforderlich ist eine Anordnung durch einen mit drei Richtern besetzten Spruchkörper (Art. 13 Abs. 3 Satz 3 GG). Bei Gefahr im Verzug kann ein einzelner Richter die Anordnung treffen (Art. 13 Abs. 3 Satz 4 GG). Die Anordnung durch die Staatsanwaltschaft oder ein anderes Exekutivorgan ist ausgeschlossen. Die Vorschrift enthält jedoch keine verfassungsunmittelbare Eingriffskompetenz. Vielmehr ist zur Durchführung der Überwachung eine den Kautelen des Abs. 3 entsprechende gesetzliche Regelung erforderlich.

668 Ungeschriebene Eingriffsgrenzen im Sinne von Erhebungs-, Aufzeichnungs- und Verwertungsverboten ergeben sich nach Auffassung des BVerfG aus Art. 1 Abs. 1 GG (BVerfGE 109, 279/319 ff.). Bei der Abhörung muss vermieden werden, dass in den höchstpersönlichen Lebensbereich eingegriffen wird, da damit ein Verstoß gegen die Menschenwürde (Art. 1 Abs. 1 GG) bzw. das allgemeine Persönlichkeitsrecht (Art. 1 Abs. 1 GG i. V. m. Art. 2 Abs. 1 GG) stattfinden würde. Solche Eingriffe sind auch durch gewichtige Interessen der Strafverfolgung nicht zu rechtfertigen. So hat ein Abhören von vornherein zu unterbleiben, wenn sich nur engste Vertraute des Verdächtigen in der Wohnung aufhalten. Das Abhören von Räumen, in denen auch berufliche Tätigkeiten ausgeübt werden, ist eher möglich, als das Abhören von reinen Privaträumen. Kommt es zur Erhebung von Informationen aus dem absolut geschützten Kernbereich privater Lebensgestaltung, muss das Abhören abgebrochen und die erhobenen Informationen müssen gelöscht werden (BVerfG, a.a.O., diese Einschränkungen werden von der polizeilichen Praxis als wenig praktikabel und für die polizeiliche Tätigkeit extrem hinderlich eingeschätzt).

669 Bei Art. 13 Abs. 4 GG geht es um die **Gefahrenabwehr** und zwar um die Abwehr von dringenden Gefahren für die öffentliche Sicherheit. Zur öffentlichen Sicherheit zählt insbesondere die Unversehrtheit der Rechtsordnung. Weiterhin kann der Eingriff auch wegen einer gemeinen Gefahr oder einer Lebensgefahr für eine einzelne Person angeordnet werden. Hierbei sind technische Mittel zur Überwachung von Wohnungen zulässig, wobei keine ausdrückliche Beschränkung auf akustische Überwachung besteht. Zulässig ist deshalb auch eine optische Überwachung. Erforderlich ist eine richterliche

Anordnung. Bei Gefahr im Verzug kann eine andere Stelle die Anordnung vornehmen. Die richterliche Anordnung muss nachgeholt werden. Auch für den Eingriff aufgrund von Abs. 4 ist zusätzlich eine gesetzliche Grundlage erforderlich. Die Grenzen der Überwachung, die für Art. 13 Abs. 3 GG gelten (kein Eingriff in den absolut geschützten Kernbereich privater Lebensgestaltung) sind hier entsprechend heranzuziehen.

Weiterhin ist es denkbar, dass auf gesetzlicher Grundlage eine Beeinträchtigung der Unverletzlichkeit der Wohnung vorgenommen wird, um eine Person bei einem Einsatz in einer Wohnung zu schützen. Auch dann sind optische und akustische Mittel zulässig. Die Anordnung kann durch eine gesetzlich bestimmte Stelle ergehen. Für die Erlangung der Kenntnisse besteht jedoch ein beschränktes Verwertungsverbot (Abs. 5 Satz 2). 670

Für die neu zugelassenen Maßnahmen besteht eine besondere Berichtspflicht nach Abs. 6. 671

3. Sonstige Eingriffe und Beschränkungen (Art. 13 Abs. 7 GG)

Für Eingriffe und Beschränkungen, die weder zu den behördlichen Betretungs- und Besichtigungsrechten gehören noch eine Durchsuchung oder eine technische Überwachung darstellen, gilt der allgemeine Gesetzesvorbehalt des Abs. 7. Es ist davon auszugehen, dass auch im Rahmen dieser Eingriffsermächtigung generell ein formelles Gesetz erforderlich ist. Der Wortlaut der Vorschrift lässt allerdings eine gegenteilige Interpretation zu. Aufgrund der polizeilichen bzw. sicherheitsbehördlichen Generalklauseln in den Gesetzen der Länder ist jedoch letztlich immer eine gesetzliche Grundlage vorhanden. In solchen Fällen setzt die materielle Rechtmäßigkeit der Maßnahme voraus, dass sie zur Abwehr einer gemeinen Gefahr oder der Lebensgefahr der einzelnen Personen geeignet, erforderlich und verhältnismäßig ist. Unter einer **Gefahr** versteht man die hinreichende Wahrscheinlichkeit eines Schadenseintritts. Eine **gemeine Gefahr** liegt dann vor, wenn ein unbestimmter Kreis von Personen oder Sachen bedroht ist, etwa durch Überschwemmungen oder Brände. 672

Eingriffe und Beschränkungen können weiterhin durch ein Gesetz erlaubt werden. Materiell rechtmäßig ist das Gesetz nur dann, wenn es um die Verhütung dringender Gefahren für die öffentliche Sicherheit und Ordnung geht. Eine **dringende Gefahr** ist dann gegeben, wenn eine hinreichende Wahrscheinlichkeit für einen Schaden an einem wichtigen Rechtsgut vorliegt. Als Beispiel nennt die Verfassung selbst die Behebung der Raumnot, die Bekämpfung von Seuchengefahr und den Schutz gefährdeter Jugendlicher. Die dringende Gefahr braucht allerdings noch nicht eingetreten zu sein („Verhütung dringender Gefahren"). Es genügt, dass die Beschränkung des Grundrechts dem Zweck dient, einen Zustand nicht eintreten zu lassen, der eine dringende Gefahr darstellen würde (BVerfGE 17, 232/251). Die Einzelmaßnahme selbst muss noch einmal auf ihre Verfassungsmäßigkeit überprüft werden! 673

§ 28. Eigentums- und Erbrechtsgarantie (Art. 14 und 15 GG)

Literatur: *Berg, Wilfried,* Entwicklung und Grundstrukturen der Eigentumsgarantie, JuS 2005, 961 ff.; *Burgi, Martin,* Die Enteignung durch „teilweisen" Rechtsentzug als Prüfstein für die Eigentumsdogmatik, NVwZ 1994, 527 ff.; *Jochum, Heike/Durner, Wolfgang,* Grundfälle zu Art. 14 GG, JuS 2005, 220 ff., 320 ff., 412 ff.; *Nußberger, Angelika,* „Illegitimes" Eigentum?, DÖV 2006, 454 ff.; *Osterloh, Lerke,* Eigentumsschutz, Sozialbindung und Enteignung bei der Nutzung von Boden und Umwelt, DVBl. 1991, 906 ff.; *Pabst, Heinz-Joachim,* Vererben und Verschenken aus grundrechtlicher Sicht, JuS 2001, 1145 ff.; *Roller, Gerhard,* Enteignung, ausgleichspflichtige Inhaltsbestimmung und salvatorische Klauseln, NJW 2001, 1003 ff.; *Schoch, Friedrich,* Die Eigentumsgarantie des Art. 14 GG, Jura 1989, 113 ff.; *Wernsmann, Rainer,* Die Steuer als Eigentumsbeeinträchtigung?, NJW 2006, 1169 ff.

I. Schutzbereich der Eigentumsgarantie

1. Sachlicher Schutzbereich

a) Instituts- und Rechtsstellungsgarantie

674 Die Eigentumsgarantie ist ein im Hinblick auf den Schutzbereich besonders schwieriges Grundrecht. Das ergibt sich daraus, dass das **Eigentum in starkem Maße normgeprägt** ist. **Eigentumsfreiheit ist rechtlich konstituierte Freiheit.** Letztlich gibt es **kein Eigentum ohne die Rechtsordnung.** Deshalb enthält Art. 14 Abs. 1 Satz 1 GG die Verpflichtung an den Gesetzgeber, Normen zu schaffen und bereitzuhalten, nach denen Eigentum im Sinne der Verfassung gebildet, erworben, benutzt und veräußert werden kann sowie solche Normen in ausreichender Weise bestehen zu lassen. Insofern spricht man von der **Institutsgarantie** des **Eigentums.**

675 Darüber hinaus enthält Art. 14 Abs. 1 Satz 1 GG auch eine **Rechtsstellungsgarantie** (auch **„Bestandsgarantie"** genannt). Der Eigentümer darf seinen Eigentumsgegenstand erwerben, behalten, veräußern, nutzen oder nicht nutzen. Die öffentliche Gewalt ist verpflichtet, in Eigentumspositionen nur unter besonderen Voraussetzungen einzugreifen. **Art. 14 GG** schützt das **„Erworbene",** in Abgrenzung zu **Art. 12 Abs. 1 GG,** der den **„Erwerb"** schützt. Oft sind aber auch beide Grundrechte nebeneinander einschlägig.

676 **Beispiel** *(BVerfG, NVwZ 2011, 94 ff.):* Nach § 36a GenTG bestehen Abwehr- und Ausgleichsansprüche für Nutzungsbeeinträchtigungen beim Umgang mit gentechnisch veränderten Organismen, z. B. Anbau von gentechnisch veränderten Pflanzen.

Dies betrifft vor allem zu wirtschaftlichen Zwecken genutzte emittierende Grundstücke. Es wird sowohl in Art. 14 Abs. 1 GG als auch in die Berufsfreiheit des Art. 12 Abs. 1 GG eingegriffen.

§ 28. Eigentums- und Erbrechtsgarantie (Art. 14 und 15 GG)

b) Eigentumsbegriff

(1) Keine Beschränkung auf den zivilrechtlichen Eigentumsbegriff. Der Eigentumsbegriff der Verfassung ist mit dem Eigentumsbegriff des Zivilrechts nicht identisch. Während im Zivilrecht Eigentum nur an körperlichen Sachen erworben werden kann, versteht man unter Eigentum im Sinne von Art. 14 Abs. 1 GG ein konkretes vermögenswertes Recht. Hierbei kann es sich um Eigentum i. S. d. BGB handeln. Geschützt werden jedoch auch andere Positionen. Dies gilt vor allem, wenn sie privatrechtlich begründet worden sind. Der Eigentumsbegriff der Verfassung ist wandelbar. Er ist in seiner geschichtlichen Entwicklung sukzessiv erweitert worden. Zum geschützten Eigentum gehört also beispielsweise:

- Eigentum an beweglichen Sachen,
- Grundeigentum, aus dem auch die „Baufreiheit" abgeleitet wird,
- Hypotheken, Grundschulden, Aktien,
- Vorkaufsrechte, Urheberrechte, Patentrechte, Warenzeichen,
- das Besitzrecht des Mieters (BVerfGE 89, 1/5 f.),
- Forderungsrechte.

Problematisch ist der Schutz des **eingerichteten und ausgeübten Gewerbebetriebes.** Das BVerfG hat die Anwendbarkeit des Art. 14 GG insoweit offen gelassen (BVerfGE 66, 116/145; 68, 193/222 f.). Es steht auf dem Standpunkt, dass der Schutz des Gewerbebetriebes nicht weiter geht als der Schutz, den die wirtschaftlichen Grundlagen des Gewerbebetriebes genießen (BVerfGE 58, 300/353). Da der BGH (BGHZ 23, 157/162) und das BVerwG (BVerwGE 62, 224/226) das Recht als sonstiges Recht nach § 823 Abs. 1 BGB anerkennen, spricht viel dafür, dass es sich auch um ein verfassungsrechtlich geschütztes Eigentumsobjekt handelt. Ähnlich wie im Zivilrecht („Rahmenrecht") schützt auch Art. 14 Abs. 1 GG nicht gegen jegliche Beeinträchtigung. So ist etwa die Erwartung, dass ein Unternehmen auch in Zukunft rentabel betrieben werden kann, nicht vom Schutz der Eigentumsgarantie umfasst (BVerfGE 110, 274/290).

(2) Eigentum an öffentlich-rechtlichen Rechtspositionen. Zum Eigentum im verfassungsrechtlichen Sinne zählen auch öffentlich-rechtlich geschützte Positionen. Hierfür gelten jedoch besondere Voraussetzungen:

- Die vermögenswerte Rechtsposition muss **privatnützig zugeordnet** werden, es muss also die Rechtsträgerschaft eines Einzelnen vorliegen, nicht lediglich eine Aussicht oder Anwartschaft.
- Die Entstehung der Position muss auf **eigener Leistung** beruhen. Dies ist etwa bei der Sozialhilfe nicht der Fall, ebenso nicht bei Beitrags- und Beschäftigungszeiten im Ausland, die in Deutschland der Rentenberechnung zugrunde gelegt werden (BVerfGE 116, 96 ff.).
- Die Position muss der **Existenzsicherung** des Rechtsinhabers zu dienen bestimmt sein.

680 Liegen diese Voraussetzungen vor, können auch sozialversicherungsrechtliche Ansprüche unter dem Schutz von Art. 14 Abs. 1 GG stehen. Geschützt sind also beispielsweise Ansprüche gegenüber der Rentenversicherung oder der Arbeitslosenversicherung (BVerfGE 70, 101/110; 117, 272/292 ff.). Geschützt ist auch der Anspruch auf Erstattung zu viel gezahlter Steuern (BVerfGE 70, 278/285).

681 (3) Kein Schutz des Vermögens als solches. Kein Eigentum i. S. d. Art. 14 Abs. 1 Satz 1 GG ist das Vermögen als solches (vgl. BVerfGE 91, 207/220). Durch die Auferlegung von öffentlich-rechtlichen Geldleistungspflichten kommt es deshalb nicht zu einem Eingriff in die Eigentumsgarantie. Etwas anderes soll nur dann gelten, wenn eine Abgabe den Pflichtigen übermäßig belastet und seine Vermögensverhältnisse grundlegend beeinträchtigt würden (siehe BVerfGE 82, 159/190, sog. konfiskatorische Wirkung, diese Ausnahme ist nicht recht verständlich).

682 Ein Eingriff in Art. 14 Abs. 1 GG kann jedoch dann vorliegen, wenn der Umgang mit dem Eigentum steuerpflichtig ist. So wird etwa durch die Umsatzsteuerpflicht die Verfügung über Eigentumsgegenstände belastet. Damit wird der Umgang mit Eigentumsrechten beeinträchtigt. Gleiches gilt für die Einkommens- und die Gewerbesteuer (BVerfG, DÖV 2006, 604 ff.).

683 **Fall 74** *(BVerfGE 89, 1 ff.):* N wird zivilgerichtlich letztinstanzlich zur Räumung seiner angemieteten Wohnung verurteilt, da der Eigentümer Eigenbedarf angemeldet hat. Kann er sich bei einer gegen das letztinstanzliche Urteil gerichteten Verfassungsbeschwerde auf Art. 14 GG berufen?
Lösung Fall 74: N kann sich auch als Mieter auf das Eigentumsgrundrecht berufen, wenn der Schutzbereich des Art. 14 Abs. 1 GG eröffnet ist. Art. 14 Abs. 1 GG schützt das Eigentum. Hierunter sind alle konkreten vermögenswerten Rechte zu verstehen. Fraglich ist also, ob das aus dem Mietvertrag folgende Besitzrecht des Mieters eine vermögenswerte Rechtsposition ist. Dies ist im Ergebnis zu bejahen. Das Besitzrecht des Mieters ist diesem privatnützig zugeordnet. Der Mieter ist zur Nutzung der gemieteten Wohnung berechtigt (§§ 535 Satz 1, 536 BGB). Zudem hat er unter Umständen auch Ansprüche auf die Unterlassung von Störungen (§§ 862 Abs. 1, 858 BGB). Eine grundsätzliche Verfügungsbefugnis ist zwar nur im Rahmen von § 540 BGB gegeben, eine uneingeschränkte Verfügbarkeit ist jedoch auch nicht erforderlich. N kann sich daher bei seiner Verfassungsbeschwerde auf Art. 14 GG berufen.

> **Merke:** Das Besitzrecht des Mieters unterfällt dem verfassungsrechtlichen Eigentumsbegriff.

2. Persönlicher Schutzbereich

684 Grundrechtsträger aus Art. 14 GG ist grundsätzlich jedermann, also jede natürliche Person bzw. jede juristische Person des Privatrechts oder eine andere Personenvereinigung. Es kommt nicht darauf an, aus welchen Gründen jemand das betroffene Eigentum erworben hat. Auch ein Naturschutzverband, der ein

§ 28. Eigentums- und Erbrechtsgarantie (Art. 14 und 15 GG)   203

Grundstück erwirbt, um gegen ein Vorhaben der öffentlichen Hand wie ein Eigentümer klagen zu können, kann sich grundsätzlich auf Art. 14 GG berufen (Problematik sog. Sperrgrundstücke, siehe BVerfG 1 BvR 3139/08 und 3386/08 vom 17. 12. 2010, Rn. 154, im Detail unklar).

Ausländischen juristischen Personen und Personenvereinigungen steht das Grundrecht nicht zu. Juristische Personen des öffentlichen Rechts können sich auf das Grundrecht ebenfalls nicht berufen. Das gilt auch dann, wenn sie nach privatrechtlichen Vorschriften Eigentum erworben haben, das sie nicht für eine öffentliche Aufgabe einsetzen. Art. 14 GG schützt also nicht allgemein das „Privateigentum", sondern das „Eigentum Privater" (BVerfGE 61, 82/109). Auch Rundfunkanstalten oder Universitäten sind deshalb nicht Grundrechtsträger.

Fall 75: Gemäß § 68 Abs. 1 Satz 1 TKG ist der Bund befugt, Verkehrswege für die öffentlichen Zwecken dienenden Telekommunikationslinien unentgeltlich zu benutzen. Dieses Recht überträgt der Bund gemäß § 69 Abs. 1 TKG an die Betreiber öffentlicher Telekommunikationsnetze. Die Gemeinde G erhebt Verfassungsbeschwerde (Art. 93 Abs. 1 Nr. 4a GG) wegen Verstoßes gegen Art. 14 Abs. 1 GG. Ist die Verfassungsbeschwerde zulässig? 685

Lösung Fall 75: Die Verfassungsbeschwerde ist zulässig, wenn die Zulässigkeitsvoraussetzungen erfüllt sind.

1. *Zuständigkeit.* Das BVerfG ist gem. Art. 93 Abs. 1 Nr. 4a GG, §§ 13 Nr. 8a, 90 ff. BVerfGG zuständig.

2. *Beschwerdeberechtigung.* Fraglich ist, ob die Gemeinde G beschwerdeberechtigt ist. Nach § 90 Abs. 1 BVerfGG ist grundsätzlich jedermann beschwerdeberechtigt, der Träger des geltend gemachten Grundrechts sein kann. Die Gemeinden haben zwar auch an öffentlichen Verkehrswegen privates Eigentum. Sie sind jedoch als juristische Personen des öffentlichen Rechts insoweit nicht Grundrechtsträger, auch wenn sie zivilrechtlich Eigentümer der Grundstücke sind. Die Gemeinde G ist daher nicht beschwerdeberechtigt.

3. *Ergebnis.* Die Verfassungsbeschwerde ist unzulässig.

Merke: Das Grundrecht der Eigentumsfreiheit schützt nicht das Privateigentum, sondern das Eigentum Privater. Juristische Personen des öffentlichen Rechts sind daher keine Grundrechtsträger.

II. Eingriffe

1. Allgemeines

Ein Eingriff in die Eigentumsgarantie liegt dann vor, wenn eine schutzfähige Position entzogen oder ihre Nutzung, Verfügung oder Verwertung beschränkt wird. Dies kann durch imperative Regelungen geschehen, z. B. durch Genehmigungs- oder Steuerpflichten. Ein Eingriff kann aber auch dann vorliegen, wenn faktisch oder mittelbar auf das Eigentum eingewirkt wird. So können etwa Realakte zu einem Eingriff führen (z. B. durch Lärm oder 686 sonstige Immissionen). Ein Eingriff in Art. 14 Abs. 1 GG liegt auch dann vor, wenn bei einem Altlastengrundstück der Eigentümer verpflichtet wird, eine Sanierung durchzuführen (BVerfGE 102, 1/15). Kein Eingriff in die Eigentumsfreiheit der Gaststättenbesitzer ist das sog. Rauchverbot (BVerfGE 121, 317 ff.). Hier liegt der Schwerpunkt der Maßnahme bei Art. 12 Abs. 1 GG, der insoweit vorrangig ist (Schutz des Erwerbs und nicht des Erworbenen).

2. Inhalts- und Schrankenbestimmungen (Art. 14 Abs. 1 Satz 2 GG)

687 Hinsichtlich imperativer Beeinträchtigungen des Eigentums wird zwischen zwei Grundformen unterschieden. Auf der Grundlage von Art. 14 Abs. 1 Satz 2 GG trifft der Gesetzgeber Inhalts- und Schrankenbestimmungen. Art. 14 Abs. 3 GG berechtigt die öffentliche Hand zur Durchführung von Enteignungen.

688 Inhaltsbestimmung einerseits und Schrankenbestimmung andererseits sind nur schwer auseinanderzuhalten. Bestimmt der Gesetzgeber den Inhalt des Eigentums, legt er gleichzeitig auch seine Schranken fest. Das BVerfG versteht daher unter einer „Inhalts- und Schrankenbestimmung" die generelle und abstrakte Festlegung von Rechten und Pflichten durch den Gesetzgeber hinsichtlich solcher Rechtsgüter, die als Eigentum zu verstehen sind (BVerfGE 72, 66/76). Das Problem, dass das Eigentum eine Schöpfung der Rechtsordnung ist, spielt deshalb für die praktische Fallprüfung keine Rolle. Beschränkungen der Eigentümerbefugnisse werden als Eingriffe verstanden, auch wenn Rechte und Pflichten des Eigentümers neu definiert werden. Beispiele für Inhalts- und Schrankenbestimmungen sind:

– Beschränkungen durch förmliche Gesetze, etwa durch Landesbauordnungen oder die Immissionsschutzgesetze,
– Beschränkungen der Grundstücksnutzung durch Bebauungspläne oder Rechtsverordnungen,
– Steuerliche Belastungen, die an den Umgang mit vermögenswerten Gegenständen anknüpfen (Einkommensteuer, Umsatzsteuer, Schenkungsteuer, Gewerbesteuer).

689 Gegebenenfalls können die normativ vorgezeichneten Grenzen der Eigentümerbefugnisse durch Exekutivmaßnahmen (Verwaltungsakte) konkretisiert werden.

690 Eine Inhalts- und Schrankenbestimmung, die die Eigentümerbefugnisse über das zulässige Maß hinaus einschränkt, ist keine Enteignung, sondern bleibt eine Inhalts- und Schrankenbestimmung. Auch der Entzug von bisher zulässigerweise ausgeübten Rechten im Rahmen der Umgestaltung der Rechtslage stellt keine Enteignung dar (vgl. BVerfG, NJW 1998, 367 f.: Erlass einer Landschaftsschutzverordnung, mit der ein bisher durchgeführter Kiesabbau unterbunden wird).

§ 28. Eigentums- und Erbrechtsgarantie (Art. 14 und 15 GG)

Fall 76 *(BVerfGE 58, 300ff. – Nassauskiesung):* Nach § 1a Abs. 4 Nr. 1 WHG berechtigt 691 das private Grundeigentum nicht mehr zu Einwirkungen auf das Wasser, die einer wasserrechtlichen Gestattung bedürfen. Bauunternehmer D wird die Erlaubnis zum Abbau von Kies unter Einwirkung auf das Grundwasser versagt. Ist § 1a WHG verfassungsgemäß?
Lösung Fall 76: § 1a WHG ist verfassungsmäßig, wenn die Vorschrift formell und materiell mit der Verfassung in Einklang steht.
1. Formelle Verfassungsmäßigkeit. An der formellen Verfassungsmäßigkeit bestehen vorliegend keine Bedenken.
2. Materielle Verfassungsmäßigkeit. Die Vorschrift ist materiell verfassungsmäßig, wenn sie nicht gegen Grundrechte verstößt und verhältnismäßig ist. Fraglich ist also zunächst, ob sie mit dem Grundrecht der Eigentumsfreiheit vereinbar ist.
a. Schutzbereich. Der Schutzbereich der Eigentumsfreiheit ist vorliegend eröffnet.
b. Eingriff. Nach § 1a WHG berechtigt das private Grundeigentum nicht mehr zu Einwirkungen auf das Wasser, die einer wasserrechtlichen Gestattung bedürfen. Hierdurch wird in das Grundrecht eingegriffen.
Fraglich ist jedoch, um welche Art von eigentumsrelevanter Maßnahme es sich vorliegend handelt. In Betracht kommt eine Inhalts- und Schrankenbestimmung, welche den Inhalt und die Schranken des Eigentums in abstrakt-genereller Weise regelt. Die Regelung des § 1a WHG enthält eine abstrakte und generelle Festlegung von Rechten und Pflichten. Es handelt sich hierbei also um eine Inhalts- und Schrankenbestimmung. *(Anmerkung: Diese Frage kann auch im Prüfungspunkt der verfassungsrechtlichen Rechtfertigung geklärt werden.)*
c. Verfassungsrechtliche Rechtfertigung. Nach Art. 14 Abs. 1 Satz 2 GG werden Inhalt und Schranken des Eigentums durch Gesetze bestimmt. § 1a WHG ist ein solches Gesetz. Erforderlich ist jedoch weiterhin, dass die Inhalts- und Schrankenbestimmung auch verhältnismäßig ist. § 1a WHG dient dem Umweltschutz. Das Wasser wird wegen besonderer ökologischer Sensibilität besonders geschützt. Die Regelung verfolgt damit einen legitimen Zweck. Zur Erreichung des Zieles ist die Vorschrift auch geeignet und erforderlich. Sie ist zudem verhältnismäßig im engeren Sinne, da Wasser als lebensnotwendige und nur begrenzt vorhandene Ressource im Interesse der Allgemeinheit besonders geschützt werden muss.
3. Ergebnis. § 1a WHG ist somit verfassungsmäßig.

> **Merke:** Unter einer Inhalts- und Schrankenbestimmung versteht man die generelle und abstrakte Festlegung von Rechten und Pflichten durch den Gesetzgeber hinsichtlich solcher Rechtsgüter, die als Eigentum zu verstehen sind.

3. Enteignungen (Art. 14 Abs. 3 GG)

Von den Inhalts- und Schrankenbestimmungen zu unterscheiden sind Ent- 692 eignungen. Sie sind in Art. 14 Abs. 3 GG geregelt. Eine Enteignung ist nach Auffassung der Rechtsprechung auf die vollständige oder teilweise Entziehung konkreter subjektiver Rechtspositionen i. S. v. Art. 14 Abs. 1 GG zur Erfüllung bestimmter öffentlicher Aufgaben gerichtet (so BVerfGE 70, 191/ 199f., vgl. zur Abgrenzung auch BVerfGE 102, 1/15f.). Man spricht insoweit auch vom **formalisierten Enteignungsbegriff.** Die Entziehung der subjektiven Rechtsposition kann ganz oder teilweise geschehen. Eine Enteignung liegt auch dann vor, wenn das Eigentum mit einem dinglichen Recht belastet wird.

693 Die Definition des BVerfG (sog. Entziehungsansatz) ist als verunglückt anzusehen. Letztlich geht es bei der Enteignung nicht primär um die Entziehung, sondern um die Erfüllung von öffentlichen Aufgaben mittels des zu entziehenden Gegenstandes. Der Enteignungsbegriff ist also nicht wie vom BVerfG negativ, sondern positiv zu definieren. Eine Enteignung liegt deshalb vor, wenn es zu einem Güterbeschaffungsvorgang kommt (BVerfG, DÖV 2006, 604/605).

694 Enteignungen sind schon nach dem Verfassungstext in zwei Varianten denkbar. Zunächst kann die Enteignung unmittelbar durch Gesetz geschehen (sog. Legalenteignung). Weiterhin kann es aber auch zu einer Enteignung durch einen hoheitlichen Rechtsakt kommen, der in einem förmlichen Gesetz seine Grundlage hat (sog. Administrativenteignung).

695 **Fall 77:** Die Pistole des Räubers R wird im Rahmen einer strafgerichtlichen Verurteilung eingezogen (§ 74 StGB). Ist er für den Verlust der Pistole zu entschädigen?
Lösung Fall 77: Eine Entschädigungspflicht müsste dann angenommen werden, wenn es sich um eine Enteignung nach Art. 14 Abs. 3 GG handelt. Eine Enteignung liegt jedoch nicht vor, sondern eine Inhalts- und Schrankenbestimmung. Es handelt sich nicht um einen staatlichen Güterbeschaffungsvorgang. Die Einziehung der Pistole erfolgt nicht, damit der Staat sie Polizisten zur Verfügung stellt, sondern um weiteren Straftaten des R entgegenzuwirken. Die Einziehung ist deshalb auch ohne Entschädigung rechtmäßig.

III. Verfassungsrechtliche Rechtfertigung von Eingriffen

1. Beurteilung einer Inhalts- und Schrankenbestimmung

a) Übermaßverbot

696 Die Inhalts- und Schrankenbestimmungen müssen vor allem dem Übermaßverbot genügen. Die beschränkenden Maßnahmen müssen also einen legitimen Zweck verfolgen, geeignet, erforderlich und verhältnismäßig sein. Eine besondere Direktive für die gesetzgeberische Ausgestaltung von Rechten und Pflichten aus dem Eigentum ist die Sozialpflichtigkeitsklausel des Art. 14 Abs. 2 GG. Hinsichtlich des Grundeigentums kann der Gesetzgeber wegen der Unvermehrbarkeit des Bodens öffentliche Interessen stärker zur Geltung bringen als bei anderen Gütern (vgl. BVerfGE 21, 73/82 f.). Andererseits ist bei der Abwägung eine besondere Bedeutung eines Eigentumsgegenstandes für den Eigentümer angemessen zu berücksichtigen. Die Schutzwürdigkeit des Eigentums hängt auch davon ab, inwieweit der Wert des Eigentums durch eigenen Arbeitseinsatz oder sonstige eigene Leistung bestimmt ist (vgl. BVerfGE 52, 1/32).

697 Besonders schwierig ist die Ermittlung einer Belastungsgrenze im Steuerrecht. Die Gebote der Eignung und Erforderlichkeit spielen insoweit kaum eine Rolle. Entscheidend ist, ob im Rahmen einer Gesamtbelastung die Ver-

hältnismäßigkeit i. e. S. (Zumutbarkeit) gewahrt ist (vgl. BVerfG, DÖV 2006, 604/606). Hierbei hat allerdings der Gesetzgeber einen weiten Gestaltungsspielraum, z. B. hinsichtlich der Tarifgestaltung (linear oder progressiv), des Tarifverlaufs und der Bestimmung der Bemessungsgrundlage. Bei der Besteuerung von hohen Einkünften verlangt das BVerfG, dass auch nach der Besteuerung ein hohes verfügbares Einkommen verbleibt, das die Privatnützigkeit des Einkommens sichtbar macht (BVerfG, DÖV 2006, 604/607). Eine absolute Grenze (etwa im Sinne eines „Halbteilungsgrundsatzes", d. h. maximale Besteuerung 50 %) gibt es aber nicht (BVerfGE 115, 97 ff.).

Fall 78 *(BVerfGE 102, 1 ff.)*: Zur Erweiterung seines Betriebes kauft B das Nachbargrundstück des N für 50 000 DM. N hatte dort lange Zeit Hutstoffe aus Kaninchenfellen hergestellt und ist mittlerweile insolvent. Wegen erheblicher Belastung des Grundstücks mit chlorierten Kohlenwasserstoffen ordnet die Umweltbehörde unter Berufung auf § 4 Abs. 3 Satz 1 BBodSchG die Sanierung an und legt B die Kosten in Höhe von 100 000 DM auf. Das Grundstück sei nach der Sanierung 75 000 DM wert. Eine Existenzgefährdung des B trete nicht ein. Ist die Anordnung verhältnismäßig? **698**

Lösung Fall 78: Die Anordnung ist verhältnismäßig, wenn sie einen legitimen Zweck verfolgt, geeignet, erforderlich und angemessen ist.

1. Legitimer Zweck. Ein legitimer Zweck ist vorliegend gegeben. Das Grundstück des B ist mit chlorierten Kohlenwasserstoffen belastet. Durch die Sanierung sollen hieraus entstehende Umweltschäden verhindert werden.

2. Geeignetheit. Die Sanierung des Grundstücks ist zur Erreichung des Zieles geeignet.

3. Erforderlichkeit. Zudem kann auch die Erforderlichkeit der Maßnahme bejaht werden, da mildere Mittel vorliegend nicht ersichtlich sind.

4. Angemessenheit. Fraglich ist jedoch, ob die Maßnahme auch angemessen ist. Dies wäre der Fall, wenn bei einer Gesamt-Güterabwägung den öffentlichen Interessen vor den Interessen des B Vorrang einzuräumen wäre. Im konkreten Fall betragen die Sanierungskosten 100 000 DM, das Grundstück hat nach erfolgter Sanierung einen Wert von 75 000 DM. Alleine die Höhe der Sanierungskosten führt zwar noch nicht zur Unverhältnismäßigkeit der Maßnahme. Zu beachten ist jedoch, dass im konkreten Fall der Kapitaleinsatz des B den Wert des Grundstücks erheblich übersteigt. In einem solchen Fall kann die Angemessenheit nur bejaht werden, wenn besondere Umstände hinzutreten (Beispiel: B wusste von der Verseuchung oder er hat das Sanierungsrisiko bewusst in Kauf genommen). Da hierfür keine Anhaltspunkte gegeben sind, ist die Maßnahme nicht angemessen.

5. Ergebnis. Die Anordnung ist daher unverhältnismäßig.

Merke: Inhalts- und Schrankenbestimmungen müssen im konkreten Einzelfall dem Übermaßverbot genügen.

b) Ausgleichspflichtige Inhalts- und Schrankenbestimmungen

In jedem Fall ist der Gesetzgeber verpflichtet, einen gerechten Ausgleich zwischen den öffentlichen und den privaten Interessen herzustellen. Unter Umständen ist die Verhältnismäßigkeit einer Maßnahme nur dann gewahrt, wenn der Eigentümer in Geld entschädigt wird. Man spricht daher von einer **ausgleichspflichtigen Inhalts- und Schrankenbestimmung**. Es handelt sich insoweit nicht um eine Enteignungsentschädigung nach Art. 14 Abs. 3 GG. **699**

Die Rechtswegzuweisung des Art. 14 Abs. 3 Satz 4 GG gilt deshalb nicht. Die Ausgleichspflicht muss jedoch in einem formellen Gesetz hinreichend bestimmt festgelegt sein. Die Verfahrensgestaltung muss dem Eigentümer hinreichende Rechtssicherheit vermitteln.

700   **Fall 79** *(BVerfGE 100, 226 ff.):* K ist Eigentümer einer alten Fabrikbesitzervilla. Da sich für das Gebäude keine wirtschaftlich sinnvolle Nutzung ergibt, möchte er es abreißen. Eine nach dem Landesdenkmalrecht erforderliche Abrissgenehmigung wird jedoch verweigert. K wird vom Land darauf verwiesen, er könne nach dem Denkmalschutzgesetz eine angemessene Entschädigung erhalten, wenn die wirtschaftliche Nutzbarkeit erheblich beschränkt werde, was in einem eigenen Verfahren zu prüfen sei. Ist dies mit Art. 14 Abs. 1 GG vereinbar?

Lösung Fall 79: Es handelt sich vorliegend um eine Inhalts- und Schrankenbestimmung nach Art. 14 Abs. 1 Satz 2 GG. Sie muss mit dem Übermaßverbot vereinbar sein. Grundsätzlich sind denkmalschutzrechtliche Anforderungen mit dem Eigentumsrecht vereinbar. Die grundsätzliche Privatnützigkeit des Eigentums muss aber gewahrt bleiben. Besondere Belastungen können durch Geldleistungen ausgeglichen werden. Primär muss allerdings eine übermäßige Belastung des Eigentums auf andere Weise vermieden werden. Entschädigungsregelungen müssen zudem dem Grunde nach mit der Entscheidung über die beantragte Erlaubnis verbunden werden, damit der Eigentümer weiß, mit welchen Belastungen er rechnen muss. Im vorliegenden Fall hat das Gebäude für K keinen wirtschaftlichen Wert mehr. Aus der Ablehnungsentscheidung kann er nicht erkennen, ob er nach Ablehnung der Abrissgenehmigung tatsächlich eine Ausgleichszahlung erhält. Es liegt daher eine Grundrechtsverletzung in Gestalt einer unverhältnismäßigen Schrankenbestimmung vor.

2. Rechtmäßigkeit einer Enteignung

a) Anforderungen an das enteignende Gesetz

701   (1) Wohl der Allgemeinheit. Erste Voraussetzung für ein enteignendes oder zu einer Enteignung ermächtigendes Gesetz ist, dass die Enteignung nur zum Wohl der Allgemeinheit zulässig sein darf. Mit der Enteignung muss ein konkretisierter öffentlicher Zweck verfolgt werden. Fiskalische Interessen genügen nicht (BVerfGE 38, 175/180). Unter Umständen kann die Enteignung auch zugunsten eines privaten Vorhabenträgers vorgenommen werden (siehe etwa BVerfG 1 BvR 3139/08 und 3386/08 vom 17.12.2010 – Garzweiler-Braunkohleabbau). Der Gesetzgeber muss dann aber sicherstellen, dass der im Allgemeininteresse liegende Zweck der Maßnahme erreicht und dauerhaft gesichert wird (BVerfGE 74, 264/286 ff.).

702   Eingriffe im Wege der Enteignung stehen unter der strikten Geltung des Übermaßverbotes. Die Enteignung muss zum Wohl der Allgemeinheit objektiv erforderlich, also unumgänglich sein (BVerfGE 38, 175/180). Es darf kein milderes Mittel zur Erreichung des Zwecks geben. Reicht eine Teilbelastung aus, ist ein vollständiger Entzug unzulässig.

703   (2) Junktimklausel. Das der Enteignung zugrunde liegende Gesetz muss weiterhin der Junktimklausel des Art. 14 Abs. 3 Satz 2 GG entsprechen. Dies

§ 28. Eigentums- und Erbrechtsgarantie (Art. 14 und 15 GG) 209

bedeutet, dass das förmliche Gesetz, das die Enteignung vornimmt oder als Grundlage dazu dient, Art und Ausmaß der Entschädigung regeln muss. Ansonsten ist das Enteignungsgesetz nichtig (BVerfGE 58, 300/319). Dadurch wird der Gesetzgeber dazu gezwungen, sich darüber Rechenschaft zu geben, ob der zu regelnde Sachverhalt einen Enteignungstatbestand darstellt und dass in diesem Fall Entschädigung geleistet werden muss, die die öffentlichen Haushalte belastet (BVerfGE 46, 268/287). Ohne entsprechende gesetzliche Entschädigungsregelung hat ein betroffener Eigentümer keinen Anspruch auf Entschädigung. Er muss gegen den ihn belastenden Hoheitsakt vorgehen (Vorrang des Primärrechtsschutzes, kein „dulde und liquidiere").

Eine sog. **salvatorische Entschädigungsklausel**, also eine Klausel, die allgemein für den Fall einer Enteignung Entschädigung zuspricht ohne jedoch festzulegen, wann ein Enteignungsfall vorliegt, ist unzulässig (BVerwGE 84, 361/364 ff.). Hingegen darf auf ein allgemeines Enteignungsgesetz verwiesen werden, in dem die Entschädigung für Enteignungen allgemein geregelt ist (BVerfGE 56, 249/264). In dem Gesetz muss Art und Höhe der Entschädigung geregelt sein. 704

Hinsichtlich der Art der Entschädigung kommt vor allem eine Geldentschädigung in Betracht, jedoch auch die Stellung von Ersatzgegenständen. Die Höhe der Entschädigung ist nach Art. 14 Abs. 2 Satz 3 GG unter gerechter Abwägung der Interessen der Allgemeinheit und der Beteiligten festzulegen. In der Regel ist eine Entschädigung zum Verkehrswert geboten. Der Gesetzgeber kann von diesem Grundsatz abweichen, wenn dies einer sachgerechten Interessenabwägung entspricht. Wichtig ist dies etwa für die Berücksichtigung von Bodenwertsteigerungen aufgrund von öffentlicher Planung. 705

b) Legal- und Administrativenteignung

Art. 14 Abs. 3 Satz 2 GG sieht sowohl die Legal- als auch die Administrativenteignung vor. Zwischen der Legalenteignung und der Administrativenteignung hat der Gesetzgeber gleichwohl nicht die freie Wahl. Nach Auffassung des BVerfG folgt aus den Grundrechten selbst ein Anspruch auf effektiven Rechtsschutz (BVerfGE 24, 367/401; 51, 150/156). Soweit eine Legalenteignung vorliegt, ist der Rechtsschutz des Bürgers jedoch weitestgehend verkürzt. Er kann sich lediglich im Wege der Verfassungsbeschwerde an das Landesverfassungsgericht (bei Landesgesetzen) bzw. das BVerfG wenden. Der verwaltungsgerichtliche Rechtsschutz ist ausgeschlossen, da kein Akt öffentlicher Gewalt i. S. v. Art. 19 Abs. 4 Satz 1 GG vorliegt. Bei der Administrativenteignung hingegen ergeht ein Verwaltungsakt, der vor den Verwaltungsgerichten angefochten werden kann (§ 40 Abs. 1 Satz 1 VwGO). Nach Erschöpfung des Rechtsweges verbleibt dem Grundrechtsträger immer noch die Möglichkeit der Erhebung einer Verfassungsbeschwerde. 706

Die Legalenteignung bedarf wegen der Verkürzung des Rechtsschutzes der besonderen Rechtfertigung. Sie ist nur in Ausnahmefällen zulässig. Ein solcher 707

Ausnahmefall ist vor allem dann anzuerkennen, wenn eine Enteignung besonders schnell und effektiv durchgeführt werden muss. Beispiele:
- Überführung der Deichgrundstücke in öffentliches Eigentum nach einer Flutkatastrophe (BVerfGE 24, 367 ff.).
- Verfahrensbeschleunigung zur Schaffung wichtiger Verkehrswege zur Schaffung der Deutschen Einheit (BVerfGE 95, 1 ff.).

708 **Fall 80** *(BVerfGE 24, 367 ff. – Hamburger Deichordnungsfall):* Nach der Flutkatastrophe des Jahres 1962 überführt das Land Hamburg alle Deichgrundstücke per Gesetz in öffentliches Eigentum. Damit erlischt das Eigentum einer Reihe von privaten Grundstückseigentümern. Verstößt das Gesetz gegen Art. 14 Abs. 1 GG?

Lösung Fall 80: Das Gesetz könnte gegen Art. 14 Abs. 1 GG verstoßen. Das ist dann der Fall, wenn es sich um einen Eingriff in den Schutzbereich des Art. 14 Abs. 1 GG handelt, der nicht verfassungsrechtlich gerechtfertigt werden kann.

1. Schutzbereich. Art. 14 GG schützt das Eigentum. Hierunter sind sämtliche vermögenswerten Rechte zu verstehen. Das Grundeigentum ist daher vom verfassungsrechtlichen Eigentumsbegriff umfasst.

2. Eingriff. Ein Eingriff in den Schutzbereich der Eigentumsfreiheit liegt immer dann vor, wenn durch eine staatliche Maßnahme eine schutzfähige Position entzogen oder ihre Nutzung, Verfügung oder Verwertung beschränkt wird. Durch das Hamburgische Gesetz wird das private Eigentum in öffentliches Eigentum überführt. Hierdurch ist ein Eingriff in den Schutzbereich gegeben.

Fraglich ist jedoch, um welche Art von eigentumsrelevanter Maßnahme es sich vorliegend handelt. In Betracht kommt eine Enteignung. Eine Enteignung ist die vollständige oder teilweise Entziehung konkreter subjektiver Eigentumspositionen im Sinne des Art. 14 Abs. 1 Satz 1 GG zur Erfüllung bestimmter öffentlicher Aufgaben. Die Überführung der Deichgrundstücke erfolgt vorliegend, um ein umfassendes Deichsystem sofort aufzubauen und das vorhandene zu sichern bzw. wirksam auszubauen. Es handelt sich bei dem Eingriff also um einen typischen Güterbeschaffungsvorgang und damit um eine Enteignung. Da diese durch Gesetz erfolgt ist, handelt es sich vorliegend um eine Legalenteignung. *(Anmerkung: Diese Frage kann auch im Prüfungspunkt der verfassungsrechtlichen Rechtfertigung geklärt werden.)*

3. Verfassungsrechtliche Rechtfertigung. Fraglich ist jedoch, ob der Eingriff verfassungsrechtlich gerechtfertigt werden kann. Ein Verstoß gegen das Verbot des Einzelfallgesetzes (Art. 19 Abs. 1 Satz 1 GG) ist nicht gegeben, da Art. 14 Abs. 3 Satz 2 GG eine Enteignung durch Gesetz ausdrücklich zulässt. Erforderlich ist ferner eine gesetzliche Grundlage. Dies ist vorliegend das Gesetz, durch das die Deichgrundstücke in öffentliches Eigentum überführt werden. Dabei ist aber zu beachten, dass der Gesetzgeber grundsätzlich verpflichtet ist, zum Mittel der Administrativenteignung zu greifen, um den Rechtsschutz nicht zu verkürzen. Eine Abweichung von diesem Grundsatz ist allerdings in besonderen Ausnahmefällen gerechtfertigt. Ein solcher besonderer Ausnahmefall ist vorliegend gegeben. Die Flutkatastrophe von 1962 hat eine außergewöhnliche Situation geschaffen. Es musste sofort ein ausreichendes Deichsystem aufgebaut werden, um in Zukunft Überflutungen solchen Ausmaßes im Interesse der Allgemeinheit zu verhindern. Einzelenteignungen hätten durch die zu erwartenden Prozesse zu nicht hinnehmbaren Verzögerungen geführt. Die Wahl der Legalenteignung war daher ausnahmsweise zulässig. Die Enteignung dient dem Ausbau des Deichsystems und damit dem Schutz der Bevölkerung vor weiteren Flutkatastrophen. Das Gesetz regelt ferner Art und Ausmaß der Entschädigung und entspricht somit den Anforderungen des Art. 14 Abs. 3 Satz 2 GG. Die Enteignung war ferner auch verhältnismäßig.

§ 28. Eigentums- und Erbrechtsgarantie (Art. 14 und 15 GG)   211

4. Ergebnis. Die Legalenteignung war somit zulässig.

Merke: Grundsätzlich müssen Enteignungen in Form der Administrativenteignung erfolgen. Eine Legalenteignung kann aber durch besondere Umstände gerechtfertigt sein.

3. Anforderungen an den Exekutivakt

Soweit eine Administrativenteignung vorliegt, muss der Enteignungsbeschluss selbst dem Übermaßverbot genügen. Vor Erlass des Verwaltungsaktes ist noch einmal zu prüfen, ob als ultima ratio eine Enteignung notwendig und verhältnismäßig ist. 709

4. Besonderheiten beim Rechtsschutz

Gegen (gesetzliche) Inhalts- und Schrankenbestimmungen und Legalenteignungen ist grundsätzlich kein Rechtsweg gegeben. Als außerordentlicher Rechtsbehelf steht die Verfassungsbeschwerde (Art. 93 Abs. 1 Nr. 4a GG bzw. bei Landesgesetzen Verfassungsbeschwerde nach Landesverfassungsrecht) zur Verfügung. Die zur Konkretisierung der inhalts- und schrankenbestimmenden Gesetze dienenden Verwaltungsakte sowie die Enteignungsakte können vor dem Verwaltungsgericht angefochten werden. Es handelt sich um öffentlich-rechtliche Streitigkeiten i. S. v. § 40 Abs. 1 Satz 1 VwGO. 710

Eine Sonderregelung enthält Art. 14 Abs. 3 Satz 4 GG für die Höhe der Entschädigung. Hier eröffnet das Grundgesetz den Rechtsweg zu den ordentlichen Gerichten. Diese Verfassungsbestimmung ist eigentlich überholt, jedoch als geltendes Recht verbindlich. 711

5. Rückübertragungsanspruch

Soweit der Enteignungszweck nach Durchführung der Enteignung entfallen ist, hat der frühere Eigentümer einen Anspruch auf Rückübertragung (fälschlich als Rückübereignung bezeichnet, siehe BVerfGE 38, 175/180 f.). Der Rückübertragungsanspruch besteht nicht, wenn das enteignete Grundstück erheblich verändert worden ist (BVerwG, NVwZ 1987, 49). Der Anspruch besteht nur dann, wenn die Enteignung unter der Geltung des Grundgesetzes angeordnet und vollzogen worden ist. Hinsichtlich in der früheren DDR enteigneten Eigentums gibt es deshalb keinen Rückübertragungsanspruch (BVerfG, NJW 1998, 1697 f.). 712

6. Enteignender und enteignungsgleicher Eingriff

Aufgrund von Maßnahmen der öffentlichen Hand können Ansprüche aus enteignendem und enteignungsgleichem Eingriff entstehen. **Enteignender** 713 und **enteignungsgleicher Eingriff** sind ursprünglich richterrechtlich aus Art. 14 GG entwickelt worden. Sie haben jedoch mittlerweile mit einer Enteignung i. S. v. Art. 14 Abs. 3 GG nichts mehr zu tun (seit BVerfGE 58, 300 ff.). Heute handelt es sich um Rechtsinstitute des einfachen Rechts, die gewohnheitsrechtlich anerkannt sind. Bezug genommen wird insoweit auch auf §§ 74, 75 Einl. ALR (§ 74 Einl. ALR lautete: „Einzelne Rechte und Vortheile der Mitglieder des Staats müssen den Rechten und Pflichten zur Beförderung des gemeinschaftlichen Wohls, wenn zwischen beiden ein wirklicher Widerspruch (Collision) eintritt, nachstehn". § 75 Einl. ALR lautete: „Dagegen ist der Staat denjenigen, welcher seine besonderen Rechte und Vortheile dem Wohl des gemeinen Wesens aufzuopfern genötigt wird, zu entschädigen gehalten."). Der Anspruch aus **enteignendem Eingriff** setzt Folgendes voraus:

– Atypische oder nicht vorhergesehene Nebenfolge einer rechtmäßigen hoheitlichen Maßnahme.
– Beeinträchtigung einer Eigentumsposition nach Art. 14 GG.
– Unmittelbarkeit des Eingriffs.
– Eine Überschreitung der Opfergrenze bzw. die Auferlegung eines Sonderopfers (BGHZ 129, 124/134).
– Kein überwiegendes Mitverschulden.

714 Soweit ein rechtswidriger Eingriff der öffentlichen Hand in Art. 14 GG vorliegt, kommt ein Anspruch aus **enteignungsgleichem Eingriff** in Betracht. Dieser Anspruch setzt voraus:

– Eine hoheitliche Maßnahme, die aus einem positiven Handeln oder einem qualifizierten Unterlassen besteht und die kein förmliches Gesetz darstellt.
– Rechtswidrigkeit der Maßnahme (bedingt zwingend Überschreitung der Opfergrenze).
– Beeinträchtigung einer Eigentumsposition nach Art. 14 GG.
– Unmittelbarkeit des Eingriffs.
– Beeinträchtigung konnte nicht durch ein zumutbares Rechtsmittel abgewendet werden.

715 **Fall 81:** Ein Panzer der Bundeswehr rammt durch Unachtsamkeit des Fahrers bei einem Manöver die Scheune des Bauern B. Hat Bauer B einen Anspruch auf Entschädigung aus Art. 14 Abs. 3 GG?
Lösung Fall 81: Ein Anspruch auf Entschädigung des B könnte sich aus enteignungsgleichem Eingriff ergeben.
1. *Anspruchsgrundlage.* Fraglich ist zunächst, auf welche Anspruchsgrundlage B seinen Entschädigungsanspruch stützen kann. Ursprünglich wurde ein Anspruch in analoger Anwendung von Art. 14 Abs. 3 GG vom BGH angenommen (Anspruch aus enteignungsgleichem Eingriff). Dies ist jedoch mittlerweile aufgegeben worden. Der Anspruch aus enteignungsgleichem Eingriff besteht jedoch als Institut des einfachen Staatshaftungsrechts fort. Er findet heute seine gewohnheitsrechtliche Grundlage in §§ 74, 75 Einl. ALR.
2. *Anspruchsvoraussetzungen.* Weitere Voraussetzung für eine Entschädigung des B ist jedoch, dass vorliegend die Anspruchsvoraussetzungen gegeben sind.

§ 28. Eigentums- und Erbrechtsgarantie (Art. 14 und 15 GG) 213

a. Die Panzerfahrt und die Kollision mit der Scheune des B im Rahmen eines Manövers der Bundeswehr sind eine hoheitliche Maßnahme, die aus einem positiven Handeln besteht.
b. Die Kollision mit der Scheune war auch rechtswidrig. Diese Rechtswidrigkeit bedingt zwingend eine Überschreitung der Opfergrenze.
c. Die beschädigte Scheune stand im Eigentum des B. Da das Grundeigentum eine durch Art. 14 GG geschützte Eigentumsposition darstellt, wurde eine solche beeinträchtigt.
d. Diese Beeinträchtigung konnte auch nicht durch ein zumutbares Rechtsmittel abgewendet werden.
3. *Rechtsfolge*. Da alle Anspruchsvoraussetzungen erfüllt sind, hat Bauer B einen Anspruch auf Entschädigung.

Merke: Ansprüche aus enteignendem und enteignungsgleichem Eingriff sind heute gewohnheitsrechtlich anerkannt.

7. Überführung in Gemeinwirtschaft (Art. 15 GG)

Literatur: *Hummerl, Lars*, Grundfälle zu Art. 15 GG, JuS 2008, 1065 ff.

Das Grundgesetz ist wirtschaftspolitisch nicht auf die sog. soziale Marktwirtschaft festgelegt. An verschiedenen Stellen finden sich Elemente, nach denen auch eine andere Wirtschaftsordnung verwirklicht werden könnte. Hierzu gehört Art. 15 GG. Es handelt sich um eine besondere Schrankenregelung für Art. 14 Abs. 1 GG. Die Vorschrift erlaubt es, bestimmte Güter in die Gemeinwirtschaft zu überführen. Ziel ist die Vergesellschaftung. Die Güter bzw. ihre Nutzung sollen nicht mehr dem individuellen Nutzen des Eigentums dienen, sondern der Verfolgung von Gemeinwohlzielen. Nicht erlaubt ist eine Umverteilung unter Privaten (etwa nach dem Vorbild der „Bodenreform" nach 1945 in der sowjetischen Besatzungszone). 716

Sozialisierbar ist zunächst Grund und Boden. Hierunter versteht man neben den Grundstücken auch Bestandteile und Zubehör. Zu den „Naturschätzen" zählen neben den Bodenschätzen auch die wirtschaftlich nutzbaren Naturkräfte wie die Wasserkraft (nicht aber beispielsweise die Atomenergie). Besonders streitig ist, wie der Begriff der Produktionsmittel zu verstehen ist. Nach einem engen Begriffsverständnis zählen hierzu lediglich die sachlichen und rechtlichen Mittel, die der gegenständlichen Produktion dienen (Betriebsanlagen, Betriebsmittel, Patente, Warenzeichen). Nach einem weiten Begriffsverständnis zählen hingegen alle Mittel zu den Produktionsmitteln, die unmittelbar oder mittelbar der Produktion dienen, also auch Handelsunternehmen, Banken und Versicherungen, Verkehrsbetriebe, eventuell sogar Krankenhäuser. Die besseren Gründe sprechen für ein enges Verständnis des Begriffs Produktionsmittel. Anders als Art. 156 Abs. 1 Satz 1 WRV sieht das Grundgesetz gerade nicht vor, dass grundsätzlich alle privaten wirtschaftlichen Unternehmen sozialisiert werden dürfen. 717

718 Die Vergesellschaftung ist nicht an die Voraussetzung des Art. 14 Abs. 3 GG gebunden. Sie muss jedoch auch durch Gesetz erfolgen und eine Entschädigungsregelung enthalten. Zudem ist auch das Übermaßverbot zu beachten. Bei der Entschädigung muss ein gerechter Ausgleich von öffentlichen und privaten Interessen angestrebt werden. Eine Entschädigung zum Verkehrswert ist nicht erforderlich, da ansonsten eine Vergesellschaftung praktisch sinnlos wäre.

IV. Erbrechtsgarantie

719 Art. 14 GG enthält neben der Eigentums- die Erbrechtsgarantie. Auch hierbei handelt es sich um eine Institutsgarantie. Die Erbrechtsgarantie ergänzt die Eigentumsgarantie und bildet zusammen mit dieser die Grundlage für die im Grundgesetz vorgesehene private Vermögensordnung (BVerfG, NJW 1995, 2977/2977). Der Gesetzgeber ist verpflichtet, erbrechtliche Normen zur Verfügung zu stellen, die dem bürgerlich-rechtlichen Bild des Erbrechts entsprechen. Die Privaterbfolge ist damit von Verfassungs wegen anerkannt (BVerfGE 67, 329/340). Gleichzeitig enthält Art. 14 GG eine Rechtsstellungsgarantie für Erblasser und Erben.

720 Vom Schutzbereich her umfasst das Erbrecht zunächst die **Testierfreiheit**, also das Recht, die einer Person gehörenden Vermögensgegenstände bestimmten Personen zu vererben. Daneben schützt es auch das Recht des Erben, mit den ererbten Gegenständen als Eigentümer zu verfahren (BVerfGE 91, 346/360).

721 Das Erbrecht kann durch imperative oder durch faktische Regelungen beeinträchtigt werden. Abgaben, die auf einen Erbvorgang erhoben werden, werden dann als Eingriff angesehen, wenn sie konfiskatorisch wirken oder doch von erheblichem Gewicht sind (BVerfGE 63, 312/327). Insofern gelten die gleichen Grundsätze wie beim Eigentum.

722 Inhalt und Schranken des Erbrechts sind vom Gesetzgeber zu bestimmen. Der Gesetzgeber ist an das Übermaßverbot gebunden. Er hat jedoch einen erheblichen Gestaltungsspielraum (BVerfGE 67, 329/341; 93, 165/174).

723 **Fall 82** *(BVerfGE 99, 341 ff.):* Nach zivilrechtlichen Bestimmungen können schreib- und sprechunfähige Personen kein Testament errichten. Ist dies mit Art. 14 GG vereinbar?
Lösung Fall 82: Die Bestimmungen könnten gegen Art. 14 Abs. 1 GG verstoßen.
1. Schutzbereich. Art. 14 Abs. 1 Satz 1 GG gewährleistet das Erbrecht als Rechtsinstitut und Individualrecht. Wesentliches Element der Erbrechtsgarantie ist die Testierfreiheit. Sie dient der Selbstbestimmung des Einzelnen im Rechtsleben. Die Testierfreiheit umfasst die Befugnis des Erblassers, zu Lebzeiten einen von der gesetzlichen Erbfolge abweichenden Übergang seines Vermögens nach seinem Tode an einen oder mehrere Rechtsnachfolger anzuordnen, insbesondere einen gesetzlichen Erben von der Nachlassbeteiligung auszuschließen und wertmäßig auf den gesetzlichen Pflichtteil zu beschränken. Der Schutzbereich ist daher eröffnet.

§ 28. Eigentums- und Erbrechtsgarantie (Art. 14 und 15 GG) 215

2. Eingriff. Aufgrund der zivilrechtlichen Bestimmungen können schreib- und sprechunfähige Personen kein Testament errichten. Dies stellt einen Eingriff in deren Testierfreiheit dar. Fraglich ist jedoch, um welche Art von Eingriff es sich handelt. In Betracht kommt insofern eine Inhalts- und Schrankenbestimmung. Es handelt sich vorliegend um abstraktgenerelle zivilrechtliche Bestimmungen, die den Inhalt des Erbrechts näher regeln. Es liegt somit eine Inhalts- und Schrankenbestimmung vor. *(Anmerkung: Diese Frage kann auch im Prüfungspunkt der verfassungsrechtlichen Rechtfertigung geklärt werden.)*

3. Verfassungsrechtliche Rechtfertigung. Zu prüfen bleibt, ob diese Inhalts- und Schrankenbestimmung auch verfassungsrechtlich gerechtfertigt werden kann. Das ist dann der Fall, wenn sie formell und materiell verfassungsmäßig, insbesondere verhältnismäßig ist. Gemäß Art. 74 Abs. 1 Nr. 1 GG hat der Bund die konkurrierende Gesetzgebungszuständigkeit für das bürgerliche Recht. Vom Vorliegen der weiteren formellen Voraussetzungen (Verfahren und Form) ist auszugehen. Die Vorschriften sind daher formell verfassungsgemäß. Fraglich ist jedoch, ob sie auch materiell verfassungsgemäß sind. Zu prüfen ist, ob insoweit der Grundsatz der Verhältnismäßigkeit gewahrt wurde.

a. Legitimer Zweck. Die schreib- und sprechunfähigen Personen sollen kein Testament errichten können, weil eine zuverlässige Verständigung mit ihnen nicht möglich sei und weil ihnen das erforderliche Verständnis für die Testamentserrichtung fehle. Die zivilrechtlichen Bestimmungen sollen somit einerseits der Rechtssicherheit und andererseits dem Schutz nicht selbstbestimmungsfähiger Menschen dienen. Der Gesetzgeber verfolgt damit legitime Gemeinwohlziele.

b. Geeignetheit. Der Ausschluss schreib- und sprechunfähiger Menschen von der Testierfreiheit fördert die Erreichung dieses Ziels und ist daher geeignet.

c. Erforderlichkeit. Fraglich ist jedoch, ob diese Bestimmungen auch erforderlich sind. Erforderlichkeit ist nur gegeben, wenn es kein milderes, gleich geeignetes Mittel gibt. Der mit dem Formzwang bewirkte Testierausschluss stellt sich nur in den Fällen als erforderlich dar, in denen sich die vom Gesetzgeber zugrunde gelegte Sachverhaltsannahme als vertretbar erweist. Vorliegend ist der Gesetzgeber davon ausgegangen, dass eine hinreichend gesicherte Verständigung mit schreibunfähigen Stummen generell nicht möglich sei oder dass ihnen allgemein das für die Testamentserrichtung benötigte geistige Verständnis fehle. Diese Annahme ist aber nicht uneingeschränkt zutreffend. Es gibt durchaus schreib- und sprechunfähige Personen, die über die für eine Testamentserrichtung erforderliche intellektuelle und physische Selbstbestimmungsfähigkeit verfügen, so dass hier ein Ausschluss der Testiermöglichkeit zum Schutz vor fremdbestimmten oder unverantwortlichen Rechtsgeschäften nicht erforderlich ist. Als milderes Mittel ist für solche Personen ein Beurkundungsverfahren denkbar. Durch die Heranziehung weiterer neutraler Personen kann in ausreichendem Maße kontrolliert werden, ob der beurkundende Notar die Testierfähigkeit des schreib- und sprechunfähigen Erblassers richtig einschätzt und seine Willenserklärungen zutreffend deutet. Die Bestimmungen sind daher für schreib- und sprechunfähige Personen, die geistig und körperlich zu einer Testamentserrichtung in der Lage sind, nicht erforderlich.

4. Ergebnis. Soweit eine schreib- und sprechunfähige Person sich durch Zeichen verständigen kann, ist ein Ausschluss der Testierfähigkeit ein unverhältnismäßiger Grundrechtseingriff in Art. 14 Abs. 1 GG.

§ 29. Schutz vor Ausbürgerung und Auslieferung (Art. 16 GG)

Literatur: *Böhm, Klaus Michael,* Das neue Europäische Haftbefehlgesetz, NJW 2006, 2592 ff.; *Knopp, Lothar,* Bundesverfassungsgericht contra EU-Haftbefehl – Zum Urteil des Bundesverfassungsgerichts vom 18. Juli 2005, JR 2005, 448 ff.; *Jekewitz, Jürgen,* Der Europäische Haftbefehl vor dem Bundesverfassungsgericht, GA 2005, 625 ff.; *Messmann, Andreas/Kornblum, Thorsten,* Grundfälle zu Art. 16, 16a GG, JuS 2009, 688 ff., 810 ff.; *Mitsch, Wolfgang,* Der Europäische Haftbefehl, JA 2006, 448 ff.; *Vogel, Joachim,* Europäischer Haftbefehl und deutsches Verfassungsrecht, JZ 2005, 801 ff.

I. Schutz vor Ausbürgerung (Art. 16 Abs. 1 GG)

1. Schutzbereich

724   Art. 16 Abs. 1 GG schützt die deutsche Staatsangehörigkeit. Grundrechtsträger sind nur Deutsche mit deutscher Staatsangehörigkeit, nicht Deutsche aufgrund deutscher Volkszugehörigkeit (siehe zu dieser Unterscheidung Art. 116 Abs. 1 GG). Der Erwerb der deutschen Staatsangehörigkeit vollzieht sich nach den Regeln des einfachen Rechts (siehe das Staatsangehörigkeitsgesetz – StAG – vom 22. Juli 1913, RGBl. S. 583). Wer demgemäß die deutsche Staatsangehörigkeit hat, steht unter dem Schutz des Art. 16 Abs. 1 GG. Dies gilt auch für Personen, die neben ihrer deutschen Staatsangehörigkeit noch eine weitere Staatsangehörigkeit besitzen.

725   Das Verbot der Ausbürgerung des Art. 16 Abs. 1 GG steht in engem Zusammenhang mit dem Verbot der Auslieferung nach Art. 16 Abs. 2 Satz 1 GG. Beide Freiheitsrechte sind Ausdruck der staatlich beanspruchten Verantwortlichkeit für die eigenen Staatsangehörigen. Der Bürger darf von der Verbindung zu „seiner" freiheitlich-demokratischen Staatsordnung und deren Rechtsordnung im Grundsatz nicht ausgeschlossen werden (BVerfGE 113, 273 ff.). Die Aufnahme der Garantie des Schutzes vor Ausbürgerung in das Grundgesetz erfolgte unter dem Eindruck der zwangsweisen Ausbürgerung von Deutschen jüdischen Glaubens oder jüdischer Abstammung nach der nationalsozialistischen Machtergreifung 1933.

2. Eingriff

726   In das Grundrecht wird durch jede Maßnahme eingegriffen, die den Verlust der deutschen Staatsangehörigkeit bewirkt. Der Eingriff kann durch Einzelakt, durch Sammelverfügung oder durch Gesetz geschehen. Soweit eine Einbürgerung, die rechtmäßig erfolgt ist, nach § 49 VwVfG widerrufen werden soll, liegt ebenfalls ein Eingriff in das Grundrecht vor.

§ 29. Schutz vor Ausbürgerung und Auslieferung (Art. 16 GG)   217

Umstritten ist die Behandlung der Aufhebung einer rechtswidrigen Einbürgerung (Rücknahme der Einbürgerungsentscheidung). Insofern liegt kein Eingriff in das Grundrecht vor. Art. 16 Abs. 1 GG bezweckt nicht den Schutz fehlerhafter Einbürgerungen. **727**

3. Verfassungsrechtliche Rechtfertigung von Eingriffen

Hinsichtlich der verfassungsrechtlichen Rechtfertigung von Eingriffen enthält Art. 16 Abs. 1 GG eine sehr unübersichtliche und wohl widersprüchliche Regelung. Die **Entziehung** der Staatsangehörigkeit ist immer unzulässig (Abs. 1 Satz 1). Auf gesetzlicher Grundlage kann hingegen der **Verlust** der Staatsangehörigkeit angeordnet werden. **Gegen den Willen** des Betroffenen darf ein Verlust nur dann eintreten, wenn der Betroffene nicht staatenlos wird (Art. 16 Abs. 1 Satz 2 GG). Entscheidend für die Rechtfertigung eines Eingriffs ist deshalb die Unterscheidung von Entziehung und Verlust. Nach verbreiteter Auffassung ist Entziehung die durch einseitigen Staatsakt gegen oder ohne den Willen des Betroffenen erfolgte Wegnahme der Staatsangehörigkeit. Die Entziehung zeichne sich dadurch aus, dass es zu einem unvermeidbaren Verlust der Staatsangehörigkeit komme, die der Betroffene nicht beeinflussen könne (BVerfG, NJW 1990, 2193; NVwZ 2001, 1393). Eine andere Auffassung möchte darauf abstellen, ob eine einzelaktmäßige oder allgemeinverfügungsartige Zwangsausbürgerung vorliegt. Dann liege eine Entziehung vor, die unzulässig sei. Beide Auffassungen sind erheblichen Einwänden ausgesetzt. Die Definition der Entziehung mit dem Merkmal „ohne oder gegen den Willen" führt zu einem Widerspruch mit Art. 16 Abs. 1 Satz 2 GG, da dort der Verlust der Staatsangehörigkeit gegen den Willen des Betroffenen zugelassen wird. Entscheidend auf die Rechtsform abzustellen, verbietet sich deshalb, weil der Staat in weitem Umfang die Rechtsform seines Handelns selbst bestimmen kann (so auch BVerfGE 116, 24/42 ff.). Deshalb ist das Grundrecht im Wesentlichen nach seiner historischen Zielsetzung zu interpretieren. Zulässig sind solche Verlusttatbestände, die traditionell anerkannt sind, etwa der Verlust der deutschen Staatsangehörigkeit aufgrund der Annahme einer ausländischen Staatsangehörigkeit. Als weiteres Kriterium ist auf die Vermeidbarkeit abzustellen. Soweit der Staatsangehörige durch eigenes Verhalten die Ausbürgerung verhindern kann, spricht dies gegen den Tatbestand der Entziehung. Unzulässig sind hingegen solche historischen Praktiken (vor allem aus der NS-Zeit), bei denen die deutsche Staatsangehörigkeit deshalb aberkannt wurde, weil Zugehörigkeitsverhältnisse besserer oder minderer Güte angenommen wurden oder bei denen die Wegnahme der Staatsangehörigkeit nach Kriterien der Würdigkeit erfolgte (BVerfGE 116, 24/44). „Entziehung" im Sinne von Art. 16 Abs. 1 Satz 2 GG ist in den Worten des Verfassungsgerichts deshalb „jede Verlustzufügung, die die – für den Einzelnen und die Gesellschaft gleichermaßen bedeutsame – Funktion der Staatsangehörigkeit als verlässliche Grundlage gleichberechtigter Zugehörigkeit beeinträchtigt." (BVerfGE 116, 24/44) **728**

729 Der Verlust der Staatsangehörigkeit darf auch durch Gesetz angeordnet werden. Insofern handelt es sich in Art. 16 Abs. 1 Satz 2 GG um ein Redaktionsversehen, als dort der Eindruck erweckt wird, der Verlust dürfe nur aufgrund eines Gesetzes, also durch Verwaltungsakt, geschehen.

730 **Fall 83** *(BVerfGE 116, 24 ff.):* Nigerianer N erschleicht durch unrichtige Angaben zu seiner Arbeitsstelle die deutsche Staatsangehörigkeit. Seine nigerianische Staatsangehörigkeit legt er ab. Nach Bekanntwerden des Sachverhaltes nimmt die zuständige Landesbehörde die erschlichene Einbürgerung als rechtswidrigen Verwaltungsakt rückwirkend zurück. N wird dadurch staatenlos. Ist dies mit Art. 16 Abs. 1 GG vereinbar?
Lösung Fall 83: Art. 16 Abs. 1 GG ist zunächst auch bei einer rückwirkenden Aberkennung der Staatsangehörigkeit anwendbar. Der Entzug ex tunc führt zwar dazu, dass N nie deutscher Staatsangehöriger war. Würde man gegenüber solchen Maßnahmen das Grundrecht für unanwendbar erklären, liefe es jedoch in besonders relevanten Fällen leer.
Eine Entziehung nach Art. 16 Abs. 1 Satz 1 GG liegt nicht vor. Aufgrund der Täuschungshandlung ist ein berechtigtes Vertrauen bei N im Sinne eines „gleichberechtigten Dazugehörens" nicht entstanden.
Die Rücknahme der Einbürgerung könnte aber gegen Art. 16 Abs. 1 Satz 2 GG verstoßen. Der Verwaltungsakt erging gegen seinen Willen und führt zur Staatenlosigkeit. Nach Auffassung des BVerfG liegt ein Verbot der Rücknahme einer erschlichenen Einbürgerung jedoch außerhalb des Schutzzwecks der Norm. Die Verfassung würde andernfalls Anreize dafür schaffen, durch arglistiges Verhalten die Staatsangehörigkeit zu erlangen. Das Grundgesetz würde einen Anreiz zu rechtswidrigem Verhalten liefern. Dies verstieße gegen den Gedanken der „Selbstbehauptung des Rechts".
Ergebnis: Die Rücknahme der erschlichenen Einbürgerung verstößt nicht gegen Art. 16 Abs. 1 GG.

II. Schutz vor Auslieferung (Art. 16 Abs. 2 GG)

1. Schutzbereich und Eingriff

731 Unter einer Auslieferung versteht man die zwangsweise Entfernung aus dem Hoheitsbereich der Bundesrepublik Deutschland verbunden mit der Überführung in den Bereich einer ausländischen Macht auf deren Ersuchen. Keine Auslieferung ist die Ausweisung als das ohne Ersuchen eines ausländischen Staates ergehende Gebot, die Bundesrepublik Deutschland zu verlassen, oder die Abschiebung als Vollzug der Ausweisung. Insoweit ist das Grundrecht der Freizügigkeit einschlägig. Grundrechtsträger sind nur Deutsche, und zwar sowohl Deutsche mit deutscher Staatsangehörigkeit als auch Volksdeutsche (siehe Art. 116 Abs. 1 GG).

2. Verfassungsrechtliche Rechtfertigung von Eingriffen

732 Das ursprünglich ohne Gesetzesvorbehalt gewährte Freiheitsrecht des Schutzes vor Auslieferung wurde im Jahr 2000 um den qualifizierten Vor-

§ 29. Schutz vor Ausbürgerung und Auslieferung (Art. 16 GG)   219

behalt des Art. 16 Abs. 2 Satz 2 GG ergänzt. Damit wird eine Auslieferung an einen anderen EU-Mitgliedstaat oder einen internationalen Gerichtshof grundsätzlich möglich. Die Vorschrift ist ein weiterer Beleg für die Integrations- und Völkerrechtsfreundlichkeit des Grundgesetzes (vgl. auch Art. 23, 24 und 25 GG).

Die Auslieferung setzt voraus, dass „rechtsstaatliche Grundsätze gewahrt sind". Damit ist nicht nur die Selbstverständlichkeit gemeint, dass das grundrechtseingreifende deutsche Auslieferungsgesetz und der deutsche Verwaltungsvollzug rechtsstaatlich im Sinne des Grundgesetzes zu sein haben. Es handelt sich vielmehr um eine Erwartung an den ersuchenden Mitgliedstaat bzw. die internationalen Gerichte im Sinne einer „Strukturentsprechung" (BVerfGE 113, 273/299). Der die Auslieferung erlaubende deutsche Gesetzgeber muss prüfen, ob die gebotenen rechtsstaatlichen Voraussetzungen von den ersuchenden Stellen erfüllt werden. **733**

Weiterhin stellt das Verfassungsgericht zusätzliche Voraussetzungen für die Verfassungsmäßigkeit eines Eingriffs auf. Aus Gründen der Rechtssicherheit und des Vertrauensschutzes darf keine Auslieferung erfolgen, wenn die Strafvorwürfe maßgeblichen Inlandsbezug haben (vereinfacht: wer in Deutschland gegen deutsches Strafrecht verstößt, soll von deutschen Gerichten nach deutschem Strafrecht abgeurteilt werden). Bei maßgeblichem Auslandsbezug einschließlich typischerweise grenzüberschreitenden Straftaten (internationaler Terrorismus, grenzüberschreitender Drogen- und Menschenhandel) soll hingegen eine Auslieferung regelmäßig möglich sein. Soweit eine eindeutige Zuordnung nicht möglich ist (Handeln im Inland, Erfolgseintritt im Ausland), ist eine Abwägung vorzunehmen (Nichtauslieferungsinteresse gegen effektive Strafverfolgung im europäischen Raum, vgl. zu den Einzelheiten BVerfGE 113, 273/301 ff.). **734**

Fall 84 *(BVerfG, NJW 1990, 2193 f.)*: B wurde 1945 als Kind deutscher Eltern in Unterfranken geboren. 1979 erhielt er antragsgemäß die Staatsbürgerschaft der USA. 1989 wurde er wegen sexuellen Missbrauchs Minderjähriger in den USA zu 13 Jahren Freiheitsstrafe verurteilt. Die Restfreiheitsstrafe wurde zur Bewährung ausgesetzt. Nach dem Verstoß gegen Bewährungsauflagen wurde die Strafaussetzung aufgehoben. Die USA verlangte daraufhin die Auslieferung des B von der Bundesrepublik Deutschland. Darf B an die USA ausgeliefert werden? **735**
Lösung Fall 84: B darf nicht an die USA ausgeliefert werden, wenn die Auslieferung gegen Art. 16 Abs. 2 GG verstoßen würde.
1. Schutzbereich. Dann müsste zunächst der Schutzbereich von Art. 16 Abs. 2 GG eröffnet sein. Grundrechtsträger sind alle Deutschen mit deutscher Staatsangehörigkeit. Fraglich ist also, ob B deutscher Staatsangehöriger ist. Ursprünglich besaß B die deutsche Staatsangehörigkeit. Möglicherweise könnte er durch die freiwillige Annahme der US-Staatsangehörigkeit seine deutsche Staatsangehörigkeit gem. § 25 Abs. 1 StAG verloren haben. Die Voraussetzungen des § 25 Abs. 1 StAG liegen vor. Erforderlich ist jedoch, dass die Vorschrift ihrerseits mit Art. 16 Abs. 1 GG vereinbar ist. Hiernach darf die deutsche Staatsangehörigkeit nicht entzogen werden, der Verlust darf nur aufgrund eines Gesetzes und nur dann gegen den Willen des Betroffenen eintreten, wenn dieser dadurch nicht

staatenlos wird. Ein Entzug i. S. v. Art. 16 Abs. 1 Satz 1 GG liegt nicht vor. Die Annahme einer fremden Staatsangehörigkeit auf eigenen Antrag ist ein traditioneller Verlustgrund für die deutsche Staatsangehörigkeit. Der Verlust ist auch vermeidbar, wenn die fremde Staatsangehörigkeit von dem Betroffenen selbst beantragt worden ist. Die Vorschrift ist daher mit Art. 16 Abs. 1 GG vereinbar. B hat durch die freiwillige Annahme der US-Staatsangehörigkeit die deutsche Staatsangehörigkeit verloren. Der Schutzbereich des Art. 16 Abs. 2 GG ist nicht eröffnet.

2. *Ergebnis.* B darf somit an die USA ausgeliefert werden.

§ 30. Asylrecht (Art. 16a GG)

Literatur: *Classen, Claus Dieter,* Sichere Drittstaaten – ein Beitrag zur Bewältigung des Asylproblems, DVBl. 1993, 700 ff.; *Hailbronner, Kay,* Das Asylrecht nach den Entscheidungen des Bundesverfassungsgerichts, NVwZ 1996, 625 ff.; *Messmann, Andreas/Kornblum, Thorsten,* Grundfälle zu Art. 16, 16a GG, JuS 2009, 688 ff., 810 ff.; *Schoch, Friedrich,* Das neue Asylrecht gemäß Art. 16a GG, DVBl. 1993, 1161 ff.; *Lübbe-Wolff, Gertrude,* Das Asylgrundrecht nach den Entscheidungen des Bundesverfassungsgerichts vom 14. Mai 1996, DVBl. 1996, 825 ff.

I. Überblick

736 Das Grundgesetz in der Fassung von 1949 enthielt in Art. 16 Abs. 2 Satz 2 die Garantie: „Politisch Verfolgte genießen Asylrecht". Dieses subjektive Recht auf Asyl stand unter keinem Gesetzesvorbehalt. Es wurde von den Vätern und Müttern der Verfassung mit bewusst weitem Inhalt gewährt. Damit wurde auf die Erfahrungen im Dritten Reich reagiert. Viele Mitglieder des parlamentarischen Rates waren selbst nur durch Asylgewährung der Verfolgung durch das Hitlerregime entkommen. Zudem sollte eine historische Schuld mit abgetragen werden, die für Deutschland im Dritten Reich durch die Verfolgung von Juden und politisch Andersdenkenden entstanden war.

737 Das Asylrecht stand jedoch von vornherein unter Verfahrensvorbehalt. Nötig war ein konstitutiver Anerkennungsakt, d. h. Grundrechtsträger war derjenige, dessen Asylanspruch anerkannt worden war. Bis zur rechtskräftigen Entscheidung über das Asylgesuch bestand jedoch ein vorläufiges Bleiberecht mit einem regelmäßigen Abschiebungsverbot.

738 Die großzügige verfassungsrechtliche Gewährleistung und die weltweiten Flüchtlingsströme führten in den ersten vier Jahrzehnten der Geltung des Grundgesetzes zu einem starken Ansteigen der Asylbewerberzahlen. Der Gesetzgeber reagierte mit einer Änderung der Verfassung durch Gesetz vom 28. 6. 1993 (BGBl. I S. 1002). Zwar wurde grundsätzlich daran festgehalten, dass jeder politisch Verfolgte in der Bundesrepublik Asyl erhalten können soll (Art. 16a Abs. 1 GG). In Abs. 2–4 folgen dann jedoch weitgehende Einschränkungen, die die weite Gewährleistung des Abs. 1 in vielen Punkten relativie-

§ 30. Asylrecht (Art. 16a GG) 221

ren. Die Verfassung behält zwar die Vorstellung bei, dass ein Eingriff in den sachlichen Schutzbereich des Asylgrundrechts nicht zulässig ist. Stattdessen wird das Grundrecht von innen heraus beschränkt, indem größeren Personengruppen die Berufung auf das Asylrecht versagt wird. So wird das Asylrecht ausgeschlossen für Personen, die aus der Europäischen Union oder einem anderen sicheren Drittstaat in die Bundesrepublik eingereist sind (Art. 16a Abs. 2 und Abs. 3 GG). Zudem wird es verfahrensrechtlich erleichtert, Asylbewerber vom Hoheitsgebiet der Bundesrepublik Deutschland zu entfernen. Diesem Zweck dienen die Regelungen des Art. 16a Abs. 2 Satz 3 und des Abs. 4 GG. Abs. 5 stellt schließlich das gesamte Asylrecht unter Völkervertragsvorbehalt. Angestrebt und zugelassen ist eine Europäisierung des Asylrechts. Dadurch ist es möglich, dass für Asylbewerber im Bereich der Europäischen Union und auch im Bereich von Drittstaaten nur einmal über die Gewährung von Asyl entschieden wird und diese Entscheidung für alle Vertragsstaaten verbindlich ist.

Fall 85: Der verfassungsändernde Gesetzgeber hebt Art. 16a GG auf und schafft das Asylrecht ab. Ist die Änderung verfassungsmäßig? **739**
Lösung Fall 85: Prüfungsmaßstab ist Art. 79 Abs. 3 GG. Danach ist das Asylrecht einer Änderung oder Aufhebung nicht entzogen. Das Asylgrundrecht gehört auch nicht zum Gewährleistungsgehalt des Art. 1 Abs. 1 GG. Die Verfassungsänderung ist deshalb verfassungsmäßig (BVerfGE 94, 49/103 f.).

II. Die politische Verfolgung

Zum Begriff der politischen Verfolgung hat sich bereits zur alten Rechtslage eine umfangreiche Kasuistik entwickelt. Beide Begriffsbestandteile, also sowohl der Begriff der „Verfolgung" als auch der Begriff „politisch" lassen eine Fülle von Interpretationsproblemen entstehen. **740**

1. Der Begriff „Verfolgung"

Auf das Asylrecht kann sich zunächst nur der berufen, der verfolgt wird. Der Begriff der Verfolgung wird eng interpretiert. Ein Eingriff in Rechte, der nach der Verfassungsordnung der Bundesrepublik Deutschland unzulässig wäre, reicht noch nicht aus, um von einer Verfolgung auszugehen. Erforderlich ist vielmehr, dass die Maßnahmen nach Art, Schwere und Intensität die Menschenwürde verletzen. Die Beeinträchtigung muss zudem über das hinausgehen, was die Bewohner des Heimatstaates aufgrund des dort herrschenden Systems allgemein hinzunehmen haben (BVerfGE 54, 341/357). Folgende Sachverhalte werden u. a. als Verfolgung i. S. v. Art. 16a Abs. 1 GG anerkannt: **741**
– Nicht ganz unerhebliche Eingriffe in das Leben und die körperliche Unversehrtheit,

- Beeinträchtigung des sog. religiösen Existenzminimums, also der Möglichkeit, sich jedenfalls im häuslich-privaten Bereich und dem nachbarschaftlich-kommunikativen Bereich zu seiner Religion zu bekennen,
- Beseitigung des wirtschaftlichen Existenzminimums durch Eingriff in vermögenswerte Rechtsgüter.

Keine Verfolgung liegt in folgenden Fällen vor:
- Folgen von Armut, Hunger, Naturkatastrophen,
- allgemeine Folgen von Unruhen, Revolutionen und Bürgerkriegen,
- drohende Todesstrafe oder Folter aus nichtpolitischen Gründen (bei drohender Todesstrafe oder Folter darf allerdings nicht abgeschoben werden).

2. Der Begriff „politisch"

742 Des Weiteren ist nötig, dass derjenige, der Asyl begehrt, politisch verfolgt wird. Eine politische Verfolgung liegt nur dann vor, wenn die Verfolgung an bestimmte asylrelevante Merkmale anknüpft. Diese Merkmale sind: Rasse, Religion, Nationalität, Zugehörigkeit zu einer sozialen Gruppe oder politische Überzeugung. Zur politischen Überzeugung gehört nicht nur die politische Gesinnung als solche, sondern auch ihre Bekundung und ihre grundsätzlich gewaltfreie Betätigung (BVerfGE 81, 142/152 f.). Die Merkmale werden in Anlehnung an die sog. Genfer Flüchtlingskonvention (GFK) herangezogen. Darüber hinaus können auch andere irreversible bzw. wesensimmanente Merkmale relevant sein. Politische Verfolgung ist deshalb auch anerkannt worden in folgenden Fällen:

- Verfolgung wegen Homosexualität (BVerwGE 79, 143/146 f.),
- Verfolgung wegen Heirat eines Menschen mit einer anderen Religion,
- Zwangsbeschneidung Wehrpflichtiger (BVerwGE 89, 162).

743 Politische Verfolgung wird im Grundsatz nur dann anerkannt, wenn der Staat als Verfolger auftritt (BVerfGE 9, 174/180). Staatliche Verfolgung kann aber auch darin bestehen, dass Verfolgungshandlungen durch Dritte dem Staat zuzurechnen sind. Zurechenbar ist eine Verfolgungshandlung dann, wenn der Staat Einzelne oder Gruppen zu Verfolgungsmaßnahmen anregt, derartige Handlungen unterstützt oder tatenlos hinnimmt und damit den Betroffenen den erforderlichen Schutz versagt, da er hierzu nicht willens oder nicht in der Lage ist (BVerfGE 54, 341/358). Ist der Staat hingegen prinzipiell und auf Dauer nicht zur Verhinderung von Übergriffen in der Lage, ist also das staatliche Gewaltmonopol auf Dauer aufgehoben, liegt keine staatliche Verfolgung vor. Konnte hingegen eine Bevölkerungsgruppe eine selbständige Herrschaftsordnung etablieren und übt sie somit eine staatsähnliche Herrschaftsgewalt aus, so liegt eine quasistaatliche Verfolgung vor, die der staatlichen Verfolgung gleichgestellt ist (BVerwG, NVwZ 1986, 760 f.).

3. Nachfluchtgründe

Grundsätzlich kann sich auf das Asylgrundrecht nur derjenige berufen, der 744
wegen seiner politischen Verfolgung in das Gebiet der Bundesrepublik Deutschland gelangt ist. Regelmäßig muss deshalb eine sog. **Vorverfolgung** vorliegen.

Nachfluchtgründe, also Gründe, die erst nach Verlassen des Verfolgerstaates 745
entstanden sind, werden nur ausnahmsweise anerkannt. Unterschieden werden insoweit objektive und subjektive Nachfluchtgründe. Objektive Nachfluchtgründe sind solche Gründe, die ohne eigenes Zutun des Betroffenen entstehen (z. B. Regierungswechsel). Subjektive Nachfluchtgründe schafft der Asylbewerber hingegen selbst. Objektive Nachfluchtgründe werden grundsätzlich anerkannt, subjektive Nachfluchtgründe hingegen nur dann, wenn sich die politische Betätigung als Ausdruck und Fortführung einer schon während des Aufenthalts im Heimatstaat vorhandenen oder erkennbar betätigten dauernden, die eigentliche Identität prägenden Überzeugung darstellt (siehe jetzt § 28 AsylVfG). Verfolgungsprovokationen am sicheren Ort sind deshalb nicht asylbegründend. Ob eine politische Verfolgung vorliegt, bedarf stets einer Prognose dahingehend, ob dem Asylbewerber bei einer Rückkehr in den Heimatstaat eine asylrelevante Beeinträchtigung droht. Es muss mit beachtlicher Wahrscheinlichkeit davon ausgegangen werden können, dass es zu einer Verfolgung kommt. Ist eine Vorverfolgung bereits nachweisbar, reicht dies als asylbegründendes Merkmal aus.

4. Eigene Verfolgung

Die Verfolgung muss stets in eigener Person stattgefunden haben oder in 746
eigener Person drohen. Eine Verfolgung der Verwandten genügt nicht. Bei Ehegatten und minderjährigen Kindern ist anerkannt, dass deren Verfolgung stellvertretend wahrgenommen wird und somit eine Verfolgung vermutet wird. Ausreichend ist auch die Verfolgung aller Gruppenangehörigen, wenn die Einzelperson zu dieser Gruppe gehört.

Politische Verfolgung liegt nicht vor, wenn eine inländische Fluchtalternative 747
gegeben ist. Politische Verfolgung ist auch nicht gegeben, wenn der Ausländer bereits in einem Drittstaat vor politischer Verfolgung sicher war. Dann bestand für ihn objektiv keine Zwangslage mehr. Eine weitere Asylgewährung durch die Bundesrepublik Deutschland ist nicht erforderlich.

Fall 86 *(BVerfGE 81, 142 ff.)*: K war aktives Mitglied einer terroristischen Vereinigung 748
in der Türkei, die sich für einen unabhängigen kurdischen Staat einsetzt. Zur Fortsetzung seiner terroristischen Aktivitäten ohne polizeilichen Verfolgungsdruck begibt er sich in die Bundesrepublik Deutschland. Hat K Anspruch auf Asyl?
Lösung Fall 86: K hat gem. Art. 16a Abs. 1 GG Anspruch auf Asyl, wenn er politisch verfolgt wird. Fraglich ist also, ob K politisch verfolgt wird. An einer politischen Verfolgung fehlt es, wenn die Türkei Straftaten, die sich gegen Rechtsgüter anderer Bürger rich-

ten, verfolgt. Dies gilt auch dann, wenn die Straftaten aus einer politischen Überzeugung heraus begangen werden. Politische Verfolgung kann allerdings zu bejahen sein, wenn der Betroffene wegen seiner politischen Überzeugung eine Behandlung erleidet oder zu erleiden droht, die härter ist als die sonst zur Verfolgung ähnlicher nicht politischer Straftaten von vergleichbarer Gefährlichkeit im Verfolgerstaat übliche Behandlung. Unabhängig davon kann Asyl nicht beanspruchen, wer terroristische Aktivitäten im Heimatland von der Bundesrepublik Deutschland aus in den hier möglichen Formen fortzuführen oder zu unterstützen trachtet. Er sucht nicht Schutz und Frieden, den das Asylrecht gewähren will. Das Asylrecht hat als Grundgedanken, demjenigen Zuflucht zu gewähren, der sich wegen ihm drohender politischer Verfolgung in einer für ihn ausweglosen Lage befindet. Dies bedeutet nicht, dass K jegliche politische Betätigung aufgeben muss. Zu terroristischer Betätigung ist er jedoch nicht berechtigt. Vor einer Abschiebung in die Türkei muss wegen Art. 3 GFK geprüft werden, ob dem Beschwerdeführer in der Türkei Folter oder eine sonstige unmenschliche oder erniedrigende Behandlung droht.

III. Einreise aus sicheren Drittstaaten (Art. 16a Abs. 2 GG)

1. Allgemeines

749 Auf das Asylgrundrecht kann sich nicht berufen, wer aus einem Mitgliedstaat der Europäischen Union oder aus einem anderen sicheren Drittstaat einreist. Solche Asylanten werden aus dem persönlichen Geltungsbereich des in Art. 16a Abs. 1 GG garantierten Asylrechts herausgenommen.

750 „Aus" einem Staat reist ein, wer nach dortiger allgemeiner Rechtspraxis dort hätte Schutz finden können (BVerfGE 94, 49/94). Der sichere Drittstaat muss nicht die letzte Station vor der Einreise des Ausländers nach Deutschland gewesen sein. Wer aus einem sicheren Drittstaat kommt, ist also nicht Grundrechtsträger.

2. Einreise aus EU-Staaten

751 Bezüglich der Staaten der Europäischen Union beinhaltet Abs. 2 eine unwiderlegliche Vermutung der Verfolgungssicherheit nach Einreise aus einem solchen Staat. Dies beruht auf dem sog. First-Country-Konzept. Derjenige Ausländer, der aus einem sicheren Drittstaat einreist, bedarf der grundrechtlichen Gewährleistung des Abs. 1 nicht. Es wird ein gemeinsamer Asylraum Europa geschaffen (siehe BT-Drs. 12/4984, S. 46). Vom Reiseweg des Ausländers wird auf seine mangelnde Schutzbedürftigkeit geschlossen.

3. Einreise aus sonstigen sicheren Drittstaaten

752 Die Möglichkeit der Berufung auf das Asylgrundrecht entfällt auch dann, wenn die Einreise aus einem sicheren Drittstaat erfolgt (Abs. 2 Satz 2). Diese Staaten werden durch Gesetz bestimmt (siehe Anlage I zu § 26a AsylVfG). Die

§ 30. Asylrecht (Art. 16a GG)   225

vom Gesetzgeber getroffene Auswahl muss vertretbar sein. Zu sicheren Drittstaaten gehören etwa Norwegen oder die Schweiz.

Voraussetzung für die Benennung ist, dass die innerstaatliche Anwendung 753 des Abkommens über die Rechtsstellung der Flüchtlinge (= Genfer Flüchtlingskonvention, GFK) und der Konvention zum Schutz der Menschenrechte und Grundfreiheiten (EMRK) sichergestellt ist. Dies ist bei den genannten Ländern der Fall. Zu einem sicheren Drittstaat kann auch ein solcher Staat bestimmt werden, der selbst eine Drittstaatenregelung hat. Die Abschiebung in einen Viertstaat (Kettenabschiebung) darf jedoch nur dann stattfinden, wenn in einem hinreichend formalisierten Verfahren geprüft worden ist, ob die Abschiebevoraussetzungen der genannten internationalen Vereinbarungen vorliegen und ein entsprechender Schutz gewährleistet ist. Das sog. Refoulement-Verbot der GFK verbietet neben der unmittelbaren Verbringung in den Verfolgerstaat auch eine Abschiebung oder Zurückweisung in solche Staaten, in denen eine Weiterschiebung in den Verfolgerstaat droht (BVerfGE 94, 49/93).

4. Rechtsfolgen bei Einreise aus einem sicheren Drittstaat

Liegt eine Einreise aus einem Land der Europäischen Union oder aus einem 754 sicheren Drittstaat vor, treten die verfahrensrechtlichen Vorwirkungen des Asylrechts nicht ein. Der Betreffende kann an der Grenze zurückgewiesen werden, und es können aufenthaltsbeendende Maßnahmen gegen ihn durchgeführt werden. Ein Abschiebeschutz nach allgemeinem Ausländerrecht (§ 60 AufenthG) wird nicht gewährt (BVerfGE 94, 49/95). Entscheidend ist, ob der Betroffene seine Reise objektiv in dem Staat hätte unterbrechen und den Schutz des Drittstaates in Anspruch nehmen können. Anders als bei Art. 16a Abs. 3 GG findet eine Prüfung der Sicherheit des Ausländers im Drittstaat nicht statt.

Abs. 2 Satz 3 zieht für das Verwaltungsverfahren die Konsequenzen aus dem 755 Drittstaatenkonzept. Aufenthaltsbeendende Maßnahmen können unabhängig von einem eingelegten Rechtsbehelf (Widerspruch oder Klage) vollzogen werden. Die Vorschrift wendet sich nicht nur an den Gesetzgeber, sondern auch unmittelbar an Behörden und Gerichte (BVerfGE 94, 49/100). Das BVerfG kann hingegen durch einstweilige Anordnung aufenthaltsbeendende Maßnahmen verhindern. Rechtsschutz kann vom Ausland aus betrieben werden (BT-Drs. 12/4152, S. 4). Abs. 2 Satz 3 steht aber unter dem Vorbehalt, dass keine Abschiebungshindernisse (vgl. § 60 AufenthG) vorliegen, die vom Gesetzgeber nicht berücksichtigt werden konnten. In solchen Sonderfällen ist eine Abweichung von der Aufhebung der aufschiebenden Wirkung angezeigt.

Fall 87 *(BVerwG, DVBl. 1998, 273 f.):* Asylsuchender A gelangt in einem verplombten 756 und von außen verschlossenen Laderaum eines LKW in die Bundesrepublik Deutschland. In sicheren Drittstaaten bestand keine Möglichkeit, den LKW zu verlassen. A war allerdings mit der Verschließung und Plombierung einverstanden gewesen. Hat A Anspruch auf Asyl?

Lösung Fall 87: A hat nach Art. 16a Abs. 1 GG Anspruch auf Asyl, wenn er politisch verfolgt wird. Fraglich ist jedoch, ob eine Berufung auf das Asylgrundrecht nach Art. 16a Abs. 2 Satz 1 GG ausgeschlossen ist. Dann müsste A aus einem sicheren Drittstaat eingereist sein. Grundsätzlich kann der LKW nur bei Durchquerung eines sicheren Drittstaates in die Bundesrepublik Deutschland gelangt sein. Eine Einreise „aus" einem sicheren Drittstaat liegt allerdings nur dann vor, wenn A die Möglichkeit hatte, in dem sicheren Drittstaat Schutz zu suchen. Dies war aufgrund der Plombierung und Verschließung des Laderaumes nicht der Fall. Allerdings ist zu berücksichtigen, dass A mit der Verschließung einverstanden war. Ein Ausländer muss sich die in seine Handlungs- und Verantwortungssphäre fallenden Hindernisse unabhängig von möglicherweise beschränkten Einflussmöglichkeiten im Einzelfall selbst zurechnen lassen. Da sich A mit der Plombierung und Versperrung des Laderaumes einverstanden erklärt hat, ist er nicht asylberechtigt. Dies gilt auch dann, wenn nicht feststellbar ist, welchen Fluchtweg A genommen hat.

Merke: Ein Ausländer muss sich die in seine Handlungs- und Verantwortungssphäre fallenden Hindernisse selbst zurechnen lassen.

IV. Sichere Herkunftsstaaten (Art. 16a Abs. 3 GG)

757 Abs. 3 enthält eine Ermächtigung an den Bundesgesetzgeber, durch die Erstellung einer Liste von sicheren Herkunftsstaaten den Vollzug des Asylrechts zu vereinfachen. Nach § 29a AsylVfG i. V. m. Anlage II sind Staaten benannt, in denen nach Auffassung des Bundesgesetzgebers keine politische Verfolgung droht. Damit wird eine **widerlegliche Vermutung** aufgestellt. Die Bestimmung durch den Gesetzgeber erfolgt aufgrund einer abstrakt generellen Analyse. Die Behörden sind an die Festlegung gebunden. Soweit die Gerichte die Festlegung für unrichtig halten, müssen sie ein Verfahren aussetzen und gemäß Art. 100 Abs. 1 GG eine Entscheidung des BVerfG einholen.

758 Voraussetzungen für die gesetzliche Bestimmung als sicherer Herkunftsstaat gemäß Abs. 3 sind:
– Aufgrund der Rechtslage muss dort politische Verfolgung ausgeschlossen sein.
– Aufgrund der praktischen Rechtsanwendung muss dort politische Verfolgung ausgeschlossen sein.
– Aufgrund der allgemeinen politischen Verhältnisse muss gewährleistet erscheinen, dass dort weder politische Verfolgung noch unmenschliche oder erniedrigende Bestrafung oder Behandlung stattfinden.

759 Behörden und Gerichte haben bei einem Asylantrag eines Asylbewerbers, der aus einem als sicher bestimmten Herkunftsstaat stammt, zu prüfen, ob der einzelne Asylbewerber hinreichende Tatsachen vorträgt, die die gesetzliche Vermutung widerlegen. Die Beweislast liegt insoweit beim Asylbewerber. Die gesetzliche Vermutung ist widerlegt, wenn dem Ausländer der Nachweis

gelingt, dass er politisch verfolgt wird. Er muss ein individuelles Verfolgungsschicksal nachweisen (BVerfGE 94, 115/147).

Abs. 3 hat auch prozessrechtliche Wirkungen. Gemäß Abs. 4 erfolgt eine 760 Aussetzung der Vollziehung bei aufenthaltsbeendenden Maßnahmen nur, wenn ernstliche Zweifel an der Rechtmäßigkeit der Maßnahme bestehen. Der Gesetzgeber wird ermächtigt, den Prüfungsumfang oder die Berücksichtigung verspäteten Vorbringens zu beschränken. Dies ist etwa durch § 36 Abs. 4 AsylVfG geschehen.

§ 31. Prozessgrundrechte und Petitionsrecht

Literatur: *Bickenbach, Christian,* Grundfälle zu Art. 19 IV GG, JuS 2007, 813 ff., 910 ff.; *Schenke, Wolf-Rüdiger,* Die Bedeutung der verfassungsrechtlichen Rechtsschutzgarantie des Art. 19 Abs. 4 GG, JZ 1988, 317 ff.; *Schroeder, Daniela,* Die Justizgrundrechte des Grundgesetzes, JA 2010, 167 ff.

I. Der Anspruch auf Justizgewähr (Art. 19 Abs. 4 Satz 1 GG)

Nach Art. 19 Abs. 4 Satz 1 GG hat jedermann, der durch die öffentliche 761 Gewalt in seinen Rechten verletzt wird, das Recht, Gerichte anzurufen. Dies bezeichnet man auch als „formelles Hauptgrundrecht". Art. 19 Abs. 4 Satz 1 GG ist ein Leistungsrecht, bei dem bestimmte Anspruchsvoraussetzungen vorliegen müssen. Hieraus folgt dann ein bestimmter Anspruchsinhalt.

Art. 19 Abs. 4 GG verleiht über das Recht, die Gerichte anzurufen, hinaus 762 keine subjektiven Rechte. Sie werden vielmehr von der Vorschrift vorausgesetzt (siehe § 31 I 1c). Sonderregelungen hinsichtlich des Rechtsschutzes gelten nach Art. 10 Abs. 2 Satz 2 GG.

1. Anspruchsvoraussetzungen

a) Grundrechtsträger

Grundrechtsträger sind zunächst alle natürlichen und inländischen juristi- 763 schen Personen (Art. 19 Abs. 3 GG). Ausländer können sich auf Art. 19 Abs. 4 GG berufen, soweit sie Träger eines subjektiv-öffentlichen Rechts sind. Auch ausländische juristische Personen fallen in den Schutzbereich von Art. 19 Abs. 4 GG (h. M.). Ausgenommen vom Kreis der Grundrechtsträger sind hingegen juristische Personen des öffentlichen Rechts. Dies folgt aus der engen Verbindung von Art. 19 Abs. 4 GG mit der materiellen Grundrechtsdogmatik. Ausnahmen gelten für solche juristische Personen des öffentlichen Rechts, die selbst Grundrechtsträger sind (Universitäten, Kirchen, Rundfunkanstalten).

b) Begriff der „öffentlichen Gewalt"

764 Voraussetzung für die Anwendbarkeit von Art. 19 Abs. 4 Satz 1 GG ist zunächst, dass ein Akt der öffentliche Gewalt vorliegt. Der Begriff „öffentliche Gewalt" wird abweichend von Art. 1 Abs. 1, Abs. 3, 20 Abs. 2 und vor allem Art. 93 Abs. 1 Nr. 4a GG vergleichsweise eng interpretiert.

765 (1) Exekutive. Nach überwiegender Auffassung umfasst Art. 19 Abs. 4 Satz 1 GG das Exekutivhandeln. Erfasst werden nicht nur Verwaltungsakte, sondern auch Realakte, Rechtsverordnungen und Satzungen (vgl. BVerfG, NVwZ 1998, 169: Die Verwaltungsgerichte müssen auch gegen eine Rechtsverordnung Rechtsschutz gewähren).

766 Es kommt nicht darauf an, ob die Verwaltungsmaßnahmen im allgemeinen Staat-Bürger-Verhältnis oder in einem „besonderen Gewaltverhältnis" vorgenommen werden (z. B. gegenüber einem Beamten, Strafgefangenen oder Schülern). Erfasst ist auch das verwaltungsprivatrechtliche Handeln der öffentlichen Hand. Durch Formenaustausch kann sich der Staat grundrechtlichen Bindungen nicht entziehen. Begnadigungen sollen zwar Akte der öffentlichen Gewalt sein, gleichwohl soll nach Art. 19 Abs. 4 GG kein Rechtsweg eröffnet sein (BVerfGE 25, 352/362; zweifelhaft). Hingegen soll der Widerruf einer Gnadenentscheidung gemäß Art. 19 Abs. 4 GG einer gerichtlichen Kontrolle unterliegen (BVerfGE 30, 108).

767 Es ist allerdings nicht jegliches Exekutivhandeln vom Begriff der „öffentlichen Gewalt" erfasst. Erforderlich ist, dass der Staat dem Bürger in irgendeiner Form „hoheitlich" gegenüber tritt. Wird er hingegen als Nachfrager am Markt tätig (Vergabe öffentlicher Aufträge, erwerbswirtschaftliche Tätigkeit, Beschaffungsgeschäfte der öffentlichen Verwaltung), ist eine Auftragsvergabe von der Justizgewährleistung des Art. 19 Abs. 4 GG nicht erfasst (BVerfGE 116, 135 ff.).

768 (2) Judikative. Die Judikative wird nach h. M. von Art. 19 Abs. 4 GG nicht erfasst, da es bei der Vorschrift um den Schutz durch, nicht gegen den Richter geht. Ansonsten würde man durch Art. 19 Abs. 4 GG zu einem unendlichen Rechtsschutz durch immer wieder neue Rechtswegeröffnung kommen. Das Institut der Rechtskraft, welches dem Rechtsfrieden und der Rechtssicherheit dient, würde in Frage gestellt.

769 Andererseits ist darauf zu achten, dass nur die richterliche Tätigkeit im eigentlichen Sinne, also die streitentscheidende Tätigkeit von Art. 19 Abs. 4 GG, nicht erfasst ist. Soweit die Justiz in den Vollzug von Exekutivmaßnahmen eingeschaltet ist, muss auch gegen solche Maßnahmen der Rechtsschutz gewährleistet sein. So sind verschiedene strafprozessuale Maßnahmen nur nach einer richterlichen Anordnung zulässig, z. B. die Überwachung und Aufzeichnung der Telekommunikation (§ 100b StPO) oder Beschlagnahmen (§§ 98, 100 StPO). In solchen Fällen werden die Richter vom Gesetzgeber zur Absicherung des grundrechtlichen Freiheitsgehaltes eingeschaltet. Sie kontrollieren in gewissem Rahmen die Exekutive, sind jedoch nicht streitentscheidend tätig. Deshalb muss gegen solche richterlichen Anordnungen nach Art. 19 Abs. 4 GG der Rechtsweg eröffnet sein (BVerfG, NJW 2003, 1924/1925).

(3) Legislative. Nicht vom Begriff der öffentlichen Gewalt umfasst ist die Legislative. Insofern bestehen verfassungsrechtliche Rechtsschutzmöglichkeiten über die Verfassungsbeschwerde (Art. 93 Abs. 1 Nr. 4a GG). Dort wird der Begriff der öffentlichen Gewalt umfassend verstanden; erfasst sind Exekutive, Legislative und Judikative. Rechtsschutz gegen Parlamentsgesetze erfolgt zudem im Wege der Inzidentprüfung durch die Gerichte (Verwerfungsrecht für verfassungswidrige vorkonstitutionelle Gesetze; bei nachkonstitutionellen Gesetzen: konkrete Normenkontrolle nach Art. 100 Abs. 1 GG). 770

c) Mögliche Rechtsverletzung

Eine weitere Anspruchsvoraussetzung ist das Vorliegen einer Rechtsverletzung. Ein Recht wird dann verletzt, wenn es rechtswidrig beeinträchtigt wird. Es reicht jedoch aus, wenn die konkrete Möglichkeit besteht, dass eine Rechtsverletzung vorliegt. Dies entspricht in etwa der in § 42 Abs. 2 VwGO für die Zulässigkeit einer verwaltungsgerichtlichen Anfechtungsklage erforderlichen Klagebefugnis. Damit wird die sog. Popularklage auf Bundesebene ausgeschlossen. 771

Das Recht, welches i. S. v. Art. 19 Abs. 4 GG beeinträchtigt sein muss, muss ein subjektiv-öffentliches Recht sein. Es braucht sich nicht unbedingt um ein Grundrecht zu handeln! Soweit die öffentliche Gewalt in privatrechtliche Rechtspositionen eingreift, liegt in der Regel jedoch auch ein Grundrechtseingriff vor. Die Beeinträchtigung einer privaten Forderung oder des privaten Besitzes an einer Wohnung steht unter dem Schutz von Art. 14 Abs. 1 GG. Daher liegt beim Eingriff der öffentlichen Gewalt in private Rechtspositionen in der Regel auch ein Eingriff in subjektiv-öffentliche Rechtspositionen vor, so dass die Rechtsschutzgarantie des Art. 19 Abs. 4 Satz 1 GG einschlägig ist. 772

2. Anspruchsinhalt

Anspruchsinhalt des Art. 19 Abs. 4 Satz 1 GG ist die Gewährleistung eines effektiven Rechtsschutzes durch ein Gericht. Eine Stelle ist dann ein Gericht, wenn sie den organisatorischen Anforderungen der Art. 92 und 97 GG genügt. Welche Gerichtsbarkeit zuständig ist (etwa die ordentlichen Gerichte oder die Verwaltungsgerichte) ist vor dem Hintergrund von Art. 19 Abs. 4 Satz 1 GG irrelevant. Die Gerichte sind aus verfassungsrechtlicher Sicht gleichwertig. 773

Ein bestimmter Instanzenzug wird von Art. 19 Abs. 4 Satz 1 GG nicht gefordert. Im Grundsatz ist der Leistungsanspruch erfüllt, wenn einmalig die Möglichkeit besteht, ein Gericht anzurufen (BVerfGE 4, 74/94 f.; 83, 24/31 ff.). 774

Der Anspruch des Art. 19 Abs. 4 Satz 1 GG geht auf die Gewährung von effektivem Rechtsschutz. Die Sach- und Rechtslage muss umfassend geprüft 775 werden. Erforderlich ist daher im Grundsatz die Durchführung eines Hauptsacheverfahrens (BVerfGE 110, 77/86). Gegebenenfalls muss zusätzlich (nicht stattdessen) vorläufiger Rechtsschutz gewährt werden. Effektiver Rechtsschutz verlangt auch Einsicht in die relevanten Akten und die wirkungsvolle Vollstreckung gerichtlicher Entscheidungen. Soweit bestimmte Vorgänge geheimhaltungsbedürftig sind, muss gleichwohl eine gerichtliche Überprüfung von grundrechtsrelevanten Vorgängen sichergestellt werden. Dies muss gegebenenfalls durch ein sog. in-camera-Verfahren erfolgen, d. h. das Gericht erhält die Akten, der Betroffene bekommt jedoch keine Einsicht (vgl. BVerfGE 101, 106/129 f. Vgl. dazu unten § 31 IV).

776 Ein besonderer Problemfall sind sog. **Beurteilungsspielräume**. Dabei geht es darum, dass die Verwaltung bei der Anwendung unbestimmter Rechtsbegriffe einen Einschätzungsspielraum erhält, der von den Gerichten nur eingeschränkt überprüft wird (zum Prüfungsrecht siehe oben § 26 V 2.) Nicht verwechselt werden sollte der Beurteilungsspielraum, der die Tatbestandsseite betrifft, mit dem verwaltungsrechtlichen **Ermessen** auf der Rechtsfolgenseite. Während das Ermessen (die Verwaltung kann, aber muss nicht handeln, oder sie hat die Wahl zwischen mehreren Mitteln) als grundsätzlich unproblematisch angesehen wird, werden gegen Beurteilungsspielräume verfassungsrechtliche Bedenken geltend gemacht. Sie sind nur unter engen Voraussetzungen zulässig (BVerfGE 129, 1 ff.):

– Die Einräumung von Beurteilungsspielräumen muss immer vom Gesetzgeber angeordnet werden (sog. Prinzip der normativen Ermächtigung). Eine solche gesetzliche Ermächtigung ist aber nur selten ausdrücklich zu finden. Sie kann durch Auslegung ermittelt werden.
– Die Freistellung der Rechtsanwendung von gerichtlicher Kontrolle durch die Einräumung von solchen Beurteilungsspielräumen darf nicht ganze Rechtsgebiete oder Sachbereiche betreffen, sondern nur eng begrenzte Bereiche (also nicht das ganze Kartellrecht oder das ganze Telekommunikationsrecht, sondern nur bestimmte Entscheidungen z. B. bei der Marktregulierung).
– Die Einräumung von Beurteilungsspielräumen bedarf hinreichend gewichtiger Sachgründe. Es muss also eine Abwägung stattfinden zwischen dem grundsätzlichen Anspruch des Bürgers auf eine gerichtliche Kontrolle und den Gründen, die ausnahmsweise es rechtfertigen sollen, der Behörde eine kontrollfreie Konkretisierungskompetenz zuzugestehen.
– Der Gesetzgeber kann anordnen, dass bestimmte Verwaltungsvorschriften oder technische Regelwerke herangezogen werden sollen, um unbestimmte Rechtsbegriffe zu konkretisieren. Die Anwendung solcher Vorschriften (z. B. TA-Lärm, TA-Luft, Klassifikation von Wirtschaftszweigen durch das Statistische Bundesamt) darf aber nicht schematisch erfolgen. Die Gerichte haben die Regelwerke gegebenenfalls zu hinterfragen und zu prüfen.

§ 31. Prozessgrundrechte und Petitionsrecht

– Der Gesetzgeber kann ebenfalls eine Stufung des Verfahrens vorsehen (also beispielsweise zuerst eine Marktabgrenzung und dann eine Marktregulierung). Ist die erste Stufe für die zweite verbindlich, muss es angemessenen Rechtsschutz gegen die erste Stufe geben.
– Als allgemeiner Grundsatz gilt: Je stärker die grundrechtliche Betroffenheit, desto intensiver muss auch die gerichtliche Kontrolle sein.

Effektiver Rechtsschutz muss auch gewährleistet sein bei der Erledigung von staatlichen Maßnahmen (vgl. auch BVerfGE 110, 77 ff. zur Versammlungsfreiheit, auch § 21 IV 2). In solchen Fällen hat der Betroffene das Recht, bei tiefgreifenden, tatsächlich nicht mehr fortwirkenden Grundrechtseingriffen auch dann die Rechtmäßigkeit des Eingriffs gerichtlich klären zu lassen, wenn die direkte Belastung durch den angegriffenen Hoheitsakt sich nach dem typischen Verfahrensablauf auf eine Zeitspanne beschränkt, in welcher der Betroffene die gerichtliche Entscheidung in der von der Prozessordnung gegebenen Instanz nicht erlangen kann (BVerfGE 96, 27 ff.). **777**

Das aus Art. 19 Abs. 4 GG folgende Recht auf effektiven Rechtsschutz erfordert eine Benachrichtigung des Betroffenen, falls gegen ihn grundrechtsbeschränkende Maßnahmen durchgeführt werden (beispielsweise eine akustische oder optische Überwachung, eine Kontrolle des Fernmeldeverkehrs etc.). Gegebenenfalls ist eine Benachrichtigung nachträglich vorzunehmen. Das Recht auf Benachrichtigung kann allerdings – wie alle anderen aus Art. 19 Abs. 4 GG folgenden Ansprüche – vom Gesetzgeber „ausgestaltet" werden (BVerfGE 129, 208/238). Dies ist – auch wenn sich bei Art. 19 Abs. 4 GG um ein Leistungsrecht handelt – wie bei einem Grundrechtseingriff zu prüfen. Wird die Mitteilungspflicht beschränkt, etwa dergestalt, dass die Mitteilung erst erfolgt, wenn sich der Verdacht, der zu der Maßnahme geführt hat, erledigt hat, müssen hierfür entsprechend gewichtige öffentliche Interessen vorliegen. Die Beschränkung der Mitteilungspflicht muss – wie bei einem Eingriff in ein Freiheitsrecht – auf gesetzlicher Grundlage erfolgen und geeignet, erforderlich und verhältnismäßig sein. **778**

Beispiel *(BVerfGE 116, 1 ff.)*: Rechtsanwalt R wird vom zuständigen Amtsgericht zum Insolvenzverwalter für das Unternehmen U bestimmt. Die konkurrierende Rechtsanwaltskanzlei K hatte ebenfalls auf die Bestellung gehofft und will nun die Bestellung von R anfechten und im Wege des einstweiligen Rechtsschutzes die Aufnahme der Tätigkeit durch R verhindern. Nach den Bestimmungen der Insolvenzordnung gibt es solche Rechtsschutzmöglichkeiten jedoch nicht. **779**
Die Entscheidung des Amtsgerichts ist keine klassische richterliche Tätigkeit. Grundsätzlich garantiert Art. 19 Abs. 4 GG gegen eine Entscheidung dieser Art Rechtsschutz. Der Richter agiert aber in einem multipolaren Rechtsverhältnis. Zu schützen sind nicht nur die grundrechtlichen Interessen von Konkurrenten. Insbesondere die Gläubiger des Unternehmens haben einen auch aus Art. 14 Abs. 1 GG folgenden Anspruch darauf, dass das Insolvenzverfahren zügig durchgeführt wird. Dafür ist jede zeitliche Verzögerung oder gar ein erzwungener Wechsel des Insolvenzverwalters während des Insolvenzverfahrens schädlich. Es ist deshalb verfassungsmäßig, den Konkurrenten auf eine seine

rechtlich geschützten Interessen wahrende Verfahrensgestaltung bei der Auswahl sowie nach getroffener Entscheidung darauf zu verweisen, entweder die Rechtswidrigkeit der Bestellung feststellen zu lassen oder Amtshaftungsklage zu erheben. Es handelt sich um eine rechtmäßige Ausgestaltung (also letztlich „Beschränkung") des Rechts auf effektiven Rechtsschutz.

780 **Fall 88** *(BVerfGE 96, 27 ff.)*: B erwirbt 1988 einen Allbereichsempfänger. Im Februar 1992 erlässt das Amtsgericht einen Durchsuchungs- und Beschlagnahmebeschluss wegen Verstoßes gegen das Fernmeldeanlagengesetz (FAG). Die Durchsuchung wurde im März 1992 durchgeführt. Am gleichen Tag legte B Beschwerde ein. Das Landgericht erklärte die Beschwerde für gegenstandslos, da die Sache erledigt sei. Hiergegen erhebt B Verfassungsbeschwerde. Verstößt die Entscheidung des Landgerichts gegen Art. 19 Abs. 4 Satz 1 GG?

Lösung Fall 88: Die Entscheidung des Landgerichts verstößt gegen Art. 19 Abs. 4 Satz 1 GG. Der Einzelne hat einen Anspruch auf effektiven Rechtsschutz. Da das Prozessrecht durch die Einräumung einer Beschwerdemöglichkeit eine Instanz eröffnet, muss eine wirksame gerichtliche Kontrolle stattfinden (so das BVerfG). Zudem liegt keine streitentscheidende richterliche Tätigkeit vor, die vom Anwendungsbereich des Art. 19 Abs. 4 GG auszunehmen wäre. Ein Rechtsschutzinteresse lag vor. Es liegt ein tiefgreifender Grundrechtseingriff vor, die direkte Belastung durch den angegriffenen Hoheitsakt (Durchsuchung) beschränkt sich nach dem typischen Verfahrensablauf auf eine Zeitspanne, in der der Betroffene eine gerichtliche Entscheidung nicht erlangen kann. Das Landgericht hat deshalb gegen Art. 19 Abs. 4 Satz 1 GG verstoßen.

II. Der allgemeine Justizgewährleistungsanspruch

781 Neben der Garantie des Art. 19 Abs. 4 GG enthält das Grundgesetz einen **allgemeinen Justizgewährleistungsanspruch** (BVerfGE 107, 395/401; 108, 341/347). Er wird aus dem Rechtsstaatsprinzip i. V. m. Art. 2 Abs. 1 GG abgeleitet. Er umfasst ein grundsätzliches Recht auf Zugang zu den Gerichten, auf Prüfung des Streitbegehrens in einem förmlichen Verfahren sowie eine verbindliche gerichtliche Entscheidung (BVerfGE 107, 395/401).

782 Der allgemeine Justizgewährleistungsanspruch hat vor allem lückenschließende Funktion, und zwar dort, wo sich ein Anspruch auf Gewähr von Rechtsschutz aus Art. 19 Abs. 4 GG nicht ergibt. Er wird deshalb in einem sehr allgemeinen Sinne verstanden und gibt in den nicht von Art. 19 Abs. 4 GG umfassten Fällen einen Anspruch auf Rechtsschutz gegenüber der behaupteten Verletzung einer Rechtsposition. Wie dieser Anspruch ausgestaltet wird, steht jedoch weitgehend im Ermessen des Gesetzgebers.

783 **Beispiel** *(BVerfGE 116, 135ff.)*: Das Vergaberecht der §§ 97ff. GWB ist erst beim Erreichen bestimmter „Schwellenwerte" anwendbar. Erst dann hat ein Konkurrent unmittelbare Rechtsschutzmöglichkeiten gegen die Vergabe eines öffentlichen Auftrages an einen anderen. Unterhalb der Schwellenwerte kommen als Rechtsschutz im Wesentlichen Feststellungs- oder Amtshaftungsklagen in Betracht.

Diese Entscheidung des Gesetzgebers ist am allgemeinen Justizgewährleistungsanspruch zu messen. Ein Beschwerdeführer muss die Möglichkeit haben, einen behaupteten Verstoß gegen den Grundsatz der Gleichbehandlung (Art. 3 Abs. 1 GG) gerichtlich überprüfen zu lassen. Angesichts des hohen zeitlichen und finanziellen Aufwandes, den das formelle Vergabeverfahren nach §§ 97 ff. GWB verursacht, lag es in der Gestaltungsfreiheit des Gesetzgebers, für Sachverhalte unterhalb der Schwellenwerte weniger effiziente und einfachere Rechtsschutzmöglichkeiten vorzusehen.

Der allgemeine Justizgewährleistungsanspruch dient auch dazu, die Einhaltung der prozessualen Garantien der Art. 101, 103 GG sicher zu stellen. Der Gesetzgeber muss dafür Sorge tragen, dass Verstöße gegen Prozessgrundrechte durch einen fachgerichtlichen Rechtsbehelf behoben werden können. 784

Beispiel: Im Rahmen eines zivilrechtlichen Berufungsverfahrens verletzt ein Oberlandesgericht den Anspruch auf rechtliches Gehör nach Art. 103 Abs. 1 GG. Eine Revision zum BGH ist gesetzlich ausgeschlossen. 785
Eine solche Verfahrensgestaltung verstößt nicht gegen Art. 19 Abs. 4 GG, da von dieser Vorschrift kein Rechtsschutz gegen den Richter gewährt wird. Wohl aber wird der allgemeine Justizgewährleistungsanspruch verletzt. Der Gesetzgeber muss die Möglichkeit vorsehen, dass dieser Fehler behoben wird (sei es durch einen Rechtsbehelf, der erneut an das OLG geht, oder durch die Anrufung des BGH).

III. Recht auf den gesetzlichen Richter (Art. 101 Abs. 1 Satz 2 GG)

1. Inhalt der Gewährleistung

Das Recht auf den gesetzlichen Richter nach Art. 101 Abs. 1 Satz 2 GG ist ein grundrechtsgleiches Recht. Es ist im Verfassungsbeschwerdeverfahren nach Art. 93 Abs. 1 Nr. 4a GG rügefähig. 786

Voraussetzung für die Anwendbarkeit des Grundrechts ist zunächst, dass ein Richter zu einer Entscheidung berufen ist. Richter i. S. d. Vorschrift ist jeder staatliche Richter. Es kommt nicht darauf an, ob es sich um einen Berufs- oder Laienrichter oder einen Richter in niedrigerer oder höherer Instanz handelt. Das Grundrecht verlangt, dass die Zuständigkeit des Richters abstrakt generell bestimmt wird. Es soll vermieden werden, dass durch eine auf den Einzelfall bezogene Auswahl der zur Entscheidung berufenen Richter hierauf Einfluss genommen werden kann. Die Möglichkeit einer Manipulation genügt, um einen Verfassungsverstoß anzunehmen. Der bzw. die zur Entscheidung berufenen Richter müssen deshalb im Voraus durch generelle, jeden möglichen Einzelfall erfassende Regelung so eindeutig wie möglich festgelegt werden (BVerfGE 95, 322/328 ff.). 787

Der Gesetzgeber muss die wesentlichen Zuständigkeitsfragen selbst regeln. Das hat er durch den Erlass des Gerichtsverfassungsgesetzes – GVG – getan. Die sich für den Einzelfall ergebende Zuständigkeit ergibt sich zulässigerweise aus den gerichtlichen Geschäftsverteilungsplänen, die auf dem GVG beruhen. 788

2. Unzulässigkeit eines Eingriffs

789 Ein Eingriff in das Recht auf den gesetzlichen Richter ist stets unzulässig. Auch die Geschäftsverteilungspläne der Gerichte müssen sich an den Anforderungen des Art. 101 Abs. 1 Satz 2 GG messen lassen.

3. Eingeschränkte Prüfungskompetenz des BVerfG

790 Im Grundsatz ist jede falsche Anwendung einer gerichtlichen Zuständigkeitsregelung ein Verstoß gegen den Grundsatz des gesetzlichen Richters. Eine Verfassungsbeschwerde hat gleichwohl nur unter besonderen Voraussetzungen Erfolg. Das BVerfG ist nicht dafür zuständig, Einzelheiten in der Anwendung des einfachen Rechts und der Geschäftsverteilungspläne mit letzter Autorität zu entscheiden. Es muss sich vielmehr auf die Verletzung von spezifischem Verfassungsrecht beschränken. Der Verstoß gegen den gesetzlichen Richter muss deshalb willkürlich sein, damit das BVerfG einschreitet. Dies ist dann der Fall, wenn etwa der Geschäftsverteilungsplan bewusst außer Acht gelassen wird. Vom BVerfG aufzuheben ist auch eine unter keinem Gesichtspunkt vertretbare Abweichung eines Oberlandesgerichts von einer Entscheidung des BGH (BVerfGE 42, 237/241 f.).

791 Das BVerfG bezeichnet auch „den Europäischen Gerichtshof" als gesetzlichen Richter (BVerfGE 73, 339/366 ff.; 82, 159/192). Hiermit soll insbesondere sichergestellt werden, dass die nationalen Gerichte einer Vorlagepflicht nach Art. 267 Abs. 3 AEUV nachkommen. Die Prüfungskompetenz des BVerfG ist aber auch insoweit auf eine Willkürprüfung beschränkt. Eine Verletzung des Art. 101 Abs. 1 Satz 2 GG i. V. m. Art. 267 Abs. 3 AEUV wird nur dann gerügt, wenn die Auslegung und Anwendung der Zuständigkeitsregelung „bei verständiger Würdigung der das Grundgesetz bestimmenden Gedanken nicht mehr verständlich erscheint und offensichtlich unhaltbar ist" (BVerfG, NJW 2011, 1427 ff.). Hierbei werden mehrere Fälle unterschieden:

– Das Gericht erkennt die Entscheidungserheblichkeit einer unionsrechtlichen Vorschrift, zweifelt an der Auslegung und zieht die Möglichkeit einer Vorlage an den EuGH nicht in Erwägung (grundsätzliche Verkennung der Vorlagepflicht).

– *Hinweis: Das dürfte – hoffentlich – selten vorkommen, auch wenn zu Zeiten, in denen viele heutige Richter studiert haben, Europarecht noch nicht auf dem Stoffplan im Pflichtbereich stand.*

– Das Gericht weicht bewusst in einer entscheidungsrelevanten Frage von der Rechtsprechung des EuGH ab, ohne – ggf. erneut – vorzulegen (bewusstes Abweichen ohne Vorlagebereitschaft). Das nicht vorlagebereite nationale Gericht verfährt also nach dem Motto: „Wir wissen es besser und lassen uns vom EuGH nichts sagen".

– Soweit noch keine Rechtsprechung des EuGH vorliegt oder die Rechtsprechung möglicherweise noch fortzuentwickeln ist, darf das nationale Gericht seinen Beurteilungsspielraum nicht in unvertretbarer Weise ausüben. Das nationale Gericht denkt sich also: „Lieber nicht den EuGH fragen."

4. Verbot von Ausnahmegerichten (Art. 101 Abs. 1 Satz 1 GG)

Ein Unterfall des Rechts auf den gesetzlichen Richter ist das Verbot von **792** Ausnahmegerichten (Art. 101 Abs. 1 Satz 1 GG). Ausnahmegerichte sind solche Gerichte, die in Abweichung von der gesetzlichen Zuständigkeit besonders gebildet werden und zur Entscheidung einzelner, konkret und individuell bestimmter Fälle berufen sind (BVerfGE 3, 213/223).

IV. Anspruch auf rechtliches Gehör (Art. 103 Abs. 1 GG)

Literatur: Gusy, Christoph, Rechtliches Gehör durch abwesende Richter? – BVerwG, NJW 1986, 3154, in: JuS 1990, 712 ff.; *Schumann, Ekkehard,* Die Wahrung des Grundsatzes des rechtlichen Gehörs – Dauerauftrag für das BVerfG?, NJW 1985, 1134 ff.; *Voßkuhle, Andreas,* Bruch mit einem Dogma: Die Verfassung garantiert Rechtsschutz gegen den Richter, NJW 2003, 2193 ff.

Auch Art. 103 Abs. 1 GG enthält ein grundrechtsgleiches Recht, das mit **793** der Verfassungsbeschwerde geltend gemacht werden kann. Auch hier ist zu unterscheiden zwischen dem verfassungsrechtlichen Verpflichtungsinhalt und der Prüfungsintensität durch das BVerfG.

Art. 103 Abs. 1 GG richtet sich gegen Gerichte. Es muss sich um staatliche **794** Gerichte handeln. Die Vorschrift gilt für alle Gerichtsbarkeiten und für alle Instanzen. Sie gilt hingegen nicht für das Verwaltungsverfahren. Dort wird allerdings das Recht auf Anhörung direkt aus den Grundrechten bzw. aus dem Rechtsstaatsprinzip abgeleitet.

Der Anspruch geht auf die Gewährung von rechtlichem Gehör. Gehör **795** bedeutet, dass die Verfahrensbeteiligten Gelegenheit haben, sich zum Verfahrensstoff zu äußern. Dazu gehört die Information über die Rechtsauffassung des Gerichts und die Äußerungen der Gegenseite. Das Gericht darf nur solche Tatsachen der Entscheidung zugrunde legen, zu denen sich die Beteiligten äußern konnten (BVerfGE 86, 133/144 f.). Wie dies im Einzelnen zu geschehen hat, ist in den Prozessordnungen zu regeln. Der Gesetzgeber muss jedoch dafür sorgen, dass bei Verstößen gegen das grundrechtsgleiche Recht Rechtsschutz durch die Fachgerichte gewährt wird (allgemeiner Justizgewährleistungsanspruch, BVerfG, NJW 2003, 1924 ff.).

Nur ausnahmsweise kann der Anspruch aus Art. 103 Abs. 1 GG auf vollstän- **796** dige Kenntnis des Akteninhalts eingeschränkt werden. In Betracht kommt dies vor allem bei geheimhaltungsbedürftigen Vorgängen, in denen nur das Gericht bestimmte Informationen erhält (siehe im Einzelnen § 99 Abs. 2 VwGO).

797 Das BVerfG ist nicht das oberste Prozessgericht der Republik. Es kann nur dann eingreifen, wenn spezifisches Verfassungsrecht verletzt wird. Die Trennung zwischen einfacher Gesetzeswidrigkeit und spezifischem Verfassungsverstoß ist nur schwer zu treffen. Eine Verfassungsbeschwerde hat in der Regel nur dann Erfolg, wenn der Verstoß offensichtlich ist, ein besonders intensiver Grundrechtsverstoß vorliegt oder die Bedeutung des Prozessgrundrechts grundsätzlich verkannt worden ist.

V. Nulla poena sine lege (Art. 103 Abs. 2 GG)

Literatur: *Classen, Claus Dieter,* Art. 103 Abs. 2 GG – ein Grundrecht unter Vorbehalt?, GA 1998, 215 ff.; *Kaufmann, Arthur,* Die Radbruch'sche Formel vom gesetzlichen Unrecht und vom übergesetzlichen Recht in der Diskussion um das im Namen der DDR begangene Unrecht, NJW 1995, 81 ff.

798 Der Grundsatz „nulla poena sine lege" verbietet eine Bestrafung, wenn die Tat nicht vor Begehung unter Strafe gestellt worden ist, und zwar durch Gesetz. Unter Bestrafung versteht man jede staatliche Maßnahme, die eine missbilligende hoheitliche Reaktion auf ein schuldhaftes Verhalten enthält (BVerfGE 26, 186/204). Hierunter fallen auch Ordnungswidrigkeiten (BVerfGE 87, 399/411) oder Disziplinarmaßnahmen, z. B. im Strafvollzug (BVerfGE 116, 69/83). Maßregeln der Besserung und Sicherung (§§ 61 ff. StGB) werden hingegen nicht erfasst (BVerfGE 109, 133/167).

799 Aus Art. 103 Abs. 2 GG ergibt sich inzident, dass die Strafbarkeit **hinreichend bestimmt** sein muss. Der Normadressat muss voraussehen können, ob sein Verhalten strafbar ist. Der Gesetzgeber muss die Strafbarkeit deshalb so konkret umschreiben, dass Tragweite und Anwendungsbereich der Straftatbestände zu erkennen sind oder sich durch Auslegung ermitteln lassen (BVerfGE 87, 209/223 f.). Sonst würde der Grundsatz nulla poena sine lege leer laufen. Dies schließt die Verwendung von unbestimmten Rechtsbegriffen nicht aus. Unzulässig ist jedoch die Bildung von strafrechtlichem Gewohnheitsrecht und die strafrechtliche Analogie zu Lasten des Täters (BVerfGE 71, 108/114 ff.).

800 Übermäßig strenge Anforderungen stellt das Verfassungsgericht an die Bestimmtheit von Normen nicht. Immerhin wurde jedoch die Rechtsprechung der Strafgerichte zum Nötigungstatbestand des § 240 StGB korrigiert. Die Strafgerichte gingen nach der sog. Laepple-Entscheidung davon aus, auch rein psychisch vermittelte Zwangswirkung ohne nennenswerte Kraftentfaltung falle unter den Nötigungstatbestand (Blockieren von Straßenbahnschienen durch Sitzdemonstrationen, siehe BGHSt 23, 46/54). Eine derart weite Auslegung des Gewaltbegriffs verstößt jedoch gegen das Bestimmtheitsgebot des Art. 103 Abs. 2 GG (BVerfGE 92, 1 ff.). Es bestehen keine verfassungsrechtli-

§ 31. Prozessgrundrechte und Petitionsrecht   237

chen Bedenken dagegen, wenn die Strafgerichte davon ausgehen, dass in Fällen, in denen Demonstranten zusätzlich eine physische Barriere schaffen (Anketten, Hindernisse bereiten), der Gewalttatbestand bejaht wird (BVerfGE 104, 92 ff.).

Das Bestimmtheitserfordernis bezieht sich auch auf die Strafandrohung. **801**
Auch sie muss vom parlamentarischen Gesetzgeber hinreichend genau bestimmt werden. So hat das BVerfG die strafrechtliche Bestimmung über eine Vermögensstrafe für verfassungswidrig erklärt (BVerfGE 105, 135 ff.). Danach konnte bei bestimmten Delikten (etwa Betäubungsmittelstraftaten) neben Freiheits- oder Geldstrafe auf eine Vermögensstrafe bis zur Höhe des Vermögens des Täters erkannt werden. Dem Gesetzgeber war es nicht gelungen, hinreichend vorherzubestimmen, wann und in welcher Weise diese Sanktion zu verhängen war.

Aus Art. 103 Abs. 2 GG ergibt sich außerdem das strafrechtliche **Rückwir-** **802**
kungsverbot (vgl. auch § 1 StGB). Hierin wird eine besondere Ausprägung der auch in Art. 1 Abs. 1 und Art. 2 Abs. 1 GG verankerten Würde und Eigenverantwortlichkeit des Menschen gesehen (BVerfGE 109, 133/171). Keine Anwendung findet das Rückwirkungsverbot auf die Änderung von Vorschriften über die Sicherungsverwahrung. Hierbei geht es nicht um eine staatliche Reaktion auf ein missbilligtes Verhalten, sondern um den Schutz der Allgemeinheit vor künftigen Straftaten.

Art. 103 Abs. 2 GG ist vorbehaltlos gewährleistet. Jeder Eingriff ist unzu- **803**
lässig. Das BVerfG hat insoweit allerdings eine schwerwiegende Ausnahme zugelassen (BVerfGE 95, 96 ff. – Mauerschützen): Das strikte Rückwirkungsverbot des Art. 103 Abs. 2 GG finde seine rechtsstaatliche Rechtfertigung in der besonderen Vertrauensgrundlage, welche die Strafgesetze tragen, wenn sie von einem an die Grundrechte gebundenen demokratischen Gesetzgeber erlassen werden. An einer solchen besonderen Vertrauensgrundlage fehle es, wenn der Träger der Staatsmacht (etwa die frühere DDR) für den Bereich schwersten kriminellen Unrechts die Strafbarkeit durch Rechtfertigungsgründe ausschließt, indem er über die geschriebenen Normen hinaus zu solchem Unrecht auffordert, es begünstigt und so die in der Völkerrechtsgemeinschaft allgemein anerkannten Menschenrechte in schwerwiegender Weise missachtet; dann müsse der strikte Vertrauensschutz des Art. 103 Abs. 2 GG zurücktreten (zweifelhaft).

Fall 89 *(BVerfGE 87, 209 ff.):* D verbreitet eine Videokassette des Films „The Evil Dead". **804**
Darin werden Gewaltszenen gegen menschenähnliche Wesen („Zombies") dargestellt. Kann D wegen Verstoßes gegen § 131 Abs. 1 Nr. 1 StGB verurteilt werden?

Lösung Fall 89: Eine Verurteilung des D könnte gegen den Grundsatz „nulla poena sine lege" aus Art. 103 Abs. 2 GG verstoßen. Dies wäre der Fall, wenn die Tat nicht vor Begehung durch Gesetz unter Strafe gestellt worden ist. Fraglich ist also, ob die verbreiteten Darstellungen von Gewaltszenen gegen Zombies von § 131 Abs. 1 Nr. 1 StGB erfasst sind. Die Vorschrift stellt die Verbreitung von Schriften und nach § 11 Abs. 3 StGB solchen gleichgestellten Ton- und Bildträgern, die grausame oder sonst unmenschliche Gewalttätigkeiten gegen Menschen oder menschenähnliche Wesen schildern, unter Strafe. Es sind also auch Gewaltdarstellungen gegen Zombies als menschenähnliche Wesen erfasst. Eine Verurteilung verstößt daher nicht gegen Art. 103 Abs. 2 GG.

Hinweis: Zum Zeitpunkt der dem Fall zu Grunde liegenden Verfassungsgerichtsentscheidung hatte § 131 Abs. 1 StGB nur Gewaltdarstellungen gegen Menschen unter Strafe gestellt. Da Zombies als lediglich menschenähnliche Wesen keine Menschen sind und sich von diesen deutlich unterscheiden, waren Gewaltdarstellungen gegen Zombies nicht vom Tatbestand der Vorschrift erfasst. Eine entsprechende erweiternde Auslegung verstieß daher gegen Art. 103 Abs. 2 GG.

Merke: Eine strafrechtliche Verurteilung verstößt gegen Art. 103 Abs. 2 GG, wenn die Tat im Zeitpunkt ihrer Begehung nicht unter Strafe gestellt ist. Eine entsprechende erweiternde Auslegung der Straftatbestände ist unzulässig.

VI. Ne bis in idem (Art. 103 Abs. 3 GG)

805 Der Grundsatz „ne bis in idem" verbietet eine Doppelbestrafung wegen derselben Tat. Unter einer Tat versteht man einen geschichtlichen Vorgang, auf welchen Anklage und Eröffnungsbeschluss hinweisen und innerhalb dessen der Angeklagte als Täter oder Teilnehmer einen Straftatbestand verwirklicht haben soll (BVerfGE 23, 191/202). Zu Grunde gelegt wird also der jeweilige Lebensvorgang.

806 Ausgeschlossen ist nur eine Doppelbestrafung aufgrund der allgemeinen Strafgesetze. Erfasst ist somit das Kriminalstrafrecht. Ein Nebeneinander von Kriminalstrafen sowie Disziplinar- oder Berufsstrafen ist nicht ausgeschlossen. So kann etwa ein Beamter, ein Soldat oder ein Angehöriger eines freien Berufes sowohl von den Strafgerichten als auch disziplinarisch bzw. berufsrechtlich belangt werden.

VII. Petitionsrecht (Art. 17 GG)

Literatur: *Krings, Günter,* Die Petitionsfreiheit nach Art. 17 GG, JuS 2004, 474 ff.; *Ruehl, Ulli,* Der Umfang der Begründungspflicht von Petitionsbescheiden, DVBl. 1993, 14 ff.; *Siegfried, Matthias,* Begründungspflicht bei Petitionsbescheiden, DÖV 1990, 279 ff.

807 Art. 17 GG gehört zu den wenigen Grundrechten, die einen Anspruch auf eine staatliche Leistung einräumen. Jedermann hat das Recht, sich einzeln und in Gemeinschaft mit anderen schriftlich mit Bitten oder Beschwerden an die zuständigen Stellen oder an die Volksvertretung zu richten. Berechtigt sind deshalb nicht nur Deutsche, sondern auch Ausländer und Staatenlose.

§ 31. Prozessgrundrechte und Petitionsrecht 239

1. Anspruchsvoraussetzungen

Erste Anspruchsvoraussetzung des Art. 17 GG ist das Vorliegen einer Petition. Hierbei unterscheidet der Verfassungstext die *Bitte,* die sich auf ein künftiges Verhalten richtet, von der *Beschwerde,* die sich auf ein vergangenes Verhalten bezieht. Die Petition muss zudem schriftlich erfolgen. **808**

Eine Petition darf nicht anonym gestellt werden. Ansonsten kann sie ihre Funktion nicht erfüllen, nämlich zum einen die zuständigen Stellen über bestimmte Vorgänge zu informieren, zum anderen gegebenenfalls eine Überprüfung zu veranlassen und hierbei auch die Interessen des Petenten zu wahren. Eine Petition darf zwar von ihrem Inhalt her auf etwas Rechtswidriges gerichtet sein (z. B. auf die Erteilung einer Baugenehmigung, für die die baurechtlichen Voraussetzungen nicht vorliegen). Sie darf aber nicht selbst rechtswidrig sein, darf also beispielsweise keine strafbaren Handlungen nach §§ 185 ff. StGB enthalten. **809**

Die Petition muss weiterhin an die zuständigen Stellen oder an die Volksvertretung gerichtet werden. Zur Volksvertretung zählen Bundestag, Landtag und Kommunalparlamente sowie die Mitglieder dieser Gremien. Die Volksvertretung ist dann zuständig, wenn eine entsprechende Befassungskompetenz des Verbandes besteht. Sonstige staatliche oder kommunale Einrichtungen sind dann zuständige Stellen, wenn sie nach der gesetzlichen Zuständigkeitsordnung für die Sache zuständig sind. **810**

2. Anspruchsinhalt

Die in Art. 17 GG genannten Stellen sind verpflichtet, die Petition entgegenzunehmen und sie zu erledigen. Eine Erledigung in diesem Sinne liegt dann vor, wenn der Inhalt der Petition geprüft worden ist. Hierüber muss der Antragsteller in der Sache beschieden werden. Ihm muss mitgeteilt werden, dass vom Inhalt der Petition Kenntnis genommen worden ist. Weiterhin muss die Art der Erledigung angegeben werden. Eine besondere Begründung ist hingegen nicht erforderlich (BVerfGE 2, 225/230). **811**

Die von Art. 17 GG genannten Stellen sind nicht verpflichtet, den in der Petition vorgetragenen Sachverhalt zu überprüfen. Hierzu sind sie schon angesichts der Vielzahl von Eingaben gar nicht in der Lage. Damit liegt die Erledigung jenseits der angegebenen Mindestvoraussetzungen weitgehend im Ermessen der zuständigen Stelle. **812**

Teil IV. Gleichheitsrechte

§ 32. Allgemeines zu den Gleichheitsrechten

Literatur: *Albers, Marion,* Gleichheit und Verhältnismäßigkeit, JuS 2008, 945 ff.; *Blome, Thomas,* Der allgemeine Gleichheitssatz (Art. 3 I GG) – ein ordentliches Grundrecht!, JA 2011, 486 ff.; *Schwarz, Kyrill-A.,* Grundfälle zu Art. 3 GG, JuS 2009, 315 ff., 417 ff.

I. Übersicht über die Gleichheitsrechte des Grundgesetzes

813   Im Grundgesetz finden sich verschiedene Gleichheitsrechte:
– Art. 3 Abs. 1 GG enthält den allgemeinen Gleichheitssatz.
– Art. 3 Abs. 2 GG verlangt die Gleichbehandlung von Männern und Frauen.
– Art. 3 Abs. 3 GG verbietet Bevorzugungen oder Benachteiligungen wegen bestimmter Merkmale wie Geschlecht, Abstammung oder Rasse.
– Art. 6 Abs. 5 GG verlangt eine Gleichstellung von ehelichen und nichtehelichen Kindern.
– Art. 33 Abs. 1–3 GG garantieren die staatsbürgerliche Gleichheit.
– Art. 38 Abs. 1 Satz 1 GG enthält die Wahlrechtsgleichheit.
– Art. 21 Abs. 1 GG garantiert i. V. m. Art. 3 Abs. 1 GG die Chancengleichheit der politischen Parteien.
– Das Staatskirchenrecht verlangt in Art. 140 GG i. V. m. Art. 136 Abs. 1 und Abs. 2 WRV die weltanschauliche Neutralität des Staates und verbietet damit Diskriminierungen aufgrund des religiösen Bekenntnisses.

II. Bindung des Gesetzgebers an den Gleichheitssatz

814   Art. 3 Abs. 1 GG spricht von einer Gleichheit „vor" dem Gesetz. Dies betrifft die Rechtsanwendungsgleichheit. Wegen Art. 1 Abs. 3 GG sind sich jedoch Rechtsprechung und Lehre darüber einig, dass auch der Gesetzgeber an den Gleichheitssatz (Rechtsetzungsgleichheit) gebunden ist. Die Gleichheitssätze betreffen also auch die Gleichheit vor der Gesetzgebung bzw. die Gleichheit „im" Gesetz (auch als Gleichheit „nach" dem Gesetz bezeichnet).

III. Ge- und Verbote in Gleichheitssätzen

Bei Gleichheitssätzen geht es vor allem darum, eine Ungleichbehandlung 815
durch die öffentliche Gewalt zu unterbinden oder solche Ungleichbehandlungen nur unter bestimmten Voraussetzungen zuzulassen. Gleichheitssätze sind deshalb absolute oder relative **Ungleichbehandlungsverbote.**

Die Gleichheitssätze enthalten jedoch teilweise auch **Gleichbehandlungs-** 816
gebote. Das beste Beispiel hierfür ist Art. 6 Abs. 5 GG. Bestimmte Differenzierungen wie die zwischen ehelichen und nichtehelichen Kindern dürfen gesetzgeberischen Maßnahmen nicht zu Grunde gelegt werden.

Aus dem allgemeinen Gleichheitssatz kann sich ein **Gleichbehandlungs-** 817
verbot bzw. ein **Ungleichbehandlungsgebot** ergeben. So darf etwa der Titel „Diplomingenieur" zwar an die Absolventen auch von Fachhochschulen verliehen werden (siehe BVerfGE 55, 261/269 ff.), nicht jedoch an die Absolventen von technischen Berufsschulen. Dies wäre ein Verstoß gegen ein dem Gleichheitssatz des Art. 3 Abs. 1 GG entnommenes Gebot, wesentlich Ungleiches nicht willkürlich gleich zu behandeln. Meistens steht jedoch bei Grundrechtsprüfungen das Verbot der Ungleichbehandlung im Vordergrund (vgl. auch oben § 2 II 3).

IV. Prüfungsaufbau bei Gleichheitssätzen

Bei Gleichheitsrechten wird jedenfalls nach überwiegender Auffassung nicht 818
zwischen Schutzbereich, Eingriff und verfassungsrechtlicher Rechtfertigung unterschieden. Vielmehr wird eine Zweiteilung vorgenommen. In einem ersten Schritt wird gefragt, ob eine **Beeinträchtigung** des allgemeinen Gleichheitsgebotes vorliegt. Dies ist dann der Fall, wenn eine rechtlich relevante Ungleichbehandlung gegeben ist. Sie liegt vor, wenn Personen, Personengruppen oder Sachverhalte verschieden behandelt werden und die verschieden behandelten Personen, Personengruppen oder Sachverhalte unter einen gemeinsamen Oberbegriff gefasst werden können. So können etwa Hunde- und Katzenhalter unter den gemeinsamen Oberbegriff „Tierhalter" subsumiert werden. Es ist deshalb eine Beeinträchtigung des verfassungsrechtlichen Gleichheitsgebotes, wenn allein Hundebesitzer steuerpflichtig sind, Katzenhalter hingegen nicht. Lässt sich hingegen kein sinnvoller gemeinsamer Oberbegriff bilden, liegt eine rechtlich relevante Ungleichbehandlung nicht vor. So muss sich derjenige anschnallen, der Auto fährt, derjenige, der zu Hause auf dem Sofa vor dem Fernseher sitzt, hingegen nicht. Diese Differenzierung ist einsichtig und nicht rechtfertigungsbedürftig.

Liegt eine Beeinträchtigung des allgemeinen Gleichheitssatzes vor, ist bei 819
entsprechendem Anlass zu fragen, ob ein Verstoß gegen einen besonderen Gleichheitssatz vorliegt. In Betracht kommen vor allem die Differenzierungs-

verbote des Art. 3 Abs. 3 GG, des Art. 3 Abs. 2 GG, des Art. 6 Abs. 5 GG oder ein sonstiges aus der Verfassung abgeleitetes Gleichheitsgebot. Ist ein solches Gleichheitsgebot einschlägig, ist die Beeinträchtigung des allgemeinen Gleichheitsgebotes gleichzeitig eine Verletzung des entsprechenden speziellen Gleichheitssatzes. Gegebenenfalls kann es auch angebracht sein, spezielle Gleichheitsrechte ohne allgemeine Einkleidung, also „direkt" anzusprechen. Unmittelbar geprüft werden können vor allem die dem Staatsorganisationsrecht zuzuordnenden Gleichheitsgebote (Art. 21 und 38 GG).

820 Besteht kein Anlass für eine Prüfung eines besonderen Gleichheitssatzes oder liegt eine Verletzung eines besonderen Gleichheitssatzes nicht vor, ist der allgemeine Gleichheitssatz des Art. 3 Abs. 1 GG heranzuziehen. Insoweit ist zunächst eine **Willkürprüfung** vorzunehmen (siehe § 34 I). Art. 3 Abs. 1 GG wird verletzt, wenn der Staat willkürlich handelt. Im Anschluss daran findet zusätzlich eine **Verhältnismäßigkeitsprüfung** statt (siehe § 34 II). Geprüft wird, ob die Unterschiede zwischen den Normadressaten die Ungleichbehandlung rechtfertigen.

821 Ausgeschlossen ist ein Rückgriff auf den allgemeinen Gleichheitssatz im Bereich der speziellen wahlrechtlichen Gleichheitssätze der Art. 28 Abs. 1 Satz 2, 38 Abs. 1 Satz 1 GG (BVerfGE 99, 1 ff.). Gleichheitsverstöße bei Wahlen zu den Volksvertretungen der Länder können deshalb nur vor dem zuständigen Landesverfassungsgericht gerügt werden (Art. 38 Abs. 1 Satz 1 GG gilt nur für die Wahlen zum Bundestag!). Die Ungleichbehandlung von Dachverbänden kommunaler Wählervereinigungen im Vergleich zu den Dachverbänden von Parteien und deren Untergliederungen durch bundesrechtliche (!) Bestimmungen des Körperschafts- und Vermögenssteuerrechts verstößt hingegen gegen Art. 3 Abs. 1 i. V. m. Art. 9 Abs. 1 und Art. 28 Abs. 1 Satz 2 GG (BVerfGE 99, 69 ff.; gegen bundesrechtliche Bestimmungen kann das Landesverfassungsrecht keinen Rechtsschutz gewähren).

§ 33. Die speziellen Gleichheitsrechte des Art. 3 GG

I. Art. 3 Abs. 3 GG

1. Allgemeines

822 Art. 3 Abs. 3 GG verbietet Unterscheidungen wegen der dort genannten Merkmale. Der Katalog ist historisch erklärbar. Es fehlt im „Katalog" – anders als auf europäischer Ebene, siehe Art. 21 Abs. 1 Charta der Grundrechte – die „sexuelle Orientierung", die – letztlich aber in vergleichbarer Weise – über Art. 3 Abs. 1 GG einer Differenzierung entgegen steht (BVerfGE 124, 199/220). Von Art. 3 Abs. 1 GG ebenfalls nicht erfasst sind Differenzierungen aufgrund der Staatsangehörigkeit.

§ 33. Die speziellen Gleichheitsrechte des Art. 3 GG   243

Strittig ist, ob das Wörtchen „*wegen*" in Art. 3 Abs. 3 Satz 1 GG eine kausale 823
oder eine finale Anknüpfung der staatlichen Maßnahme an die dort genannten
Merkmale verlangt. Richtigerweise reicht eine kausale Anknüpfung aus. Es
braucht der staatlichen Gewalt also nicht darauf anzukommen, jemanden wegen seiner Rasse, wegen seiner Herkunft oder eines anderen in Art. 3 Abs. 3 GG
genannten Kriteriums zu benachteiligen. Es genügt, wenn an das entsprechende
Merkmal angeknüpft wird (vgl. auch BVerfGE 85, 191/206) bzw. wenn es ein
Motiv für die Regelung war.

Die einzelnen Merkmale des Art. 3 Abs. 3 Satz 1 GG sind wie folgt zu de- 824
finieren:

Geschlecht	= die Tatsache, ob jemand männlich oder weiblich ist
Abstammung	= die natürliche biologische Beziehung eines Menschen zu seinen Vorfahren (BVerfGE 9, 124/128)
Rasse	= Zugehörigkeit zu einer Gruppe mit realen oder vermeintlichen vererbbaren Merkmalen
Sprache	= gemeint ist die Muttersprache
Heimat	= örtliche Herkunft nach Geburt oder Ansässigkeit im Sinne der emotionalen Beziehung zu einem geographisch begrenzten, den Einzelnen mitprägenden Raum (BVerfGE 48, 281/288)
Herkunft	= betrifft den sozialen schichtenspezifischen Aspekt der Abstammung
Glauben, religiöse Anschauungen	= entspricht dem Glaubensbegriff in Art. 4 Abs. 1 GG
politische Anschauungen	= Überzeugungen im Hinblick auf Vorgänge im staatlichen oder gesellschaftlichen Bereich

Fall 90 *(BVerfGE 102, 41ff.)*: B erleidet 1943 an der Ostfront als deutscher Soldat eine 825
Kriegsverletzung, die zur Amputation des linken Beines führte. Später nahm er seinen
Wohnsitz in der damaligen DDR. Ab dem 1.1.1991 erhält er nach bundesdeutschem
Recht eine Beschädigtenrente, die jedoch deutlich niedriger ist als die Rente für Beschädigte mit Wohnsitz in den alten Bundesländern. Liegt ein Verstoß gegen Art. 3 Abs. 3
Satz 1 GG vor?
Lösung Fall 90: Es könnte eine unzulässige Anknüpfung an das Merkmal „Heimat"
vorliegen. Unter Heimat versteht man die örtliche Herkunft nach Geburt oder Ansässigkeit im Sinne einer emotionalen Beziehung zu einem Raum. Dies ist nicht mit dem
Wohnsitz identisch. Die Rentenberechnung stellt somit nicht auf die Heimat ab. Ein
Verstoß gegen Art. 3 Abs. 3 Satz 1 GG liegt nicht vor.

Art. 3 Abs. 3 Satz 1 GG enthält ein absolutes Differenzierungsverbot („Nie- 826
mand darf ... bevorzugt oder benachteiligt werden"). Die Rechtfertigung
einer Differenzierung ist deshalb nach dem eindeutigen Wortlaut nicht möglich
(anders BVerfGE 132, 72/97 f.). Knüpft der Gesetzgeber nicht an die genannten
Merkmale an, sondern diskriminiert er „indirekt" oder „mittelbar", indem

er Regelungen erlässt, die typischerweise Angehörige bestimmter Gruppen treffen, ist dies eine Frage der Prüfung des allgemeinen Gleichheitssatzes des Art. 3 Abs. 1 GG. Dort ist eine Abwägung möglich, welche Gründe für und gegen die Regelung sprechen. Dass vor allem bestimmte Gruppen nach den in Art. 3 Abs. 3 Satz 1 GG genannten Merkmalen betroffen werden, kann zu erhöhten Rechtfertigungsanforderungen führen. Eine solche Einordnung stellt sicher, dass der Wortlaut des Art. 3 Abs. 3 Satz 1 GG ernst genommen wird, indirekte bzw. mittelbare Diskriminierungen ohne hinreichenden Sachgrund gleichwohl erfasst werden.

2. Bevorzugung oder Benachteiligung wegen des Geschlechts

827 Besondere Fragen wirft das Verbot der Benachteiligung wegen des Geschlechts auf. Es ergibt sich nicht nur aus Art. 3 Abs. 2 GG, sondern auch aus Art. 3 Abs. 3 GG. Art. 3 Abs. 2 GG hat allerdings primär die Funktion, ein Gleichberechtigungsgebot für die gesellschaftliche Wirklichkeit aufzustellen (BVerfGE 85, 191/207; siehe dazu § 33 II).

828 Differenzierende gesetzliche Regelungen zwischen Männern und Frauen sind nur ausnahmsweise zulässig. Ein solcher Ausnahmefall ist die Berücksichtigung von **biologischen Unterschieden** (z.B. der Folgen der Schwangerschaft). Weil Männer nicht schwanger werden können, kann man solche Regelungen aus dem Anwendungsbereich des Art. 3 Abs. 3 Satz 1 GG heraus nehmen bzw. den Anwendungsbereich der Vorschrift entsprechend reduzieren. Die unterschiedliche Behandlung braucht sich deshalb nur im Rahmen von Art. 3 Abs. 1 GG rechtfertigen lassen.

829 Früher wurde angenommen, auch **funktionale Unterschiede,** also die herkömmliche Rollenverteilung zwischen Männern und Frauen, könnten eine unterschiedliche Behandlung rechtfertigen. Dies ist nach der neueren Rechtsprechung jedoch überholt (siehe BVerfGE 85, 191 ff.). An das Geschlecht anknüpfende differenzierende Regelungen sind mit Art. 3 Abs. 3 GG nur vereinbar, wenn sie zur Lösung von Problemen, die ihrer Natur nach entweder nur bei Männern oder nur bei Frauen auftreten können, zwingend erforderlich sind (BVerfG, DVBl. 1995, 613/613). Die herkömmliche Arbeitsteilung zwischen Männern und Frauen darf zu keinen rechtlichen Ungleichbehandlungen führen, auch dann nicht, wenn dies zu Gunsten der Frauen wirkt. So sind unterschiedliche Altersgrenzen beim Rentenbezug (Frauen 60 Jahre, Männer 65 Jahre) mit Art. 3 Abs. 3 GG nicht vereinbar (anders noch BVerfGE 74, 163 ff.). Unzulässig ist es auch, im Ausländerrecht für die aufenthaltsrechtliche Stellung von Kindern allein an den rechtlichen Status der Mutter anzuknüpfen, die aufenthaltsrechtliche Situation des Vaters hingegen nicht oder weniger zu beachten (BVerfGE 114, 357 ff.).

§ 33. Die speziellen Gleichheitsrechte des Art. 3 GG   245

Fall 91 *(BVerfGE 85, 191 ff.):* Nach § 19 Abs. 2 AZO durften Arbeiterinnen im Gegensatz zu Arbeitern nicht in der Nachtzeit von 20.00 bis 6.00 Uhr und an den Tagen vor Sonn- und Feiertagen nicht nach 17.00 Uhr beschäftigt werden. Für Angestellte galt diese Regelung nicht. War die Regelung gleichheitsgemäß?   **830**
Lösung Fall 91: Die Regelung könnte gegen das Verbot der Ungleichbehandlung wegen des Geschlechts und gegen den allgemeinen Gleichheitssatz verstoßen.
  I. Art. 3 Abs. 3 GG. Die unterschiedliche Behandlung von Arbeiterinnen und Arbeitern könnte gegen das Verbot der Ungleichbehandlung wegen des Geschlechts gem. Art. 3 Abs. 3 GG verstoßen.
  1. Vorliegen einer Ungleichbehandlung. Die Beschränkung der Arbeitszeiten gilt ausschließlich für Arbeiterinnen und nicht für Arbeiter. Es liegt daher eine Ungleichbehandlung wegen des Geschlechtes vor.
  2. Verfassungsrechtliche Rechtfertigung. Fraglich ist aber, ob die differenzierende gesetzliche Regelung verfassungsrechtlich gerechtfertigt werden kann. Dies wäre ausnahmsweise der Fall, wenn biologische Unterschiede vorliegen, die eine Ungleichbehandlung zwingend erfordern. Es gibt jedoch keine biologischen Unterschiede zwischen Männern und Frauen, die eine Einschränkung der Nachtarbeit bei Frauen erfordern, bei Männern jedoch nicht. Auf funktionale Unterschiede darf nicht zurückgegriffen werden. Zwar haben Frauen oft eine Doppelbelastung durch Erwerbstätigkeit und Haushalt sowie Kinderbetreuung. Es gibt jedoch auch Männer, die eine solche Doppelbelastung haben. Zudem würde mit einer Anerkennung funktionaler Unterschiede die herkömmliche Rollenverteilung zwischen Männern und Frauen fortgeschrieben. Eine verfassungsrechtliche Rechtfertigung ist daher nicht möglich.
  3. Ergebnis. § 19 Abs. 2 AZO verstößt somit gegen Art. 3 Abs. 3 GG.
  II. Art. 3 Abs. 1 GG. Die Regelung könnte wegen der unterschiedlichen Behandlung von Arbeiterinnen und weiblichen Angestellten zudem gegen den allgemeinen Gleichheitsgrundsatz des Art. 3 Abs. 1 GG verstoßen.
  1. Vorliegen einer Ungleichbehandlung. Die Beschränkung der Arbeitszeit gilt nur für Arbeiterinnen, nicht jedoch für weibliche Angestellte. Eine Ungleichbehandlung liegt daher vor.
  2. Verfassungsrechtliche Rechtfertigung. Eine verfassungsrechtliche Rechtfertigung ist nur möglich, wenn es für die Differenzierung einen sachlichen Grund gibt. Es ist jedoch kein Grund ersichtlich, welcher ein nur für Arbeiterinnen geltendes Nachtarbeitsverbot rechtfertigen könnte.
  3. Ergebnis. Die Regelung verstößt daher auch gegen Art. 3 Abs. 1 GG.

Merke: Differenzierungen zwischen Männern und Frauen können nur gerechtfertigt werden, wenn biologische Unterschiede sie zwingend erforderlich machen.

3. Das Problem der sog. mittelbaren Diskriminierung aufgrund des Geschlechts

Auch bei der Gleichbehandlung im Hinblick auf das Geschlecht ist streitig, ob eine mittelbare oder indirekte Diskriminierung ausreicht, um von einem Verstoß gegen Art. 3 Abs. 3 Satz 1 GG auszugehen. Eine solche mittelbare oder indirekte Diskriminierung wird dann angenommen, wenn sich eine staatliche Maßnahme vor allem zu Gunsten oder zu Lasten von Männern oder Frauen auswirkt. Vor allem im Arbeits- und Sozialrecht sind Regelungen anzutreffen,   **831** die vorwiegend Frauen betreffen (bzw. treffen). Des Weiteren gibt es Vorschriften, die von vornherein nur Frauen betreffen können (etwa Regelungen über Zeiten der Schwangerschaft).

832   Letztlich ist an dieser Stelle genau so zu verfahren wie sonst bei Art. 3 Abs. 3 Satz 1 GG auch. Die Vorschrift betrifft nur eine jedenfalls kausale Anknüpfung an das Merkmal „Mann" oder „Frau" und verbietet solche Regelungen. Andere gesetzliche Regelungen, die vor allem Männer oder Frauen oder faktisch nur Frauen betreffen, müssen sich vor Art. 3 Abs. 1 GG rechtfertigen lassen. Werden typischerweise Frauen oder Männer benachteiligt oder bevorzugt, führt dies zu besonderen Rechtfertigungsanforderungen. Gleiches gilt, wenn etwa aus dem Merkmal Schwangerschaft negative rechtliche Folgen resultieren, wenn also beispielsweise Zeiten des Mutterschutzes nicht auf die Berechnung von für einen Anspruch nötigen Beschäftigungszeiten angerechnet werden

(Siehe auch BVerfGE 132, 72/98, das nur – leider, da dogmatisch inkonsequent – eine Rechtfertigung im Rahmen von Art. 3 Abs. 3 Satz 1 GG für möglich hält).

Beispiel: Hebt der Gesetzgeber die Möglichkeit einer sog. geringfügigen Beschäftigung (sog. 450-Euro-Jobs) auf, werden davon weitaus mehr Frauen als Männer betroffen. Die Maßnahme ist deshalb nicht per se unzulässig, allerdings vor dem allgemeinen Gleichheitssatz besonders zu rechtfertigen.

4. Benachteiligung wegen einer Behinderung (Art. 3 Abs. 3 Satz 2 GG)

833   Unzulässig ist die Benachteiligung wegen einer Behinderung (Art. 3 Abs. 3 Satz 2 GG). Behinderung ist die Auswirkung einer nicht nur vorübergehenden Funktionsbeeinträchtigung, die auf einem regelwidrigen körperlichen, geistigen oder seelischen Zustand beruht.

834   Eine Benachteiligung Behinderter liegt beispielsweise dann vor, wenn die Lebenssituation Behinderter im Vergleich zu derjenigen nicht behinderter Menschen durch gesetzliche Regelungen verschlechtert wird, die ihnen Entfaltungs- oder Betätigungsmöglichkeiten vorenthalten, welche anderen offen stehen (BVerfGE 96, 288/302 f.). Hierzu gehört beispielsweise auch der Ausschluss Sprech- und Schreibunfähiger von der Errichtung eines Testamentes (BVerfG, NJW 1999, 1853 ff.).

835   Eine Benachteiligung kann allerdings verfassungsrechtlich gerechtfertigt werden. Das Benachteiligungsverbot gilt nicht ohne jede Einschränkung. Fehlen einer behinderten Person aufgrund ihrer Behinderung bestimmte geistige oder körperliche Fähigkeiten, die unerlässliche Voraussetzung für die Wahrnehmung eines Rechts sind, liegt in der Verweigerung dieses Rechts kein Verstoß gegen das Benachteiligungsverbot (BVerfG, NJW 1999, 1853/ 1855). Die rechtliche Schlechterstellung ist allerdings nur dann zulässig, wenn zwingende

§ 33. Die speziellen Gleichheitsrechte des Art. 3 GG   247

Gründe dafür vorliegen. Die nachteiligen Auswirkungen müssen unerlässlich sein, um behinderungsbezogenen Besonderheiten Rechnung zu tragen.

Fall 92 *(BVerfGE 96, 288ff.)*: K wurde 1984 mit einer Fehlbildung des Rückenmarks 836 geboren. Er leidet an einer Verlangsamung der Motorik und des Sprechens sowie an anderen körperlichen Defekten. K wird von einer integrierten Gesamtschule auf eine sonderpädagogische Schule überwiesen, da die erforderlichen Fördermaßnahmen an der integrierten Gesamtschule nicht geleistet werden konnten. Verstößt die Überweisung gegen Art. 3 Abs. 3 Satz 2 GG?

Lösung Fall 92: Fraglich ist, ob in der Überweisung des K auf eine sonderpädagogische Schule eine unzulässige Diskriminierung wegen einer Behinderung erblickt werden kann.

1. Benachteiligung wegen einer Behinderung. K leidet aufgrund einer Fehlbildung des Rückenmarks an verschiedenen körperlichen Defekten. Da dies nicht nur vorübergehende Funktionsbeeinträchtigungen sind, ist K i. S. v. Art. 3 Abs. 3 Satz 2 GG behindert. K wurde wegen dieser Behinderung von der Gesamtschule auf eine sonderpädagogische Schule überwiesen. Es liegt daher eine Benachteiligung wegen einer Behinderung vor.

2. Verfassungsrechtliche Rechtfertigung. Fraglich ist jedoch, ob diese Benachteiligung verfassungsrechtlich gerechtfertigt werden kann. Dies ist der Fall, wenn zwingende Gründe dafür vorliegen. Ein zwingender Grund kann sich aus den nur beschränkt vorhandenen finanziellen und organisatorischen Möglichkeiten des Staates ergeben. Der Staat ist nach Art. 2 Abs. 1, Art. 6 Abs. 2 Satz 1 i. V. m. Art. 3 Abs. 3 Satz 2 GG grundsätzlich gehalten, für behinderte Kinder und Jugendliche schulische Einrichtungen bereitzuhalten, die auch ihnen eine sachgerechte schulische Erziehung, Bildung und Ausbildung ermöglichen. Dabei ist nach den gegenwärtigen pädagogischen Erkenntnissen ein genereller Ausschluss der gemeinsamen Erziehung und Unterrichtung von behinderten Schülern mit Nichtbehinderten verfassungsrechtlich nicht zu rechtfertigen. Die gemeinsame Erziehung steht jedoch unter dem Vorbehalt des organisatorisch, personell und sachlich Machbaren. Der Staat kann seine Aufgabe, ein begabungsgerechtes Schulwesen bereitzustellen, nur im Rahmen seiner finanziellen und organisatorischen Möglichkeiten erfüllen. Aus diesen Gründen war gegen die Überweisung wegen des besonderen sonderpädagogischen Förderaufwandes verfassungsrechtlich nichts einzuwenden.

3. Ergebnis. Es liegt keine unzulässige Diskriminierung wegen einer Behinderung vor.

Merke: Benachteiligungen wegen einer Behinderung können verfassungsrechtlich gerechtfertigt werden, wenn zwingende Gründe dafür vorliegen.

II. Gleichberechtigung von Männern und Frauen (Art. 3 Abs. 2 GG)

Literatur: *Classen, Claus Dieter,* Wie viele Wege führen zur Gleichberechtigung von Männern und Frauen?, JZ 1996, 921 ff.; *Holznagel, Bernd/Schlünder, Irene,* Zulässigkeit leistungsabhängiger Förderquoten, Jura 1996, 519 ff.; *König, Doris,* Die Grundgesetzänderung in Art. 3 Abs. 2 GG, – Ein Fortschritt auf dem Weg zu tatsächlicher Gleichberechtigung? –, DÖV 1995, 837 ff.

Art. 3 Abs. 2 Satz 1 GG normiert zunächst wie Art. 3 Abs. 3 GG ein Un- 837 gleichbehandlungsverbot für Männer und Frauen. Der im Wege der Verfassungsreform angefügte Art. 3 Abs. 2 Satz 2 GG enthält dann eine Staatszielbestimmung im Hinblick auf die gesellschaftliche Durchsetzung der Gleichstellung von Männern und Frauen. Nach Auffassung des BVerfG ist der Gesetzgeber berechtigt, faktische Nachteile, die überwiegend Frauen treffen, durch begünstigende Regelungen auszugleichen (BVerfG, DVBl. 1995, 613/613). Jedenfalls steht Art. 3 Abs. 2 Satz 2 GG Regelungen entgegen, die faktisch überwiegend Frauen betreffen.

838   **Beispiel** *(BVerfGE 113, 1 ff.)*: Die Satzung eines berufsständischen Versorgungswerkes für Anwälte zwingt zur Beitragszahlung auch dann, wenn jemand wegen Kindererziehung ohne Einkommen ist. Dies trifft faktisch überwiegend Frauen und ist deshalb verfassungswidrig.

839   Strittig ist, ob unter Berufung auf Art. 3 Abs. 2 Satz 2 GG auch **Quotenregelungen** etwa im öffentlichen Dienst eingeführt werden können. Pauschal lässt sich dies nicht beantworten, da es auf die konkrete Ausgestaltung der Regelung ankommt. Es darf jedenfalls nicht zu einem Verstoß gegen Art. 33 Abs. 2 GG kommen. Bei gleicher Eignung, Befähigung und fachlicher Leistung einer Bewerberin mit anderen Bewerbern kommt eine Bevorzugung der weiblichen Bewerberin auf gesetzlicher Grundlage in Betracht. Es muss jedoch die Möglichkeit bestehen, sonstige Belange (etwa soziale Gesichtspunkte) zu berücksichtigen.

840   Fragen der Gleichberechtigung werden mittlerweile vielfach durch europäisches Recht entschieden. So sind nach Art. 2 Abs. 1 und 4 der Richtlinie 76/207/EWG vom 9. 2. 1976 Männer und Frauen beim Zugang zu Beschäftigung und zur Berufsbildung im beruflichen Alltag sowie in Bezug auf die Arbeitsbedingungen gleichberechtigt. Hieraus hat das sog. *Kalanke-Urteil* des EuGH die Konsequenz gezogen, dass Quotenregelungen im öffentlichen Dienst zugunsten von Frauen verfassungswidrig sind (Slg. 1995, I-3051), es sei denn, dass die entsprechende nationale Regelung eine Öffnungsklausel für Fälle vorsieht, in denen überwiegende Gründe beispielsweise die Beförderung eines Mannes nahe legen (sog. *Marschall-Urteil*, EuGH, NJW 1997, 3429; NJW 2000, 1549 ff.).

841   Nach einer Entscheidung des Europäischen Gerichtshofes für Menschenrechte ist eine Feuerwehrabgabe, die nur Männer trifft, als Verstoß gegen Art. 14 i. V. m. Art. 4 Abs. 3 lit. d EMRK gewertet worden (EGMR, NVwZ 1995, 365 f.; ebenso BVerfG, DVBl. 1995, 613 ff.).

842   Regelungen, die Frauen begünstigen, können zwar gut gemeint sein, faktisch aber eine diskriminierende Wirkung haben. So können Arbeitgeber durch Regelungen zum Mutterschutz davon abgehalten werden, Frauen einzustellen, um den finanziellen Belastungen, die aus einer Schwangerschaft resultieren, von vornherein auszuweichen. Solchen Gefahren muss der Gesetzgeber durch geeignete Regelungen entgegen wirken, z. B. dadurch, dass entsprechende Belastungen auf alle Arbeitgeber umgelegt werden oder durch Regelungen, die einer Benachteiligung bei der Einstellung entgegen wirken (BVerfGE 109, 64/89 ff.; siehe auch das Allgemeine Gleichbehandlungsgesetz – AGG).

§ 34. Der allgemeine Gleichheitssatz (Art. 3 Abs. 1 GG)

Literatur: *Jarass, Hans D.*, Folgerungen aus der neueren Rechtsprechung des BVerfG für die Prüfung von Verstößen gegen Art. 3 I GG, Ein systematisches Konzept zur Feststellung unzulässiger Ungleichbehandlung, NJW 1997, 2545 ff.; *Koenig, Christian*, Die gesetzgeberische Bindung an den allgemeinen Gleichheitssatz – Eine Darstellung des Prüfungsaufbaus zur Rechtsetzungsgleichheit, JuS 1995, 313 ff.; *Sachs, Michael*, Die Maßstäbe des allgemeinen Gleichheitssatzes – Willkürverbot und sog. neue Formel, JuS 1997, 124 ff.

I. Willkürprüfung

Den Inhalt des allgemeinen Gleichheitssatzes umschreibt das BVerfG mit einer sehr allgemeinen Formel. Dieser gebiete dem Normgeber, wesentlich Gleiches gleich und wesentlich Ungleiches ungleich zu behandeln (BVerfGE 132, 72/81). Daraus werden dann die weiteren Folgerungen im Hinblick auf den zu entscheidenden Sachverhalt gezogen. Nicht zu vergessen ist selbstverständlich, dass sich der Gleichheitssatz nicht nur an den Normgeber richtet, sondern auch an Exekutive und Judikative. 843

Eine Verletzung des verfassungsrechtlichen Gleichheitsgebotes liegt zunächst dann vor, wenn der Staat willkürlich handelt. Dies ist der Fall, wenn wesentlich Gleiches willkürlich ungleich oder wesentlich Ungleiches willkürlich gleich behandelt wird (BVerfGE 78, 104/121). Willkürlich ist ein Handeln der öffentlichen Hand vor allem dann, wenn sich kein Differenzierungskriterium finden lässt. Hierzu gehören auch die Fälle der willkürlichen Rechtsanwendung, wenn also etwa ein Urteil gefällt wird, das unter keinem denkbaren rechtlichen Aspekt vertretbar ist (BVerfGE 86, 59/63). Es muss also eine krasse Fehlentscheidung vorliegen (BVerfGE 89, 1/14). 844

Auch der Gesetzgeber kann willkürlich handeln. Dies ist jedoch nur in extremen Ausnahmefällen anzunehmen. Der Gesetzgeber muss die äußeren Grenzen der gesetzgeberischen Freiheit überschritten haben. Für die gesetzliche Regelung darf sich also kein sachlicher Grund finden, so dass sie als willkürlich bezeichnet werden muss (BVerfGE 91, 118/123). Hierbei ist auf eine objektive Beurteilung abzustellen. Es ist unerheblich, welche Erwägungen vom Gesetzgeber angestellt wurden (BVerfGE 51, 1/26 ff.). 845

II. Verhältnismäßigkeitsprüfung

1. Prüfungsaufbau

846 Über die Willkürprüfung hinaus findet bei manchen Sachverhalten eine eher strenge Verhältnismäßigkeitsprüfung statt. Man spricht insoweit auch von einer „**neuen Formel**"die das BVerfG zur Prüfung des Gleichheitssatzes heranzieht. Sie lautet: „Der Gleichheitssatz ist verletzt, wenn der Staat eine Gruppe von Normadressaten im Vergleich zu anderen Normadressaten anders behandelt, obwohl zwischen beiden Gruppen keine Unterschiede von solcher Art und solchem Gewicht bestehen, dass sie die ungleiche Behandlung rechtfertigen könnten" (BVerfGE 55, 72/88; 82, 60/86).

847 Anders als bei Freiheitsrechten geht es jedoch nicht um die Verhältnismäßigkeit eines Grundrechtseingriffs (im Vergleich zu den für den Eingriff angeführten öffentlichen Interessen), sondern um die Verhältnismäßigkeit einer Ungleichbehandlung. Hierbei ist danach zu fragen, welche Ziele mit einer Ungleichbehandlung verfolgt werden. Die entsprechende Zielsetzung muss legitim sein. Sie darf insbesondere nicht gegen Art. 3 Abs. 2 oder Art. 3 Abs. 3 GG verstoßen (siehe dazu § 33). Sie muss weiterhin geeignet, erforderlich und verhältnismäßig sein. Es ist deshalb Folgendes zu prüfen:

a) Legitimer Zweck. Es muss eine legitime Zwecksetzung vorliegen. Eine Differenzierung darf nur dann vorgenommen werden, wenn mit ihr ein legitimer Zweck verfolgt wird. Kein legitimes Ziel sind beispielsweise rein finanzpolitische Erwägungen. So kann etwa eine Sozialleistung bei der Kindererziehung nicht deshalb auf Deutsche, EU-Bürger oder Bürger des EWR beschränkt werden, weil der Staat weniger Geld ausgeben möchte (BVerfGE 130, 240/258). Wenn der Staat Sozialleistungen verteilt, dann muss er dies in einer dem Gleichheitssatz entsprechenden Weise tun.

b) Geeignetheit. Die Ungleichbehandlung muss zur Erreichung des vom Gesetzgeber verfolgten Zwecks geeignet sein, sie muss also den angestrebten Zweck fördern.

c) Erforderlichkeit. Die Ungleichbehandlung muss erforderlich sein. Es darf kein milderes Mittel geben, mit dem sich gleichermaßen effektiv der Zweck erreichen ließe.

d) Verhältnismäßigkeit. Es muss abgewogen werden zwischen der Bedeutung der Unterschiede und der Bedeutung der Ungleichbehandlung. Maß und Gewicht der tatsächlichen Ungleichheit bzw. des mit der Ungleichbehandlung verfolgten Ziels müssen in einem angemessenen Verhältnis zum Maß und Gewicht der rechtlichen Ungleichbehandlung stehen.

§ 34. Der allgemeine Gleichheitssatz (Art. 3 Abs. 1 GG)

2. Prüfungsintensität bei der Verhältnismäßigkeitsprüfung

Politische Gestaltung durch den Erlass von Rechtsnormen ist Sache des Gesetzgebers. Grundsätzlich muss das BVerfG dessen Gestaltungsspielraum respektieren. Es hat nicht nach der optimalen oder gerechtesten Lösung zu suchen, sondern lediglich darauf zu achten, dass der Gesetzgeber vor allem die vom Gleichheitssatz gesetzten verfassungsrechtlichen Grenzen einhält. Diese Grenzen ergeben sich aber aus der mehr oder weniger intensiven Prüfung von gesetzgeberischen Differenzierungen durch das BVerfG. Das Gericht gibt sich selbst fast eine Art Blankovollmacht für die Präzisierung der Anforderungen. Der Prüfungsmaßstab sei „stufenlos" und orientiere sich am Grundsatz der Verhältnismäßigkeit, dessen Inhalt und Grenzen sich nicht abstrakt, sondern nur nach den jeweils betroffenen unterschiedlichen Sach- und Regelungsbereichen bestimmen lasse (BVerfGE 129, 49/69).

Eine eher strenge Prüfung nimmt das BVerfG dann vor, wenn eine **Ungleichbehandlung von Personengruppen** vorliegt, wenn also der Gesetzgeber auf personenbezogene Merkmale abstellt. In solchen Fällen können die Benachteiligten den begünstigten Sachverhalt in ihrer Person nicht oder nur schwer erfüllen (z. B. Differenzierungen zwischen Verheirateten und Geschiedenen, Differenzierungen zwischen Arbeitern und Angestellten, Differenzierungen nach der Staatsangehörigkeit). Die Bindungen des Gesetzgebers werden umso enger, je mehr sich die personenbezogenen Merkmale den in Art. 3 Abs. 3 GG genannten annähern und je größer deshalb die Gefahr ist, dass eine an sie anknüpfende Ungleichbehandlung zur Diskriminierung einer Minderheit führt (BVerfGE 88, 87/96).

Für eine Schlechterstellung von **eingetragenen Lebenspartnerschaften** gegenüber der Ehe ist deshalb ein strenger Kontrollmaßstab anzulegen, weil auf diese Weise regelmäßig faktisch an die sexuelle Orientierung angeknüpft wird (BVerfGE 124, 199/220). Der schlichte Hinweis auf das besondere Schutzgebot für die Ehe nach Art. 6 Abs. 1 GG kann eine Schlechterstellung eingetragener Lebenspartnerschaften nicht rechtfertigen. Auch die eingetragene Lebenspartnerschaft ist auf Dauer angelegt und begründet eine gegenseitige Einstandspflicht; sie hat also letztlich die gleiche Funktion wie eine Ehe, so dass sich Differenzierungen im Regelfall nicht rechtfertigen lassen (BVerfGE 124, 199/225). Auch im Steuerrecht (Ehegattensplitting!) ist eine Gleichbehandlung von Ehe und eingetragener Lebenspartnerschaft angezeigt (BVerfGE, EuGRZ 2013, 174 ff.). Privilegierungen von Ehe und eingetragener Lebenspartnerschaft gegenüber weniger verbindlichen Paarbeziehungen sind hingegen möglich (etwa bei Unterhalt, Versorgung, Steuerrecht).

Beispiel *(BVerfG, EuGRZ 2012, 547 ff.):* Im Beamtenbesoldungsrecht ist geregelt, dass verheiratete Beamte einen Zuschlag im Rahmen der Besoldung erhalten. Es ist verfassungswidrig, diesen Zuschlag Beamten vorzuenthalten, die in einer eingetragenen Lebenspartnerschaft leben. Der Mehraufwand in der Lebenshaltung, der durch diesen Zu-

848

849

850

851

schlag abgegolten werden soll, tritt bei eingetragenen Lebenspartnerschaften genau so ein wie bei „klassisch" verheirateten Beamten. Kinderzuschläge werden besoldungsrechtlich gesondert gewährt, zudem können auch in eingetragenen Lebenspartnerschaften Kinder aufgezogen werden. Der schlichte Verweis auf den besonderen Schutz der Ehe nach Art. 6 Abs. 1 GG kann die unterschiedliche Behandlung ebenfalls nicht rechtfertigen.

852 Liegt hingegen lediglich eine **Ungleichbehandlung von Sachverhalten** vor, ist eine großzügigere Prüfung geboten (BVerfGE 93, 99/111). So können etwa vor unterschiedlichen Gerichtsbarkeiten unterschiedliche Gebühren für Rechtsanwälte anfallen (BVerfGE 83, 1/22 f.). Die Gestaltungsfreiheit des Gesetzgebers ist umso größer, je eher sich die Betroffenen auf die Regelungen einstellen oder nachteiligen Auswirkungen durch eigenes Verhalten begegnen können. Weiterhin hängt die Bindung an den Verhältnismäßigkeitsgrundsatz davon ab, inwieweit sich die Ungleichbehandlung von Personen oder Sachverhalten auf die Ausübung grundrechtlich geschützter Freiheiten nachteilig auswirken kann (BVerfG, NJW 1999, 1535/1536).

853 Einen vergleichsweise großen Gestaltungsspielraum hat der Gesetzgeber im Bereich des **Steuerrechts**, insbesondere bei der Bestimmung des Steuergegenstandes (Was wird besteuert?) und des Steuersatzes. Grundsätzlich hat die Besteuerung nach der wirtschaftlichen Leistungsfähigkeit zu erfolgen (BVerfGE 117, 1/30). Eine vom Gesetzgeber getroffene Belastungsentscheidung muss **folgerichtig** i. S. v. **Belastungsgleichheit** umgesetzt werden (BVerfGE 99, 88/95; 105, 73/112; 116, 164/180). Die Belastungsgleichheit muss in rechtlicher und tatsächlicher Hinsicht hergestellt werden. Erlässt der Gesetzgeber Steuerrechtsnormen, von denen etwa mangels effektiver Kontrolle nicht erwartet werden kann, dass sie zu annähernd gleicher tatsächlicher Belastung führen, ist das Gesetz verfassungswidrig (vgl. BVerfGE 84, 239 ff.: Verfassungswidrigkeit der ungleichmäßigen Besteuerung von Zinseinkünften; BVerfGE 110, 94 ff.: Verfassungswidrigkeit der Besteuerung von Spekulationsgewinnen wegen struktureller Erhebungsmängel; BVerfGE 117, 1 ff.: Verfassungswidrigkeit ungleicher Wertermittlung bei der Erbschaftssteuer). Verfassungswidrig war es, die Abzugsfähigkeit der Kosten für die Fahrt zwischen Wohnung und regelmäßiger Arbeitsstätte erst ab dem 21. Entfernungskilometer zuzulassen. Diese Regelung war alleine durch das Ziel motiviert, höhere Steuereinnahmen zu generieren. Das reicht als Rechtfertigung aber nicht aus. Bei erhöhtem Finanzbedarf muss der Steuergesetzgeber die notwendigen Belastungen gleichheitsgerecht durchführen (BVerfGE 122, 210/ 233).

854 Die Angemessenheit einer Differenzierung und die Prüfungsintensität durch das BVerfG können auch vom Einfluss weiterer Grundrechte abhängen. Dem Gesetzgeber sind umso engere Grenzen gesetzt, je stärker sich die Ungleichbehandlung auf die Ausübung grundrechtlich geschützter Freiheiten auswirkt (vgl. BVerfGE 107, 133/141).

855 **Beispiel** *(BVerfGE 107, 27 ff.):* Der Gesetzgeber begrenzt die steuerliche Abzugsfähigkeit von Kosten für eine doppelte Haushaltsführung auf 2 Jahre. Dies erschwert die

§ 34. Der allgemeine Gleichheitssatz (Art. 3 Abs. 1 GG)   253

Vereinbarkeit von Ehe und beruflicher Tätigkeit beider Ehepartner und verstößt deshalb gegen Art. 3 Abs. 1 GG i. V. m. Art. 6 Abs. 1 GG.

Bei der Regelung von „Massenerscheinungen" hat der Gesetzgeber das **856** Recht, generalisierende, typisierende und pauschalierende Regelungen zu treffen (BVerfGE 111, 115/137). Dies ist vor allem im Steuer- und Sozialrecht von Relevanz. Die Rechtsnormen müssen für die Verwaltung handhabbar sein, nicht jede Besonderheit kann Berücksichtigung finden. Eine Grenze ergibt sich daraus, dass es durch solche Regelungen nicht aufgrund besonderer Härten zu einem Verstoß gegen den allgemeinen Gleichheitssatz kommen darf (BVerfGE 111, 115/137).

Fall 93 *(BVerfGE 82, 126 ff.)*: Nach § 622 Abs. 2 BGB a. F. gelten für Arbeiter kürzere **857** Kündigungsfristen (2 bis 4 Wochen zum Monatsende) als für Angestellte (6 Wochen zum Quartalsende). War § 622 Abs. 2 BGB a. F. mit Art. 3 Abs. 1 GG vereinbar?

Lösung Fall 93: § 622 Abs. 2 BGB a. F. ist mit Art. 3 Abs. 1 GG vereinbar, wenn es sich hierbei um eine Ungleichbehandlung handelt, die verfassungsrechtlich gerechtfertigt werden kann.

1. Vorliegen einer Ungleichbehandlung. Es liegt eine Ungleichbehandlung nach den Merkmalen „Arbeiter" oder „Angestellter" vor. Eine Beeinträchtigung des allgemeinen Gleichheitssatzes ist somit gegeben. Ein Verstoß gegen ein besonderes Diskriminierungsverbot nach Art. 3 Abs. 3 GG kann dagegen nicht bejaht werden. Die Gruppen der Arbeiter und Angestellten sind vom Tatsächlichen her zu unterscheiden.

2. Verfassungsrechtliche Rechtfertigung. Die Ungleichbehandlung müsste weiterhin verfassungsrechtlich gerechtfertigt werden können. Eine willkürliche Ungleichbehandlung lässt sich nicht annehmen. Fraglich ist allerdings, ob sich entsprechend der sog. neuen Formel Unterschiede zwischen den beiden Gruppen ermitteln lassen, die die unterschiedlich langen Kündigungsfristen rechtfertigen. Da eine personenbezogene Differenzierung vorliegt, müssen besonders gewichtige Gründe vorliegen, um die Ungleichbehandlung zu rechtfertigen. Als Grund für die Differenzierung der Kündigungsfristen bei Arbeitern und Angestellten wurde angeführt, die Angestellten benötigten eine längere vorberufliche Ausbildung und träten deshalb später ins Erwerbsleben ein. Dieses Argument war jedoch vom Tatsächlichen her nicht anzuerkennen. Es ist keineswegs so, dass alle Angestellten signifikant längere Ausbildungszeiten haben als Arbeiter. Des Weiteren wurde vorgebracht, Angestellte seien durchschnittlich länger arbeitslos. Dies ist jedoch nur in geringfügigem Maße nachweisbar und betrifft nicht alle Angestellten, sondern nur die Gruppe der Höherqualifizierten. Weiterhin wurde angeführt, dass die Unternehmer in der Lage sein müssten, im produktiven Bereich schneller Personal zu entlassen (z. B. Konjunktureinbrüche). Jedoch sind nur zwei Drittel der Arbeiter heute noch in der Produktion beschäftigt, ein Drittel hingegen im Dienstleistungsbereich. Die angegebenen tatsächlichen Unterschiede lagen deshalb nicht vor. Ein weiterer Unterschied zwischen Angestellten und Arbeitern wurde darin gesehen, dass diese überwiegend geistige, jene überwiegend körperliche Tätigkeit verrichten. Es ist jedoch nicht ersichtlich, warum einem „Kopfarbeiter" mehr Kündigungsschutz zukommen soll als einem „Handarbeiter" (keine legitime Zwecksetzung). Ein angebliches Bewusstsein der beteiligten Kreise über die Verfassungsmäßigkeit der Regelung reicht ebenfalls nicht aus, um die Differenzierung zu rechtfertigen (ebenfalls keine legitime Zwecksetzung). Als weiterer Grund wurde angegeben, den Arbeitern soll ein Leistungsansporn gegeben werden, selbst Angestellter zu werden. Ein Arbeiter kann jedoch im Allgemeinen nur nach einer Änderung seines Tätigkeitsbereiches und nicht durch bessere Leistung Angestellter werden. Zwischen beiden Arbeitnehmergruppen bestehen nur geringe Durchlässigkeiten (keine geeignete Differenzierung). Zudem würde nach Auffassung des BVerfG angesichts der gleichartigen Schutzbedürftigkeit beider Gruppen der Gesichtspunkt des Leistungsanreizes die Differenzierung nicht rechtfertigen (fehlende Verhältnismäßigkeit).

3. Ergebnis. Es liegt eine Verletzung des allgemeinen Gleichheitssatzes vor.

3. Mittlerer Maßstab

858   Um die Dinge nicht zu einfach werden zu lassen, hat das BVerfG noch eine dritte Kategorie zwischen dem Willkürverbot und der neuen Formel entwickelt. Ein Gleichheitsverstoß liegt dann nicht vor, wenn eine differenzierende Regelung auf hinreichend sachbezogenen, nach Art und Gewicht vertretbaren Gründen beruht. Dieser Maßstab kommt nur dann zur Anwendung, wenn eine Regelung weder eindeutig sach- noch eindeutig personenbezogen ist.

859   **Beispiel** *(BVerfGE 99, 367ff.):* Die M-AG unterlag bisher der sog. Montanmitbestimmung (weitgehende Mitbestimmung durch die Arbeitnehmer). Auf Grund von Änderungen in der Konzernstruktur (Eröffnung von Geschäftsfeldern im Bereich Telekommunikation) sinkt der Anteil der Eisen- und Stahlproduktion am Gesamtumsatz. In Zukunft würde statt der Montanmitbestimmung die weniger allgemeine Mitbestimmung gelten, die den Arbeitnehmervertretern geringe Einflussmöglichkeiten auf die Unternehmensführung einräumt. Der Bundesgesetzgeber will auf Druck der Gewerkschaften ein Herausfallen der M-AG aus der Montanmitbestimmung verhindern und ändert die entsprechenden gesetzlichen Vorschriften, so dass geringere Umsatzanteile für ein Verbleiben des Unternehmens in der Montanmitbestimmung ausreichen.

Im Grundsatz handelt es sich um eine personenbezogene Regelung. Der personale Bezug tritt jedoch bei einer Kapitalgesellschaft stark zurück. Daher: Anwendung eines mittleren Maßstabes.

III. Besondere Wirkungen des Gleichheitssatzes

860   Soweit ein Verstoß gegen ein Freiheitsrecht vorliegt, muss die staatliche Maßnahme unterbleiben. Sie ist rechtswidrig bzw. nichtig. Gesetze werden vom BVerfG für nichtig oder unvereinbar mit dem Grundgesetz erklärt.

861   Beim Gleichheitssatz ergeben sich hingegen spezifische Probleme. Dies betrifft insbesondere das Verhältnis zwischen dem BVerfG und dem Gesetzgeber. Der Gesetzgeber hat einen Gestaltungsspielraum bei der Verfolgung von Zielen, die er durch seine Gesetzgebung zu erreichen sucht. Kommt es hierbei zu einem Verstoß gegen den Gleichheitssatz, stellt sich die Frage, welche Folgen sich hierfür für das Gesetz ergeben. I. d. R. bestehen mehrere Möglichkeiten, einen Gleichheitsverstoß zu beheben. Angenommen, Gruppe A und Gruppe B würden verfassungswidrig ungleich behandelt, dann kann der Verfassungsverstoß dadurch beseitigt werden, dass Gruppe A wie Gruppe B, Gruppe B

§ 34. Der allgemeine Gleichheitssatz (Art. 3 Abs. 1 GG)

wie Gruppe A oder Gruppe A und B auf eine dritte Weise gleichbehandelt werden. Dabei kann man bei belastenden Regelungen dem BVerfG das Recht zugestehen, die Belastung aufzuheben. Wie bei Freiheitsrechten wird die entsprechende Regelung i. d. R. für nichtig erklärt.

Schwieriger ist die verfassungswidrige Vorenthaltung von Begünstigungen. **862** Es ist nicht Aufgabe des BVerfG, Begünstigungen auf andere Personengruppen zu erstrecken. Etwas anderes gilt zunächst dann, wenn ein definitiver Verfassungsauftrag hierzu besteht. Des Weiteren darf das BVerfG die Begünstigung ausweiten, wenn davon ausgegangen werden kann, dass der Gesetzgeber bei Kenntnis des verfassungsrechtlichen Mangels die entsprechende Erstreckung vorgenommen hätte. Davon kann ausgegangen werden, wenn der finanzielle Mehraufwand sich in einem angemessenen Rahmen hält und die Ausdehnung der Begünstigung erforderlich ist, um die Stimmigkeit eines Regelungssystems zu wahren, an dem der Gesetzgeber erkennbar festhalten will.

Ansonsten muss jedoch der Gesetzgeber selbst entscheiden, ob die finanzi- **863** elle Belastung durch die Ausweitung der Begünstigung tragbar ist oder nicht. In solchen Fällen kann das BVerfG ein Gesetz für nicht anwendbar erklären, solange der Gesetzgeber keine gleichheitsgemäße Regelung geschaffen hat. In neuerer Zeit scheint das BVerfG jedoch seinen Gestaltungsspielraum zu Lasten des Gesetzgebers zu erweitern.

Fall 94 *(BVerfGE 52, 369 ff.)*: Nach § 1 des nordrhein-westfälischen Hausarbeitstag- **864** gesetzes (HATG) erhalten Frauen mit eigenem Hausstand pro Monat einen bezahlten arbeitsfreien Hausarbeitstag. Nach Auffassung des BVerfG ist die Vorenthaltung des Hausarbeitstages für Männer verfassungswidrig. Kann das BVerfG die Begünstigung auch auf die Männer erstrecken?

Lösung Fall 94: Das BVerfG sah sich nicht in der Lage, die begünstigende Regelung auf die Männer auszudehnen. Dies hätte eine erhebliche Belastung der Arbeitgeber bewirkt, die letztlich nur vom Parlament verantwortet werden kann. Die Regelung wurde jedoch auch nicht für nichtig erklärt, sondern das BVerfG stellte lediglich die Verfassungswidrigkeit fest. Der Gesetzgeber hat verschiedene Möglichkeiten, den Gleichheitsverstoß zu beheben (etwa ein monatlicher Hausarbeitstag für alle oder ein zweimonatlicher Hausarbeitstag für alle). Bis zur Neuregelung waren deshalb Prozesse, in denen Männer den Hausarbeitstag eingeklagt hatten, auszusetzen (bei Nichtigerklärung der Gesamtregelung wären die Klagen abzuweisen gewesen). Auch Frauen können bis zur Neuregelung nicht in den Genuss des Hausarbeitstages kommen.

Teil V. Anhang

§ 35. Grundinformationen zur Verfassungsbeschwerde und sonstigen Verfahren

Literatur: *Geis, Max-Emanuel/Thirmeyer, Stephan,* Grundfälle zur Verfassungsbeschwerde, Art. 93 I Nr. 4a GG, §§ 13 Nr. 8a, 90 ff. BVerfGG, JuS 2012, 316 ff.

865 Grundrechtliche Prüfungsarbeiten werden meist prozessual eingekleidet. In der überwiegenden Zahl der Fälle ist eine Verfassungsbeschwerde (Art. 93 Abs. 1 Nr. 4a GG, §§ 90 ff. BVerfGG) zu prüfen.

I. Zulässigkeitsprüfung der Verfassungsbeschwerde

Literatur: *Görisch, Christoph/Hartmann, Bernd J.,* Grundrechtsrüge und Prüfungsumfang bei der Verfassungsbeschwerde, NVwZ 2007, 1007 ff.; *von den Hövel, Markus,* Die Urteils-Verfassungsbeschwerde als einzig erforderliche Verfassungsbeschwerde in der Rechtspraxis?, NVwZ 1993, 549 ff.; *Meyer-Ladewig, Jens/Petzold, Herbert,* Die Bindung deutscher Gerichte an Urteile des EGMR, NJW 2005, 15 ff.; *Robbers, Gerhard,* Verfassungsprozessuale Probleme in der öffentlichrechtlichen Arbeit, 2. Teil. Die Verfassungsbeschwerde, JuS 1993, 1022 ff.; *Schmahl, Stefanie,* Europäischer und internationaler Menschenrechtsschutz: Die Beachtlichkeit des Völkerrechts in der innerstaatlichen Rechtsordnung, Jahrbuch des Föderalismus 2005, S. 290 ff.

1. Beschwerdeberechtigung (§ 90 Abs. 1 BVerfGG)

866 Die Beschwerdeberechtigung liegt dann vor, wenn der Beschwerdeführer Träger eines als verletzt in Betracht kommenden Grundrechts ist. Teilweise wird sie auch als „Beteiligtenfähigkeit" (auch hier bis zur 7. Auflage) oder „Antragsberechtigung" bezeichnet, was sachlich keinen Unterschied macht. Wichtig ist, dass es darauf ankommt, ob der Beschwerdeführer aus einem geltend gemachten Grundrecht grundsätzlich überhaupt ein Recht ableiten kann.

867 Die Grundrechtsträgerschaft muss im Hinblick auf ein **als verletzt in Betracht kommendes Grundrecht** angenommen werden können. Es reicht hingegen nicht aus, wenn der Beschwerdeführer Träger irgendeines Grundrechts ist. Denn jedenfalls die Prozessgrundrechte stehen auch juristischen Personen des öffentlichen Rechts zu, so dass man fast immer zu einer Beschwerdeberechtigung käme.

§ 35. Grundinformationen zur Verfassungsbeschwerde   257

Soweit eine juristische Person oder ein Ausländer eine Verfassungsbeschwer- 868
de erheben, ist auf die Frage der Beschwerdeberechtigung näher einzugehen.

2. Prozessfähigkeit

Unter Prozessfähigkeit versteht man die Fähigkeit, Prozesshandlungen 869
selbst oder durch selbstbestimmte Bevollmächtigte vorzunehmen. Hiervon
kann i. d. R. ausgegangen werden, wenn eine natürliche Person Verfassungsbeschwerde erhebt, die weder minderjährig noch in ihrer Geschäftsfähigkeit
beschränkt ist. Bei einem Minderjährigen kommt es darauf an, ob er grundrechtsmündig ist. Die Grundrechtsmündigkeit wird dann angenommen, wenn
er über eine hinreichende Einsichtsfähigkeit zur Ausübung des Grundrechts
verfügt. Gegebenenfalls kann die Grundrechtsmündigkeit in den einfachen
Gesetzen konkretisiert sein. So kann ein Minderjähriger eine Verletzung des
Eigentumsgrundrechts erst mit 18 Jahren geltend machen (vgl. §§ 104 ff. BGB),
eine Verletzung des Grundrechts aus Art. 4 GG hingegen schon dann, wenn
die entsprechenden Grenzen des Gesetzes über religiöse Kindererziehung (ReKErzG) erreicht sind (vgl. oben § 4 I).

3. Beschwerdegegenstand

Gegenstand der Verfassungsbeschwerde kann nur ein Akt der inländischen 870
öffentlichen Gewalt sein (§ 90 Abs. 1 BVerfGG). Hierzu zählen alle drei Gewalten, also Legislative, Exekutive und Judikative. Zum Rechtsschutz gegen
Akte der Europäischen Union siehe oben § 5 I.

4. Beschwerdebefugnis

a) Möglichkeit einer Grundrechtsverletzung

Die Verfassungsbeschwerde ist nur dann zulässig, wenn die Verletzung ei- 871
nes Grundrechts möglich ist. Es darf also nicht von vornherein ausgeschlossen
werden können, dass eine Grundrechtsverletzung durch den angegriffenen Akt
der öffentlichen Gewalt vorliegt.

Rügefähig sind nur Verstöße gegen Grundrechte des Grundgesetzes, nicht 872
gegen solche des Landesverfassungsrechts oder gegen Gewährleistungen der
Europäischen Menschenrechtskonvention (EMRK). Die EMRK als völkerrechtlicher Vertrag gilt innerstaatlich aufgrund des zur Umsetzung nach
Art. 59 Abs. 2 GG erlassenen Gesetzes als einfaches Recht. Die Rechtsprechung
des EGMR ist aber bei der Auslegung von Verfassungsnormen zu beachten
(BVerfGE 111, 307/317). Ein Verstoß gegen die EMRK kann mittelbar als
rechtswidriger Eingriff in Art. 2 Abs. 1 GG oder als Verstoß gegen das Willkürverbot (Art. 3 Abs. 1 GG) gerügt werden.

873 I. d. R. sind zur Möglichkeit einer Grundrechtsverletzung ansonsten keine näheren Darlegungen erforderlich. Ausnahmen gelten für den Bereich der Drittwirkung. Bei Drittwirkungsfragen, also bei der Anfechtung von zivilgerichtlichen Urteilen, ist darauf hinzuweisen, inwieweit eine Grundrechtsverletzung in Betracht kommt. Zunächst ist festzustellen, dass die Grundrechte i. d. R. keine unmittelbare Drittwirkung gegenüber Privaten haben. Sie enthalten gleichwohl Wertentscheidungen, die auch im Privatrecht zu beachten sind. Es kann zudem ein Verstoß gegen Schutzpflichten oder eine Eingriffssituation vorliegen (siehe oben § 5 III).

b) Qualifizierte Betroffenheit

874 Im Wege der Verfassungsfortbildung hat das BVerfG speziell für die Verfassungsbeschwerde gegen Gesetze das Erfordernis aufgestellt, dass der Beschwerdeführer selbst, gegenwärtig und unmittelbar betroffen sein muss. Oft werden die entsprechenden Voraussetzungen bei Urteilsverfassungsbeschwerden mitgeprüft.

875 (1) Selbstbetroffenheit. Selbstbetroffenheit bedeutet, dass der Beschwerdeführer in eigenen Grundrechten betroffen sein muss. Eine Prozessstandschaft, also die Geltendmachung von fremden Grundrechten im eigenen Namen, ist ausgeschlossen. Organisationen können deshalb keine Rechte ihrer Mitglieder geltend machen, sondern nur ihre eigenen Rechte. Gegen die Verletzung der Grundrechte eines Mitglieds muss dieses selbst vorgehen.

876 (2) Gegenwärtige Betroffenheit. Gegenwärtige Betroffenheit liegt dann vor, wenn der Beschwerdeführer schon und noch betroffen ist. Es muss sich also um eine „aktuelle", nicht um eine „virtuelle" Betroffenheit handeln. Die gegenwärtige Betroffenheit liegt auch dann vor, wenn ein Gesetz den Normadressaten zu später nicht mehr korrigierbaren Entscheidungen oder Dispositionen veranlasst.

877 (3) Unmittelbare Betroffenheit. Unmittelbare Betroffenheit ist dann nicht gegeben, wenn ein weiterer Vollzugsakt ergehen muss oder üblicherweise ergeht, der erst die eigentliche Grundrechtsbeeinträchtigung herbeiführt. Deshalb fehlt es an der unmittelbaren Betroffenheit bei Normen, die zum Erlass eines Verwaltungsaktes, einer Satzung oder Verordnung ermächtigen. Das Abwarten des Vollzugsaktes muss allerdings zumutbar sein. Bei Straf- und Ordnungswidrigkeitstatbeständen liegt unmittelbare Betroffenheit vor, auch wenn später noch ein Strafbefehl, ein Strafurteil oder ein Bußgeldbescheid ergehen muss. Dem Grundrechtsträger kann nicht zugemutet werden, sich der Gefahr der Bestrafung auszusetzen. Er kann deshalb unmittelbar gegen die Straf- oder Ordnungswidrigkeitsvorschrift Verfassungsbeschwerde erheben.

878 Die Mitwirkung der Bundesregierung am Erlass einer Richtlinie des Ministerrates auf EU-Ebene führt noch nicht zu unmittelbarer Betroffenheit, da die Richtlinie noch in nationales Recht umgesetzt werden muss (BVerfG, NJW 1990, 974).

5. Erschöpfung des Rechtsweges, Subsidiarität der Verfassungsbeschwerde (§ 90 Abs. 2 BVerfGG)

a) Rechtswegerschöpfung

Gemäß § 90 Abs. 2 Satz 1 BVerfGG muss vor Erhebung der Verfassungsbeschwerde der Rechtsweg erschöpft werden. Dies bezieht sich auf Akte der Exekutive und der Judikative. Der Beschwerdeführer muss alles Zumutbare tun, um die Grundrechtsverletzung vor den entsprechenden Fachgerichten abzuwehren. Ausnahmefälle ergeben sich aus § 90 Abs. 2 Satz 2 BVerfGG. Versäumt der Betroffene eine Frist zur Einlegung eines statthaften Rechtsbehelfes, ist der Rechtsweg nicht erschöpft und die Verfassungsbeschwerde unzulässig. 879

Problematisch ist das Verhältnis von vorläufigem Rechtsschutz und Hauptsacheverfahren. Das BVerfG geht insoweit davon aus, dass das Hauptsacheverfahren keinen „Rechtsweg" gegen die Entscheidung im vorläufigen Rechtsschutz darstellt. Die Verfassungsbeschwerde kann deshalb erhoben werden, sobald der vorläufige Rechtsschutz letztinstanzlich versagt wurde. Allerdings kann der Grundsatz der Subsidiarität (dazu gleich) der Einlegung einer Verfassungsbeschwerde gegen eine Entscheidung im einstweiligen Rechtsschutz entgegenstehen. 880

b) Subsidiarität

Gegen formelle Gesetze steht kein Rechtsweg zur Verfügung. Hier gilt zunächst das Erfordernis der unmittelbaren Betroffenheit. Aber auch bei Gesetzen, die keines Vollzugsaktes bedürfen, versucht das BVerfG eine Zurückdrängung der Verfassungsbeschwerde zugunsten des fachgerichtlichen Rechtsschutzes. So werden Beschwerdeführer verpflichtet, offensichtlich aussichtslose Anträge zu stellen und hiergegen den Rechtsweg zu beschreiten. Teilweise wird eine Normübertretung verlangt, um auf diese Weise fachgerichtlichen Rechtsschutz zu provozieren (allerdings nur, soweit der Verstoß nicht straf- oder bußgeldbewehrt ist, siehe BVerfGE 68, 319/325). Weiterhin ist ggf. Feststellungsklage zu erheben, auch wenn ihre Zulässigkeit zweifelhaft ist (BVerfGE 71, 305/347; 74, 69/76). 881

Erreicht werden soll, dass zunächst auf fachgerichtlichem Wege versucht wird, der Grundrechtsverletzung abzuhelfen. In welchen Fällen das BVerfG etwa die Erhebung einer verwaltungsgerichtlichen Feststellungsklage (§ 43 VwGO) verlangt, ist abstrakt schwer zu beschreiben. Ein wichtiger Aspekt ist, ob durch die Inanspruchnahme der Fachgerichte eine Konkretisierung des Normengehaltes zu erwarten ist, die dem BVerfG die verfassungsrechtliche Beurteilung ermöglicht bzw. erleichtert. § 90 Abs. 2 Satz 2 BVerfGG ist allerdings analog anwendbar. Daher kann trotz grundsätzlicher Subsidiarität unter den dort genannten Voraussetzungen über die Verfassungsbeschwerde entschieden werden. 882

883 Der Grundsatz der Subsidiarität kommt auch für das Verhältnis von einstweiligem Rechtsschutz und Hauptsacheverfahren zur Anwendung. Die endgültige Ablehnung vorläufigen Rechtsschutzes ist selbständig mit der Verfassungsbeschwerde angreifbar, vor allem wenn die Verletzung von Grundrechten gerade durch die Eilentscheidung gerügt wird. Das Hauptsacheverfahren ist kein Rechtsweg gegen die Entscheidung im vorläufigen Rechtsschutz. Die Erschöpfung des Rechtsweges im Eilverfahren reicht jedoch nicht, wenn das Verfahren in der Hauptsache hinreichende Möglichkeiten bietet, der Grundrechtsverletzung abzuhelfen und dieser Weg dem Beschwerdeführer auch zumutbar ist. Das ist regelmäßig dann der Fall, wenn ausschließlich Grundrechtsverletzungen gerügt werden, die sich auf die Hauptsache beziehen.

884 **Fall 95** *(BVerfGE 69, 122ff.)*: Durch eine Änderung des Krankenversicherungsrechts (§ 176c Kostendämpfungs-Ergänzungsgesetz (KVEG)) wurde die Beitrittsmöglichkeit Schwerbehinderter in die gesetzlichen Krankenkassen eingeschränkt, wenn die Schwerbehinderung nach einem bestimmten Stichtag festgestellt wurde. Der Schwerbehinderte S, der nach der Neuregelung einer gesetzlichen Krankenkasse nicht mehr beitreten kann, möchte dagegen unmittelbar vorgehen. Ist seine Verfassungsbeschwerde zulässig?
Lösung Fall 95: Die Verfassungsbeschwerde ist zulässig, wenn die Zulässigkeitsvoraussetzungen erfüllt sind.

1. Zuständigkeit. Das BVerfG ist gem. Art. 93 Abs. 1 Nr. 4a GG, §§ 13 Nr. 8a, 90ff. BVerfGG zuständig.

2. Beschwerdeberechtigung. Beschwerdeberechtigt ist nach § 90 Abs. 1 BVerfGG jedermann, der Träger des als verletzt gerügten Grundrechts ist. S ist Träger des Grundrechts aus Art. 3 Abs. 1 GG.

3. Beschwerdegegenstand. Tauglicher Beschwerdegegenstand ist jeder Akt der öffentlichen Gewalt. Als Akt der legislativen Staatsgewalt ist § 176c KVEG ein tauglicher Beschwerdegegenstand.

4. Beschwerdebefugnis. Fraglich ist jedoch, ob S auch gem. § 90 Abs. 1 BVerfGG beschwerdebefugt ist.

a. Möglichkeit einer Grundrechtsverletzung. Es müsste zunächst die Möglichkeit bestehen, dass die Grundrechte des S durch die staatliche Maßnahme verletzt wurden. Vorliegend soll die Beitrittsmöglichkeit für diejenigen Schwerbehinderten, deren Behinderung nach einem bestimmten Stichtag festgestellt wurde, erschwert werden. Da Schwerbehinderte, deren Behinderung vor dem Stichtag festgestellt wurde, nicht von der Regelung betroffen sind, kommt eine Ungleichbehandlung innerhalb der Gruppe der Schwerbehinderten in Frage. Eine Verletzung des allgemeinen Gleichheitsgrundsatzes aus Art. 3 Abs. 1 GG ist daher möglich. Im Verhältnis zu Nichtbehinderten kommt auch eine Verletzung von Art. 3 Abs. 3 Satz 2 GG in Frage.

b. Qualifizierte Betroffenheit. Erforderlich ist weiterhin, dass S durch die Regelung auch selbst, gegenwärtig und unmittelbar betroffen ist. Als Schwerbehinderter, dessen Behinderung erst nach dem Stichtag festgestellt wurde, ist S von der Regelung selbst, d. h. in eigener Person betroffen. Ebenfalls ist er schon oder noch betroffen, so dass auch die Gegenwärtigkeit bejaht werden kann. Da die Beitrittsmöglichkeiten durch die Regelung selbst eingeschränkt werden, ist S zudem unmittelbar betroffen. Ein weiterer Vollzugsakt ist nicht erforderlich.

c. Zwischenergebnis. S ist somit beschwerdebefugt.

§ 35. Grundinformationen zur Verfassungsbeschwerde 261

5. Rechtswegerschöpfung. Nach § 90 Abs. 2 Satz 1 BVerfGG ist die Verfassungsbeschwerde nur zulässig, wenn der Beschwerdeführer zuvor den Rechtsweg ausgeschöpft hat. Da gegen formelle Gesetze kein Rechtsweg gegeben ist, liegt diese Voraussetzung vor.
6. Subsidiarität. Weiterhin muss der Grundsatz der Subsidiarität der Verfassungsbeschwerde gewahrt sein. Dies ist gegeben, wenn dem Beschwerdeführer keine weiteren Möglichkeiten zur Verfügung stehen. Im vorliegenden Fall hätte S nach der Auffassung des BVerfG einen (eindeutig aussichtslosen) Antrag auf Aufnahme in die gewünschte Krankenkasse stellen und dann Rechtsschutz vor den Sozialgerichten suchen müssen. Das Sozialgericht hätte dann gegebenenfalls ein Normenkontrollverfahren nach Art. 100 Abs. 1 GG einleiten müssen (sehr zweifelhafte Entscheidung). Der Grundsatz der Subsidiarität ist daher nicht gewahrt.
7. Ergebnis. Die Verfassungsbeschwerde ist somit unzulässig.

Merke: Nach Auffassung des BVerfG ist der Beschwerdeführer verpflichtet, auch offensichtlich aussichtslose Anträge zu stellen und gegen ihre Ablehnung den Rechtsweg zu beschreiten.

c) Bundesverfassungsgericht und Landesverfassungsgerichte

Nach dem Verfassungs- und Verfassungsprozessrecht vieler Länder kann neben oder an die Stelle der Anrufung des BVerfG die Einlegung einer Landesverfassungsbeschwerde treten. Aus der Sicht des Bundesrechts kann die Landesverfassungsbeschwerde vor, gleichzeitig oder nach der Bundesverfassungsbeschwerde eingelegt werden (sog. zweipuriger verfassungsrechtlicher Grundrechtsschutz, siehe § 90 Abs. 3 BVerfGG). Daraus ergibt sich: 885
(1) Die Landesverfassungsbeschwerde ist kein Rechtsweg i. S. v. § 90 Abs. 2 BVerfGG.
(2) Die Einlegung der Bundesverfassungsbeschwerde ist gegenüber landesverfassungsrechtlichen Rechtsbehelfen nicht subsidiär.

6. Form und Frist

Das BVerfG entscheidet nur dann, wenn ein entsprechender Antrag vorliegt. Er muss schriftlich gestellt werden (§ 23 Abs. 1 Satz 1 BVerfGG). Weiterhin muss die Verfassungsbeschwerde begründet werden (§ 23 Abs. 1 Satz 2, § 92 BVerfGG). In der Verfassungspraxis spielt die Begründung der Beschwerde eine sehr viel größere Rolle als in Prüfungsarbeiten, wo im Regelfall davon ausgegangen werden kann, dass alle möglicherweise verletzten Grundrechte gerügt worden sind. Auch soweit dies nicht der Fall ist, ist der Prüfungsumfang nicht zu beschränken. 886

Die Verfassungsbeschwerde ist fristgebunden. Urteilsverfassungsbeschwerden sind gemäß § 93 Abs. 1 BVerfGG innerhalb eines Monats ab Zustellung des Urteils zu erheben und zu begründen. Verfassungsbeschwerden gegen ein Gesetz sind innerhalb eines Jahres nach Inkrafttreten dieses Gesetzes zu erheben (§ 93 Abs. 3 BVerfGG). 887

888   Im Falle eines gesetzgeberischen Unterlassens läuft die Frist so lange nicht, wie die Untätigkeit des Gesetzgebers andauert. Unterlässt es der Gesetzgeber im Sinne eines bloß unechten Unterlassens aber lediglich, bei einer Normierung bestimmter Fälle eine bestimmte Regelung mitaufzunehmen, so muss der Betroffene die Jahresfrist gegen die letztlich negativ entscheidende Norm wahren (BVerfGE 13, 284/287 f.; 15, 126/132).

7. Allgemeines Rechtsschutzbedürfnis

889   In Sonderfällen ist auch das allgemeine Rechtsschutzbedürfnis zu prüfen. Es fehlt, wenn das Ziel des Verfahrens anders erreicht werden kann oder wenn die Beschwer zwischenzeitlich weggefallen ist. Im letzteren Fall kann das Rechtsschutzbedürfnis allerdings trotzdem bestehen bleiben, wenn eine Wiederholung der angegriffenen Maßnahme zu besorgen ist oder wenn die aufgehobene oder gegenstandslos gewordene Maßnahme den Beschwerdeführer noch weiter beeinträchtigt oder wenn der gerügte Grundrechtseingriff besonders belastend erscheint (vgl. BVerfGE 91, 125/133). Bei besonders belastenden Grundrechtseingriffen ist weiterhin erforderlich, dass die Klärung einer verfassungsrechtlichen Frage von grundsätzlicher Bedeutung andernfalls unterbliebe oder dass die direkte Belastung durch den angegriffenen Hoheitsakt sich auf eine Zeitspanne beschränkt, in der der Betroffene nach dem regelmäßigen Geschäftsgang eine Entscheidung des BVerfG kaum erlangen könnte (BVerfGE 81, 138/140 f.).

II. Begründetheitsprüfung der Verfassungsbeschwerde

1. Einleitungssatz und Prüfungsreihenfolge

890   Die Verfassungsbeschwerde ist dann begründet, wenn ein rechtswidriger Grundrechtseingriff vorliegt. Die einzelnen Grundrechte sind nacheinander durchzuprüfen. Hierbei ist folgende Reihenfolge empfehlenswert:

1. Verletzung von speziellen Freiheitsgrundrechten
2. Für die Reihenfolge der Prüfung der einzelnen Freiheitsrechte gibt es keine festen Regeln. Jedes Grundrecht ist dann nach folgendem Schema zu prüfen:
   a) Schutzbereich
      – Persönlicher Schutzbereich (Deutschengrundrecht? Besonderheiten bei juristischen Personen)
      – Sachlicher Schutzbereich
   b) Eingriff
   c) verfassungsrechtliche Rechtfertigung des Eingriffs
      – Einschränkbarkeit des Grundrechts (Gesetzesvorbehalt? Einschränkbarkeit durch kollidierendes Verfassungsrecht?)

§ 35. Grundinformationen zur Verfassungsbeschwerde

– Notwendigkeit und Vorliegen eines formellen Gesetzes, ggf. bereits hier: Einhaltung der Anforderungen des Gesetzesvorbehaltes (z. B. bei Art. 5 Abs. 2 GG)
– formelle Rechtmäßigkeit des Gesetzes (Gesetzgebungskompetenz, Verfahren der Gesetzgebung, Form, Zitiergebot)
– materielle Rechtmäßigkeit des Gesetzes (insbesondere Übermaßverbot, Wesensgehaltsgarantie, Verbot von Einzelfallgesetzen, verfahrensmäßige Absicherung des Grundrechts insbesondere durch Richtervorbehalte)
– Verfassungsmäßigkeit der Rechtsanwendung (sog. Heck'sche Formel, liegt ein Verstoß gegen spezifisches Verfassungsrecht vor?)

2. Verletzung der allgemeinen Handlungsfreiheit (Art. 2 Abs. 1 GG)

Art. 2 Abs. 1 GG ist nur dann zu prüfen, wenn kein Eingriff in ein Spezialgrundrecht vorliegt. **891**

3. Verletzung von Gleichheitsrechten

a) Verstoß gegen einen speziellen Gleichheitssatz? **892**
b) Vereinbarkeit mit dem allgemeinen Gleichheitssatz (Art. 3 Abs. 1 GG).

4. Verletzung der Garantie der Menschenwürde (Art. 1 Abs. 1 GG)

Liegt eine Verletzung der übrigen Grundrechte nicht vor, kann bei einem **893** entsprechend schweren Eingriff eine Verletzung der Menschenwürdegarantie geprüft werden.

Fall 96 *(BVerfGE 85, 360ff.):* Art. 38 Abs. 3 Satz 1 EV lautet: „Die Arbeitsverhältnisse **894** der bei den Forschungseinrichtungen in der Akademie der Wissenschaften der Deutschen Demokratischen Republik beschäftigten Arbeitnehmer bestehen bis zum 31. Dezember 1991 als befristete Arbeitsverträge mit den Ländern fort". Von Beschäftigten dieser Institute und Einrichtungen wird Verfassungsbeschwerde erhoben. In welcher Reihenfolge sind mögliche Grundrechtsverstöße zu prüfen?
Lösung Fall 96: Das BVerfG prüft in seiner Entscheidung die Grundrechte in folgender Reihenfolge:
I. Die Einbeziehung von werdenden Müttern in die Befristungsregelung verstieß gegen Art. 12 Abs. 1 Satz 1 GG i. V. m. Art. 6 Abs. 4 GG.
II. Im Übrigen war die Befristung mit Art. 12 Abs. 1 Satz 1 GG vereinbar, soweit rechtzeitig bekannt gegeben wurde, dass keine Weiterbeschäftigung erfolge.
III. Ein Verstoß gegen die Wissenschaftsfreiheit (Art. 5 Abs. 3 Satz 1 2. Var. GG) kam nicht in Betracht, da Art. 12 Abs. 1 GG das „sachnähere" Grundrecht war. Art. 5 Abs. 3 Satz 1 2. Var. GG wurde aber bei der Prüfung der Verhältnismäßigkeit im engeren Sinne (Zumutbarkeit) mitberücksichtigt. Auch Art. 14 Abs. 1 GG war nach Auffassung des BVerfG nicht verletzt, da es um den Schutz der Erwerbsmöglichkeiten, nicht um den

Schutz des Erworbenen ging (in Übungsarbeiten wäre es vertretbar gewesen, Art. 5 Abs. 3 Satz 1 2. Var. GG selbstständig zu prüfen). Das BVerfG scheute sich vor der Frage, welches kollidierende Verfassungsrecht die Einschränkung rechtfertigen könnte. Richtigerweise ging es um die Funktionsfähigkeit der Wissenschaft. Art. 5 Abs. 3 Satz 1 2. Var. GG wurde also zum Schutz von Art. 5 Abs. 3 Satz 1 2. Var. GG eingeschränkt.

IV. Ein Verstoß gegen Art. 3 Abs. 1 GG lag jedenfalls nicht vor. Im Vergleich zu anderen Arbeitnehmergruppen des öffentlichen Dienstes rechtfertigte sich die Sonderbehandlung der im wissenschaftlichen Bereich tätigen Arbeitnehmer dadurch, dass die Einrichtungen der Akademie der Wissenschaften grundlegend umstrukturiert werden mussten, im Vergleich zu westdeutschen Forschern dadurch, dass dort eine Umstrukturierung nicht erforderlich war.

V. Schließlich wurde ein Verstoß gegen Art. 1 Abs. 1 GG verneint.

III. Sonstige Verfahrensarten

895 Grundrechtsverstöße können auch in sonstigen Verfahrensarten, vor allem bei der abstrakten Normenkontrolle (Art. 93 Abs. 1 Nr. 2 GG) und der konkreten Normenkontrolle (Art. 100 GG) eine Rolle spielen. Nach Erörterung der Zulässigkeitsvoraussetzungen ist in diesen Fällen die Grundrechtsprüfung in die Prüfung der materiellen Rechtmäßigkeit zu integrieren. Daraus ergibt sich folgender Prüfungsaufbau:

I. Formelle Rechtmäßigkeit

II. Materielle Rechtmäßigkeit

hier u. a.: Grundrechtsverstöße, erneut nach den Prüfungspunkten Schutzbereich/Eingriff/verfassungsrechtliche Rechtfertigung. Zu beachten ist, dass die formelle Rechtmäßigkeit des Gesetzes bereits vorweggeprüft worden ist.

IV. Einstweilige Anordnungen

1. Allgemeines

896 Die Befugnis zum Erlass einstweiliger Anordnungen ergibt sich aus § 32 BVerfGG. Das BVerfG kann insoweit auch von Amts wegen entscheiden, soweit ein Hauptsacheverfahren anhängig ist. In der Regel erfolgt aber eine Entscheidung auf Antrag von Beteiligten.

897 Trotz Verwendung des Wortes „kann" steht der Erlass einer einstweiligen Anordnung nicht im Ermessen des BVerfG. Vielmehr muss eine Anordnung ergehen, wenn die Voraussetzungen vorliegen.

2. Zulässigkeitsprüfung

a) Soweit ein Antrag gestellt wird, muss der Antragsteller antragsberechtigt sein. Die Antragsberechtigung richtet sich nach den gleichen Regeln wie im Hauptverfahren. **898**

b) Für den Antrag muss ein Rechtsschutzbedürfnis bestehen. Die beantragte Maßnahme darf zur Rechtswahrung nicht ungeeignet sein. Die einstweilige Anordnung durch das BVerfG ist zudem eine Art ultima ratio. Es darf für den Antragsteller kein einfacherer Weg bestehen, seine Rechte wahrzunehmen. **899**

3. Begründetheitsprüfung

Ausgangspunkt für die Begründetheitsprüfung ist der Wortlaut des § 32 Abs. 1 BVerfGG. Es gibt drei Anordnungsgründe, von denen einer vorliegen muss: **900**
– Abwehr schwerer Nachteile,
– Verhinderung drohender Gewalt,
– anderer wichtiger Grund.

Bei allen drei Anordnungsgründen (nicht nur beim letzten!) muss hinzukommen, dass die Anordnung „zum gemeinen Wohl dringend geboten" ist. In der Entscheidungspraxis des BVerfG wird im Regelfall geprüft, ob die einstweilige Anordnung zur Abwehr schwerer Nachteile zum gemeinen Wohl dringend geboten ist. **901**

Der Antrag auf einstweilige Anordnung ist unbegründet, wenn der Hauptantrag unzulässig oder offensichtlich unbegründet ist. Lässt sich eine solche Feststellung nicht treffen, wendet das Gericht die folgenorientierte Doppelhypothese an (siehe bereits oben § 21 IV 2): **902**
Welche Nachteile überwiegen?
– Die einstweilige Anordnung ergeht nicht, der Antrag hat aber in der Hauptsache Erfolg?
oder
– Die einstweilige Anordnung ergeht, der Antrag hat aber in der Hauptsache keinen Erfolg?

Ein strenger Maßstab an die Prüfung ist insbesondere dann anzulegen, wenn ein beschlossenes formelles Gesetz außer Vollzug gesetzt werden soll. Der Respekt vor der Gestaltungsfreiheit des formellen Gesetzgebers gebietet es, ein formelles Gesetz nur dann vorläufig außer Kraft zu setzen, wenn die Nachteile, die mit In-Kraft-Treten bei späterer Feststellung der Verfassungswidrigkeit verbunden wären, in Ausmaß und Schwere die Nachteile deutlich überwiegen, die im Fall der vorläufigen Verhinderung eines sich später als verfassungsmäßig erweisenden Gesetzes eintreten würden (BVerfGE 104, 51/55). **903**

904 Fall 97 *(BVerfGE 104, 51 ff.)*: Der Bundesgesetzgeber beschließt das sog. Lebenspartnerschaftsgesetz, das am 1. August 2001 in Kraft treten soll. Die Bayerische und die Sächsische Staatsregierung stellen daraufhin einen abstrakten Normenkontrollantrag an das BVerfG und beantragen im Juli 2001, das angegriffene Gesetz im Wege der einstweiligen Anordnung bis zur Entscheidung im Hauptsacheverfahren nicht in Kraft treten zu lassen. Wie ist über den Antrag auf einstweilige Anordnung zu entscheiden?

Lösung Fall 97: Bedenken gegen die Zulässigkeit des Antrags bestehen keine. Die einstweilige Anordnung könnte zur Abwehr schwerer Nachteile dringend erforderlich sein.

1. Schritt. Welche Nachteile treten ein, wenn die einstweilige Anordnung nicht ergeht, das Gesetz sich aber im Nachhinein als verfassungswidrig erweist? Die geschlossenen Lebenspartnerschaften wären mangels gesetzlicher Grundlage unwirksam. Eventuell eingetretene privatrechtliche Folgen müssten rückabgewickelt werden.

2. Schritt. Welche Nachteile treten ein, wenn die einstweilige Anordnung ergeht, das Gesetz sich aber im Nachhinein als verfassungsmäßig erweist? Es würde beim alten Rechtszustand bleiben. „Bindungswillige" Paare müssten bis zur Entscheidung in der Hauptsache warten, um eine eingetragene Lebenspartnerschaft zu begründen.

Eigentlich liegt ein eindeutiger Fall vor. Die Nachteile, die entstehen, wenn zunächst eingetragene Lebenspartnerschaften eingegangen und später wieder rückabgewickelt werden müssen, überwiegen eindeutig. Die Senatsmehrheit kam gleichwohl zum gegenteiligen Ergebnis und lehnte den Erlass einer einstweiligen Anordnung ab.

Sachverzeichnis

(Die Zahlen verweisen auf die Randnummern des Buches)

Abtreibungsentscheidung 212
Abwehrrecht 190
Administrativenteignung 694, 706, 708, 709
Adoption 436
Alleinerziehende 436
allgemeine Handlungsfreiheit 8, 29, 42, 224, 225, 226, 227, 231, 233, 234, 238, 240, 270, 293, 300, 328, 472, 563, 589, 606, 607, 609
– Beschränkungen 233, 238
– Grundrechtseingriff 231, 232
– Grundrechtsträgerschaft 229, 230
– sachlicher Schutzbereich 225, 226
– Subsidiarität 33, 226, 227
– und wirtschaftlicher Wettbewerb 232
– Zitiergebot 164
allgemeiner Gesetzesvorbehalt 148
allgemeiner Gleichheitssatz 10, 36, 38, 113, 813, 817, 819, 821, 830, 832, 842, 843, 846, 847, 848, 856, 857, 892
– neue Formel 846
– Prüfungsaufbau 846, 847
– und besondere Gleichheitssätze 819, 820, 826
– Willkürprüfung 843, 844, 845, 846
allgemeiner Justizgewährleistungsanspruch 761, 762, 767, 781, 782, 783, 784, 785, 795
allgemeines Gesetz 387, 388, 389, 390, 391, 392, 393, 394
allgemeines Persönlichkeitsrecht 238, 239, 240, 241, 242, 442
– Grundrechtseingriff 254
– objektive Dimension 260
– persönlicher Schutzbereich 251
– sachlicher Schutzbereich 239, 241
– und informationelle Selbstbestimmung 242
– Zitiergebot 164

Altersgrenzen 67, 182, 631, 633, 829
Ansammlung 486
Apothekenurteil 618
Arbeitgeberverband 544
Arbeitnehmerverband 544
Arbeitsrecht 326, 459, 618
Ärztekammer 227, 523, 617
Asylrecht 735, 736, 737, 738, 739, 748
– Grundrechtsträgerschaft 737, 749, 750, 751
– Schutzbereich 740, 741, 742
Aufenthalt 81, 169, 577, 578, 581, 745, 754, 755, 760, 829
Ausbürgerung und Auslieferung, Schutz vor 723
– Grundrechtseingriff 726, 727
– Grundrechtsträgerschaft 724, 725
– Schutzbereich 724
Auschwitzlüge 345
Auslieferung 144, 725, 731, 732, 733, 734, 735
Ausländer 29, 41, 42, 71, 230, 305, 325, 438, 444, 457, 531, 545, 589, 747, 750, 751, 754, 756, 763, 807, 829, 868
Ausreise aus dem Bundesgebiet 227, 577
Aussperrung 547, 554
Ausstrahlungswirkung 125, 260, 326
außenpluralistisches Modell 374
Bagatellvorbehalt 139
Begnadigung 766
Behinderte 833, 834, 835, 836, 884
Beliehene 99
Berufsausübungsregelung 533, 618, 620, 623, 624, 642, 643
Berufsbeamtentum
– Garantie 47, 321, 411
Berufsfreiheit 10
Berufsfreiheit, Arbeitszwang, Zwangsarbeit 586

- Anwendung auf EU-Ausländer 589, 590
- Arbeitszwang 649, 650
- Drei-Stufen-Lehre 533, 618, 636, 642, 643
- Grundrechtseingriff 604, 605, 607, 609
- Grundrechtsträgerschaft 589
- objektive Dimension 643, 644
- Schutzbereich 588
- und die allgemeine Handlungsfreiheit 606, 607, 609
- und Menschenwürde 644
- Zitiergebot 164
- Zwangsarbeit 652, 653

berufsregelnde Tendenz 607, 608
- objektive 606
- subjektive 605

Berufswahlregelung
- objektive 636, 637, 639
- subjektive 631

Beschwerdebefugnis 871
- Menschenwürdegarantie 205

Beschwerdeberechtigung 866, 867, 868

Beschwerdegegenstand 870
- besondere Gewaltverhältnisse 100

Bestimmtheitsgebot 168, 171, 800

Beurteilungsspielraum 476, 646, 776, 791

Bildungsurlaub 630

Bill of Rights
- der amerikanischen Bundesverfassung 7
- von 1689 4
- von Virginia 6, 7, 8

binnenpluralistisches Modell 374

Blinkfüer-Entscheidung 121, 122

Boykottaufruf 122, 351

Brief-, Post- und Fernmeldegeheimnis 554
- besonderer Gesetzesvorbehalt 573, 574
- Grundrechtseingriff 566
- Grundrechtsträgerschaft 564
- objektive Dimension 576
- Schutzbereich 555

Burka 304

Bürgerinitiative 529

Bürgerrechte 64

Bürgschaftsfall 123

Cannabis 228, 236, 300

Charta der Grundrechte 92, 822

Computergrundrecht 217, 243, 258, 561, 565, 571

Daseinsvorsorge 101

Demonstration 488, 489, 501, 504, 506, 510, 513, 514, 516, 521, 800

Deutschengrundrechte 38, 40, 41, 42
- und juristische Personen 71

Diskriminierung, mittelbare 826, 831

Drei-Stufen-Lehre 533, 618, 636, 642, 643

Drittwirkung 105, 106, 114, 115, 119, 120, 126, 368, 399, 422, 545, 648, 873

Durchblickstheorie 84

Durchgriffstheorie 84

Durchsuchung 398, 565, 663, 664, 665, 672, 780

Ehe, Familie und Elternrecht, Schutz von 429
- Gleichstellungsauftrag 463
- Grundrechtseingriff 443, 445
- Grundrechtsträgerschaft 438
- Institutsgarantie 46, 432, 437, 443
- nichteheliche Kinder 35, 436, 441, 442, 463, 813, 816
- objektive Dimension 455
- Schutzbereich 432
- und das allgemeine Persönlichkeitsrecht 250
- und Religionsfreiheit 321
- Wächteramt 431, 446, 448

eheähnliche Gemeinschaften 432

Ehrschutz 390

Eid 323

eigenes Bild, Recht am 43, 244, 251

Eigentums- und Erbrechtsgarantie 46, 673, 674
- Bestandsgarantie 675

Eilversammlung 60, 501

Einbürgerung 726, 727

eingerichteter und ausgeübter Gewerbebetrieb 379, 422, 678

Einreise in das Bundesgebiet 577

einstweilige Anordnung 55, 517, 521, 755, 896, 897, 899, 901, 902, 904

einstweiliger Rechtsschutz 880, 883

Einzelfallgesetz 176, 177, 178, 708, 890

elterliches Erziehungsrecht 28, 68, 309, 321, 453, 464, 467, 468, 472

Stichwortverzeichnis

Embryo 212, 223, 224, 274
enteignender Eingriff 713, 715
Enteignung 692, 693, 694, 695, 701, 702, 703, 704, 712
– Erbrecht 720
– Geschichte 10
– Grundrechtseingriff 686
– Grundrechtsträgerschaft 684, 685
– Inhalts- und Schrankenbestimmungen 687, 688, 690, 696, 698
– Institutsgarantie 674
– Junktimklausel 703
– Schutzbereich 674
– und Minderjährige 869
– Zitiergebot 164
enteignungsgleicher Eingriff 713, 714, 715
Erbrecht 719, 720, 721, 722
Erforderlichkeit 155, 159, 185
Ersatzdienst 338, 340
Ersatzschule 477, 478, 479, 483
EU-Ausländer 41, 527, 589, 590
EuGH 91, 93, 94, 640, 791, 840
Europarecht 41, 88, 590, 640, 791
Europäische Menschenrechtskonvention 95, 96, 97, 98, 322, 753, 841, 872
Europäische Union 88, 90, 91, 93, 94
Filmfreiheit 341, 379, 380, 381, 382, 383
– Grundrechtsträgerschaft 382
– und Kunstfreiheit 383
finaler Rettungsabschusses 280
finaler Rettungsschuss 193, 279
Finanzmonopol 639
Fiskalverwaltung 101
Fluchtgefahr 295
Folter 208, 271, 741, 748
Formalbeleidigung 396
Freiheit der Person 12, 73, 98, 228, 258, 287, 294, 297, 300, 323
– Grundrechtseingriff 292
– Grundrechtsträgerschaft 291
– Richtervorbehalt 295
freiheitlich-demokratische Grundordnung 130, 131, 151, 343, 361, 407, 425, 519, 540, 574, 575, 584, 725
Freiheitsbeschränkung 292, 293, 294
Freiheitsentziehung 4, 228, 292, 293, 295, 300, 653

Freiheitsstrafe 193, 215, 219, 259, 292, 293, 298, 300, 735
Freiwillige Feuerwehr 652
Freizügigkeit 10, 40, 42, 576, 577, 579, 580, 584, 586, 731
– Grundrechtseingriff 581
– Grundrechtsträgerschaft 580
– Schutzbereich 577
Fristenlösung 212
Gebührenordnung 625
Geeignetheit 183, 618, 847
Gefahrenabwehr 166, 257, 669
Gemeinden 47, 594, 685
Gemeinwirtschaft 715, 716
gemischtwirtschaftliche Unternehmen 85, 104, 156
Generalklauseln im Privatrecht 109, 110, 124, 125
Gesamtschule 28, 333, 482, 836
Gesellschaft bürgerlichen Rechts 70
Gesellschaftsvertrag 6
Gesetzesvorbehalt 31, 100, 133, 148
– einfacher 148
– qualifizierter 148, 179
gesetzliche Grundlage 132, 159, 162, 167
– als Eingriffsvoraussetzung 100, 156, 157, 158
– formelle Verfassungsmäßigkeit 163
– materielle Verfassungsmäßigkeit 168
gesetzliche Krankenkasse 884
gesetzliche Krankenkassen 436, 884
gesprochenes Wort, Recht am 245, 246, 251, 562
Gewerkschaft 543, 547, 548, 554, 859
Gewissensfreiheit 149, 286, 326, 329, 330, 333
– Grundrechtseingriff 334
– Grundrechtsträgerschaft 332
– objektive Dimension 340
– Schutzbereich 330
Glaubensfreiheit 153, 162, 167, 171, 191, 300, 301, 302, 304, 306, 307, 308, 309, 310, 311, 313, 314, 315, 318, 319, 320, 322, 323, 324, 325, 326, 327, 328, 330, 412, 472, 525
– einheitliche Garantie 301, 318
– Gesetzesvorbehalt 318, 319, 320, 321
– Grundrechtseingriff 314, 315, 316, 317
– Grundrechtsträgerschaft 309, 310

- objektive Dimension 326
- Schutzbereich 301, 302
- und Vereinigungsfreiheit 307

Gleichbehandlungsgebot 590, 816
Gleichbehandlungsverbot 817
Gleichheitsrechte 812, 813
- Prüfungsaufbau 35, 36, 818, 820
- Verhältnis zu Freiheitsrechten 37

Global Positioning System (GPS) 169, 189
Glykol-Entscheidung 143, 612
Großer Lauschangriff 562, 666
Grundrechte
- als Abwehrrechte 44, 45, 49, 367
- als Freiheitsrechte 26, 27
- als Gleichheitsrechte 35, 36, 813, 814
- als Leistungsrechte 56, 57, 644
- als subjektiv-öffentliche Rechte 1, 19
- als Teilhaberechte 59
- benannte 43
- objektive Dimension 48, 49, 50
- unbenannte 43
- Verwirkung 128, 129, 130, 132

Grundrechtsbegriff 18
Grundrechtsbeschränkungen 147, 149, 150, 151, 152, 153
Grundrechtsbindung 87
- der Europäischen Union 88, 89, 90
- der Exekutive 98, 99, 100
- der Fiskalverwaltung 101
- der Rechtsprechung 109, 110
- des Gesetzgebers 106, 107
- im Verwaltungsprivatrecht 102, 103, 104

Grundrechtseingriff 132, 134
- allgemeine Handlungsfreiheit 231
- allgemeines Persönlichkeitsrecht 254
- Ausbürgerung und Auslieferung 726, 727
- Berufsfreiheit 604, 605, 606, 607
- Brief-, Post- und Fernmeldegeheimnis 566
- Ehe, Familie und Elternrecht, Schutz von 443, 444, 445
- Eigentums- und Erbrechtsgarantie 686
- einstufiger und mehrstufiger 196
- faktischer 138, 139, 140
- Freiheit der Person 292
- Freizügigkeit 581
- Gewissensfreiheit 334

- Glaubensfreiheit 314, 315, 316
- klassischer 137
- Koalitionsfreiheit 549, 550, 551
- Kunstfreiheit 423
- Leben und körperliche Unversehrtheit, Recht auf 275, 276
- Meinungsfreiheit 384
- Menschenwürdegarantie 206, 207, 208, 216
- Pressefreiheit 385
- Rundfunkfreiheit 386
- und Finalität 140
- und Unmittelbarkeit 140
- Unverletzlichkeit der Wohnung 658, 659, 660
- Vereinigungsfreiheit 534
- Versammlungsfreiheit 495
- Wissenschaftsfreiheit 410

grundrechtsgleiche Rechte 2, 20, 21, 22, 25, 89, 171, 786, 793, 795
Grundrechtsmündigkeit 65, 66, 67, 68, 869
grundrechtsorientierte Auslegung 63
Grundrechtsträgerschaft 29, 63, 64, 763
- Meinungsfreiheit 353
- allgemeine Handlungsfreiheit 229
- allgemeines Persönlichkeitsrecht 251
- Ausbürgerung und Auslieferung 724, 725
- Berufsfreiheit 589
- Brief-, Post- und Fernmeldegeheimnis 564
- des nasciturus 210
- Ehe, Familie und Elternrecht, Schutz von 438, 441
- Eigentums- und Erbrechtsgarantie 684, 685
- Filmfreiheit 382
- Freiheit der Person 291
- Freizügigkeit 580
- Gewissensfreiheit 332
- Glaubensfreiheit 309, 310, 312
- Informationsfreiheit 359
- Koalitionsfreiheit 545, 547
- Kunstfreiheit 421, 422
- Leben und körperliche Unversehrtheit, Recht auf 272, 274
- Menschenwürdegarantie 213, 215
- Pressefreiheit 367, 368

- Rundfunkfreiheit 372
- Unverletzlichkeit der Wohnung 658
- Vereinigungsfreiheit 527, 530, 532
- Versammlungsfreiheit 494
- von juristischen Personen des Privatrechts 70, 71, 72, 564
- von juristischen Personen des öffentlichen Rechts 74, 75, 79, 80, 83
- von Minderjährigen 65, 67, 353, 494, 545, 564, 580
- von Personenvereinigungen 69, 564
- von publifizierten Unternehmen 83, 84
- von Toten 211, 252
- Wissenschaftsfreiheit 408

grundrechtstypische Gefährdungslage 80
Grundrechtsverzicht 134, 135
Grundversorgung 377
Habeas-Corpus-Akte 4
Haschisch 185, 300
Hausverbot 105, 156, 495
Heck'sche Formel 117, 200, 350, 379, 422, 890
Hochschulrecht 59, 641
Idealkonkurrenz 491
IMSI-Catcher 563
informationelle Selbstbestimmung, Recht auf 43, 135, 242, 245, 563, 565, 571
Informationsfreiheit 341, 354, 355, 356, 358, 360
- Grundrechtsträgerschaft 359
- Schutzbereich 355, 358

Informationstätigkeit 143
Inhalts- und Schrankenbestimmungen 687, 688, 690, 692, 696, 698, 699
Inhaltskontrolle von Verträgen 124
Innominatgrundrechte 43
- Zitiergebot 164

Innungen 77
institutionelle Garantie 46, 47, 48
Institutsgarantie 46, 48, 432, 437, 443, 674, 719
Internet 95, 369, 559
Internetverbindung 561
Intimsphäre 256
Jedermanngrundrechte 38, 39, 41
Jugendsekten 141, 162
Jugendstrafvollzug 100, 157, 158

Junktimklausel 164, 703
juristische Personen 68, 69, 70, 71, 72, 73, 74, 763, 868, 890
- Brief-, Post- und Fernmeldegeheimnis 564
- Eigentums- und Erbrechtsgarantie 684
- und allgemeines Persönlichkeitsrecht 251
- und Berufsfreiheit 589
- und die allgemeine Handlungsfreiheit 229
- und Filmfreiheit 382
- und Freiheit der Person 291
- und Freizügigkeit 580
- und Glaubensfreiheit 310
- und Informationsfreiheit 359
- und Koalitionsfreiheit 545
- und Kunstfreiheit 421
- und Meinungsfreiheit 353
- und Pressefreiheit 367
- und Rundfunkfreiheit 372
- und Unverletzlichkeit der Wohnung 658
- und Vereinigungsfreiheit 527, 530, 531, 532
- und Versammlungsfreiheit 494
- und Wissenschaftsfreiheit 409

Kapazitätsvorbehalt 603
Kapitalgesellschaft 524, 536, 859
Karenzentschädigung 648
Kernbereich privater Lebensgestaltung 215, 217, 258, 572, 668, 669
Kirchen 81, 83, 310, 322, 324, 326, 374, 469, 763, 813
Kirchenasyl 305
Koalitionsfreiheit 542, 543, 545, 548
- Grundrechtseingriffe 549, 550, 551
- Grundrechtsträgerschaft 545, 547
- individuelle 545
- kollektive 545, 546
- Schutzbereich 543

kollidierendes Verfassungsrecht 149, 150, 152, 153, 154, 162, 207, 308, 318, 321, 323, 335, 336, 339, 401, 411, 412, 413, 422, 424, 454, 548, 551, 552, 554, 585, 890
kommunale Gebietskörperschaften 75, 76
kommunale Selbstverwaltung 47, 78

kommunale Verfassungsbeschwerde 78
Kompetenzbestimmungen als kollidierendes Verfassungsrecht 152
Konfusionsargument 75
Kopftuch 171, 316
Kriegsdienstverweigerung 330, 336
Kulturadäquanzklausel 304
Kunstfreiheit 415, 416
– Grundrechtseingriff 423
– Grundrechtsträgerschaft 421, 422
– Schutzbereich 416, 422
körperliche Unversehrtheit, Recht auf 269, 270, 271, 272
– Grundrechtseingriff 275, 276
– Grundrechtsträgerschaft 272
– objektive Dimension 282
Ladenschluss 328, 329, 627
Leben, Recht auf 269, 270, 272
– Grundrechtseingriff 275, 276
– Grundrechtsträgerschaft 272, 274
– objektive Dimension 282
Lebenspartnerschaft 431, 433, 850, 851, 904
Lebenspartnerschaften 850
Legalenteignung 177, 694, 706, 707, 708, 710
legitime Zwecksetzung 180, 618, 619, 627, 847, 857
Lotterie 623, 640
Lüth-Entscheidung 119, 120, 125, 399
Magna Charta Libertatum 3, 4
Mauerschützenentscheidung 803
Meinungsfreiheit 342, 343, 344, 345, 351, 352
– Abgrenzung Meinungen - Tatsachen 201, 346, 347, 348
– Abwägungslehre 389
– allgemeine Gesetze 387, 388, 389, 390, 391, 392, 393
– Grundrechtseingriff 384
– Grundrechtsträgerschaft 353
– Schutzbereich 343, 344, 345
– Sonderrechtslehre 390, 391, 392, 393
Meisterprüfung 632
Menschen- und Bürgerrechtserklärung 8
Menschenrechte 7, 8, 18, 39, 92, 96, 131, 343, 753, 803

Menschenwürde 73, 136, 202, 203, 205, 206, 286, 325, 391, 396, 668, 741, 893
Menschenwürdegarantie 203, 206
– als subjektiv-öffentliches Recht 204
– Grundrechtseingriff 215
– Grundrechtsträgerschaft 209, 210, 211
– objektive Dimension 220
– Schutzbereich 213, 215
– Uneinschränkbarkeit 203, 206
– Unverzichtbarkeit 136
Mephisto-Entscheidung 422
Mietrecht 356, 677, 683
Minderjährige 65, 67, 353, 440, 458, 468, 472, 494, 545, 564, 580, 746, 869
Mobilfunkanlagen 52
Mutterschutz 186, 460, 832, 842
nasciturus 210, 212
Nassauskiesungsentscheidung 691
ne bis in idem 805
neue Formel 846
nichteheliche Kinder 35, 436, 441, 442, 463, 813, 816
Nominatgrundrechte 43
Normenkontrollverfahren 212, 770, 884, 895
nulla poena sine lege 797, 798, 799, 804
numerus clausus 641
Nötigung 493, 800
Objektformel 213
objektiv Funktion der Grundrechte 50
– allgemeines Persönlichkeitsrecht 260
– Gewissensfreiheit 340
– Glaubensfreiheit 326
– Leben und körperliche Unversehrtheit, Recht auf 282
– Menschenwürdegarantie 220
öffentliche Sicherheit und Ordnung 499, 506, 514
Online-Durchsuchung 174, 184, 188, 243, 571, 572
Osho-Entscheidung 142, 162, 304
Parabolantenne 356, 358
Passivrauchen, Schutz vor 287
Paulskirchenverfassung 10, 11, 12
Pendlerpauschale 853
Personengesellschaft 524

Persönlichkeitsschutz 252, 368, 390, 396
Petition 808
Petitionsrecht 4, 760, 806
Pflichtexemplar-Entscheidung 38
Pornographie 419, 420
praktische Konkordanz 149, 327, 337
Pressefreiheit 360, 361, 362, 363
- Abwägungslehre 389
- allgemeine Gesetze 387, 388, 389, 390
- Grundrechtseingriff 385
- Grundrechtsträgerschaft 367, 368
- Schutzbereich 361, 362, 363, 364, 365
- Sonderrechtslehre 391, 392, 393
Preußische Verfassungsurkunde 11
Privatautonomie 51, 124, 225
Privatschulen 57, 464, 474, 475, 477
Privatsphäre 43, 241, 256, 259, 265, 396
Prostitution 594
Prozessgrundrechte und Petitionsrecht 760
- gesetzlicher Richter 786, 787
- Justizgewähr 761
- rechtliches Gehör 792, 795
Prüfungsumfang des BVerfG 202, 886
Prüfungsverfahren 645
publifizierte Unternehmen 84
Quotenregelung 839, 840
Rauchverbot 628, 686
Realakt 277, 334, 610, 686, 765
Rechtsanwaltskammer 523, 609
Rechtsanwendungsgleichheit 11, 814
Rechtsschutzbedürfnis 889, 899
Rechtsverordnung 45, 99, 137, 170, 176, 197, 568, 582, 615, 616, 688, 765
Rechtswegerschöpfung 879
Redaktionsgeheimnis 370
Reiten im Wald-Entscheidung 238
Religionsfreiheit (siehe auch Glaubensfreiheit) 311
- und Minderjährige 67, 309
Religionsgemeinschaft 142, 167, 304, 313, 314, 317, 328, 412, 470, 525
Religionsprivileg 325
Rentenversicherungsträger 76
Residenzpflicht 579
Richtervorbehalt 95, 173, 295, 663, 665, 890
Rundfunkanstalten 80, 83, 372, 377, 378, 386, 684, 763

Rundfunkfreiheit 80, 81, 83, 341, 368, 369, 370, 371
- Abwägungslehre 389
- allgemeine Gesetze 387, 388, 389, 390
- gesetzgeberische Ausgestaltung 373
- Grundrechtseingriff 386
- Grundrechtsträgerschaft 372
- Schutzbereich 369, 370
- Sonderrechtslehre 391, 392, 393
Rückwirkungsverbot 8, 98, 802, 803
Rückübertragungsanspruch 712
salvatorische Entschädigungsklausel 704
Satzung 45, 77, 99, 137, 162, 176, 197, 231, 568, 615, 616, 617, 765, 877
Scheidung 435, 437, 462
Schleyer-Fall 55
Schmerzensgeld 113
Schulaufsicht 153, 465, 466, 468, 472
- und elterliches Erziehungsrecht 467, 468, 472
Schulen 28, 171, 315, 333, 405, 440, 464, 465
Schulgebühren 478, 481
Schulhoheit 151, 153, 453, 468
Schulwesen 463, 464, 466, 468, 472
- Religionsunterricht 468, 469, 470
- Schulaufsicht 465, 466
Schutzbereich
- allgemeine Handlungsfreiheit 225, 226
- allgemeines Persönlichkeitsrecht 239
- Ausbürgerung und Auslieferung 724
- Berufsfreiheit 588, 591
- Brief-, Post- und Fernmeldegeheimnis 555
- Ehe, Familie und Elternrecht, Schutz von 432, 434, 435
- Eigentums- und Erbrechtsgarantie 674, 720
- Filmfreiheit 381, 382
- Freiheit der Person 288
- Freizügigkeit 577
- Gewissensfreiheit 330
- Glaubensfreiheit 301, 302
- Informationsfreiheit 355, 358
- Koalitionsfreiheit 543
- Kunstfreiheit 416
- Leben und körperliche Unversehrtheit, Recht auf 270, 271

- Meinungsfreiheit 343, 344
- Menschenwürdegarantie 213, 215
- persönlicher (siehe auch Grundrechtsträgerschaft) 29
- Pressefreiheit 361, 362, 363, 364, 365
- Rundfunkfreiheit 369, 370
- sachlicher 27
- Unverletzlichkeit der Wohnung 655
- Vereinigungsfreiheit 522, 523
- Versammlungsfreiheit 484
- Wissenschaftsfreiheit 403, 404

Schutzbereichsverstärkung 190
Schutzpflicht 50, 52, 55, 122, 124, 126, 127, 145, 150, 220, 252, 260, 263, 282, 283, 286, 287, 873
- Prüfungsaufbau 54

Schwangerschaftsabbruch 285, 286
Schächtung 191, 306, 327, 328
Selbsttötung 284
Seuchengefahr 585, 673
Sexualerziehung 468
Sicherungsverwahrung 98
Sittengesetz 233
Sitzblockade 493, 516
Soldaten sind Mörder-Entscheidung 346
Sozialrecht 831, 856
Sozialstaatsprinzip 57, 155, 221
Sparkassen 76
spezielle Gleichheitssätze 822
- Benachteiligung wegen Behinderung 833, 834, 835, 836
- Bevorzugung/Benachteiligung wegen des Geschlechts 827, 831
- Gleichstellung von Männern und Frauen 836, 837, 840

spezifisches Verfassungsrecht 117, 200, 350, 790, 797
Spontanversammlung 60, 501
Sportunterricht 153, 321
Sportwetten 593, 640
Staatsangehörigkeit 41, 72, 74, 724, 726, 728, 729, 730, 731, 735, 822, 849
Staatszielbestimmung 58, 424, 837
Stammzellen 223, 224
Steuern 187, 227, 643, 649, 680, 853
Strafanspruch 151
Strafgefangene 98, 100, 250, 270, 359, 542, 766
Strafprozessrecht 259, 323, 769

Strafrecht 281, 286, 390, 423, 426, 493, 566, 734, 799, 801, 802, 804, 806
Streik 270, 547, 550, 554
streitbare Demokratie 128
- subjektive-öffentliches Recht 19, 20

Subsidiarität
- der allgemeinen Handlungsfreiheit 226
- der Verfassungsbeschwerde 879, 881, 882

Superrevisionsinstanz 115
Tariftreue 607
Tarifvertrag 553
Tatsachenbehauptung 201, 345, 349, 354, 396, 397
Telefonüberwachung 81, 134, 166
Telekommunikation 565, 566, 769
Telekommunikation (siehe auch Brief-, Post- und Fernmeldegeheimnis) 559, 562
Todesstrafe 278, 741
Tote 211, 252
Überlagerungstheorie 319
Umweltschutz 282, 691
Ungleichbehandlungsgebot 817
Ungleichbehandlungsverbot 815, 817, 837
Universitäten 59, 78, 80, 83, 339, 412, 415, 465, 602, 604, 641, 644, 684, 763
Untermaßverbot 52, 54, 55, 122, 212, 286, 287
Unverletzlichkeit der Wohnung 654, 655
- Grundrechtseingriff 658, 659
- Grundrechtsträgerschaft 658
- Schutzbereich 655

Urteilsverfassungsbeschwerde 350, 874, 887
Verein 70, 127, 141, 155, 162, 312, 349, 522, 524, 534, 536, 539
Vereinigungsfreiheit 10, 307, 521, 525
- Grundrechtseingriff 534
- Grundrechtsträgerschaft 527, 530, 532
- individuelle 526
- kollektive 528
- Schutzbereich 522, 523
- und Glaubensfreiheit 307, 525
- und Parteien 538

Verfassungsbeschwerde 770, 780, 786, 790, 793, 797, 864, 865, 868, 869

– Geschichte 10, 13
– Prüfungsaufbau 865
– und Grundrechtsbegriff 18
– und Menschenwürdegarantie 205
verfassungskonforme Auslegung 60, 61, 62, 501, 574, 666
verfassungsmäßige Ordnung 233, 234, 540
verfassungsrechtliche Rechtfertigung 147
Verfassungsänderung 203, 739
Vergaberecht 783
Verhältnismäßigkeit i. e. S. 188
Verhältnismäßigkeitsgrundsatz 179, 180, 194, 535, 553, 664, 852
Vermögen 227, 681, 801
Vermögensstrafe 801
Versammlungsfreiheit 40, 105, 178, 483, 484, 489
– Grundrechtseingriff 495
– Grundrechtsträgerschaft 494
– objektive Dimension 515
– Schutzbereich 484
– und Polizeifestigkeit 497
Vertrag von Lissabon 88, 89, 93
Vertragsfreiheit 125, 227, 462
Verwaltungsakt 45, 99, 137, 176, 177, 197, 231, 328, 423, 529, 582, 615, 616, 689, 706, 709, 710, 729, 730, 765, 877
Verwaltungsmonopol 639
Verwaltungsprivatrecht 101, 102, 766
Verwirkung von Grundrechten 127, 128, 129
Volksbefragung 344
Volksschule 474, 475
Volksverhetzung 391

vorkonstitutionelle Gesetze
– Zitiergebot 164
Vorratsdatenspeicherung 566, 572
Völkerrecht 87, 144, 145, 803, 872
Wahlrecht 20, 35, 813, 821
Wechselwirkungslehre 120, 324, 350, 360, 368, 395
Wehrdienst 276
Weimarer Reichsverfassung 12, 13, 311
Werbebeschränkungen 624
Werbung 366, 381, 489, 533, 546, 620, 624
Wesensgehaltsgarantie 31, 192, 194, 890
wesensmäßige Anwendbarkeit 73, 74
Wesentlichkeitstheorie 170, 468, 617
Willkürprüfung 200, 791, 820, 843, 846
– und neue Formel 846
wirtschaftlicher Wettbewerb 232
Wissenschaftsfreiheit 78, 80, 83, 149, 402, 403, 404, 407, 414, 553, 894
– Grundrechtseingriff 410
– Grundrechtsträgerschaft 408
– objektive Dimension 414
– Schutzbereich 403, 404
Wohnsitz 577, 578, 825
wrongful birth 222
wrongful life 222
Wächteramt 431, 446, 448
Zensurverbot 342, 400, 401, 402
Zitiergebot 31, 163, 164, 165, 255, 569, 586, 615
Zwangsbehandlung 275